滿漢西遊記會話

莊吉發編譯

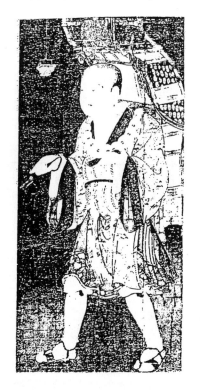

滿 語 叢 刊
文史哲出版社印行

國家圖書館出版品預行編目資料

滿漢西遊記會話 / 莊吉發編譯. -- 初版. -- 臺
北市：文史哲, 民 96
頁： 公分 （滿語叢刊；16）
ISBN 978-957-549-712-5 (平裝)

1.滿洲語 – 會話

802.9188   96007339

滿　語　叢　刊　　16

滿漢西遊記會話

編 譯 者：莊　　　吉　　　發
出 版 者：文　史　哲　出　版　社
http://www.lapen.com.tw
登記證字號：行政院新聞局版臺業字五三三七號
發 行 人：彭　　　正　　　雄
發 行 所：文　史　哲　出　版　社
印 刷 者：文　史　哲　出　版　社
臺北市羅斯福路一段七十二巷四號
郵政劃撥帳號：一六一八○一七五
電話886-2-23511028・傳真886-2-23965656

實價新臺幣五六○元

中 華 民 國 九 十 六 年 (2007) 六 月 初 版

滿漢西遊記會話

目　次

出 版 說 明

　　我國歷代以來，就是一個多民族的國家，各兄弟民族多有自己的民族語言和文字。滿文是由蒙古文字脫胎而來，成吉思汗征伐乃蠻時，曾俘獲乃蠻太陽汗的掌印官塔塔統阿。成吉思汗見他為人忠誠，就派他繼續掌管印信。塔塔統阿是維吾爾人，於是令塔塔統阿以老維吾爾文書寫蒙古語音，這是蒙古族正式使用自己新文字的開始。後世出土的碑銘，有所謂《成吉思汗石碑文書》，是宋理宗寶慶元年（1225）成吉思汗次弟合撒兒之子也孫格所豎立的紀功碑。碑文由上而下，從左至右，直行書寫，與老維吾爾文的字體相似，後世遂稱這種老維吾爾體的蒙古文字為舊蒙文或老蒙文，其字母較容易書寫，流傳較久，而成為蒙古通行文字，許多精通老維吾爾文的維吾爾人開始大量登用，或任必闍赤即秘書等職，或教諸皇子讀書。蒙古文字的創制，更加促進了蒙古文化的發展。

　　元世祖忽必烈汗為繙譯梵文和藏文佛經的方便，於中統元年（1260）命國師八思巴喇嘛創造新字。八思巴喇嘛將梵文和藏文融合的蘭札體字母改造成四方形的音標，自左至右書寫，稱為蒙古新字，於元世祖至元六年（1269）正式頒佈使用。元順帝至正八年（1348）所立莫高窟六字真言，分別以漢文、西夏文、梵文、藏文、老蒙文及蒙古新字等六體文字書寫。碑文居中右側為漢文，作「唵嘛呢八咪吽」（om mani padme hūm）。居中左側左起一行就是老維吾爾體由上而下直行書寫的老蒙文，滿文的創造，就是由老維吾爾體的老蒙文脫胎而來。

　　女真族是滿族的主體民族，蒙古滅金後，女真遺族散居於混同江流域，開元城以北，東濱海，西接兀良哈，南鄰朝鮮。由於元朝蒙古對東北女真的統治以及地緣的便利，在滿族崛起以前，女真與蒙古的接觸，已極密切，蒙古文化對女真產生了很大的影響，女真地區除了使用漢文外，同時也使用蒙古語言文字。明朝後期，滿族的經濟與文化，進入迅速發展的階段，但在滿族居住的地區，仍然沒有滿族自己的文字，其文移往來，主要使用蒙古文字，必須「習蒙古書，譯蒙古語通之。」使用女真語的民族書寫蒙古文字，未習蒙古語的女真族則無從了解，這種現象實在不能適應新興滿族共同的需要。明神宗萬曆二十七年（1599）二月，清太祖努爾哈齊為了文移往來及記注政事的需要，即命巴克什額爾德尼、扎爾固齊噶蓋仿照老蒙文創制滿文，亦即以老蒙文字母為基礎，拼寫女真語，聯綴成句，而發明了拼音文字，例如將蒙古字母的「ᠠ」（a）字下接「ᠮ」（ma）字，就成「ᠠᠮᠠ」（ama），意即父親。這種由老維吾爾體老蒙文脫胎而來的初期滿文，在字旁未加圈點，未能充分表達女真語言，無從區別人名、地名的讀音。清太宗天聰六年（1632），皇太極命巴克什達海將初創滿文在字旁加置圈點，使音義分明，同時增添一些新字母，使滿文的語音、形體更臻完善，區別了原來容易混淆的語音。清太祖時期的初創滿文，習稱老滿文，又稱無圈點滿文。天聰年間，巴克什達海奉命改進的滿文習稱新滿文，又稱加圈點滿文，滿文的創制，就是滿族承襲北亞文化的具體表現。臺北國立故宮博物院典藏清史館纂修《國語志》稿本，其卷首有奎善撰〈滿文源流〉一文。原文有一段敘述說：「文字所以代結繩，無論何國文字，其糾結屈曲，無不含有結繩遺意。然體制不一，則又以地勢而殊。歐洲多水，故英、法國文字橫行，如風浪，如水紋。滿洲故里多山林，故文字矗立高聳，如古樹，如孤峰。蓋造文字，本乎人心，人心之靈，實根於天地自然之理，非偶然也。」滿文是一種拼音文字，

由上而下，由左而右，直行書寫，字形矗立高聳，滿文的創造，有其文化、地理背景，的確不是偶然的。從此，滿洲已有能準確表達自己語言的新文字，由於滿文的創造及改進，更加促進了滿洲文化的發展。

　　錫伯族是我國東北地區的少數民族之一，使用科爾沁蒙古方言。清太宗崇德年間（1636-1643），錫伯族同科爾沁蒙古一起歸附於滿洲，編入蒙古八旗。清聖祖康熙三十一年（1692），將科爾沁蒙古所屬錫伯族編入滿洲八旗，從此以後，錫伯族普遍開始學習並使用滿洲語文。乾隆中葉，清軍統一新疆南北兩路，爲了加強西北地區的防務，陸續從瀋陽、開原、遼陽、義州、金州等地抽調錫伯兵到新疆伊犁河南岸一帶屯墾戍邊，編爲八個牛彔，組成錫伯營。嘉慶七年（1802），在察布查爾（cabcal）山口開鑿大渠，引進伊犁河水。嘉慶十三年（1808），大渠竣工，長達一百八十里，命名爲察布查爾大渠，開墾了七萬八千多畝的良田。錫伯族的口語，與滿語雖然有不少差異，但其書面語，與滿語則基本相似。清代通行的新滿文，共有十二字頭，第一字頭含有一百三十一個字母，是第二至第十二字頭的韻母。錫伯文雖然廢除了發音重複的十三個音節字母，爲解決有音無字的問題，又另行創制了三個字母，合計共一百二十一個音節字母，但在基本上仍然襲用滿文。錫伯族具有注重文化教育的優良傳統，他們西遷到伊犁河谷以來，不僅將許多漢文古籍譯成滿文，同時還繙譯了不少外國文學作品，譯文細膩生動。光緒八年（1882），在察布查爾錫伯營的八個牛彔，都先後開辦了義學。民國二年（1913），又開始普遍興辦了學校，各小學所採用的錫伯文課本，基本上就是滿文教材。一九五四年三月，成立錫伯自治縣，廢除寧西舊稱，改用錫伯族喜愛的察布查爾渠名作爲自治縣的名稱，定名爲察布查爾錫伯自治縣。西遷到伊犁的錫伯族，由於地處邊陲，受到外界的影響較少，所以能繼續使用本民族的語言文字，同時對滿文的保存

作出了重大貢獻。

　　吳承恩（1500-1582），明淮安府山陽縣人，博覽群書，工於詩文。自幼喜讀玄怪小說，晚年絕意仕進，閉門著書。其所撰《西遊記》，凡一百回，敍述唐僧玄奘遠赴西天取經，其弟子孫悟空等人於途中降妖伏魔、排除險阻故事。全書結構完整，有始有終，取回真經，功德圓滿。作者將傳統小說人物的塑造，由單純的道德層次，引向了精神品格的層次，人物刻畫，個性生動。故事情節，曲折離奇，變化詭譎，想像力豐富，引人入勝。《世界滿文文獻目錄》記載北京故宮典藏《西遊記》滿文精寫本，共五十冊。北圖典藏《西遊記》滿文曬印本，共五十冊。工欲善其事，必先利其器。爲了充實滿文基礎教學，蒐集滿文教材，是不可或缺的工作。一九八九年九月，烏魯木齊新疆人民出版社出版錫伯文《西遊記》（si io ji julen）上、中、下共三冊。原書譯文，兼顧信雅達，對滿文的學習，提供了珍貴的教材。本書輯錄部分對話，編爲四十個篇目，並將滿文轉寫羅馬拼音，對照漢文，題爲《滿漢西遊記會話》，對於初學滿文者，或可提供一定的參考價值。《滿漢西遊記會話》的滿文部分，在北京排版，承中國第一歷史檔案館滿文部主任吳元豐先生細心校正。漢文詞義與滿文歧異之處，亦承中國第一歷史檔案館郭美蘭女士修正潤飾，衷心感謝。羅馬拼音及漢文，由中央研究院歷史語言研究所王健美、吳月亮小姐、國立政治大學歷史研究所博士林士鉉、國立中正大學歷史研究所博士生隋皓昀、宜蘭縣立中華國中曾雨萍老師細心校對，並承國立故宮博物院滿文研讀班學員的熱心協助，在此一併致謝。

二〇〇七年五月一日

莊　吉　發　識

滿漢西遊記會話

ᠶᠠ ᠅ ᡳᠮᡳᠶᠠᠯᠠ ᠂ ᠰᡳᠮᡝᠯᡳ
ᠶᠠ ᠅ ᠶᠠ ᠂ ᡳᠮᡳᠶᠠᠯᠠ ᠶᠠ ᠰᡳᠮᡝᠯᡳ
ᡝᠨ ᠅ ᠶᠠᡶᡠᠨ ᠂ ᡳᠮᡳᠶᠠᠯᠠ
ᠨᠠ ᠅ ᡳᠮᡳᠶᠠᠯᠠ

ᠶᠠᡶᡠᠨ ᡳᠮᡳᠶᠠᠯᠠ

一、訪道求仙

a ： emu iowan be faksalafi, juwan juwe forgon obuhabi.
singgeri、ihan、tasha、gūlmahūn、muduri、meihe、morin、
honin、bonio、coko、indahūn、ulgiyan, ere be juwan juwe
gargan obuhabi.

e ： singgeri erin de yang ni sukdun be bahambi, ihan erin de coko
hūlambi, tasha erin de ulden tucirakū, gūlmahūn erin de šun
tucimbi.

i ： abka, singgeri erin de neihe.

o ： na, ihan i forgon de neibuhe.

u ： niyalma, tasha i forgon de banjiha.

---

a ：一元分爲十二會，乃子、丑、寅、卯、辰、巳、午、未、申、
酉、戌、亥十二支。

e ：子時得陽氣，而丑時則鷄鳴；寅時不通光，而卯時則日出。

i ：天開於子。

o ：地闢於丑。

u ：人誕於寅。

---

a ：一元分为十二会，乃子、丑、寅、卯、辰、巳、午、未、申、
酉、戌、亥十二支。

e ：子时得阳气，而丑时则鸡鸣；寅时不通光，而卯时则日出。

i ：天开于子。

o ：地辟于丑。

u ：人诞于寅。

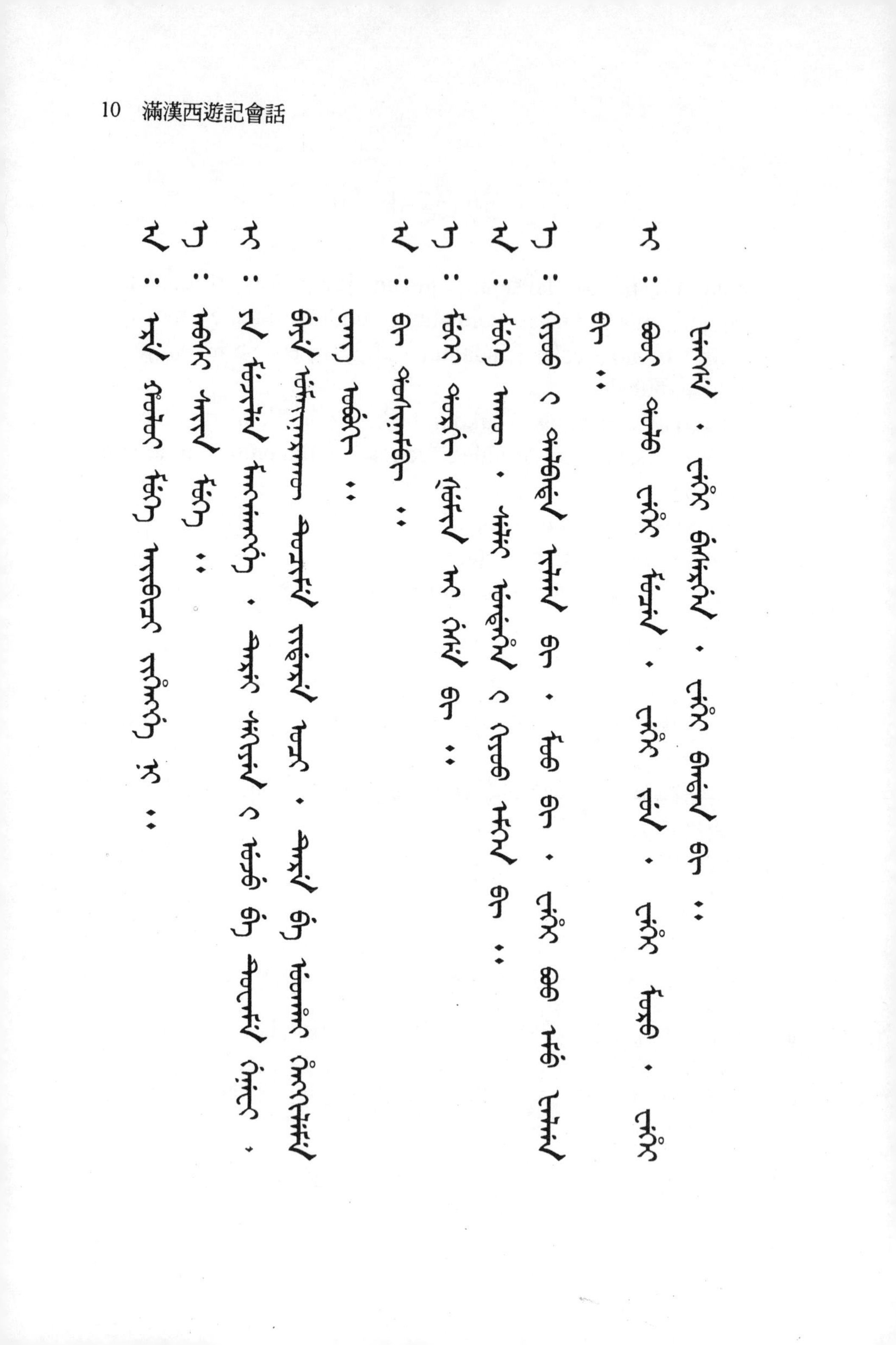

a：ere holoi muke aibici jihengge ni?
e：absi sain muke.
i：ya mujilen manggangge, terei sekiyen i uju be tuwame genefi,
　　beye umainarakū tucime jidere oci, tere be uthai hengkileme
　　wang obuki.
a：bi dosinambi.
e：mukei dorgi šumin ai gese bi?
a：muke akū, selei undehen i kiyoo emken bi.
e：kiyoo i dalbade ilga bi, moo bi, wehei boo emu falga bi.
i：booi dolo wehei mucen, wehei jun, wehei moro, wehei fengse,
　　wehei besergen, wehei bandan bi.

---

a：這股水不知是從哪裡來的水？
e：好水。
i：哪一個有本事的鑽進水尋個源頭出來，不傷身體者，我等即
　　拜他為王。
a：我進去。
e：水有多深？
a：沒水，有一座鐵板橋。
e：橋邊有花，有樹，有座石房。
i：房內有石鍋、石竈、石碗、石盆、石牀、石凳。

---

a：这股水不知是从哪里来的水？
e：好水。
i：哪一个有本事的钻进水寻个源头出来，不伤身体者，我等即
　　拜他为王。
a：我进去。
e：水有多深？
a：沒水，有一座铁板桥。
e：桥边有花，有树，有座石房。
i：房内有石锅、石灶、石碗、石盆、石床、石凳。

a：wang ai jalin mujilen efujembi?

e：bi udu urgun sebjen i erin be alifi bicibe, majige goro bodoro
　　ba bifi, tuttu mujilen efujembi.

i：amba wang ai uttu sarkū.

a：te sunja umiyaha i dolo, ilmun han loo dz de kadalaburakūngge
　　ilan bi.

e：ai hacin i ilan niyalma?

i：fucihi、enduri、enduringge, ere ilan hacin forgošoro ci jailahabi,
　　banjirakū gukurakū, abka na, alin birai gese jalafun.

───────

a：大王爲何心煩？

e：我雖在歡樂之中，却不無遠慮，故而煩惱。

i：大王好不知足。

a：如今五蟲之內，惟有三等名色，不被閻王老子所管。

e：哪三等人？

i：乃是佛、仙、神聖三者，躲過輪迴，不生不滅，與天地山川
　　齊壽。

───────

a：大王为何心烦？

e：我虽在欢乐之中，却不无远虑，故而烦恼。

i：大王好不知足。

a：如今五虫之内，惟有三等名色，不被阎王老子所管。

e：哪三等人？

i：乃是佛、仙、神圣三者，躲过轮回，不生不灭，与天地山川
　　齐寿。

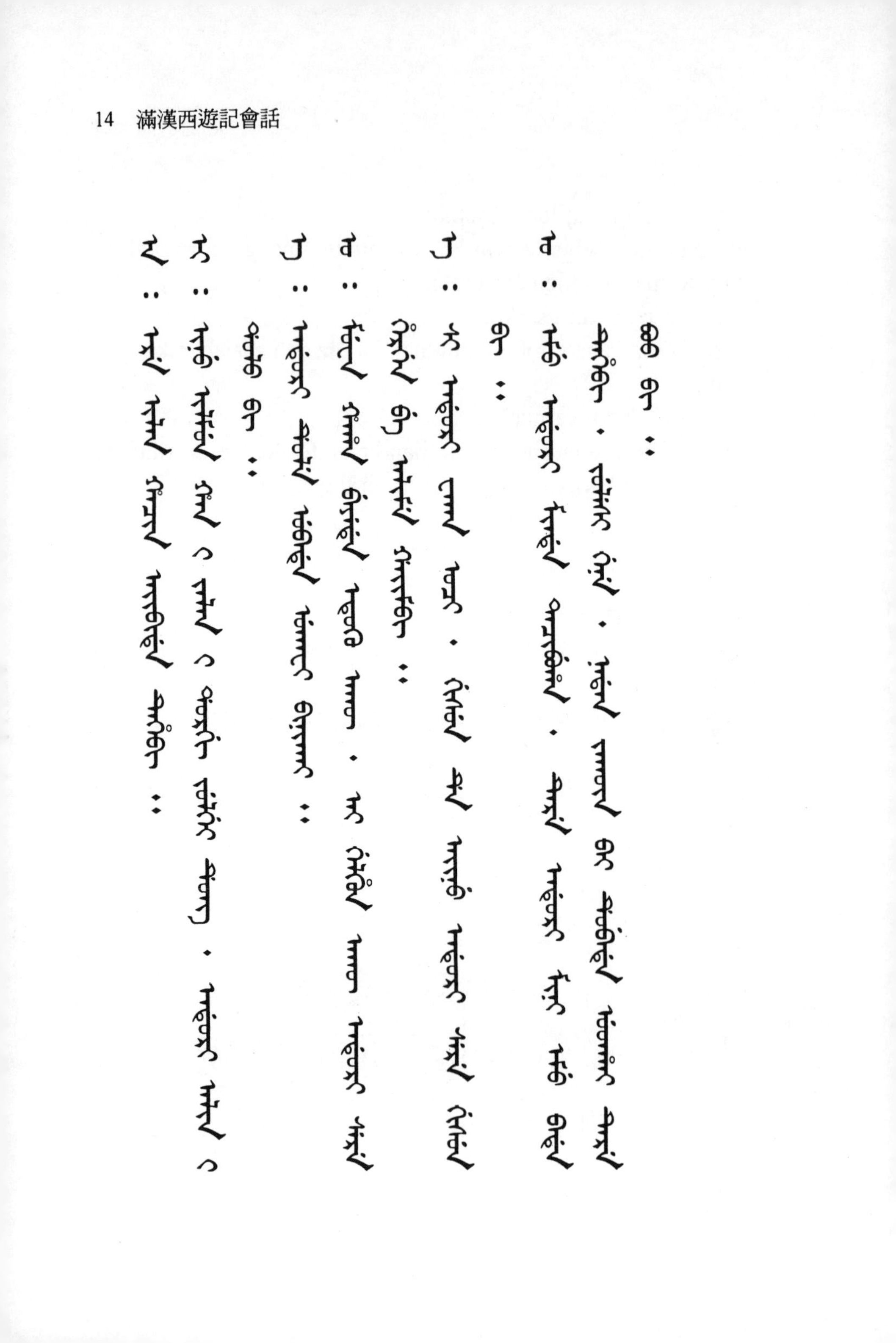

a ：ere ilan hacin aibide tehebi?

i ：inu ilmun han i jalan i dorgi julgei dung、enduri alin i dolo bi.

e ：enduri dule ubade ukafi binikai.

o ：muwa haha beyede etuku akū, ai gelhun akū enduri sere hergen be alime gaimbi?

e ：si enduri waka oci, gisun de ainu enduri sere gisun bi?

o ：emu enduri minde tacibuha, tere enduri mini emu bade tehebi, julesi gene, nadan jakūn bai dubede uthai tere boo bi.

---

a ：此三者居於何所？

i ：也在閻浮世界的古洞仙山之中。

e ：神仙原來藏在這裡啊！

o ：拙漢身上衣服不全，怎敢當神仙二字？

e ：你若不是神仙，話中怎麼帶有神仙言語？

o ：一位神仙教我的，那神仙與我舍下相鄰，向南行七、八里遠近，即是他家了。

---

a ：此三者居于何所？

i ：也在阎浮世界的古洞仙山之中。

e ：神仙原来藏在这里啊！

o ：拙汉身上衣服不全，怎敢当神仙二字？

e ：你若不是神仙，话中怎么带有神仙言语？

o ：一位神仙教我的，那神仙与我舍下相邻，向南行七、八里远近，即是他家了。

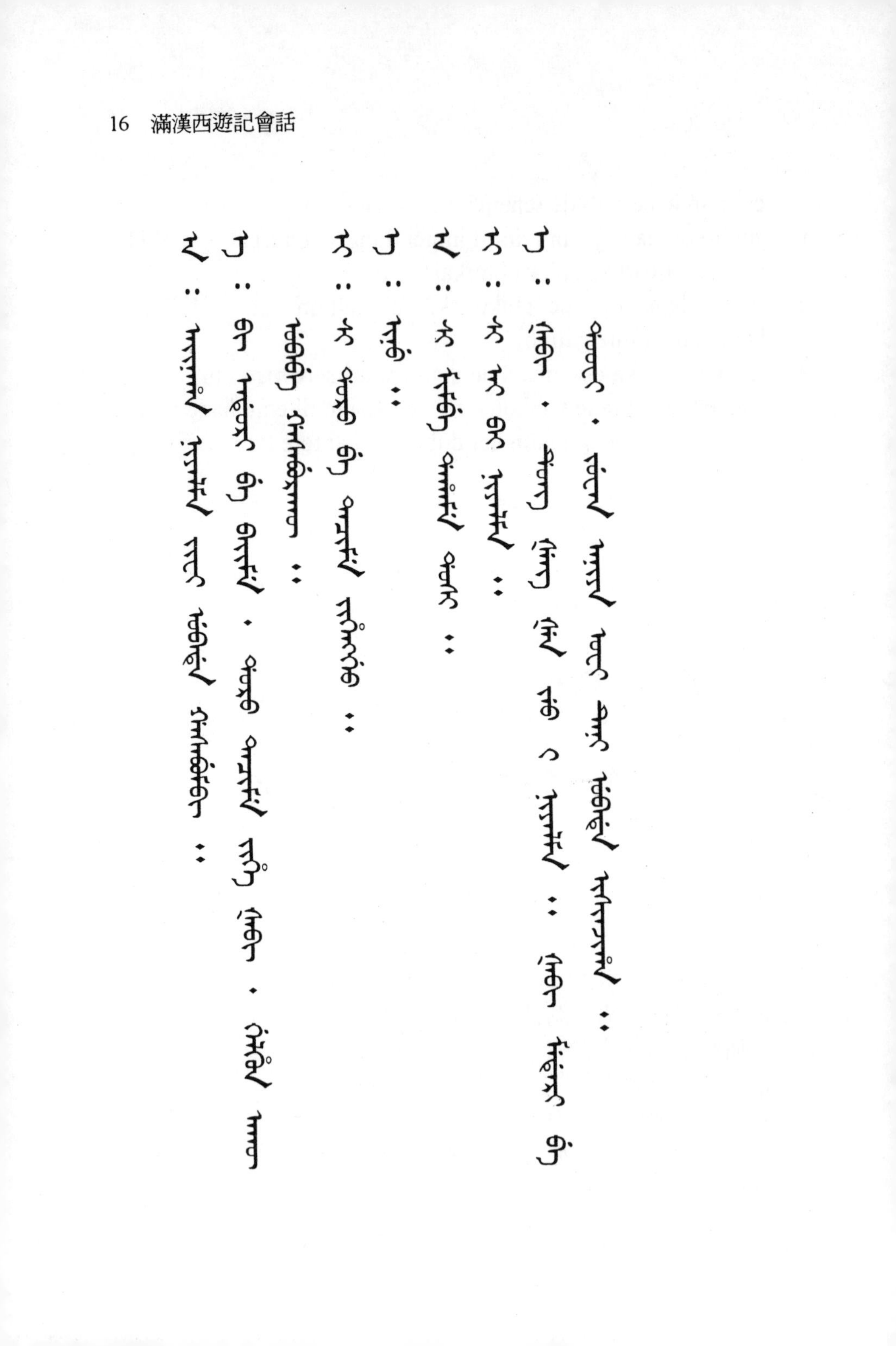

a：ainaha niyalma jifi ubade gasabumbi?

e：bi enduri be baime, doro tacime jihe šabi, gelhun akū ubabe gasaburakū.

i：si doro be tacime jihenggeo?

e：inu.

a：si mimbe dahame dosi.

i：si ai bai niyalma?

e：šabi, dung šeng šen jeo i niyalma. šabi mederi be doofi, juwan aniya ofi teni ubade isinjiha.

---

a：什麼人在此騷擾？

e：我是來求仙學道的弟子，不敢在此騷擾。

i：你是來學道的嗎？

e：是。

a：你隨我進來。

i：你是何方人氏？

e：弟子是東勝神州人氏，弟子飄洋過海，有十個年頭，方纔來到此處。

---

a：什么人在此骚扰？

e：我是来求仙学道的弟子，不敢在此骚扰。

i：你是来学道的吗？

e：是。

a：你随我进来。

i：你是何方人氏？

e：弟子是东胜神州人氏，弟子飘洋过海，有十个年头，方纔来到此处。

ᠵᠠᡳ ᠂ ᠵᠠᡳ ᠂ ᠴᠣᠣᠯᠠᠮᠪᡳ ᡤᡝᠯᡳ ᠪᡝ ᡝᡵᡳ ᠮᡠᠵᡳᠯᡝᠨ ᡝᠴᡳ ᠊᠊

ᠵᠠᡳ ᠊᠊ ᠴᠣᠣ ᠴᠣᠣᠯᠠᠮᠪᡳ ᠂ ᠪᡝ ᠰᡝᠮᡝ ᠊᠊ ᠰᡝᠨᡩᡝᠨ ᠪᡝ ᡝᠴᡳ ᠊᠊

ᠵᠠᡳ ᠊᠊ ᠪᡝ ᠰᡝᠮᡝ ᠪᡝ ᡵᡝ ᠮᡠᠵᡳᠯᡝᠨ ᠊᠊ ᡳᠨᡠ ᡵᡝ ᠮᡠᠵᡳᠯᡝᠨ

ᠵᠠᡳ ᠊᠊ ᠴᠣᠣᠯᠠᠮᠪᡳ ᠴᠣᠣᠯᠠᠮᠪᡳ ᡝᠴᡳ ᠊᠊

ᠵᠠᡳ ᠊᠊ ᠴᠣᠣᠯᠠᠮᠪᡳ ᡝᠴᡳ ᠊᠊

a：sini hala ai?
e：minde hala akū.
a：sini ama eme i hala ai?
e：minde ama eniye gemu akū.
a：sinde ama eniye akū oci, si moo ci banjihao?
e：bi udu moo ci banjihakū ocibe, wehe ci banjihangge.
a：si ilifi yabu, bi tuwara. sinde u sere hergen teisulehebi. sini gebu uthai sun u kung okini?
e：sain, sain, ereci amasi sun u kung seme hūla.

---

a：你姓什麼？
e：我沒有姓。
a：你父母姓什麼？
e：我都沒有父母。
a：你既無父母，想是樹上生的？
e：我雖不是樹上生的，卻是石裡長的。
a：你起來走走我看，你正當悟字，你的名字就叫做孫悟空好嗎？
e：好！好！自今以後就叫做孫悟空。

---

a：你姓什么？
e：我没有姓。
a：你父母姓什么？
e：我都没有父母。
a：你既无父母，想是树上生的？
e：我虽不是树上生的，却是石里长的。
a：你起来走走我看，你正当悟字，你的名字就叫做孙悟空好吗？
e：好！好！自今以后就叫做孙悟空。

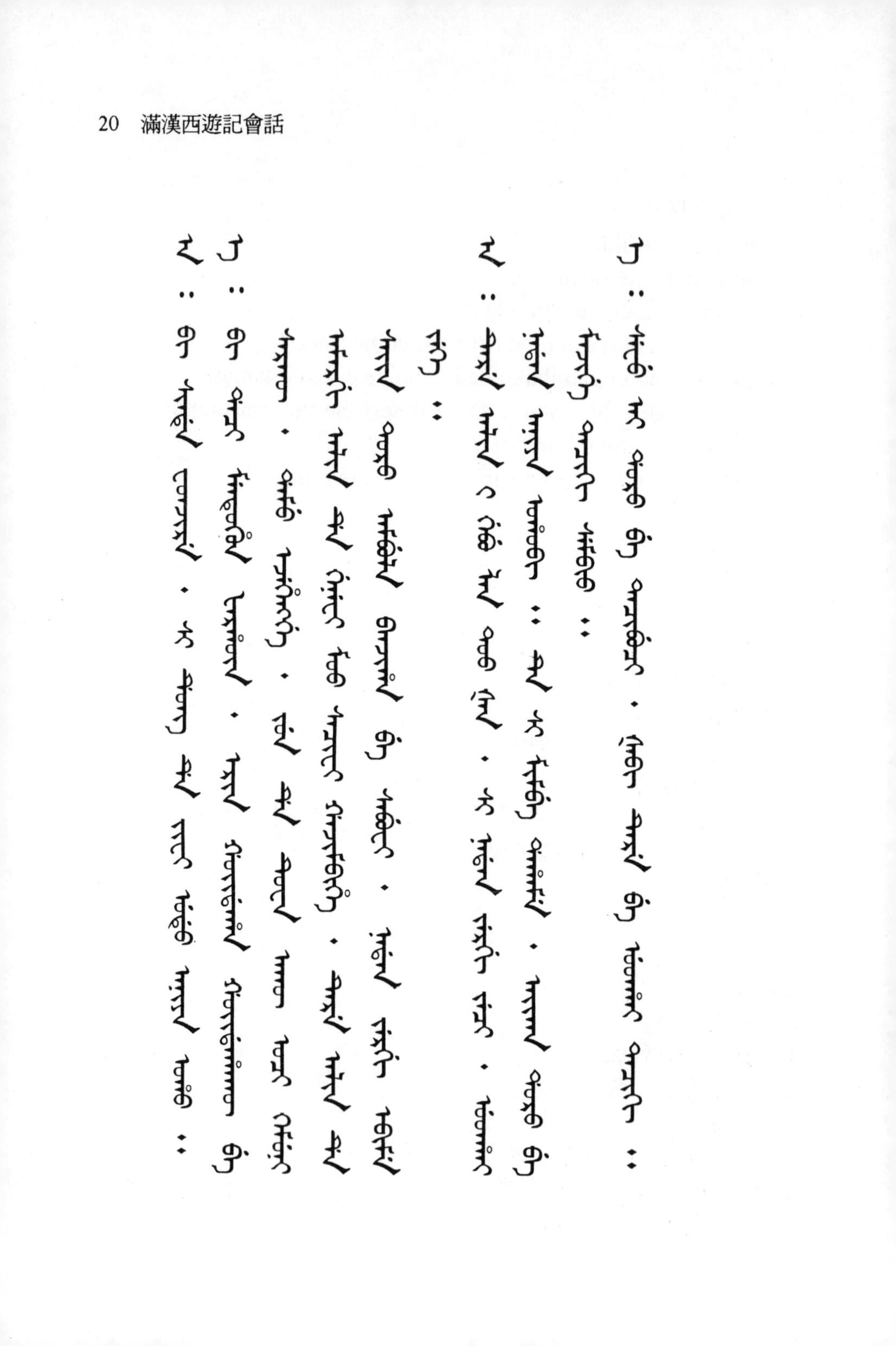

a：bi sinde fonjire, si dung de jifi udu aniya oho?

e：bi daci mentuhun farhūn, erin goidaha goidahakū be sarkū, damu ejehengge, jun de tuwa akū oci kemuni amargi alin de genefi moo sacifi gajimbihe, tere alin de sain toro ambula banjiha be sabufi, nadan jergi ebime jeke.

a：tere alin i gebu lan too šan, si nadan jergi jeci, uthai nadan aniya ohobi. te si mimbe dahame, aika doro be majige taciki sembio?

e：sefu ai doro be tacibuci, šabi tere be uthai taciki.

---

a：我且問你，你到洞中多少年了？

e：我原本懵懂，不知多少時節，只記得竈下無火，則去後山打柴，見一山好桃樹，吃了七次飽。

a：那山名喚爛桃山，你既吃七次，就是七年了。你今要跟我學些什麼道呢？

e：師父教什麼道，弟子便就學了。

---

a：我且问你，你到洞中多少年了？

e：我原本懵懂，不知多少时节，只记得灶下无火，则去后山打柴，见一山好桃树，吃了七次饱。

a：那山名唤烂桃山，你既吃七次，就是七年了。你今要跟我学些什么道呢？

e：师父教什么道，弟子便就学了。

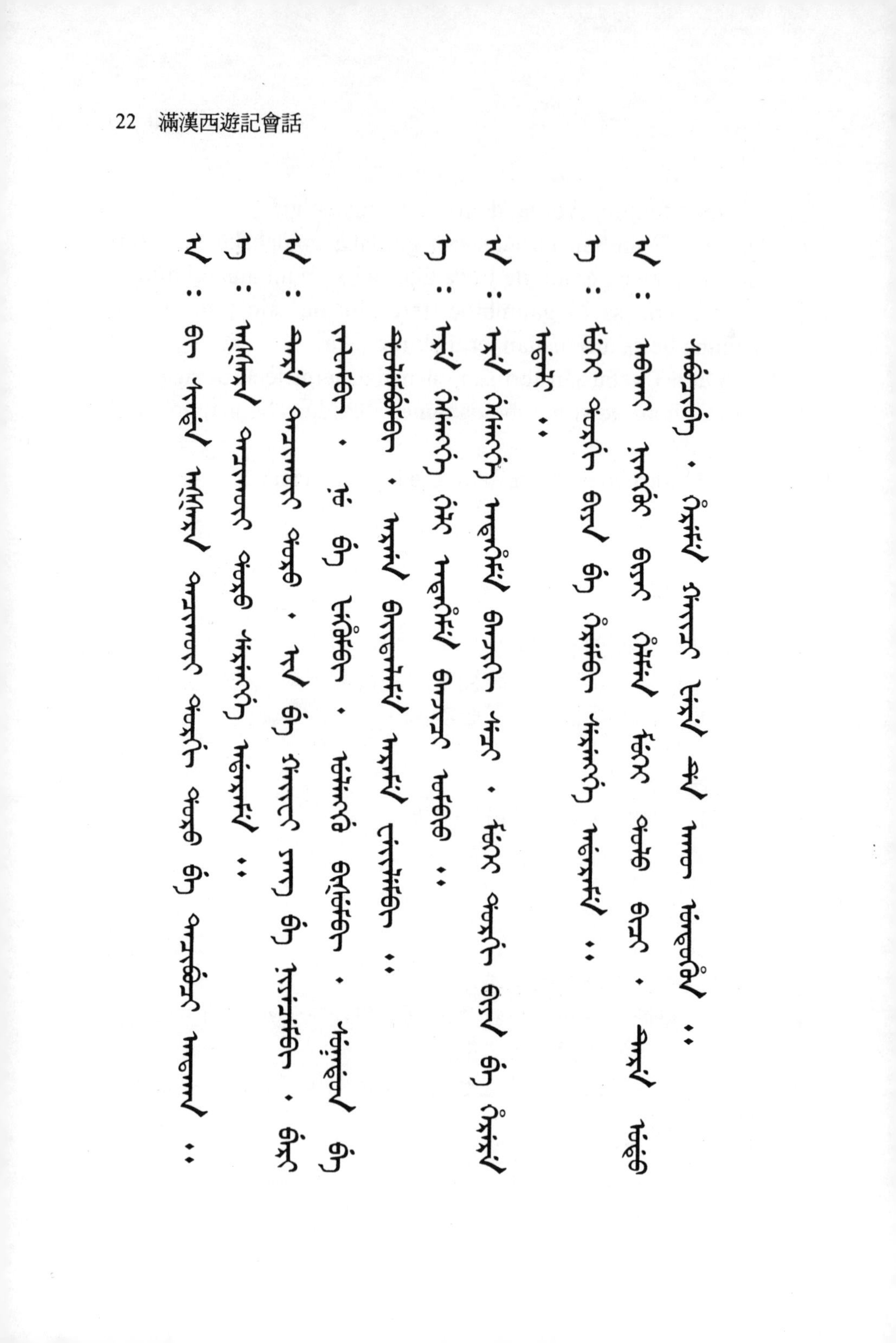

二、講經論道

a ： bi sinde aššara tacikūi dorgi doro be tacibuci antaka?

e ： aššara tacikūi doro serengge adarame?

a ： tere tacikūi doro, in be gaifi yang be niyecembi, beri jafambi, nu be fehumbi, ulenggu bišumbi, sukdun be dulembumbi. arga baitalame arame weilembi.

e ： ere gesengge geli enteheme banjici ombio?

a ： ere gesengge enteheme banjiki seci, mukei dorgi biya be herere adali.

e ： mukei dorgi biya be herembi serengge adarame?

a ： abkai ninggui biyai helmen mukei dolo bici, tere udu sabucibe, hereme gaici fere de akū untuhun.

----

a ：我教你動字門中之道如何？

e ：動門之道，却又怎樣？

a ：其道爲探陰補陽，攀弓踏弩，摩臍過氣，用方炮製。

e ：似這等也可長生嗎？

a ：似此欲長生，亦如水中撈月。

e ：怎麼叫做水中撈月？

a ：水中有長空月影，雖能看見，只是撈而不見，而成空。

----

a ：我教你动字门中之道如何？

e ：动门之道，却又怎样？

a ：其道为采阴补阳，攀弓踏弩，摩脐过气，用方炮制。

e ：似这等也可长生吗？

a ：似此欲长生，亦如水中捞月。

e ：怎么叫做水中捞月？

a ：水中有长空月影，虽能看见，只是捞而不见，而成空。

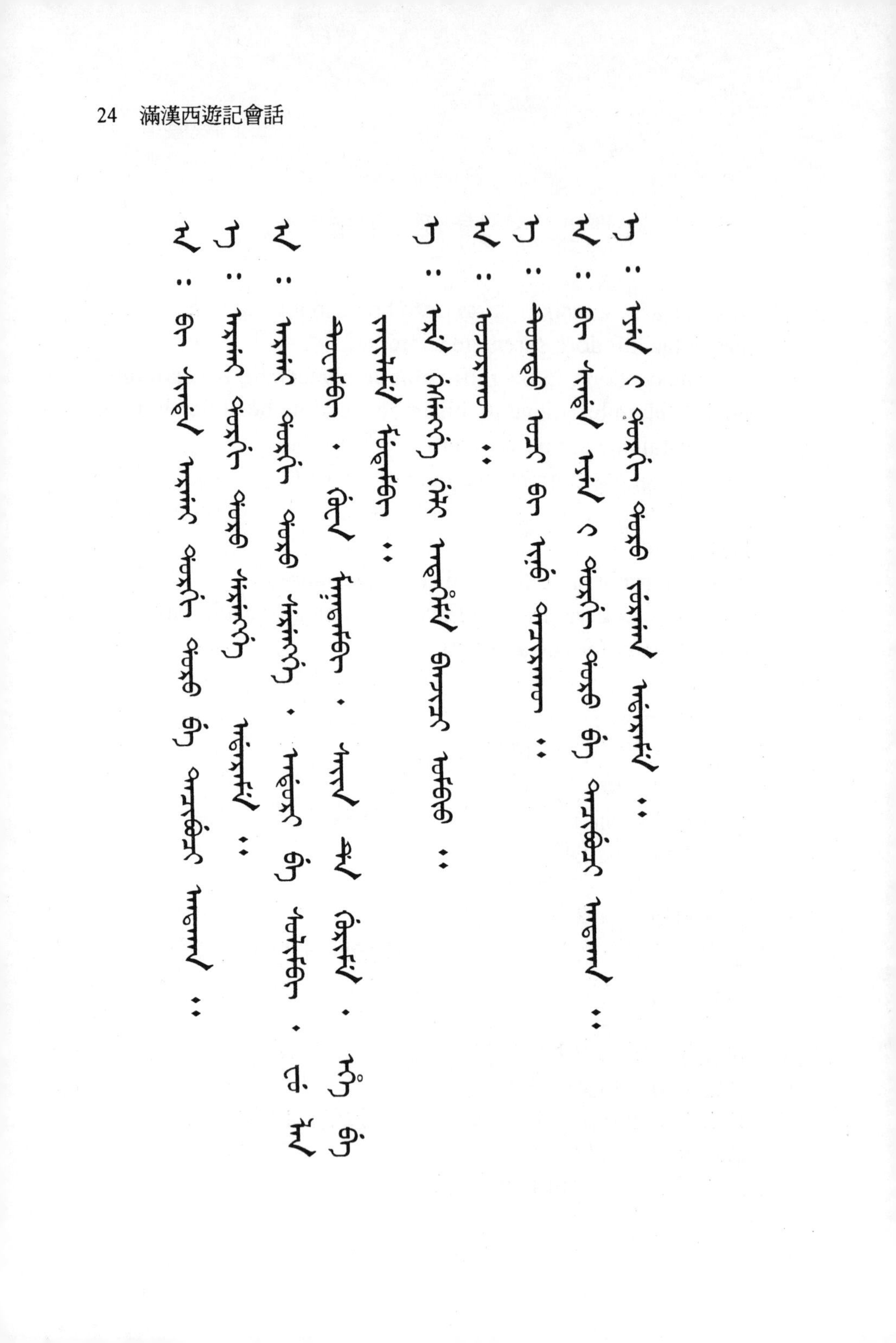

a：bi sinde argai dorgi doro be tacibuci antaka?

e：argai dorgi doro serengge adarame?

a：argai dorgi doro serengge, enduri be solimbi, fu lan tuwambi, guwa maktambi, sain de gurime,ehe be jailame mutembi.

e：ere gesengge geli enteheme banjici ombio?

a：ojorakū.

e：tuttu oci bi inu tacirakū.

a：bi sinde eyen i dorgi doro be tacibuci antaka?

e：eyen i dorgi doro jurgan adarame?

---

a：我教你個術字門中之道如何？

e：術門之道怎麼説？

a：術字門中，乃是能請仙扶鸞，問卜撰箸，趨吉避凶。

e：似這般可得長生嗎？

a：不能。

e：既如此我也不學。

a：我教你流字門中之道，如何？

e：流字門中，是甚義理？

---

a：我教你个术字门中之道如何？

e：术门之道怎么说？

a：术字门中，乃是能请仙扶鸾，问卜撰箸，趋吉避凶。

e：似这般可得长生吗？

a：不能。

e：既如此我也不学。

a：我教你流字门中之道，如何？

e：流字门中，是甚义理？

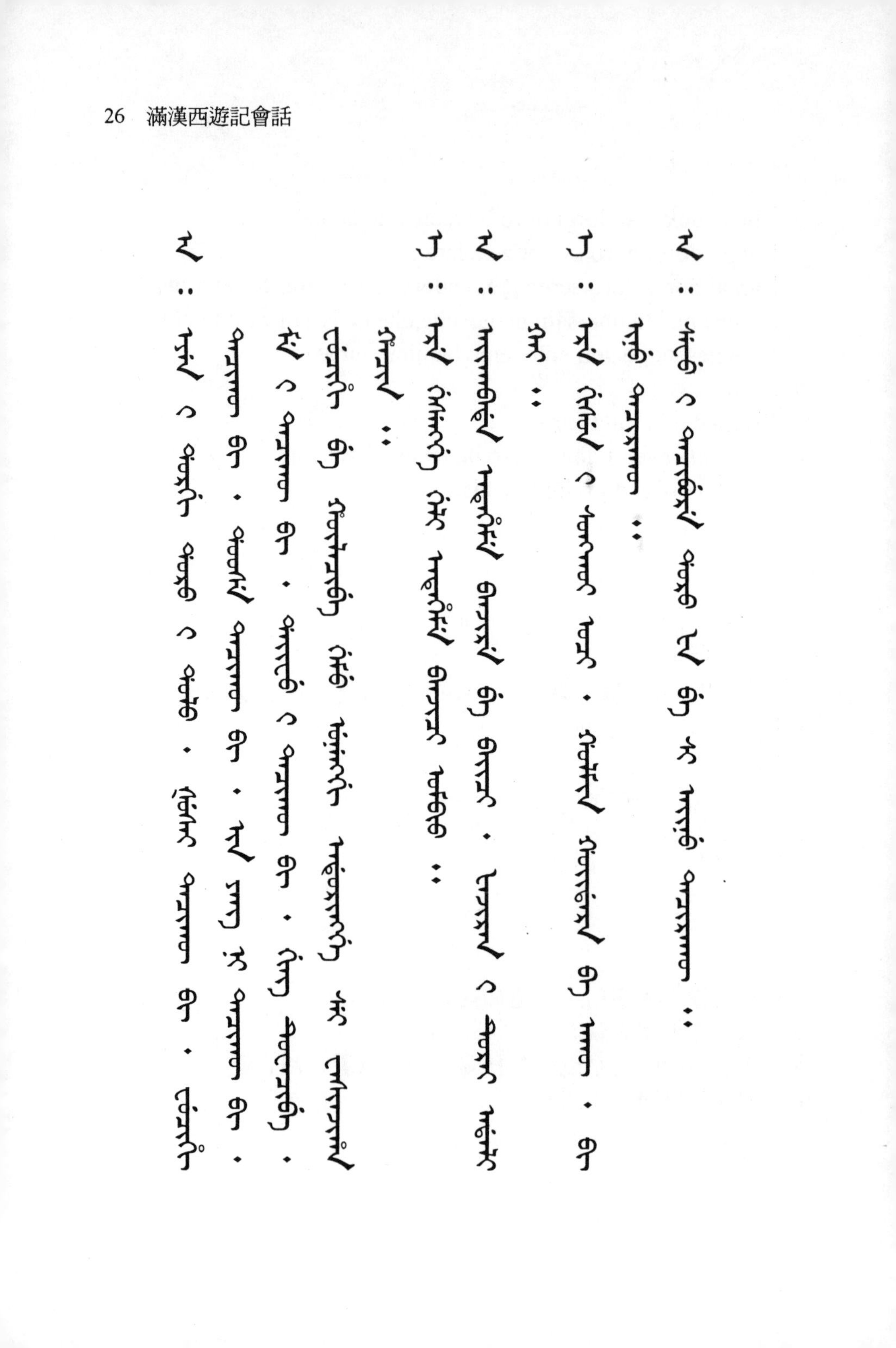

a：eyen i dorgi doro i dolo, šusai tacikū bi, fucihi tacikū bi, doose tacikū bi, in yang ni tacikū bi, me i tacikū bi, daifu i tacikū bi, ging tuwacibe fucihi be hūlacibe gemu unenggi enduringge sei wasinjiha hacin.

e：ere gesengge geli enteheme banjici ombio?

a：aikabade enteheme banjire be baici, fajiran i turai adali kai.

e：ere gisun i songkoi oci, golmin goidara ba akū, bi inu tacirakū.

a：sefu i tacibure doro fa be si ainu tacirakū?

———————

a：流字門中，乃是儒家、釋家、道家、陰陽家、墨家、醫家，或看經，或念佛，皆真聖所傳。

e：似這般又可得長生嗎？

a：若要長生，也似壁裡安柱。

e：據此說，也不長久，我也不學。

a：師父傳你道法，爲何不學？

———————

a：流字门中，乃是儒家、释家、道家、阴阳家、墨家、医家，或看经，或念佛，皆真圣所传。

e：似这般又可得长生吗？

a：若要长生，也似壁里安柱。

e：据此说，也不长久，我也不学。

a：师父传你道法，为何不学？

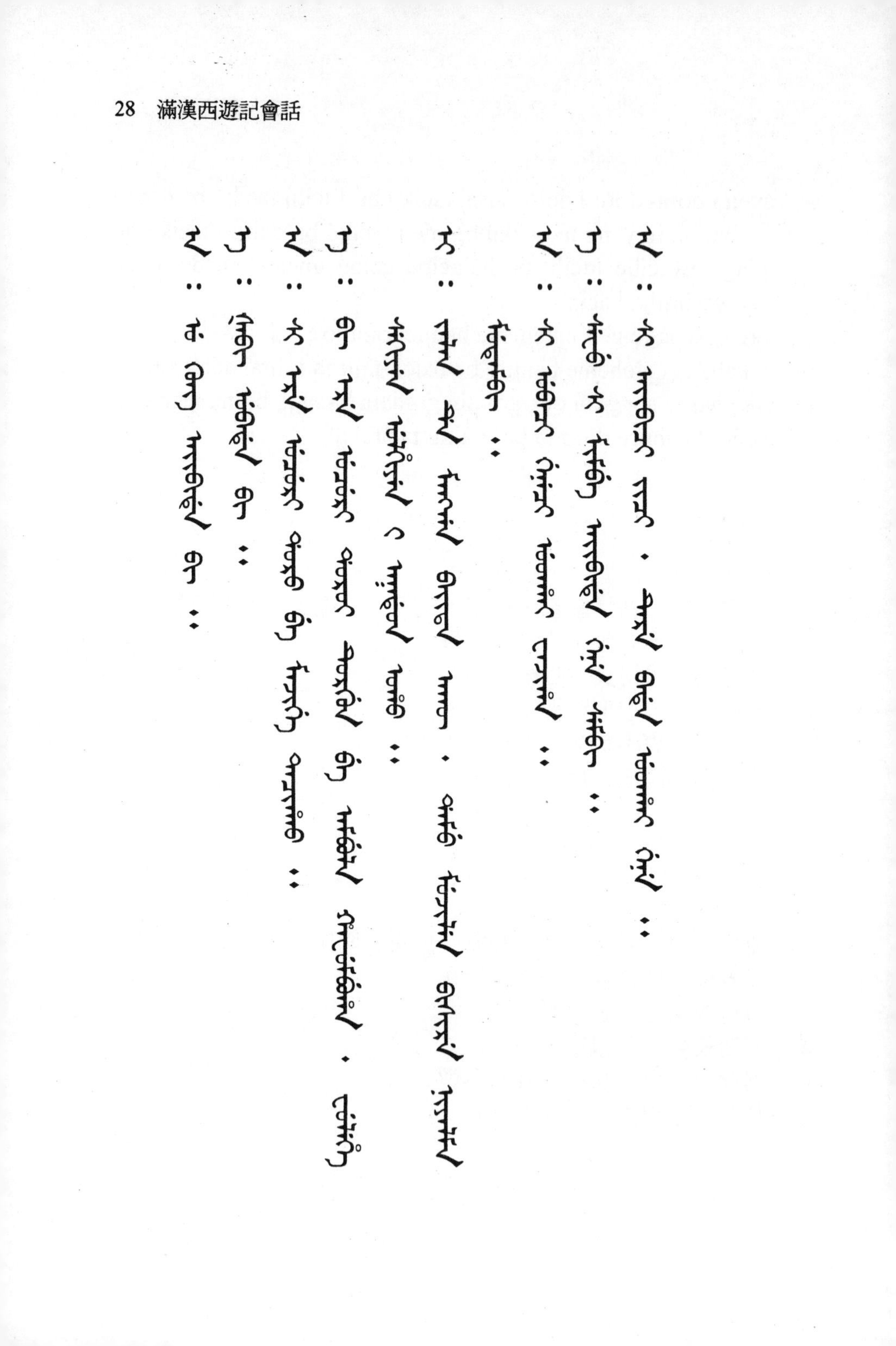

三、法性已通

a：u kung aibide bi?

e：šabi ubade bi.

a：si ere ucuri doro be majige tacihao?

e：bi ere ucuri doroi turgun be ambula hafumbuha, fulehe sekiyen ulhiyen i akdun oho.

i：jalan de mangga baita akū, damu mujilen bisire niyalma mutembi.

a：si ubaci geneci uthai wajiha.

e：sefu si mimbe aibide gene sembi?

a：si aibici jici, tere bade uthai gene.

———————

a：悟空何在？

e：弟子在這裡。

a：你這一向修些什麼道來？

e：弟子近來法性頗通，根源亦漸堅固了。

i：世上無難事，只怕有心人。

a：你離去就罷了。

e：師父教我往哪裡去？

a：你從哪裡來，便到那裡去。

———————

a：悟空何在？

e：弟子在这里。

a：你这一向修些什么道来？

e：弟子近来法性颇通，根源亦渐坚固了。

i：世上无难事，只怕有心人。

a：你离去就罢了。

e：师父教我往哪里去？

a：你从哪里来，便到那里去。

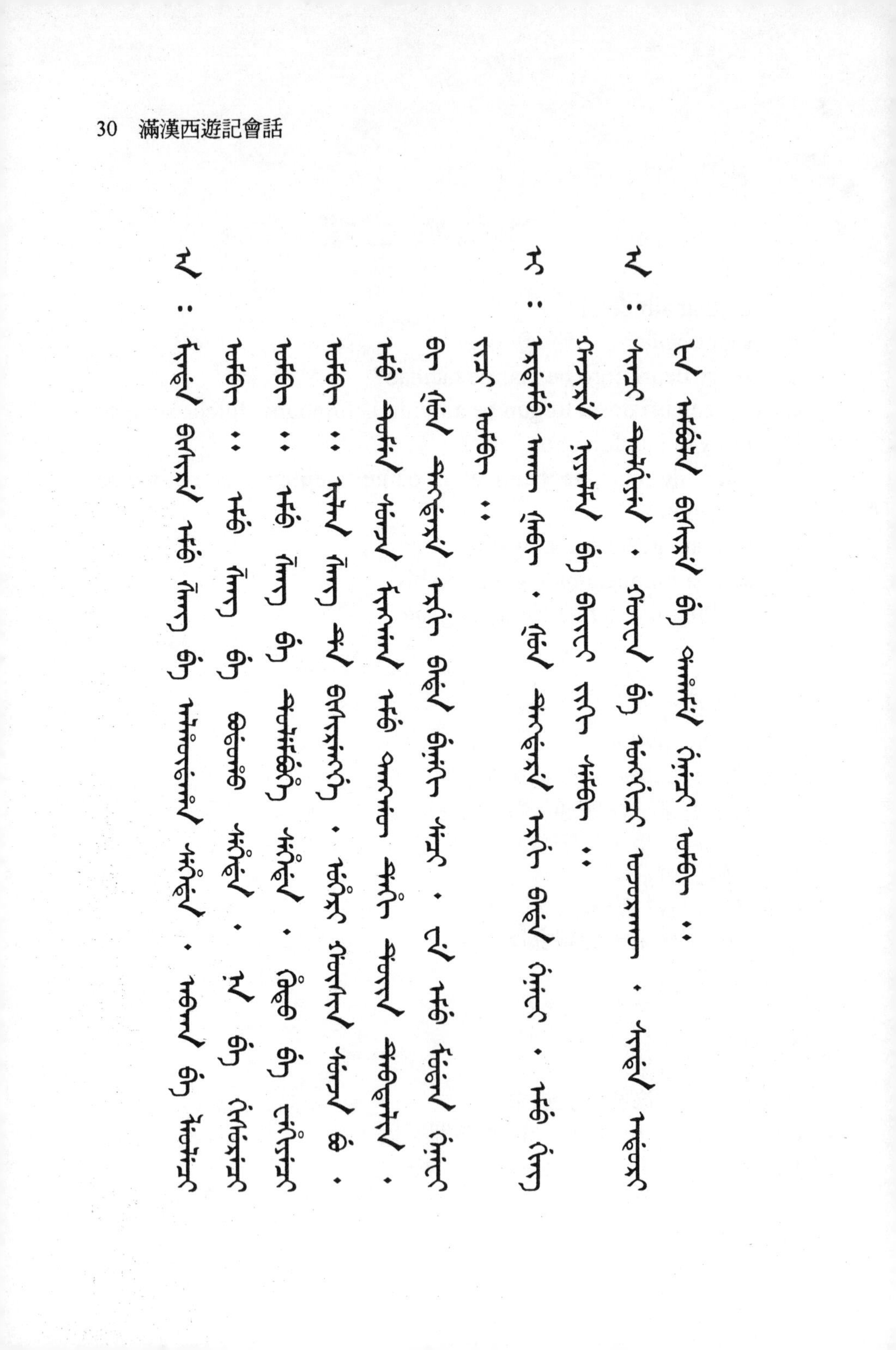

a：minde bisire emu dzang be alhūdaha sehede, abka be leoleci ombi. emu dzang be bodoho sehede, na be gisureci ombi. emu dzang be dulembuhe sehede, hutu be wehiyeci ombi. ilan dzang de bisirengge, uheri gūsin sunja bu, emu tumen sunja minggan emu tanggū dehi duin debtelin, bi šun dekdere ergi bade beneki seci, we emu mudan genefi jici ombi.

i：erdemu akū šabi, šun dekdere ergi bade genefi, emu ging gajire niyalma be baifi jiki sembi.

a：sinci tulgiyen, gūwa be unggici ojorakū, sinde enduri fa ambula bisire be dahame geneci ombi.

---

a：我有法一藏，談天；論一藏，說地；經一藏，度鬼。三藏共計三十五部，一萬五千一百四十四卷，我待要送上東土，誰肯去走一遭來？

i：弟子不才，願上東土尋一個取經人來。

a：除你外，別個去不得，你神通廣大，方可去得。

---

a：我有法一藏，谈天；论一藏，说地；经一藏，度鬼。三藏共计三十五部，一万五千一百四十四卷，我待要送上东土，谁肯去走一遭来？

i：弟子不才，愿上东土寻一个取经人来。

a：除你外，别个去不得，你神通广大，方可去得。

ᡥᠣᠨᡳ ᠰᡝᠮᡝ ᠴᠣᠬᠣᠮᡝ ᠴᡳᠨ ᠰᡝᠮᡝ ᡥᡝᠨᡩᡠᠮᠪᡳ ᠰᡝᡥᡝ ᠰᡝᠮᡝ ᡥᡝᠨᡩᡠᠮᠪᡳ

i：mini ere generede sefu aika tacibure gisun bio?

a：bi sinde sunja hacin i boobai bufi unggire.

i：ging gajire niyalma atanggi ubade isinjimbi?

a：boljoci ojorakū, juwe ilan aniya i dubede ainci isinjimbi dere.

o：julergi mederi i pusa seci, ilan jobolon be erime geterembure, jakūn mangga be guwebure, guwan ši in pusao?

i：tere waka oci we?

o：sakda ahūn pusa aibide bi?

i：tere wakao?

---

i：我此去，師父有甚言語吩咐？

a：我給你五件寶貝。

i：取經人幾時到此？

a：未可預料，約莫二、三年間，或可至此。

o：南海菩薩，可是掃淨三災免除八難的觀世音菩薩嗎？

i：不是他是誰？

o：老兄，菩薩在哪裡？

i：那不是嗎？

---

i：我此去，师父有甚言语吩咐？

a：我给你五件宝贝。

i：取经人几时到此？

a：未可预料，约莫二、三年间，或可至此。

o：南海菩萨，可是扫净三灾免除八难的观世音菩萨吗？

i：不是他是谁？

o：老兄，菩萨在哪里？

i：那不是吗？

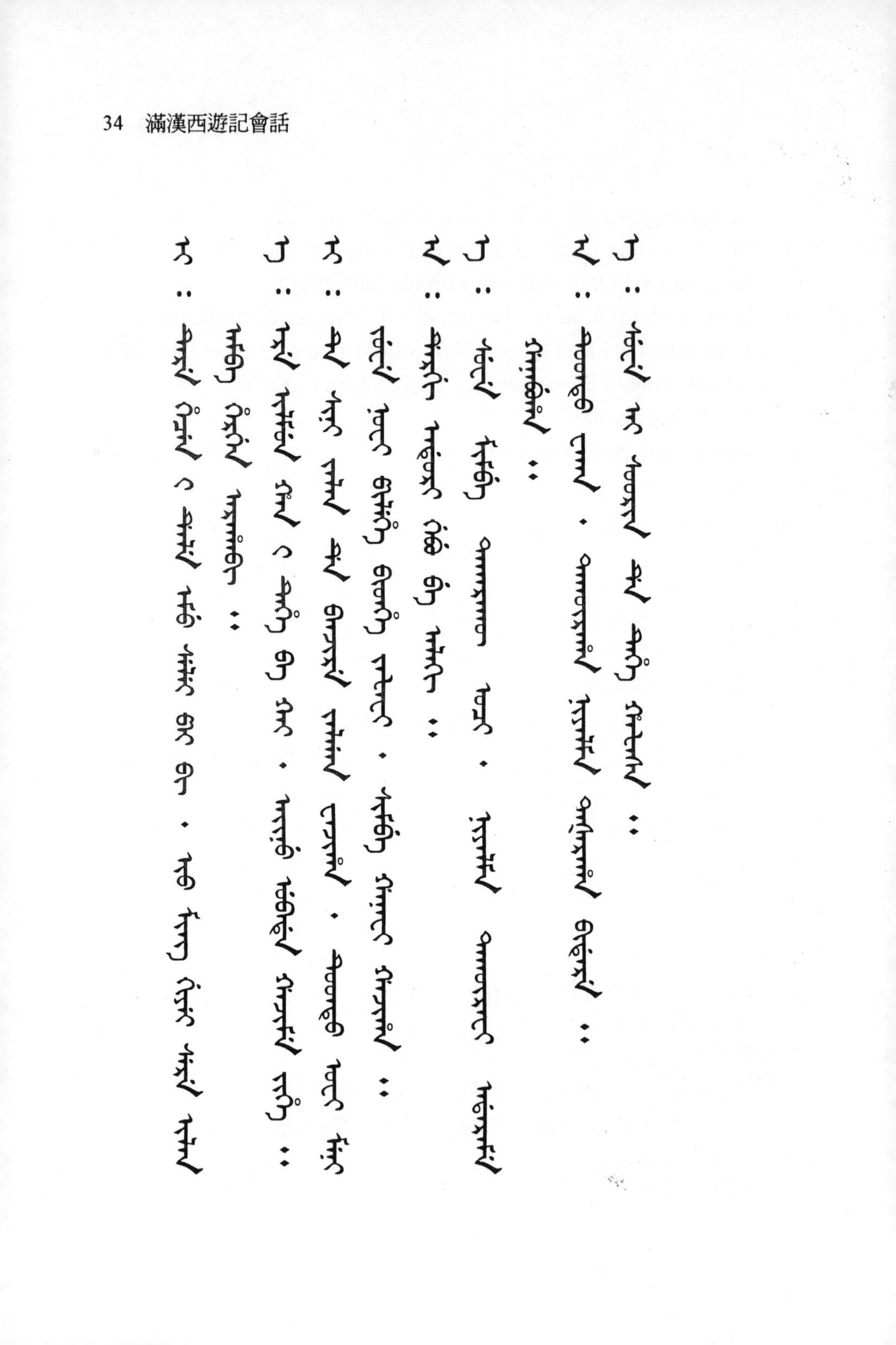

i：tere hecen i dele emu selei pai bi, io ming giyei sere ilan amba hergen arahabi.

e：ere ilmun han i tehe ba kai, ainu ubade gajime jihe?

i：te sini jalan de banjire jalgan wajiha, tuttu ofi meni juwe nofi pilehe bithe jafafi, simbe ganafi gajiha.

a：dergi enduri gebu be alaki.

e：suwe mimbe takarakū oci, niyalma takūrafi adarame ganabuha?

a：tuttu waka, takūraha niyalma tašaraha bidere.

e：suwe ai soorin de tehe hafasa.

---

i：那城上有一鐵牌，書寫幽冥界三個大字。

e：這是閻王居所，何爲帶至此處？

i：你今陽壽已盡，故而我兩人領批勾你來了。

a：上仙請留名。

e：你們既認不得我，怎麼差人來勾我？

a：不敢！想是差人差了。

e：你們是什麼官位？

---

i：那城上有一铁牌，书写幽冥界三个大字。

e：这是阎王居所，何为带至此处？

i：你今阳寿已尽，故而我两人领批勾你来了。

a：上仙请留名。

e：你们既认不得我，怎么差人来勾我？

a：不敢！想是差人差了。

e：你们是什么官位？

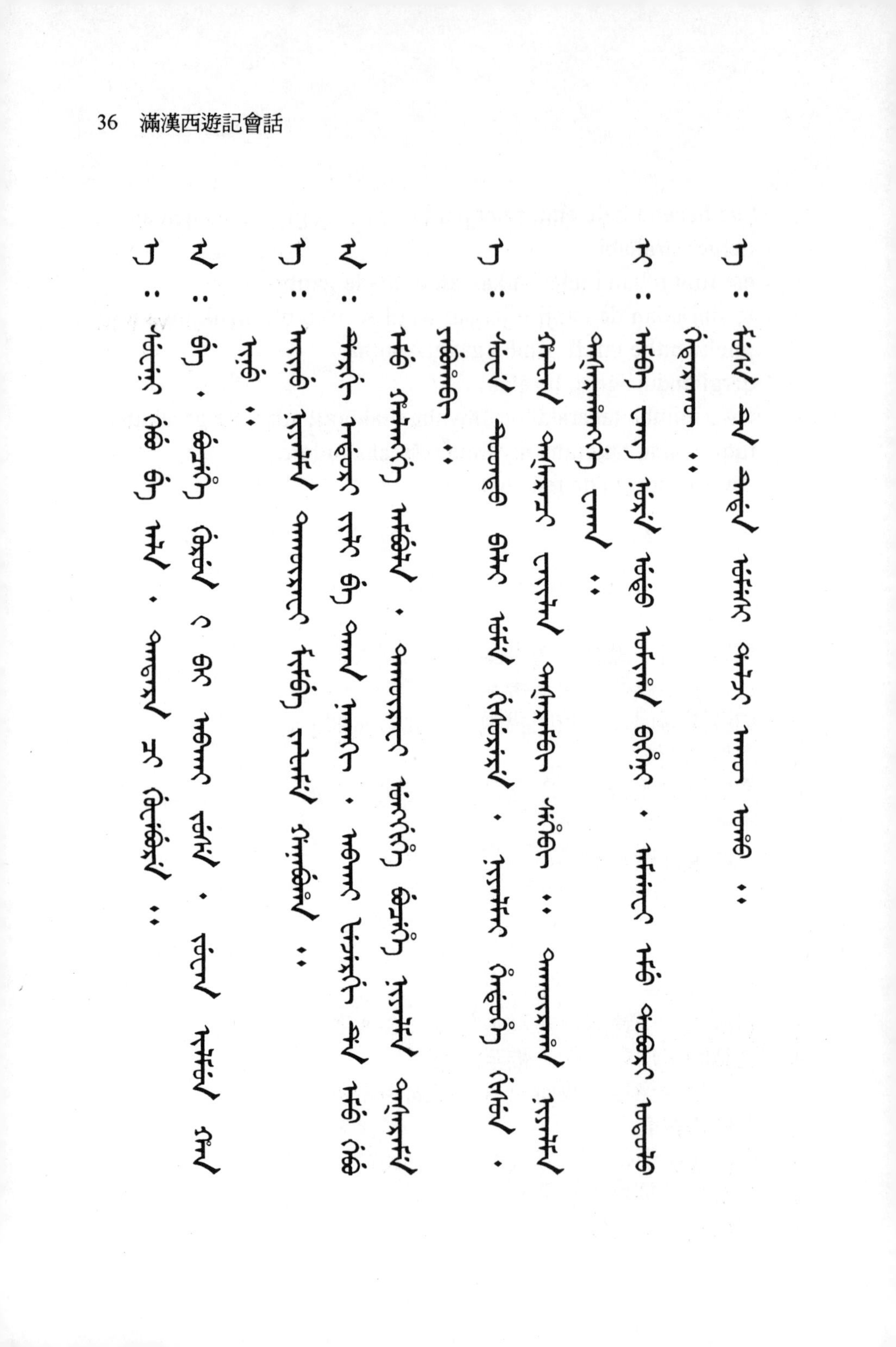

e：suweni gebu be ala, tantara ci guwebure.

a：be, bucehe gurun i bai abkai juse, juwan ilmun han inu.

e：ainu niyalma takūrafi mimbe jafame ganabuha?

a：dergi enduri jili be taka nakaki, abkai fejergi de emu gebu emu halangge ambula, takūrafi unggihe bucehe niyalma tašarame yabuhabi.

e：suwe tuttu balai ume gisurere, niyalmai henduhe gisun, hafan tašaraci wailan tašarambi sehebi. takūraha niyalma tašarahangge waka.

i：amba wang nure udu omiha biheni, amgafi emu dobori otolo geterakū?

e：muse te tede umesi dalji akū oho.

---

e：報上你們名來可免打。

a：我等是陰間天子十殿閻王。

e：爲何著人去拘我？

a：上仙暫且息怒，普天下同名同姓者多，敢是那派去的人弄錯了。

e：你們別那樣胡說，常言道：官差吏差，來人不差。

i：大王吃了多少酒，睡這一夜還不醒來？

e：如今我等不伏那廝管了。

---

e：报上你们名来可免打。

a：我等是阴间天子十殿阎王。

e：为何着人去拘我？

a：上仙暂且息怒，普天下同名同姓者多，敢是那派去的人弄错了。

e：你们别那样胡说，常言道：官差吏差，来人不差。

i：大王吃了多少酒，睡这一夜还不醒来？

e：如今我等不伏那厮管了。

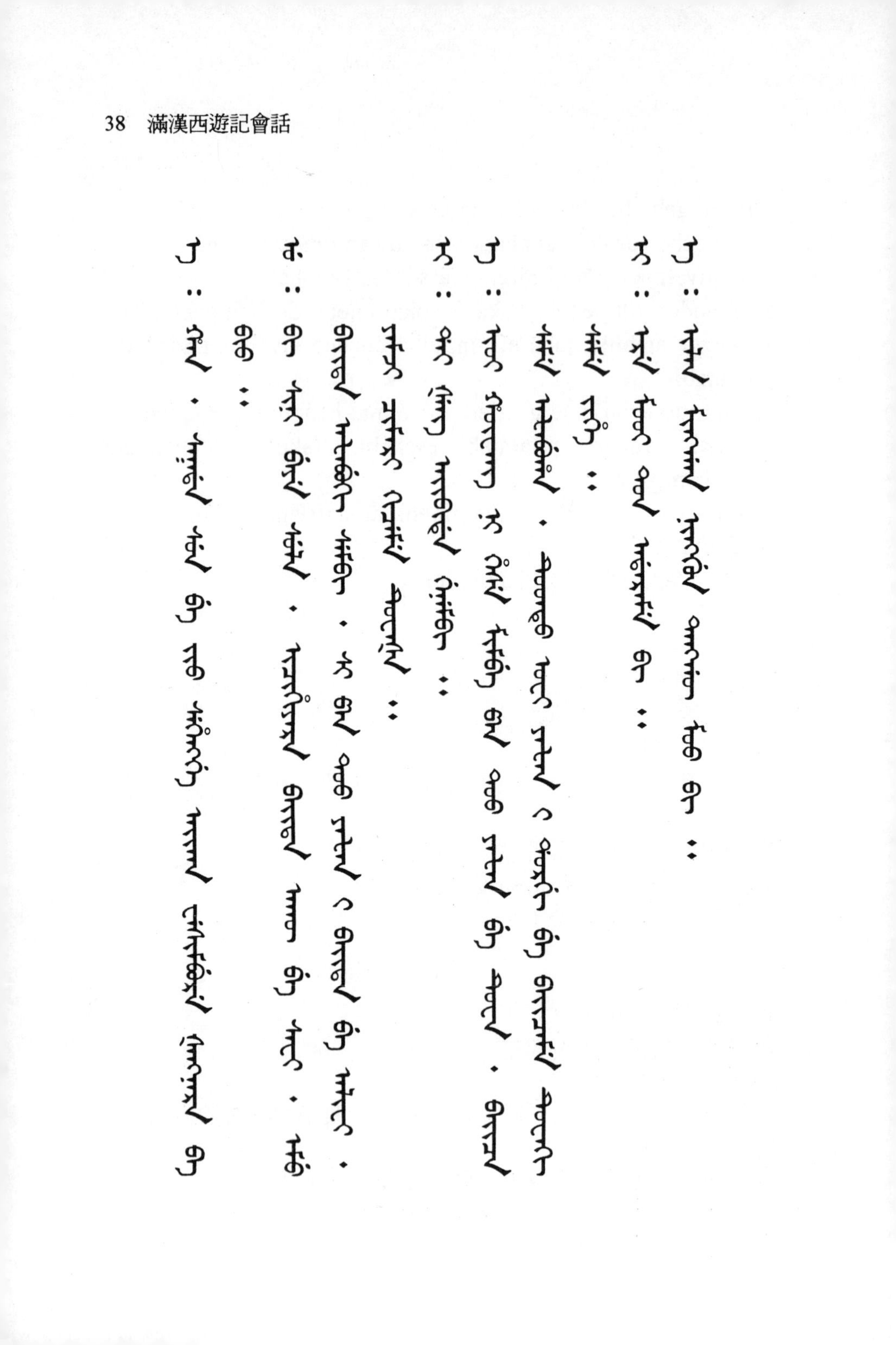

四、蟠桃盛會

e：han, sakda sun be jio sehengge aika wesimbure šangnara ba bio?

u：bi sini beye sula, icihiyara baita akū be safi, emu baita afabuki sembi, si pan too yafan i baita be alifi, yamji cimari kiceme tuwaša.

i：dai šeng aibide genembi?

e：ioi hūwang ni hese mimbe pan too yafan be tuwa, baica seme afabuha, tuttu ofi yafan i dorgi be baicame tuwaki seme jihe.

i：ere mooi ton adarame bi.

e：ilan minggan ninggun tanggū moo bi.

----

e：陛下，召老孫來有何陞賞？

u：朕見你身閒無事，與你一件執事。你且權管那蟠桃園，早晚好生在意。

i：大聖何往？

e：玉帝諭旨著我察看蟠桃園，故來園裡察看。

i：此樹有多少株？

e：有三千六百株。

----

e：陛下，召老孙来有何升赏？

u：朕见你身闲无事，与你一件执事。你且权管那蟠桃园，早晚好生在意。

i：大圣何往？

e：玉帝谕旨着我察看蟠桃园，故来园里察看。

i：此树有多少株？

e：有三千六百株。

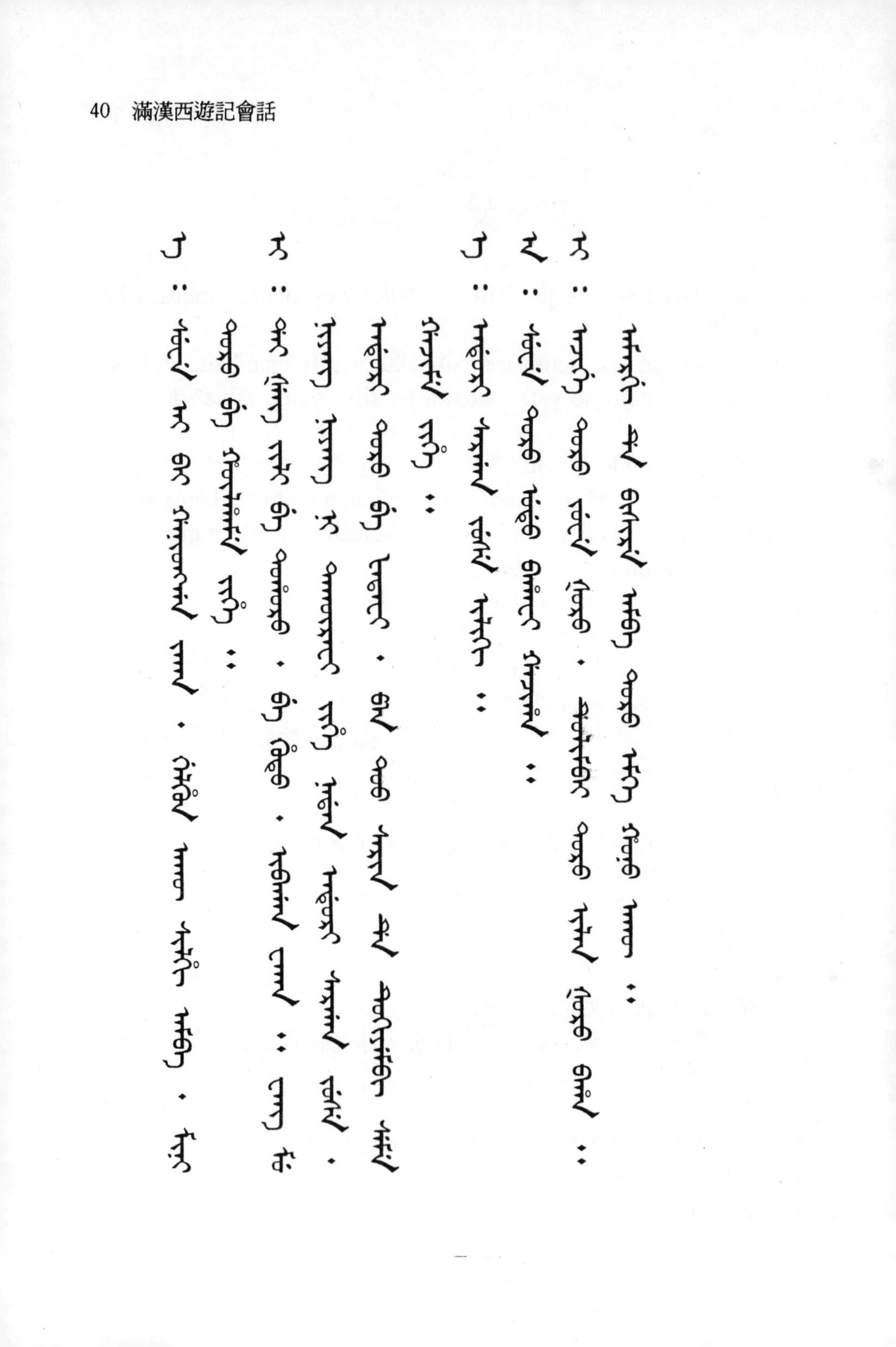

e：suwe ai bai ganiongga jaka, gelhun akū silhi amba, mini toro be hūlhame jihe.

i：dai šeng jili be tohoro, be hutu, ibagan waka. wang mu niyang niyang ni takūrafi jihe nadan enduri sargan juse, enduri toro be fatafi, pan too sarin de tukiyembi seme gajime jihe.

e：enduri sargan juse iliki.

a：suwe toro udu bahafi gajiha?

i：ajige toro juwe šoro, dulimbai toro ilan šoro baha. amargi de bisire amba toro emke hono akū.

---

e：你們是何方怪物，敢大膽偷摘我桃！

i：大聖息怒，我們不是妖怪，是王母娘娘差來的七仙女，摘取仙桃，做蟠桃宴來的。

e：仙女請起。

a：你們摘了多少蟠桃來？

i：小桃兩籃，中桃三籃，後面的大桃一個也沒有。

---

e：你们是何方怪物，敢大胆偷摘我桃！

i：大圣息怒，我们不是妖怪，是王母娘娘差来的七仙女，摘取仙桃，做蟠桃宴来的。

e：仙女请起。

a：你们摘了多少蟠桃来？

i：小桃两篮，中桃三篮，后面的大桃一个也没有。

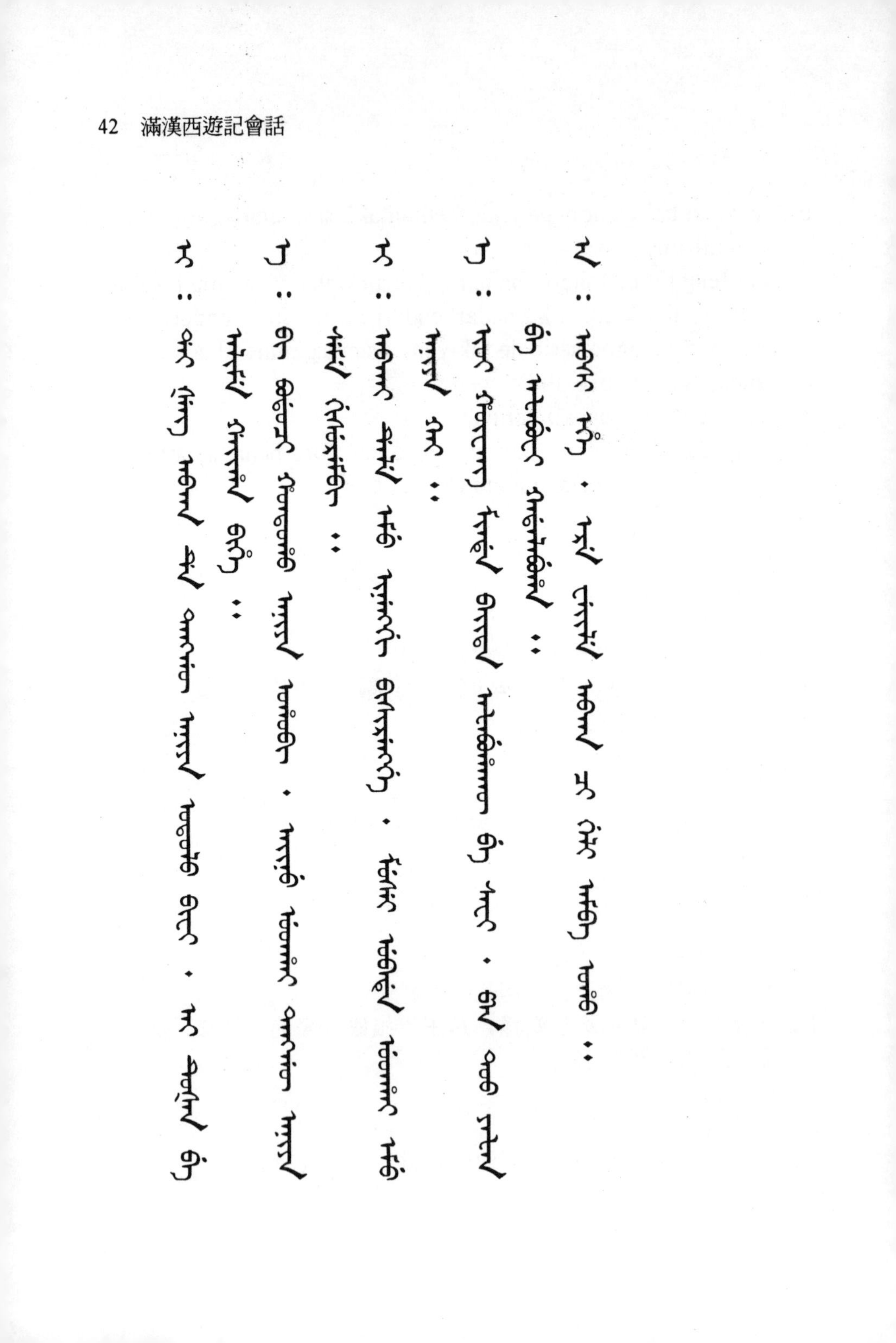

i：dai šeng abka de tanggū aniya otolo bifi, ai tušan be alime gaiha bihe?

e：bi bodoci hontoho aniya ohobi, ainu uthai tanggū aniya seme gisurembi?

i：abkai dele emu inenggi bisirengge, musei ubade uthai emu aniya kai.

e：ioi hūwang minde baita afabuhakū be safi, pan too yafan be afabufi kadalabuha.

a：absi ehe, ere weile abka ci geli amba oho.

---

i：大聖在天上這百十年，曾任何職？
e：我記得纔半年光景，怎麼就說百十年？
i：在天上一日，即在俗們這裡一年。
e：玉帝見我無事，著我看管蟠桃園。
a：不好，這罪比天還大。

---

i：大圣在天上这百十年，曾任何职？
e：我记得纔半年光景，怎么就说百十年？
i：在天上一日，即在咱们这里一年。
e：玉帝见我无事，着我看管蟠桃园。
a：不好，这罪比天还大。

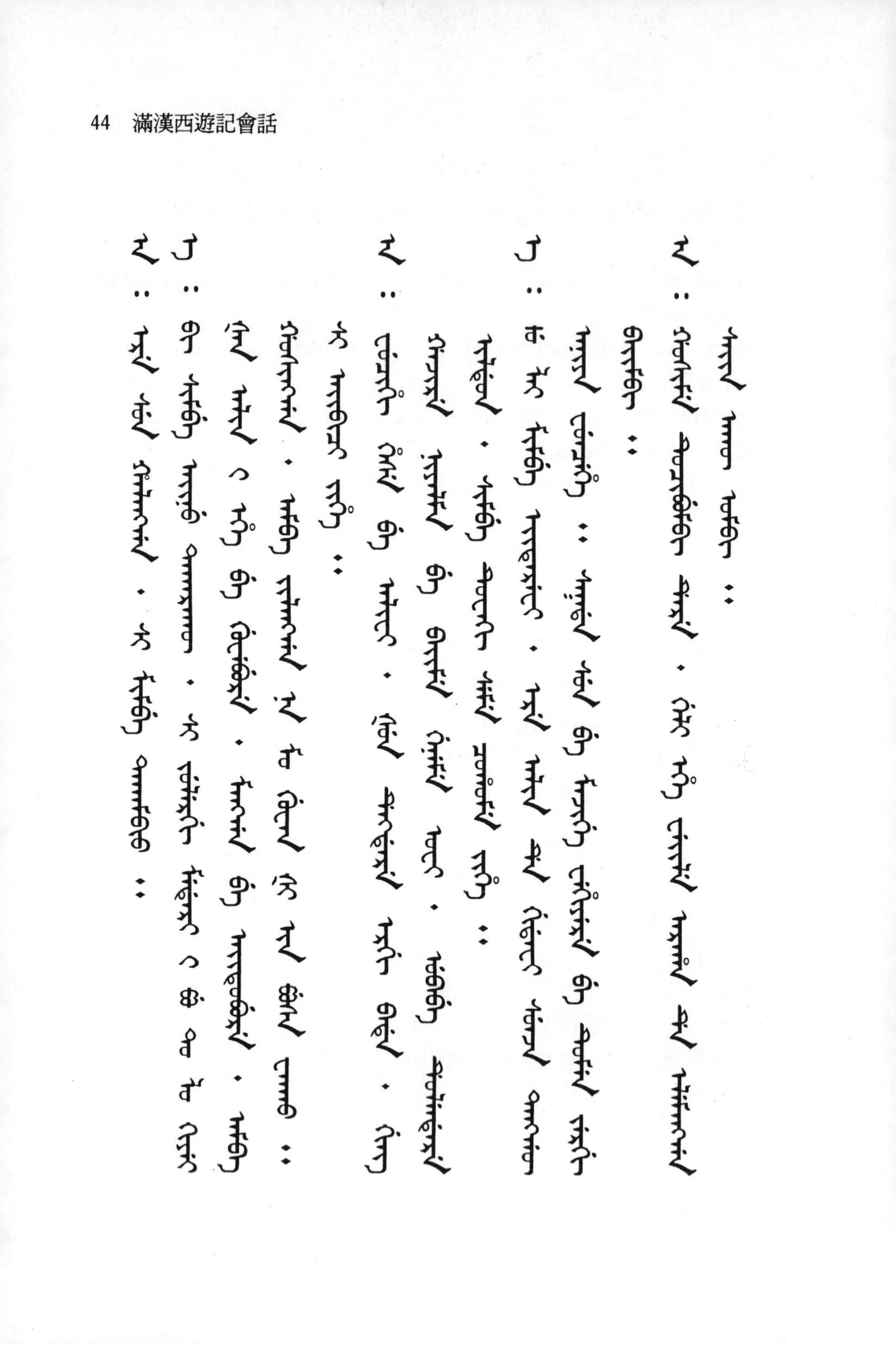

a：ere sun halangga, si mimbe takambio?

e：bi simbe ainu takarakū, si julergi mederi i pu to lo kiyei šan
alin i ehe be guwebure, mangga be aitubure amba gosingga,
amba jilangga na mo guwan ši in pusa wakao. si aibici jihe?

a：fucihi hese be alifi, šun dekdere ergi bade, ging gajire niyalma
be baime geneme ofi, ubabe dulendere ildun, simbe tuwaki
seme cohome jihe.

e：žu lai mimbe eiterefi, ere alin de gidafi sunja tanggū aniya
funcehe, sakda sun be majige wehiyere be tumen jergi
baimbi.

a：gosime tucibumbi dere, geli ehe weile araha de elemangga sain
akū ombi.

---

a：這位姓孫的，你認得我嗎？

e：我怎麼不認得你，你好的是那南海普陀落伽山救苦救難大慈
大悲南無觀世音菩薩，你從哪裡來？

a：我奉佛旨，上東土尋取經人去，從此經過，特來看你。

e：如來哄了我，把我壓在此山，五百餘年了，萬望方便一二，
救老孫一救！

a：救你出來，恐又生禍害，反為不美。

---

a：这位姓孙的，你认得我吗？

e：我怎么不认得你，你好的是那南海普陀落伽山救苦救难大慈
大悲南无观世音菩萨，你从哪里来？

a：我奉佛旨，上东土寻取经人去，从此经过，特来看你。

e：如来哄了我，把我压在此山，五百余年了，万望方便一二，
救老孙一救！

a：救你出来，恐又生祸害，反为不美。

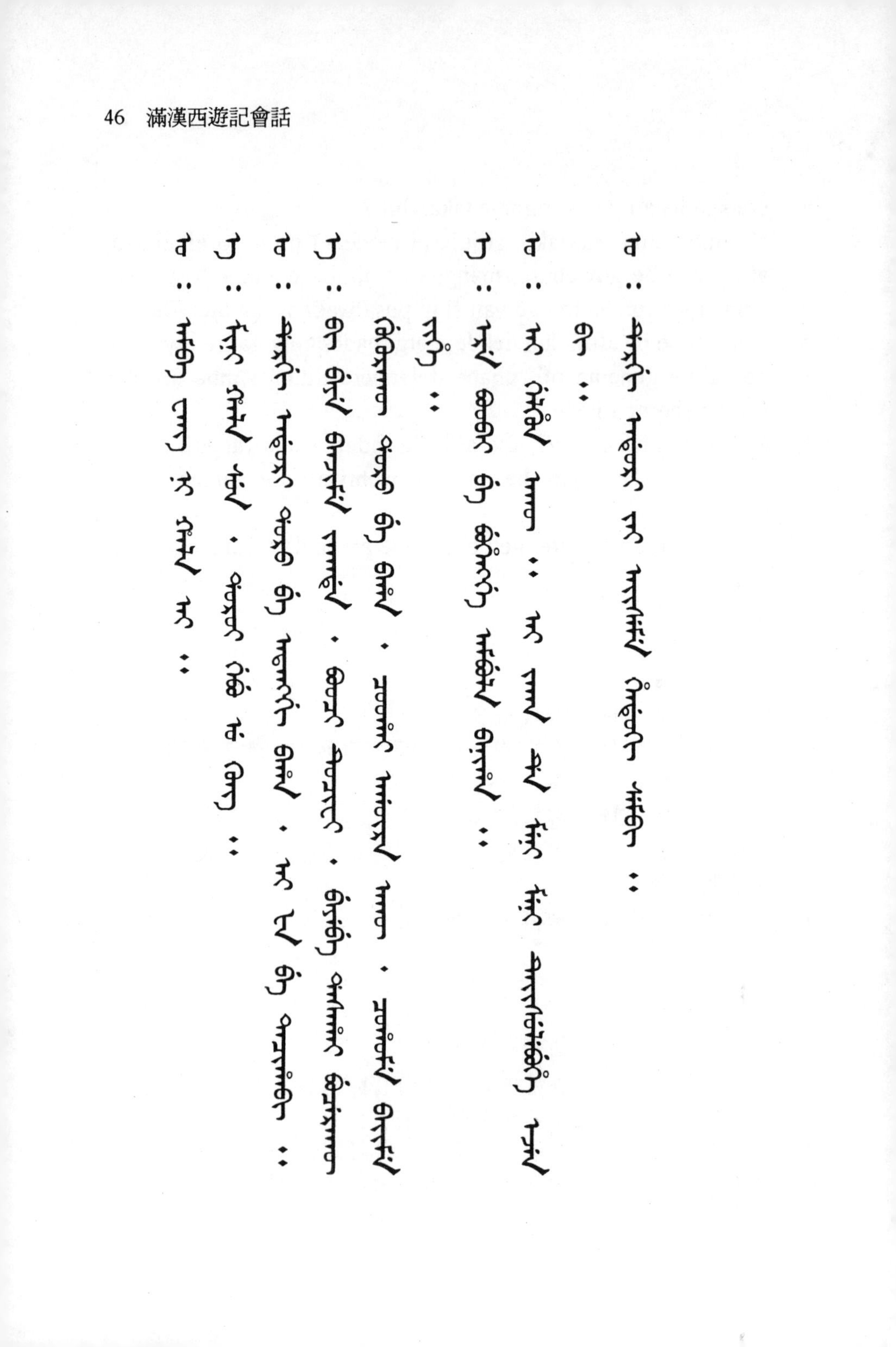

五、休問功名

o：amba wang ni hala ai?

e：mini hala sun, doroi gebu u kung.

o：dergi enduri doro be atanggi baha, ai fa be tacihabi?

e：bi beye banjime jakade, booci tucifi, beyebe dasahai bucerakū gukurakū doro be baha, coohai agūra akū, cohome baime jihe.

e：ere boobai be buhengge ambula baniha.

o：ai gelhun akū, ai jaka de meni meni teisulebuhe ejen bi.

o：dergi enduri jai aiseme henduki sembi?

---

o：大王姓甚？

e：我姓孫，法名悟空。

o：上仙幾時得道，學了什麼法術？

e：我自生身之後，出家修行，得一個無生無滅之體，因無兵器，特來告求。

e：多謝致贈這寶貝。

o：不敢，物各有主。

o：上仙還想說什麼？

---

o：大王姓甚？

e：我姓孙，法名悟空。

o：上仙几时得道，学了什么法术？

e：我自生身之后，出家修行，得一个无生无灭之体，因无兵器，特来告求。

e：多谢致赠这宝贝。

o：不敢，物各有主。

o：上仙还想说什么？

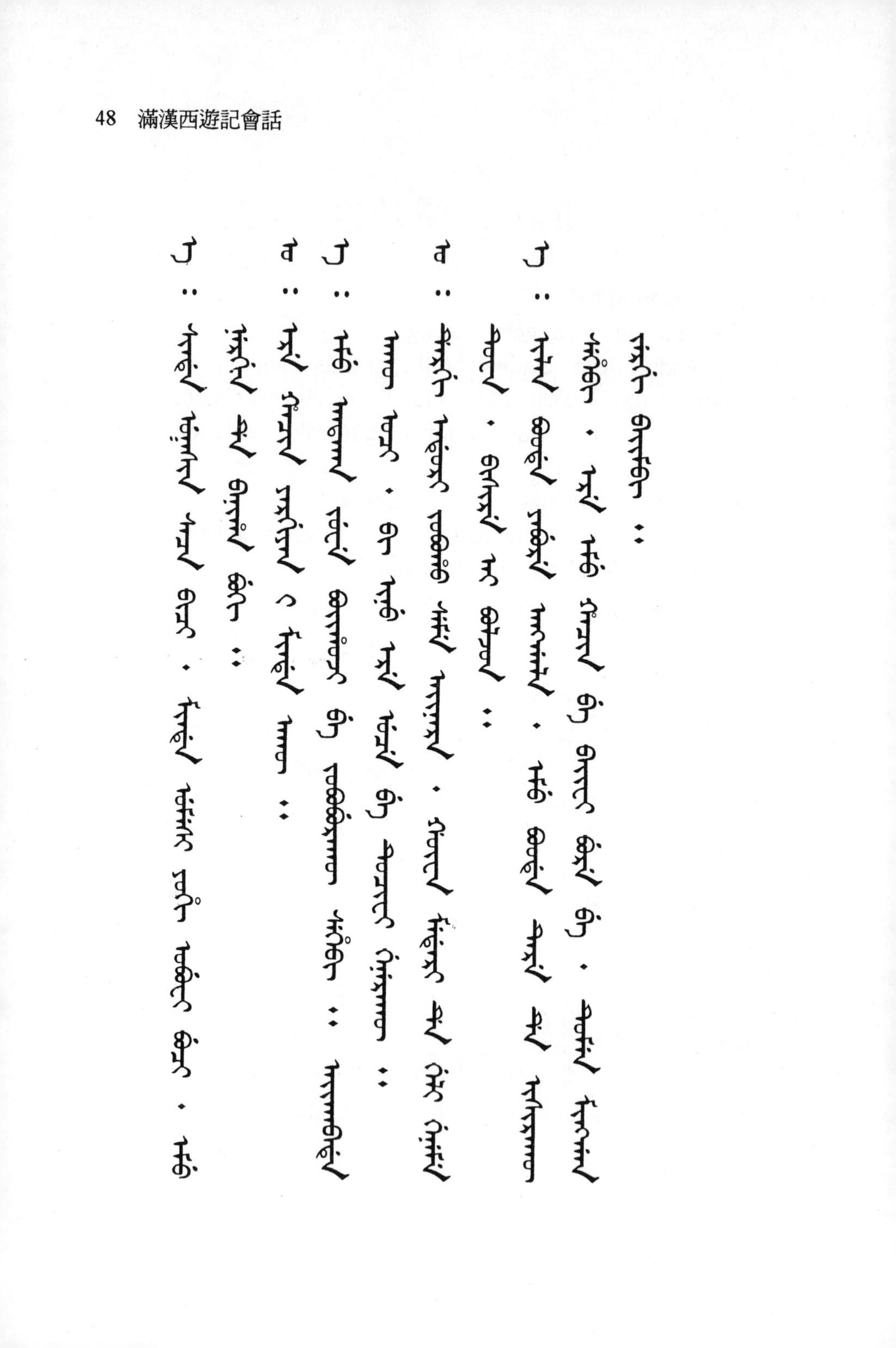

e：sinde uksin saca bici, minde umesi yohi obufi buci, emu nergin
　　de baniha buki.

o：ere hacin yargiyan i minde akū.

e：emu antaka juwe boihoji be joboburakū sehebi. aikabade akū
　　oci, bi inu ere uce be tucifi generakū.

o：dergi enduri joboho seme ainara, gūwa mederi de geli geneme
　　tuwa, bisire ai boljon.

e：ilan boode yabure anggala, emu boode tere de isirakū
　　sehebi.ere emu hacin be baifi bure be, tumen minggan jergi
　　baimbi.

---

e：你這裡若有披掛，索性送我一件，一總奉謝。

o：這個却是沒有。

e：一客不煩二主，若沒有，我也斷不出此門。

o：煩上仙再轉一海，或者有之。

e：走三家不如坐一家，千萬告求一件。

---

e：你这里若有披挂，索性送我一件，一总奉谢。

o：这个却是没有。

e：一客不烦二主，若没有，我也断不出此门。

o：烦上仙再转一海，或者有之。

e：走三家不如坐一家，千万告求一件。

a：ibagan enduri serengge ya inu?
e：uthai sakda sun inu.
a：ere be uthai bi ma wen obu.
e：mini ere bi ma wen serengge ai hafan? ere hafan udu ci jergi?
i：jergi ilhi akū.
e：jergi ilhi akū oci amban i ten de isinaha bio?
i：amban akū, damu jergi de dosire unde.
e：jergi de dosire unde serengge ai be?
i：ere jergi hafan, umesi fere umesi ajigen.

———————

a：妖仙是哪個？
e：老孫便是。
a：就用他做個弼馬溫吧!
e：我這弼馬溫是個甚麼官銜?此官是幾品?
i：沒有品級。
e：沒品級，想是大之極矣？
i：不大，只喚做未入流。
e：怎麼叫做未入流？
i：這種官兒，最低最小。

———————

a：妖仙是哪个？
e：老孙便是。
a：就用他做个弼马温吧!
e：我这弼马温是个甚么官衔?此官是几品?
i：没有品级。
e：没品级，想是大之极矣？
i：不大，只唤做未入流。
e：怎么叫做未入流？
i：这种官儿，最低最小。

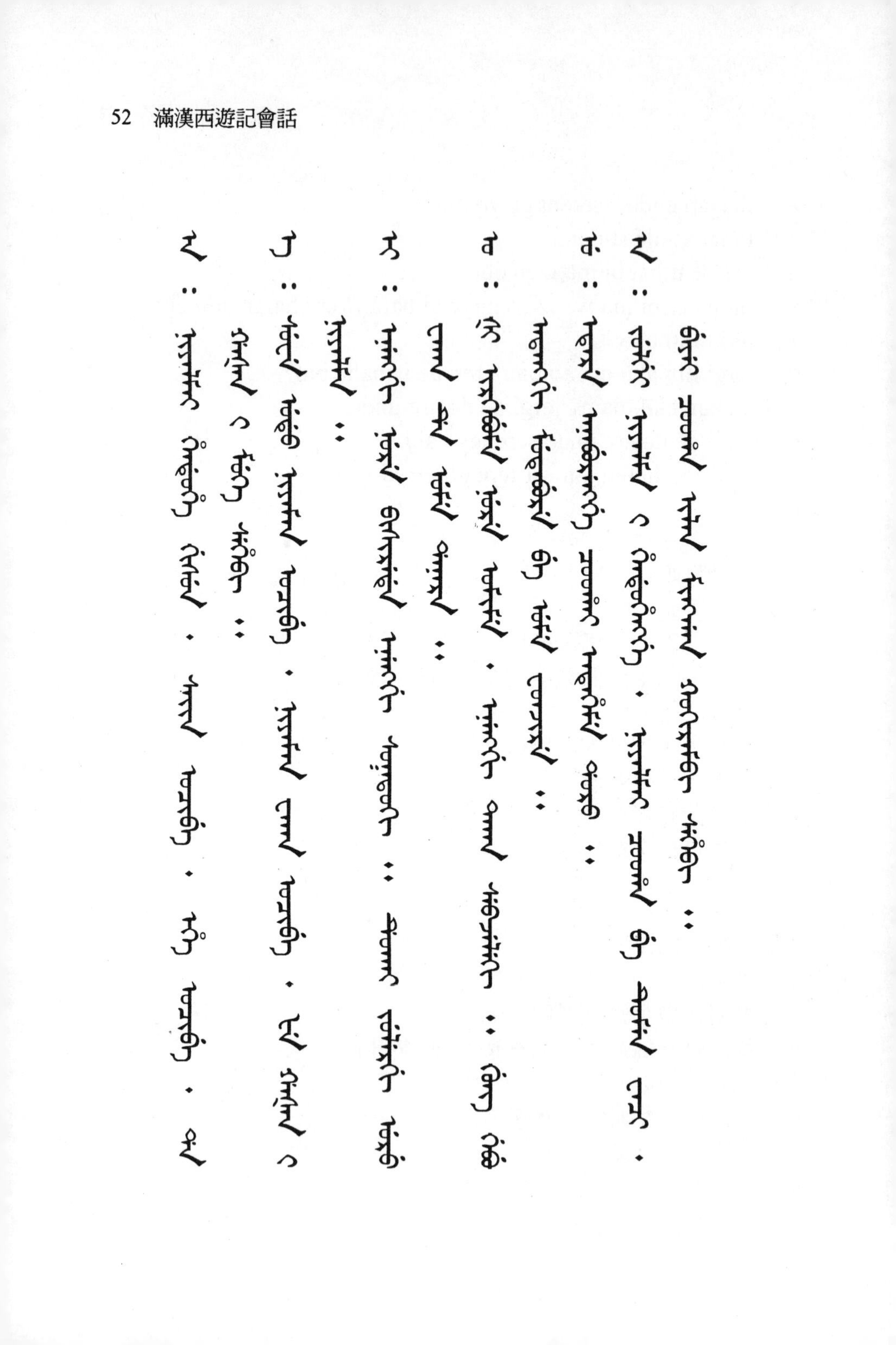

a：niyalmai henduhe gisun, sain ocibe, ehe ocibe, da gašan i muke sehebi.

e：suwe udu niyaman ocibe, niyaman waka ocibe, fe gašan i niyalma.

i：enenggi nure bisirede enenggi soktoki, dukai julergi uru waka de ume danara.

o：ši irgebume nure omime, enenggi taka sebjeleki. gung gebu atanggi mutebure be ume fonjire.

u：etere anaburengge coohai enteheme doro.

a：julgei niyalma i henduhengge, niyalmai cooha be tumen waci, beyei cooha ilan minggan kokirambi sehebi.

---

a：常言道：美不美，鄉中水。

e：你們就是親不親，故鄉人。

i：今朝有酒今朝醉，莫管門前是與非。

o：詩酒且圖今日樂，功名休問幾時成。

u：勝負乃兵家之常。

a：古人云：殺人一萬，自損三千。

---

a：常言道：美不美，乡中水。

e：你们就是亲不亲，故乡人。

i：今朝有酒今朝醉，莫管门前是与非。

o：诗酒且图今日乐，功名休问几时成。

u：胜负乃兵家之常。

a：古人云：杀人一万，自损三千。

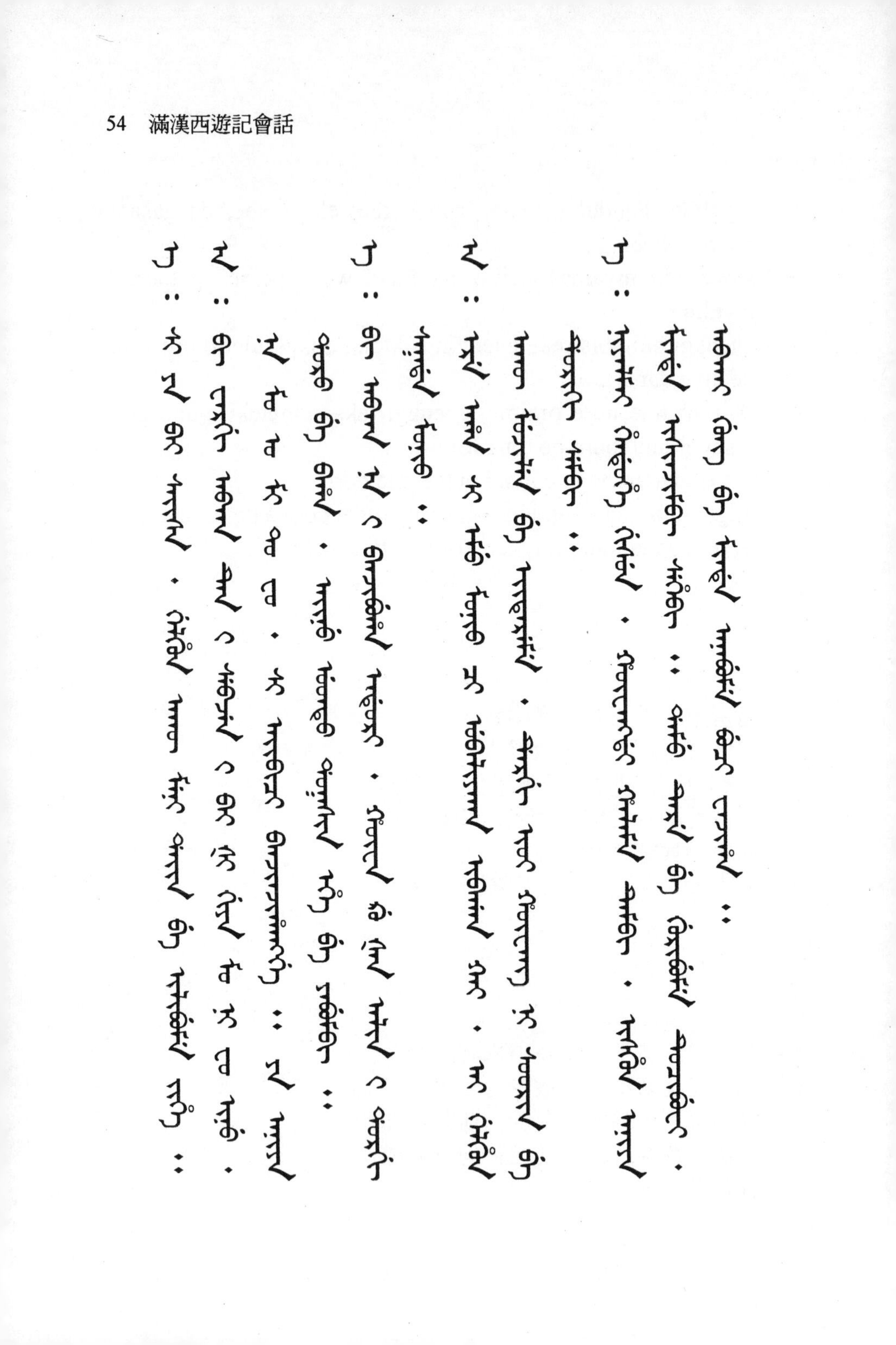

e：si ya bai saisa? gelhun akū meni dain be ilibume jihe.

a：bi wargi abka ten i sebjen i bai ši giya mo ni fo inu, na mo o mi to fo, si aibici banjinjihangge. ya aniya doro be baha, ainu uttu doksin ehe be yabumbi?

e：bi abka na i banjibuha enduri, hūwa g'o šan alin i dorgi sakda monio.

a：ere aha si emu monio ci ubaliyaka ibagan kai, ai gelhun akū mujilen be eitereme, dergi ioi hūwang ni soorin be duriki sembi?

e：niyalmai henduhe gisun, hūwangdi halame tembi, ishun aniya minde isinjimbi sehebi. damu tere be guribume tucibufi, abkai gung be minde anabume buci wajiha.

---

e：你是何方善士，敢來制止我等兵刃相交。

a：我是西方極樂世界釋迦牟尼尊者，南無阿彌陀佛，不知你是生自何方，何年得道，爲何這等暴橫？

e：我本天地生成神仙，花果山中一老猿。

a：你那廝乃是個猴子成精，爲敢欺心，要奪玉皇上帝尊位？

e：常言道：玉帝輪流做，明年輪到我。只教他搬出去，將天宮讓與我，便罷了。

---

e：你是何方善士，敢来制止我等兵刃相交。

a：我是西方极乐世界释迦牟尼尊者，南无阿弥陀佛，不知你是生自何方，何年得道，为何这等暴横？

e：我本天地生成神仙，花果山中一老猿。

a：你那廝乃是个猴子成精，焉敢欺心，要夺玉皇上帝尊位？

e：常言道：玉帝轮流做，明年轮到我。只教他搬出去，将天宫让与我，便罢了。

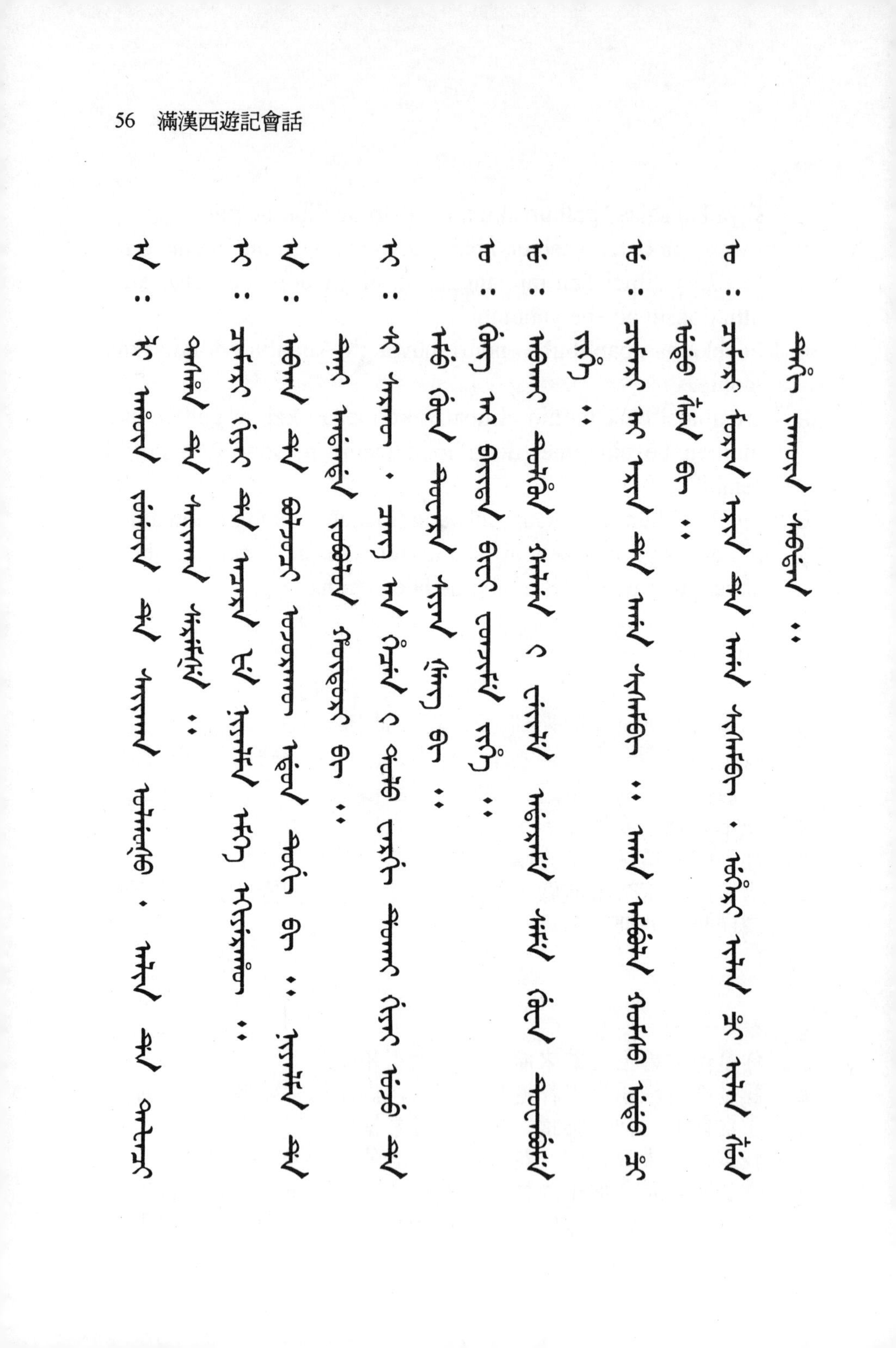

六、夢斬龍王

a：li ahūn jugūn de saikan olgošo, alin de tafaci tasha de saikan seremše.

i：cimari giyai de acara fe niyalma emke ekiyerahū.

a：abka de boljoci ojorakū edun tugi bi. niyalma de teni andande jobolon hūturi bi.

i：si sarkū, cang an hecen i dolo wargi dukai giyai uju de emu guwa tuwara siyan šeng bi.

o：gung ai baita bifi fonjime jihe?

u：abkai tulhun galga i weile adarame seme guwa tuwabume jihe?

u：cimari ai erin de aga sisambi. aga ambula komso udu c'y udu ts'un bi?

o：cimari morin erin de aga sisambi. uheri ilan c'y ilan ts'un dehi jakūn sabdan.

---

a：李兄，路上保重！上山仔細看虎。

i：恐明日街頭少故人！

a：天有不測風雲，人有旦夕禍福。

i：你是不曉得，長安城裡西門街頭上，現有一個賣卦的先生。

o：公來問何事？

u：請卜天上陰晴事如何？

u：明日何時下雨？雨有多少尺寸？

o：明日午時下雨，共得水三尺三寸零四十八滴。

---

a：李兄，路上保重！上山仔細看虎。

i：恐明日街头少故人！

a：天有不测风云，人有旦夕祸福。

i：你是不晓得，长安城里西门街头上，现有一个卖卦的先生。

o：公来问何事？

u：请卜天上阴晴事如何？

u：明日何时下雨？雨有多少尺寸？

o：明日午时下雨，共得水三尺三寸零四十八滴。

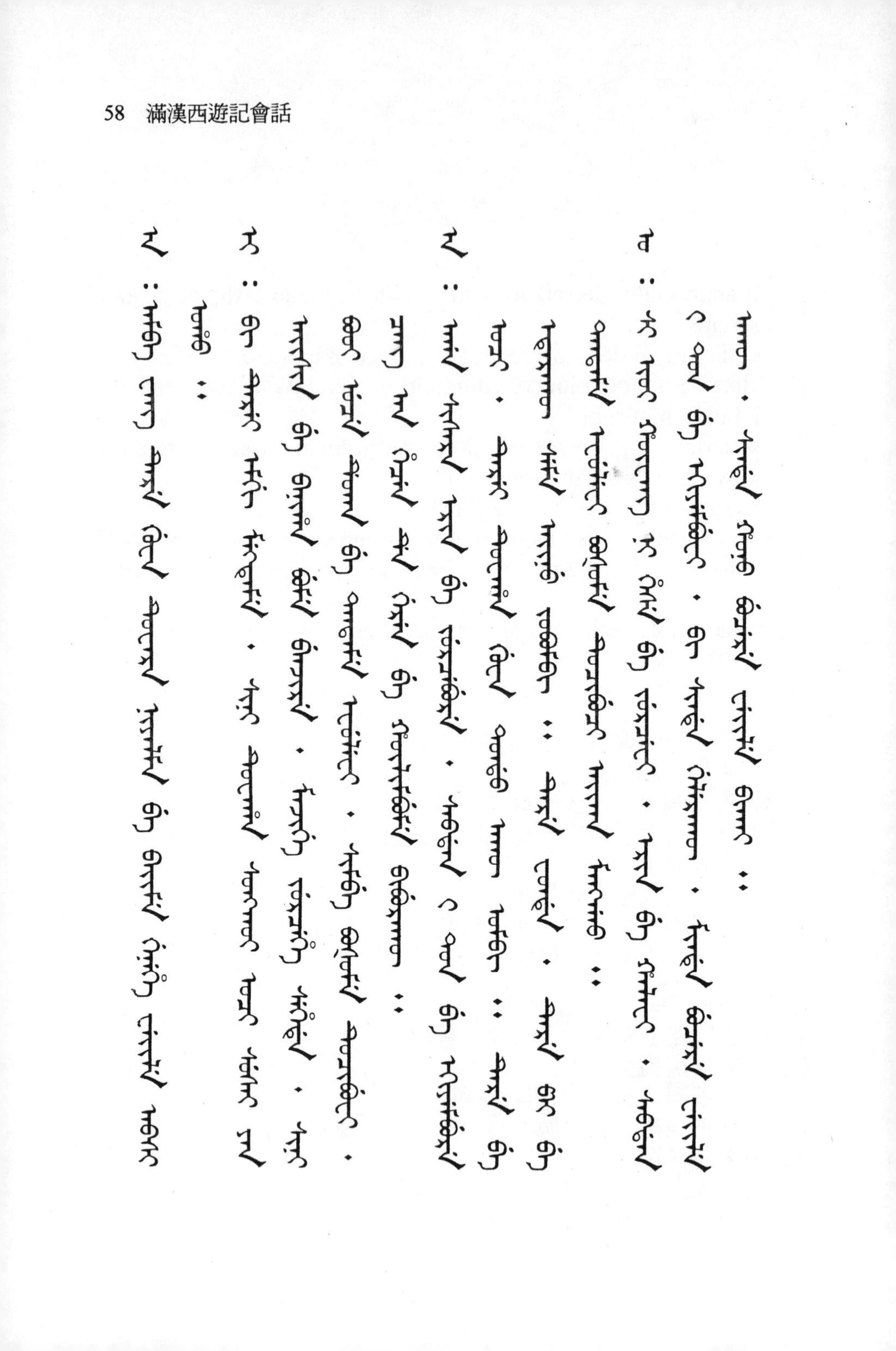

a：amba wang tere guwa tuwara niyalma be baime genehe weile absi oho?

i：bi terei emgi mekteme, sini tuwaha songkoi oci susai yan aisin be baniha bume benjire, majige jurcehe sehede, sini booi uce duka be tantame efulefi, simbe bošome tucibufi, cang an hecen de geren be hūlimbume biburakū.

a：aga sisara erin be jurcebure, sabdan i ton be ekiyembure oci, terei tuwaha guwa tondo akū ombi. tere be eterakū seme ainu jobombi. tere fonde, tere pai be tantame efulefi bošome tucibuci aika manggao?

o：si ioi hūwang ni hese be jurcefi, erin be halafi, sabdan i ton be ekiyembufi, bi sinde gelerakū, minde bucere weile akū, sinde hono bucere weile bikai!

---

a：大王去訪那賣卦的結果如何？

i：我與他打了個賭，若果如你算的，送你謝金五十兩；稍稍有差，就打破你的家門，趕你出去，不許留在長安惑眾。

a：行雨差了時辰，少些點數，就是那廝斷卦不準，怕不贏他？那時碎其招牌，趕他出去，有何難也？

o：你違背玉帝敕旨，改了時辰，尅了點數，我不怕你，我無死罪，只怕你倒有個死罪哩！

---

a：大王去访那卖卦的结果如何？

i：我与他打了个赌，若果如你算的，送你谢金五十两；稍稍有差，就打破你的家门，赶你出去，不许留在长安惑众。

a：行雨差了时辰，少些点数，就是那厮断卦不准，怕不赢他？那时碎其招牌，赶他出去，有何难也？

o：你违背玉帝敕旨，改了时辰，克了点数，我不怕你，我无死罪，只怕你倒有个死罪哩！

a：bi ere dobori emu ferguwecuke tolgin tolgika, emu niyalma jifi mini juleri niyakūrafi hendume, ini beyebe ging ho birai muduri han, abkai fafun be jurcehe turgunde, niyalmai jalan i hafan wei jeng de afabufi wambi seme, sitahūn niyalma de ergen tucibu seme baire jakade, bi angga aljafi unggihe.

o：ere tolgin i songkoi oci, wei jeng be hūlafi gaji, ume tucibure, enenggi be dulembuhe sehede, tolgimbuha muduri be tucibuci ombi.

a：tonio benju, bi mergen king ni emgi emu mudan sindaki.

a：ere jaka aibici jiheni?

u：amban bi teni amgafi tolgin de genefi waha.

---

a：朕夜間得一怪夢：夢見一人，迎面拜謁，口稱是涇河龍王，犯了天條，交付人曹官魏徵處斬，拜告寡人救他，朕已應允。

o：此夢應驗，須喚魏徵來朝，不要放他出門。過此一日，可救夢中之龍。

a：取棋來，朕與賢卿對奕一局。

a：此物何來?

u：是臣剛才盹睡夢中斬的。

---

a：朕夜间得一怪梦：梦见一人，迎面拜谒，口称是泾河龙王，犯了天条，交付人曹官魏征处斩，拜告寡人救他，朕已应允。

o：此梦应验，须唤魏征来朝，不要放他出门。过此一日，可救梦中之龙。

a：取棋来，朕与贤卿对奕一局。

a：此物何来?

u：是臣刚才盹睡梦中斩的。

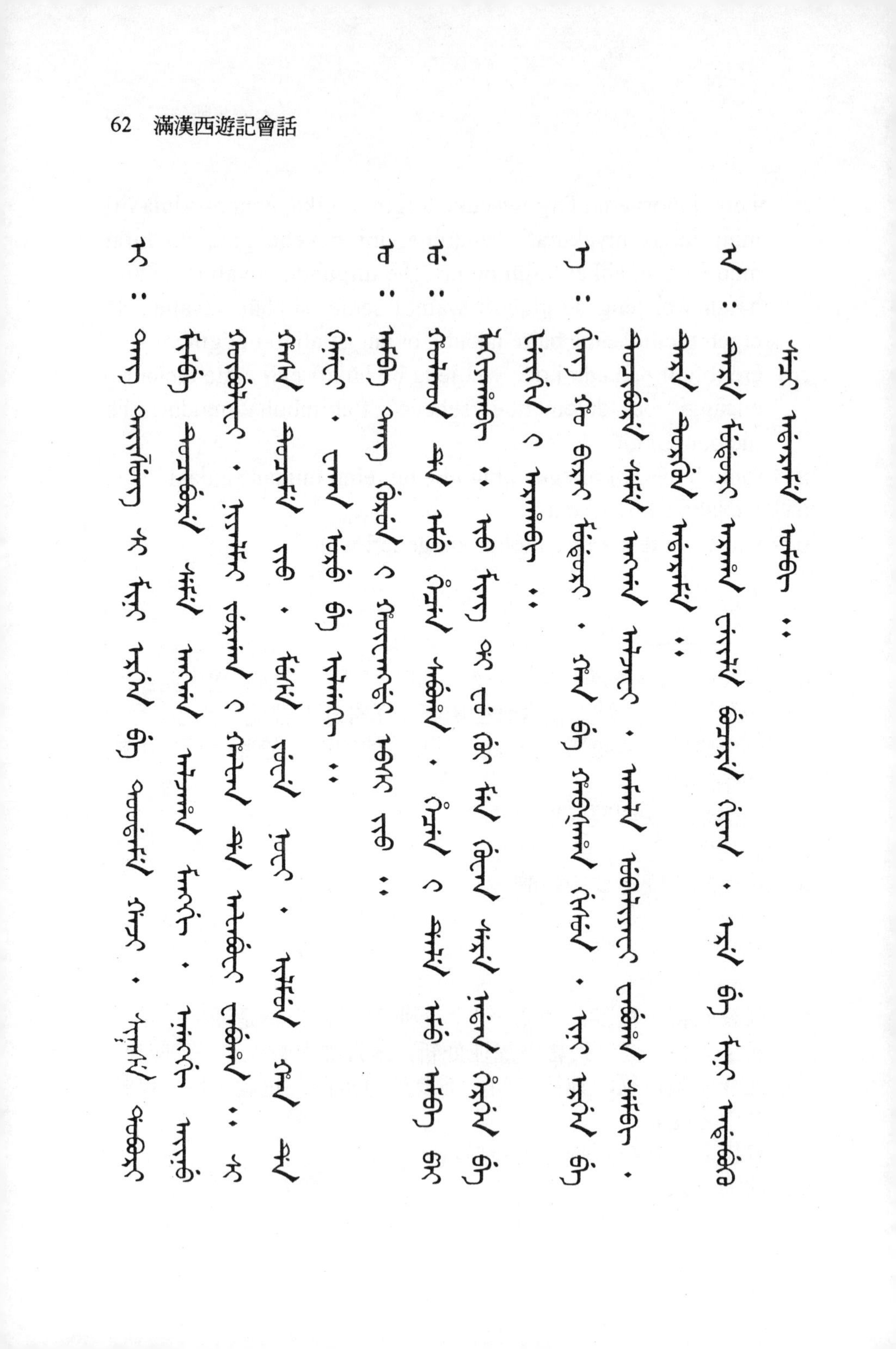

i ： tang taidzung si mini ergen be toodame gaji, sikse dobori mimbe tucibure seme angga aljaha manggi, enenggi ainu kūbulifi, niyalmai jurgan i hafan de afabufi wabuha. si hasa tucime jio, muse juwe nofi, ilmun han de genefi, waka uru be ilgaki.

o ： amba tang gurun i hūwangdi ebsi jio!

u ： holkon de emu hecen sabuha, hecen i dele emu amba pai lakiyahabi. io ming di fu gui men guwan sere nadan hergen be feigin i arahabi.

e ： ging ho birai muduri, han be habšaha gisun, ini ergen be tucibure seme angga aljafi, amala ubaliyafi wabuha sembi, tere turgun adarame?

a ： tere muduri araha weile bucere giyan, ere be mini endebuku seci adarame ombi.

———————

i ：唐太宗！你還我命來！昨夜滿口許諾救我，怎麼今日反宣人曹官來斬我？你速出來!偺們兩人到閻君處析辨！

o ：大唐皇帝，往這邊來！

u ：忽見一座城，城門上掛著一面大牌，上面用飛金寫著「幽冥地府鬼門關」七個字。

e ：涇河龍王告陛下許救而反殺之，其故爲何？

a ：是那龍犯罪當死，豈是朕之過。

———————

i ：唐太宗！你还我命来！昨夜满口许诺救我，怎么今日反宣人曹官来斩我？你速出来!咱们两人到阎君处析辨！

o ：大唐皇帝，往这边来！

u ：忽见一座城，城门上挂着一面大牌，上面用飞金写着「幽冥地府鬼门关」七个字。

e ：泾河龙王告陛下许救而反杀之，其故为何？

a ：是那龙犯罪当死，岂是朕之过。

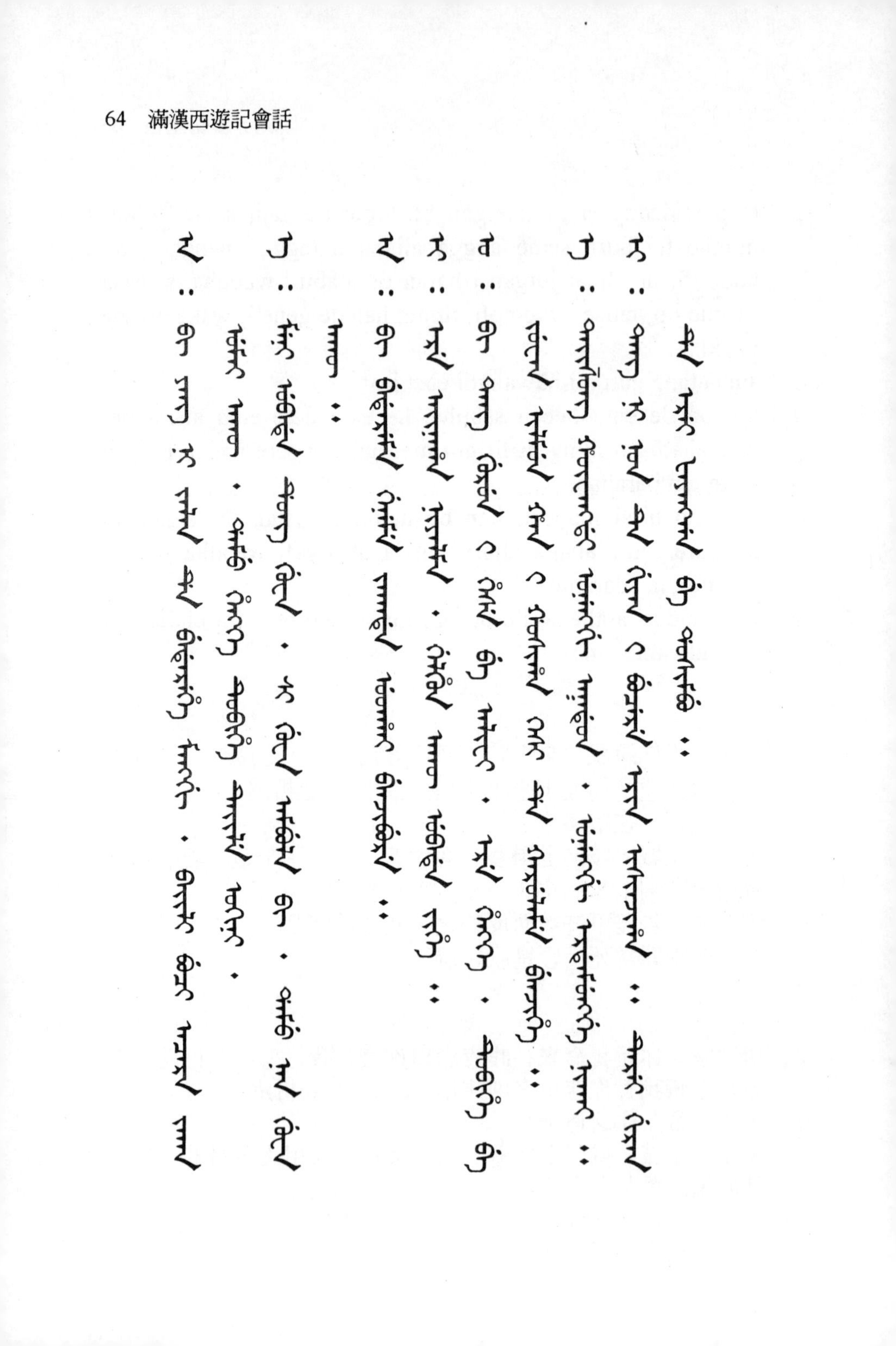

a：bi yang ni jalan de bederehe manggi, baili buci acara jaka umai akū, damu hengke tubihe teile okini.

e：meni ubade dung guwa, si guwa ambula bi, damu nan guwa akū.

a：bi bedereme geneme jakade uthai benjibure.

i：ere ainaha niyalma, gelhun akū ubade jihe?

o：bi tang gurun i hese be alifi, ere hengke, tubihe be juwan ilmun han i gosiha kesi de karulame benjihe.

e：taidzung hūwangdi unenggi akdun, unenggi erdemungge nikai!

i：tang ni non te giyan i bucere erin isinjiha,. terei giran de erei fayangga be dosimbu.

---

a：朕回陽世，無物可酬謝，惟答瓜果而已。

e：我處冬瓜、西瓜頗多，只少南瓜。

a：朕回去即送來。

i：你是甚麼人，敢來此處？

o：我奉唐王旨意，來進瓜果，以謝十殿閻王寬宥之恩。

e：好一個有信有德的太宗皇帝。

i：唐御妹今已該死，你可借他屍首，教他還魂。

---

a：朕回阳世，无物可酬谢，惟答瓜果而已。

e：我处冬瓜、西瓜颇多，只少南瓜。

a：朕回去即送来。

i：你是甚么人，敢来此处？

o：我奉唐王旨意，来进瓜果，以谢十殿阎王宽宥之恩。

e：好一个有信有德的太宗皇帝。

i：唐御妹今已该死，你可借他尸首，教他还魂。

七、大乘佛法

a：ere hasanaha hūwašan, sini tere giya ša de hūda udu baimbi?

e：giya ša de sunja minggan yan, si jang de juwe minggan yan baimbi.

a：ede ai sain ba bifi, uttu wesihun?

e：ere giya ša de sain ba inu bi, sain akū ba inu bi. hūda gaijare ba inu bi, hūda gaijarakū ba inu bi.

a：sain serengge ai be, sain akū serengge ai be?

e：mini ere giya ša be etuhe sehede, bucehe gurun i bade dosinarakū, nai loo de tuhenerakū, ehe sui de ucararakū, tasha、niohe i jobolon de teisulerakū. ere be sain sembi.

———————

a：這癩和尚，你那袈裟要賣多少錢?

e：袈裟價值五千兩，錫杖價值二千兩。

a：有何好處，這般值錢？

e：這袈裟有好處，也有不好處；有要錢處，也有不要錢處。

a：好是何謂好？不好又是何謂不好？

e：穿了我這袈裟，不入沉淪，不墮地獄，不遭惡毒之難，不遇虎狼之災，便是好處。

———————

a：这癞和尚，你那袈裟要卖多少钱?

e：袈裟价值五千两，锡杖价值二千两。

a：有何好处，这般值钱？

e：这袈裟有好处，也有不好处；有要钱处，也有不要钱处。

a：好是何谓好？不好又是何谓不好？

e：穿了我这袈裟，不入沉沦，不堕地狱，不遭恶毒之难，不遇虎狼之灾，便是好处。

e：dosi, dufe jobolon de amuran, mentuhun hūwašan, bolhomirakū targarakū, hūwašan sa ging be wakašara, fucihi be ehecure, jalan i niyalma mini ere giya ša be saburengge inu mangga, ere be sain akū sembi.

a：hūda gaimbi serengge ai be. hūda gaijarakū serengge ai be?

e：fucihi i fafun be gingguleme daharakū, ilan boobai be gingguleraku, ere giya ša, si jang be etenggileme gidašame udaki serengge de, urunakū nadan minggan yan gaimbi, erebe hūda gaijarangge sembi.

a：bi ere juwe hacin i boobai be udame gaifi, siowan juwang de bufi etubuki sembi.

e：yadara hūwašan tede hūda gaijarakū, bai bure be buyere.

---

e：若是貪淫樂禍的愚僧，不齋不戒的和尚，毀經謗佛的凡夫，見我這袈裟也難，這便是不好處。

a：何謂要錢，何謂不要錢？

e：不尊佛法，不敬三寶，強買此袈裟、錫杖者，定要賣他七千兩，這便是要錢。

a：我買這兩件寶物，賜給玄奘穿用。

e：貧僧情願送他，決不要錢。

---

e：若是貪淫乐祸的愚僧，不斋不戒的和尚，毁经谤佛的凡夫，见我这袈裟也难，这便是不好处。

a：何谓要钱，何谓不要钱？

e：不尊佛法，不敬三宝，强买此袈裟、锡杖者，定要卖他七千两，这便是要钱。

a：我买这两件宝物，赐给玄奘穿用。

e：贫僧情愿送他，决不要钱。

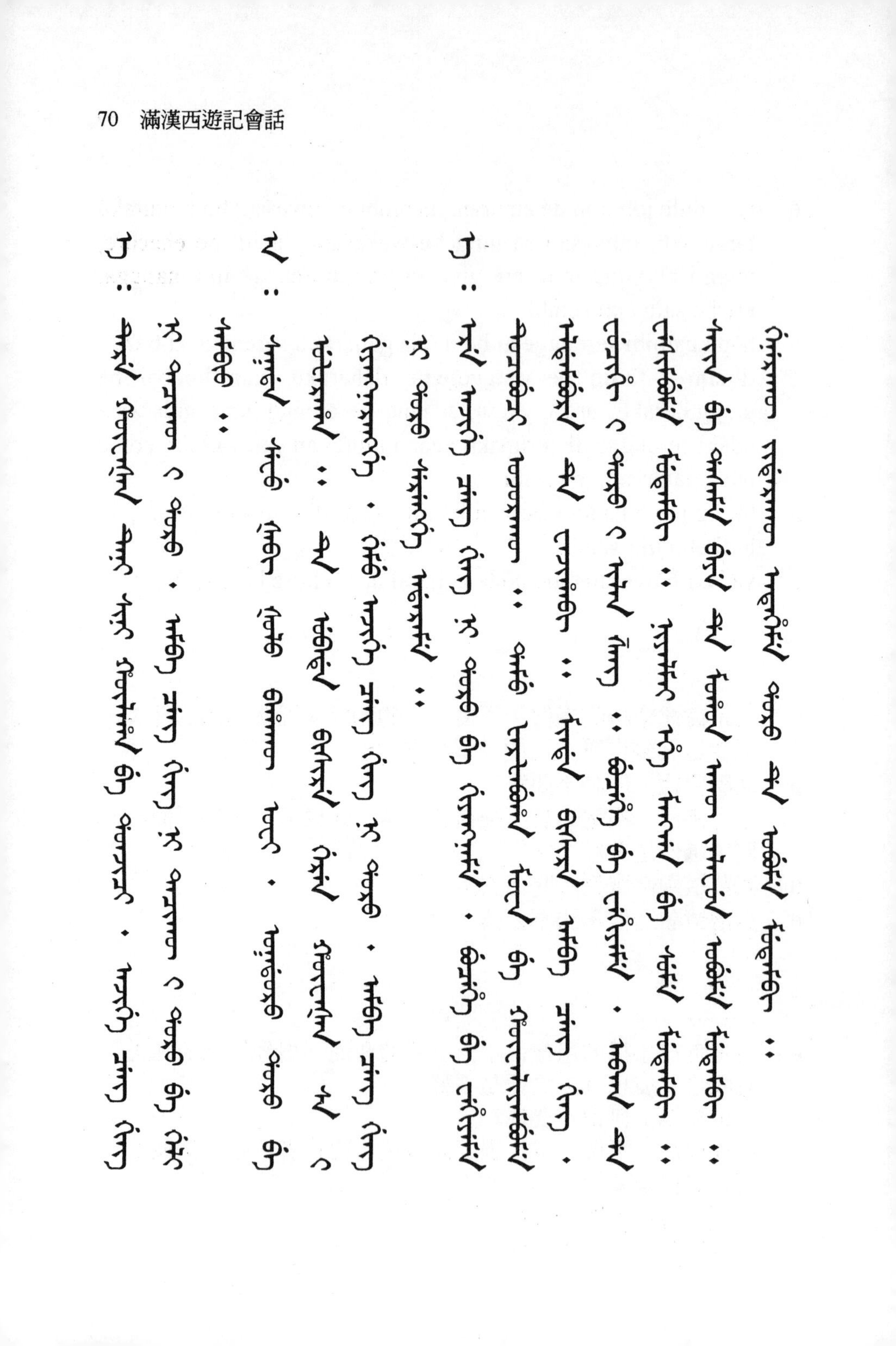

e ： tere hūwašan teni sini hūlaha be donjici, ajige ceng ging ni tacikū i doro, amba ceng ging ni tacikū i doro be geli sambio?

a ： sakda sefu šabi šolo bahakū ofi, okdoro doro be ufaraha. te ubade bisire geren hūwašan sa i giyangnarangge, gemu ajige ceng ging ni doro, amba ceng ging ni doro serengge adarame?

e ： ere ajige ceng ging ni doro be giyangname, bucehe be wehiyeme tucibuci ojorakū. damu farfabuha muwa be hūwaliyambume eldembure de wajihabi. minde bisire amba ceng ging, fucihi i doro i ilan dzang, bucehe be wehiyeme abka de wesimbume mutembi. niyalmai ehe mangga be sume mutembi, sain be dasame beye de mohon akū jalafun obume mutembi, generakū jiderakū enteheme doro de obume mutembi.

---

e ： 那和尚！剛才聽你談小乘教法，可又知大乘教法嗎？

a ： 老師父！弟子無暇，有失遠迎。現在本地的眾僧人講的都是小乘教法，却不知大乘教法如何？

e ： 所講這小乘教法，度不得亡者超昇，只可指點迷津而已。我有大乘佛法三藏，能超度亡者昇天，能度難者脫苦，能修無量壽身，能作無去無來永久之法。

---

e ： 那和尚！刚才听你谈小乘教法，可又知大乘教法吗？

a ： 老师父！弟子无暇，有失远迎。现在本地的众僧人讲的都是小乘教法，却不知大乘教法如何？

e ： 所讲这小乘教法，度不得亡者超升，只可指点迷津而已。我有大乘佛法三藏，能超度亡者升天，能度难者脱苦，能修无量寿身，能作无去无来永久之法。

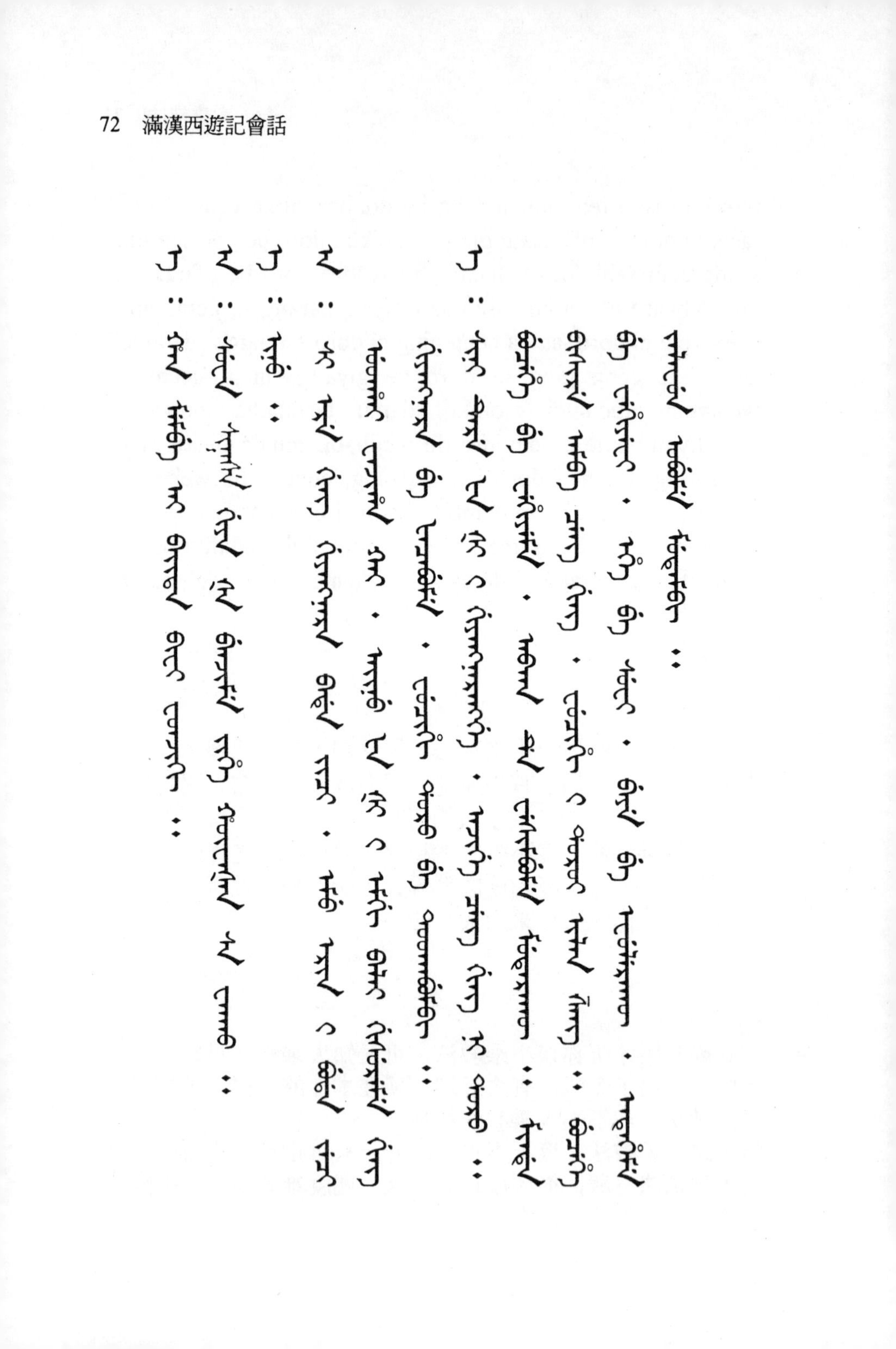

e：han membe ai baita bifi fonjiki?

a：suwe sikse giya ša benjime jihe hūwašan sa wakao?

e：inu.

a：si ere ging giyangnara bade jici, emu erin i buda jeci uthai wajiha kai, ainu fa ši i emgi balai gisureme ging giyangnara be facabume, fucihi doro be tookabumbi?

e：sini tere fa ši i giyangnarangge, ajige ceng ging ni doro. bucehe be wehiyeme, abka de wesimbume muterakū. minde bisire amba ceng ging, fucihi i doroi ilan dzang, bucehe be wehiyefi, ehe be sufi, beye be efulerakū, enteheme jalafun obume mutembi.

---

e：陛下有何事問我們？

a：你們不是昨天來送袈裟的和尚嗎？

e：正是。

a：你既來此講經處，只該吃頓齋飯便了，為何與法師亂講，擾亂講經，躭誤佛事？

e：你這法師講的是小乘教法，度不得亡者昇天，我有大乘佛法三藏，可以度亡脫苦，壽身不壞。

---

e：陛下有何事问我们？

a：你们不是昨天来送袈裟的和尚吗？

e：正是。

a：你既来此讲经处，只该吃顿斋饭便了，为何与法师乱讲，扰乱讲经，躭误佛事？

e：你这法师讲的是小乘教法，度不得亡者升天，我有大乘佛法三藏，可以度亡脱苦，寿身不坏。

八、西天路遠

a：šabi wargi abkai jugūn ai uttu yabuci mangga ni? bi cang an i babe bodoci niyengniyeri wajime, juwari isinjimbi.bolori duleme, tuweri jimbihe. te ere duin sunja aniya otolo ainu uttu isinarakū?

e：muse amba duka be hono tucikekūbi.

i：deo si sarkū, muse kemuni tanggūli dolo šurdeme yabumbi.

a：ere gese amba tanggūli geli bio?

o：balai ume gisurere, damu mimbe dahame yabu.

e：sefu tuttu ume gūnire, mujilen ume joboro.

---

a：徒弟呀！西天之路怎麼這等難行呢？我算計著長安地方，春盡夏來，秋殘冬至，如今已有四、五個年頭，怎麼還不能到達？

e：俺們還不曾出大門哩！

i：兄弟！你不知道，俺們還在堂屋裡轉哩！

a：哪裡又有這般大堂屋？

o：別胡說，只管跟著我走路。

e：師父不必這樣罣念，少要心焦。

---

a：徒弟呀！西天之路怎么这等难行呢？我算计着长安地方，春尽夏来，秋残冬至，如今已有四、五个年头，怎么还不能到达？

e：咱们还不曾出大门哩！

i：兄弟！你不知道，咱们还在堂屋里转哩！

a：哪里又有这般大堂屋？

o：别胡说，只管跟着我走路。

e：师父不必这样罣念，少要心焦。

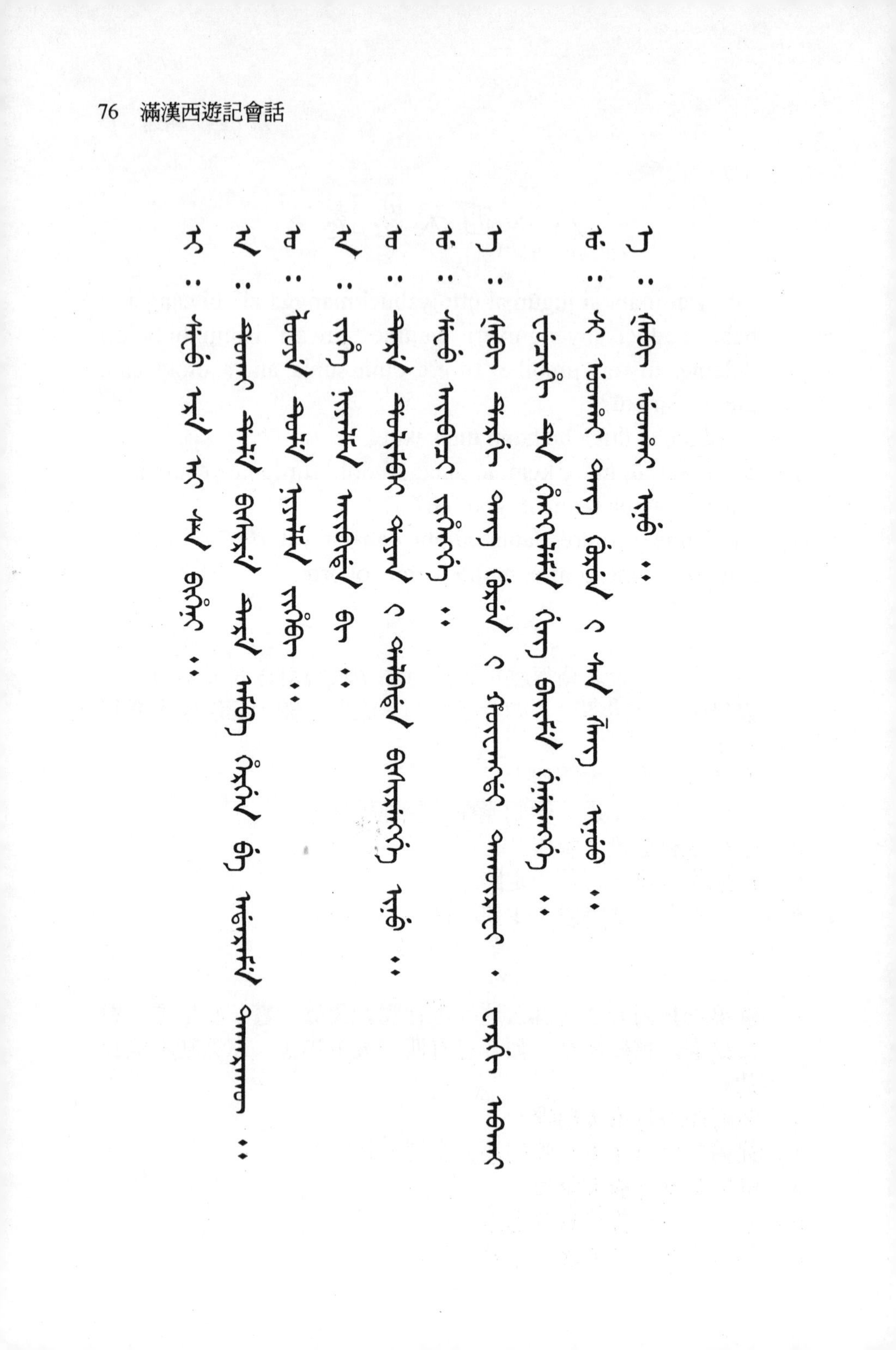

i : sefu ere ai sy biheni?
a : dukai dele bisire tere amba hergen be adarame takarakū?
o : looye tule niyalma jihebi.
a : jihe niyalma aibide bi?
o : tere dulimbai diyan i dalbade bisirengge inu.
u : sefu aibici jihengge?
e : šabi dergi tang gurun i hūwangdi takūrafi, wargi abkai fucihi de hengkileme ging baime generengge.
u : si uthai tang gurun i san dzang inuo?
e : šabi uthai inu.

---

i : 師父，這是座什麼寺？
a : 門上有那般大字，如何不認得？
o : 老爺，外面有人來了。
a : 來的人在哪里？
o : 在那正殿旁邊的便是。
u : 師父是從哪裡來的？
e : 弟子是受東土大唐皇帝差遣，上西天拜佛求經的。
u : 你就是那唐三藏嗎？
e : 弟子便是。

---

i : 师父，这是座什么寺？
a : 门上有那般大字，如何不认得？
o : 老爷，外面有人来了。
a : 来的人在哪里？
o : 在那正殿旁边的便是。
u : 师父是从哪里来的？
e : 弟子是受东土大唐皇帝差遣，上西天拜佛求经的。
u : 你就是那唐三藏吗？
e : 弟子便是。

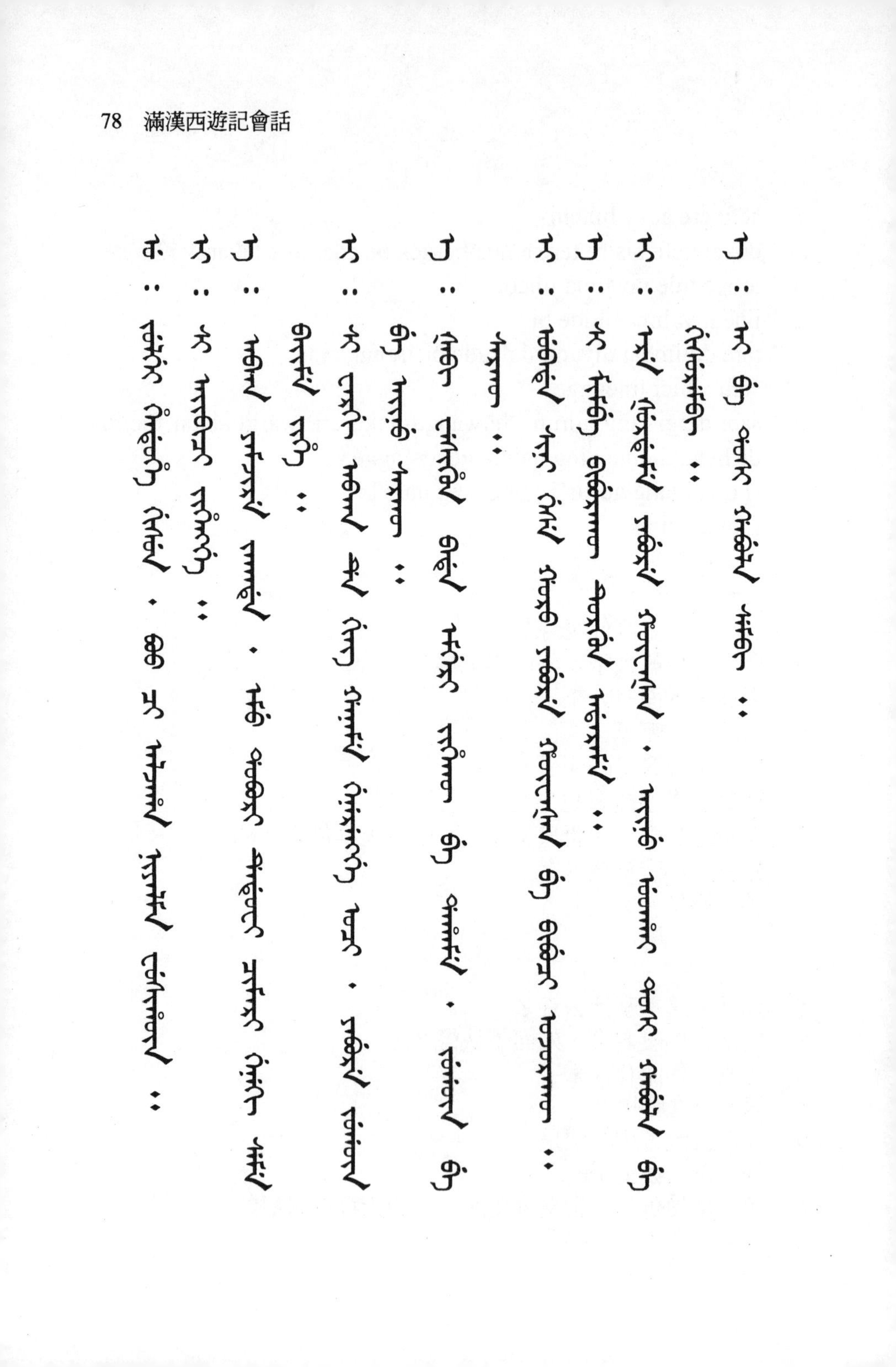

u：julgei henduhe gisun, boo ci aljaha niyalma fusihūn.
i：si aibici jihengge?
e：abka yamjire jakade, emu dobori dedufi cimari geneki seme baime jihe.
i：si wargi abka de ging ganame generengge oci, yabure jugūn be ainu sarkū?
e：šabi wesihun bade emgeri jihekū be dahame, jugūn be sarkū.
i：ubade sini gese goro yabure hūwašan be bibuci ojorakū.
e：si mimbe biburakū turgun adarame?
i：ere šurdeme yabure hūwašan, ainu uthai dosi gabula be gisurembi?
e：ai be dosi gabula sembi?

―――――――

u：常言道：人離鄉賤。
i：你是從哪裡來的？
e：天晚了，求借一宿，明日就走了。
i：你既往西天取經，怎麼不知道走的路？
e：弟子因爲沒來過貴處，所以不知道路。
i：我這裡不便留你這般遠行的和尙。
e：你不留我？却是何故？
i：你這遊方和尙，怎麼就油嘴滑舌的說話？
e：什麼是油嘴滑舌？

―――――――

u：常言道：人离乡贱。
i：你是从哪里来的？
e：天晚了，求借一宿，明日就走了。
i：你既往西天取经，怎么不知道走的路？
e：弟子因为没来过贵处，所以不知道路。
i：我这里不便留你这般远行的和尚。
e：你不留我？却是何故？
i：你这游方和尚，怎么就油嘴滑舌的说话？
e：什么是油嘴滑舌？

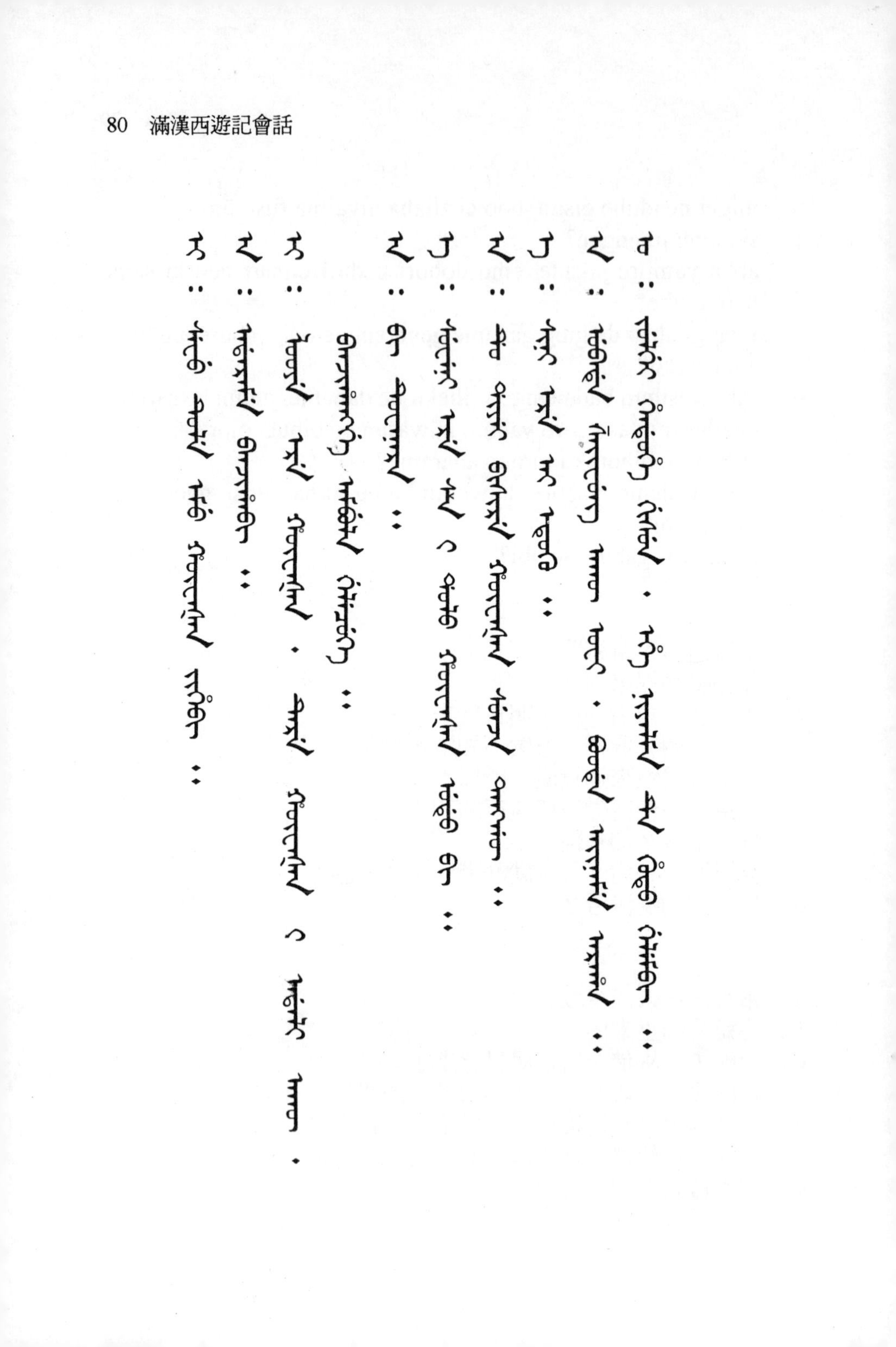

i：sefu tule emu hūwašan jihebi.

a：adarame banjihabi?

i：looye ere hūwašan, tere hūwašan i adali akū, banjihangge ambula gelecuke.

a：bi tuwanara.

e：suweni ere sy i dolo hūwašan udu bi?

a：du diyei bisire hūwašan sunja tanggū.

e：sini ere ai etuku?

a：ubade dzaifung akū ofi, boode ainame araha.

o：julgei henduhe gisun, ehe niyalma de hutu gelembi.

---

i：師父！外面有個和尚來了。

a：生得怎麼模樣？

i：老爺，這個和尚，與那個和尚不同，生得很可怕。

a：我出去看。

e：你這寺裡有多少和尚？

a：有度牒的和尚有五百個。

e：你這是什麼衣服？

a：此間沒有裁縫，是自家將就做的。

o：常言道：鬼也怕惡人哩！

---

i：师父！外面有个和尚来了。

a：生得怎么模样？

i：老爷，这个和尚，与那个和尚不同，生得很可怕。

a：我出去看。

e：你这寺里有多少和尚？

a：有度牒的和尚有五百个。

e：你这是什么衣服？

a：此间没有裁缝，是自家将就做的。

o：常言道：鬼也怕恶人哩！

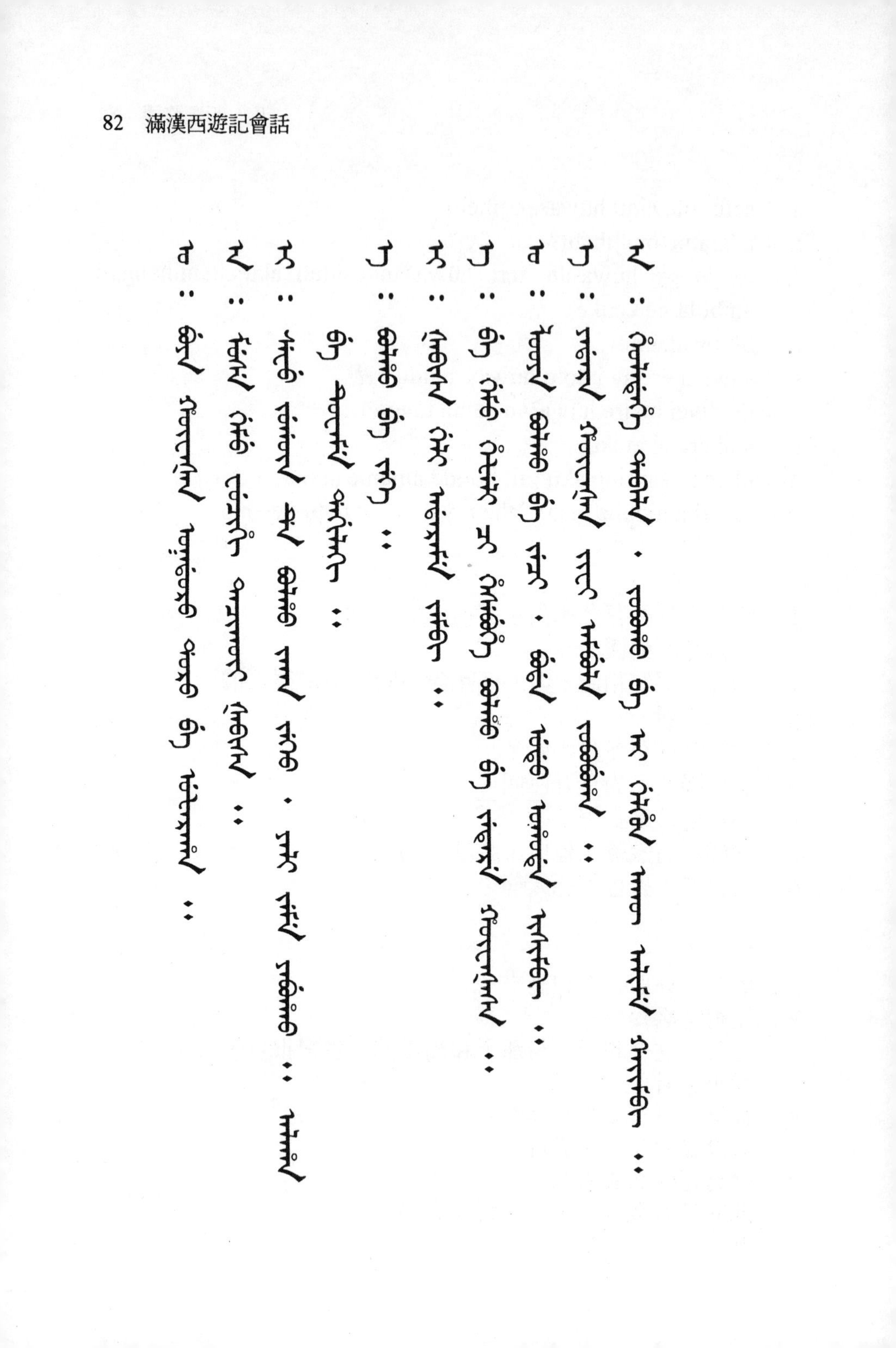

o：buya hūwašan okdoro doro be ufaraha.

a：muse gemu fucihi tacikūi šabisa.

i：sefu jugūn de bolho jaka jekeo?yali jeme yabuhao? alaha be tuwame dagilaki.

e：bolho be jeke.

i：šabisa geli adarame jembi?

e：be gemu hefeli ci hesebuhe bolho be jetere hūwašasa.

o：looye bolho be jeci, buda udu ohode isimbi?

e：yadara hūwašan jifi ambula jobobuha.

a：heoledehe dabala, joboho be ai gelhun akū alime gaimbi.

---

o：小和尚有失迎接。

a：僭們都是佛門弟子。

i：師父一路上是吃素？還是吃葷？我們好去辦飯。

e：吃素。

i：徒弟們又怎麼吃？

e：我們都是生來吃素的和尚。

o：老爺們既然吃素，煮多少飯方够吃？

e：貧僧打攪了。

a：怠慢了，不敢說打擾。

---

o：小和尚有失迎接。

a：咱们都是佛门弟子。

i：师父一路上是吃素？还是吃荤？我们好去办饭。

e：吃素。

i：徒弟们又怎么吃？

e：我们都是生来吃素的和尚。

o：老爷们既然吃素，煮多少饭方够吃？

e：贫僧打搅了。

a：怠慢了，不敢说打扰。

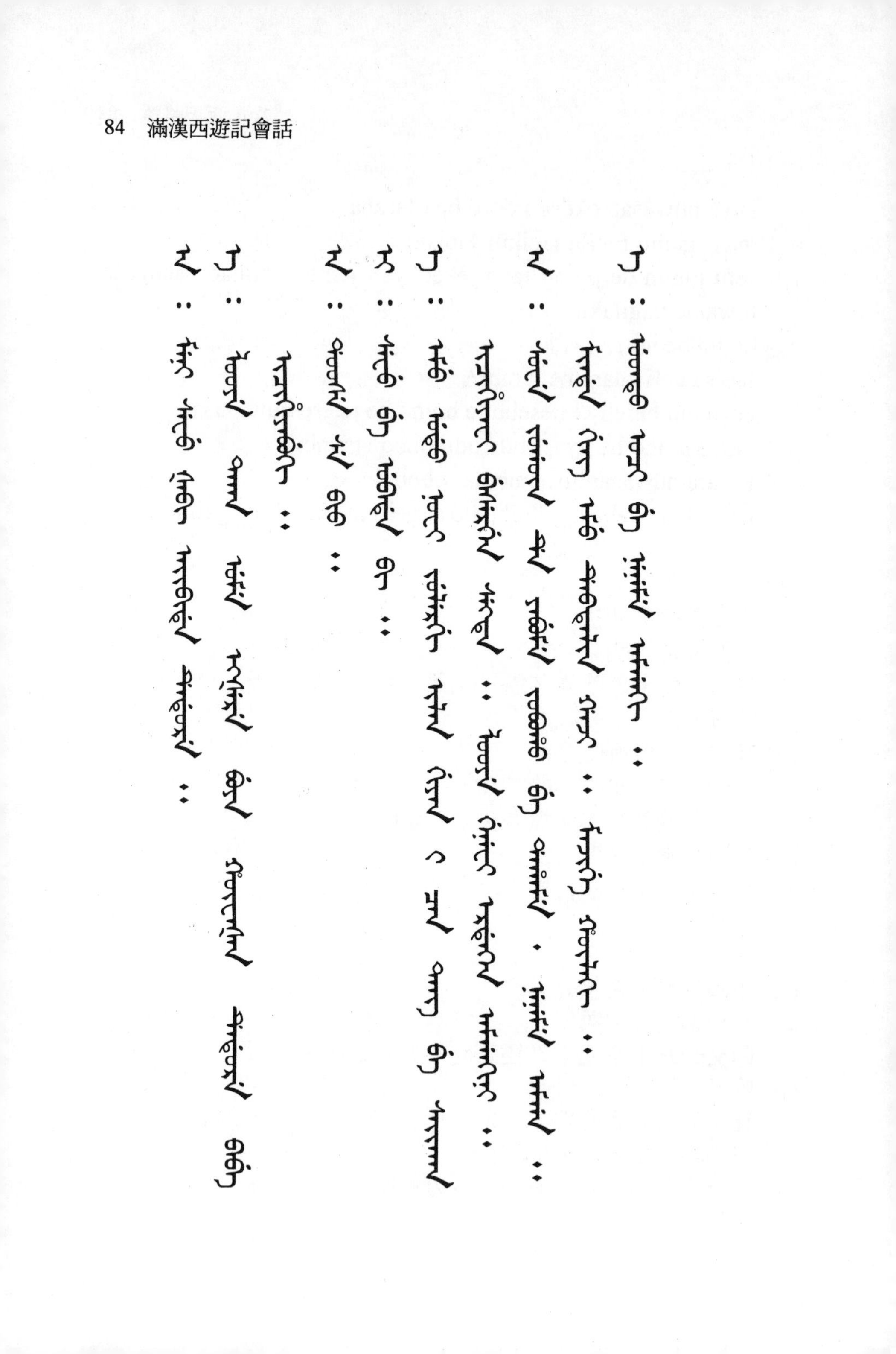

a：meni sefu šabi aibide dedure?

e：looye taka ume ekšere buya hūwašan dedure babe icihiyabuki.

a：doose se bio?

i：sefu be ubade bi.

e：emu udu nofi julergi ilan giyan i can tang be saikan icihiyafi besergen sekte, looye genefi erdeken amgakini!

a：suwe jugūn de yabume joboho be dahame, neneme amga, minde ging emu debtelin gaji, majige hūlaki.

e：uttu oci be neneme amgaki.

---

a：我師徒在哪裡安歇？

e：老爺暫且不要忙，小和尚叫人去整理住處。

a：可有道人？

i：師父，我們在這裡。

e：著幾個人去前面把那三間禪堂打掃乾淨，鋪好牀鋪，快請老爺安歇。

a：你們走路辛苦，先去睡下，給我拿卷經來念一念。

e：既然這麼說，我們先去睡吧！

---

a：我师徒在哪里安歇？

e：老爷暂且不要忙，小和尚叫人去整理住处。

a：可有道人？

i：师父，我们在这里。

e：着几个人去前面把那三间禅堂打扫干净，铺好床铺，快请老爷安歇。

a：你们走路辛苦，先去睡下，给我拿卷经来念一念。

e：既然这么说，我们先去睡吧！

ᠰ᠎ᠠ ᠊᠊
ᠵᡠᠸᠠᠨ᠋
ᠵᡠᠸᠠᠨ᠋

ᠵᠠ᠎ ᠊᠊

ᡥᡡ᠎ ᠊᠊

i ： sefu niyalmai gisun be donjici, wargi abkai jugūn goro, tasha、yarha、hutu、ibagan ambula sembi, geneci ojoro dabala, ainahai ergen beye be karmame yooni isibume jimbini.

e ： mini gashūhangge amba unenggi ging be ganafi gajirakū ohode, na i loo de enteheme tuhenekini sehe. šabisa mini genehe amala, juwe ilan aniya i dubede ocibe, ninggun nadan aniya i dubede ocibe, dukai dolo bisire jakdan moo i gargan, šun dekdere baru forome, uthai mimbe jimbi seme gūni, tuttu akū ohode, ainaha seme bedereme jiderakū.

a ： enenggi tucifi yabuci sain inenggi, sinde morin emke buhe.

---

i ：師父呵！嘗聞人言，西天路遠，更多虎豹妖魔，只怕有去無回，身命難保。

e ：我已發了弘誓大願，不取真經，永墮沉淪地獄。徒弟們，我去之後，或二、三年，或六、七年，但看那門裡松枝頭向東，我即回來，不然，斷不回矣。

a ：今日是出行吉日，賜你馬一匹。

---

i ：师父呵！尝闻人言，西天路远，更多虎豹妖魔，只怕有去无回，身命难保。

e ：我已发了弘誓大愿，不取真经，永墮沉沦地狱。徒弟们，我去之后，或二、三年，或六、七年，但看那门里松枝头向东，我即回来，不然，断不回矣。

a ：今日是出行吉日，赐你马一匹。

ᠪᠣᠯᠵᠠᠮᠪᡳ .. ᠰᠠᡴᡳᠶᠠᠨ
ᡥᡡᠸᠠᠩᡩᡳ
ᡝᡳᠩᡥᡡᠨ
ᠪᡝ ..

九、心生心滅

a ： si ya bai hutu ibagan, miosihūn jaka bihe, dobon dulin de mimbe nungneme jihe.bi doosi buyen de amuran niyalma waka.

e ： sefu bi ibagan hutu waka, alin holo i miosihūn jaka inu waka.

a ： si terei duwali waka oci, dobon dulin de ainu ubade jihe?

e ： sefu si mimbe kimcime tuwa.

a ： si ya jalan i han bihe? dosifi teki.

i ： si ya bai hūwangdi? ya gurun i ejen bihe? aika gisun bici, minde ala.

e ：mini boo tondoi wargi de bi, ubaci dehi ba i dubede emu hecen bi. tere uthai mini tehe ba.

---

a ： 你是哪裡魑魅妖魅，神怪邪魔，在夜深時分，來此戲我？我不是貪婪之人。

e ： 師父！我不是妖魔鬼怪，也不是山間邪神。

a ： 你既非此類，為何深夜來此？

e ： 師父！你仔細看看我。

a ： 你是哪一朝陛下？請進來坐。

i ： 你是哪裡皇帝？何邦帝王？有何話說？說給我聽。

e ： 我家在正西，離此四十里處有座城池，便是我居住之處。

---

a ： 你是哪里魑魅妖魅，神怪邪魔，在夜深时分，来此戏我？我不是贪婪之人。

e ： 师父！我不是妖魔鬼怪，也不是山间邪神。

a ： 你既非此类，为何深夜来此？

e ： 师父！你仔细看看我。

a ： 你是哪一朝陛下？请进来坐。

i ： 你是哪里皇帝？何邦帝王？有何话说？说给我听。

e ： 我家在正西，离此四十里处有座城池，便是我居住之处。

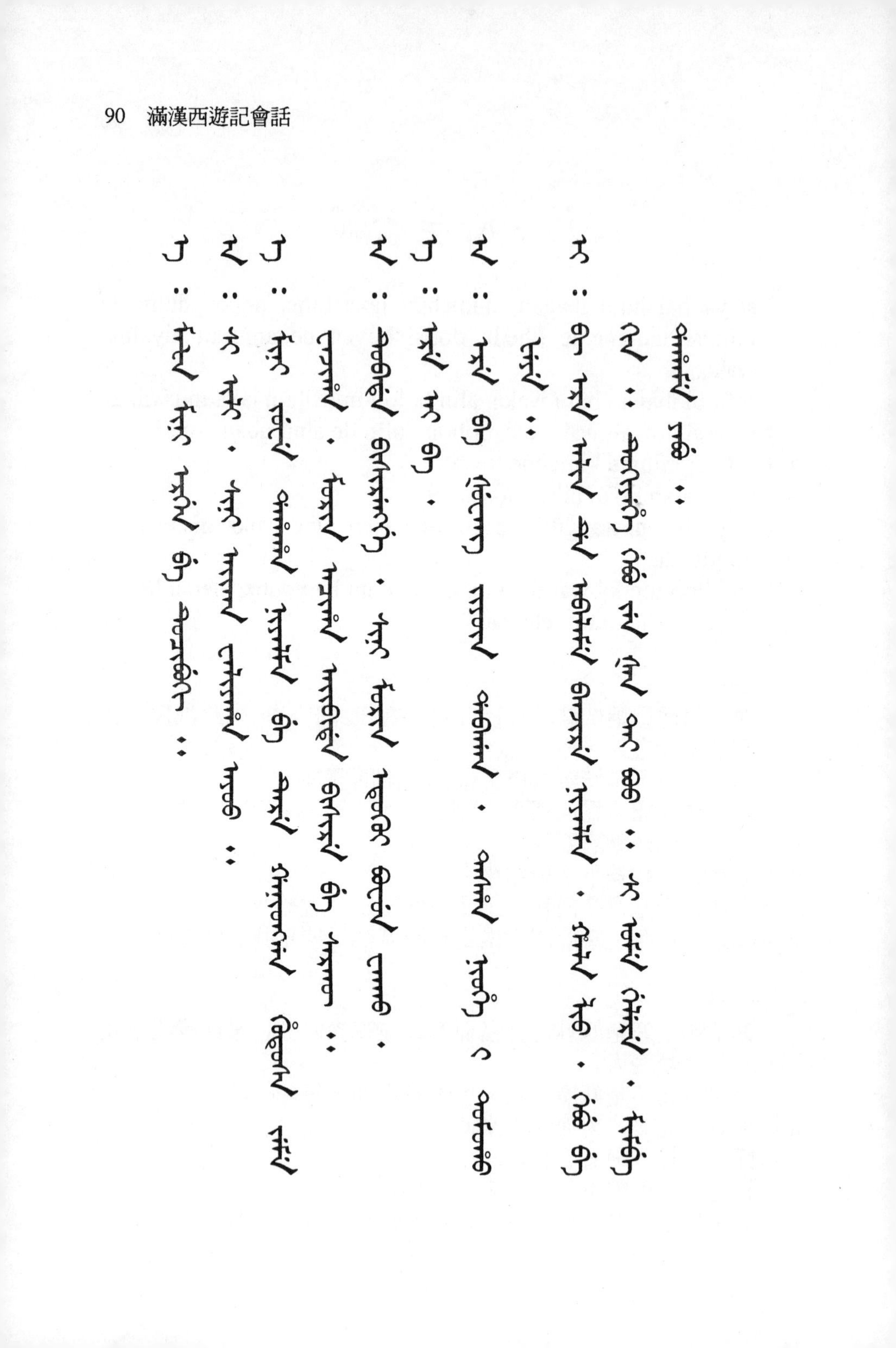

e：mafa mini ergen be tucibuki.

a：si ili, sini aika waliyaha ayoo?

e：mini juwe dahaha niyalma be tere ganiongga hutusa jeme wajihū, morin aciha aibide bisire be sarkū?

a：tubade bisirengge, sini morin etukui bofun wakao?

e：ere ai ba?

a：ere ba šuwang jiyūn dabagan, tasha niohe i tomoho feye.

i：bi ere alin de abalame banjire niyalma, hala lio, gebu be kin, tukiyehe gebu jen šan tai boo, si ume gelere, mimbe dahame yabu.

---

e：老公公救我性命。

a：你起來，你可丟失了什麼東西？

e：我的兩個從人，已被妖怪吃了，只不知馬匹、行李在於何處？

a：那裡不是你的馬匹、包袱嗎？

e：這裡是什麼所在？

a：這裡是雙峻嶺，乃虎狼棲息之巢穴。

i：我是這山中的獵戶，姓劉，名伯欽，綽號鎮山太保。你休怕，跟我來。

---

e：老公公救我性命。

a：你起来，你可丢失了什么东西？

e：我的两个从人，已被妖怪吃了，只不知马匹、行李在于何处？

a：那里不是你的马匹、包袱吗？

e：这里是什么所在？

a：这里是双峻岭，乃虎狼栖息之巢穴。

i：我是这山中的猎户，姓刘，名伯钦，绰号镇山太保。你休怕，跟我来。

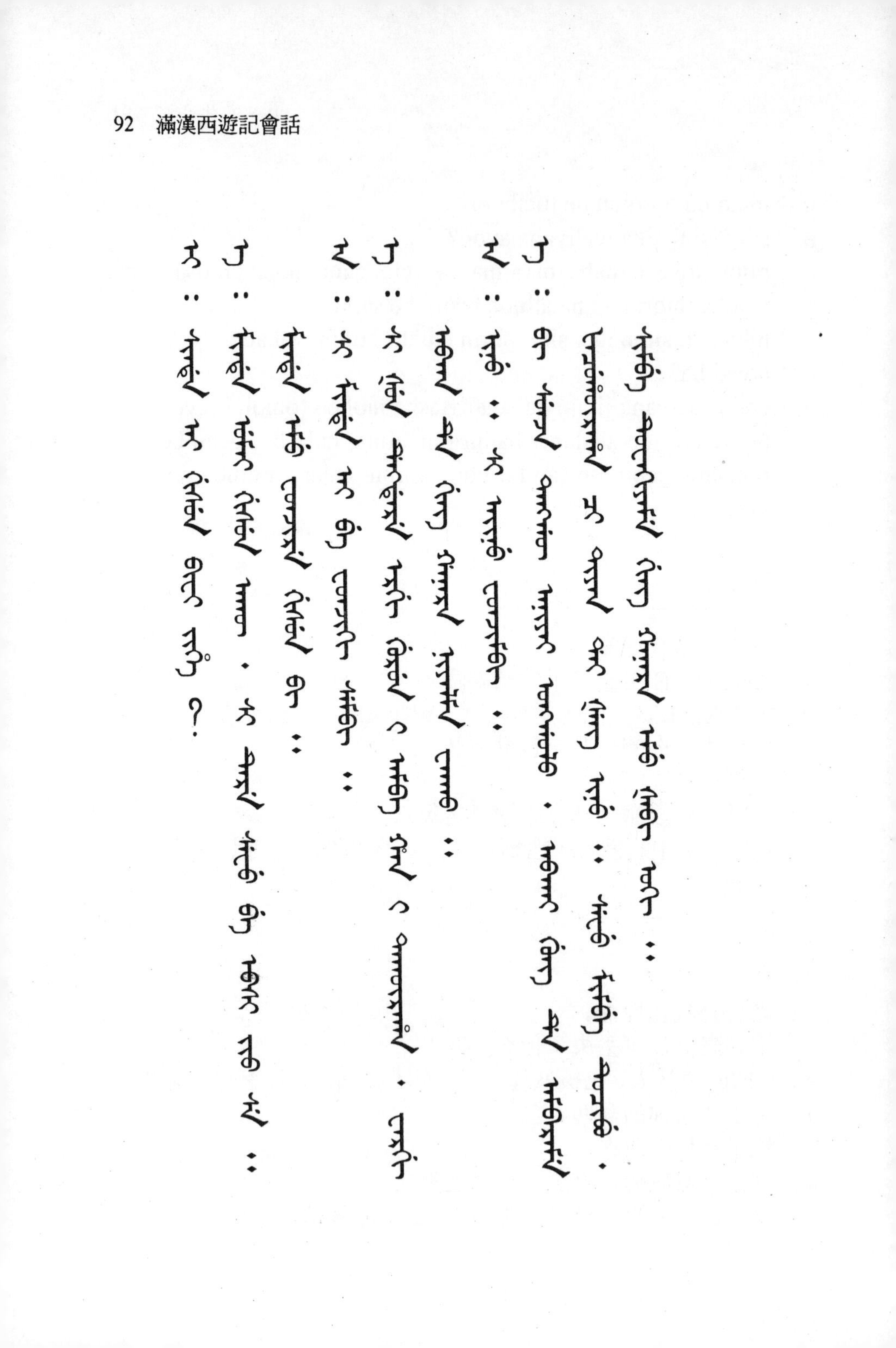

i ： sinde ai gisun bifi jihe?

e ： minde umai gisun akū, si tere sefu be ebsi jio se, minde emu fonjire gisun bi.

a ： si minde ai be fonjiki sembi?

e ： si šun dekdere ergi gurun i amba han i takūraha, wargi abka de ging ganara niyalma wakao?

a ： inu, si ainu fonjimbi?

e ： bi sunja tanggū aniyai onggolo, abkai gung de ambarame facuhūraha ci tiyan dai šeng inu, sefu mimbe tucibu, simbe tuwakiyame ging ganara emu šabi oki.

———————

i ： 你有什麼話說？

e ： 我沒話說，你教那個師父上來，我有句話問他。

a ： 你想問我什麼？

e ： 你可是東土大皇帝差往西天取經去的人嗎？

a ： 正是，你爲何要問？

e ： 我是五百年前大鬧天宮的齊天大聖，師父救我出來，願做一名保你取經的徒弟。

———————

i ： 你有什么话说？

e ： 我没话说，你教那个师父上来，我有句话问他。

a ： 你想问我什么？

e ： 你可是东土大皇帝差往西天取经去的人吗？

a ： 正是，你为何要问？

e ： 我是五百年前大闹天宫的齐天大圣，师父救我出来，愿做一名保你取经的徒弟。

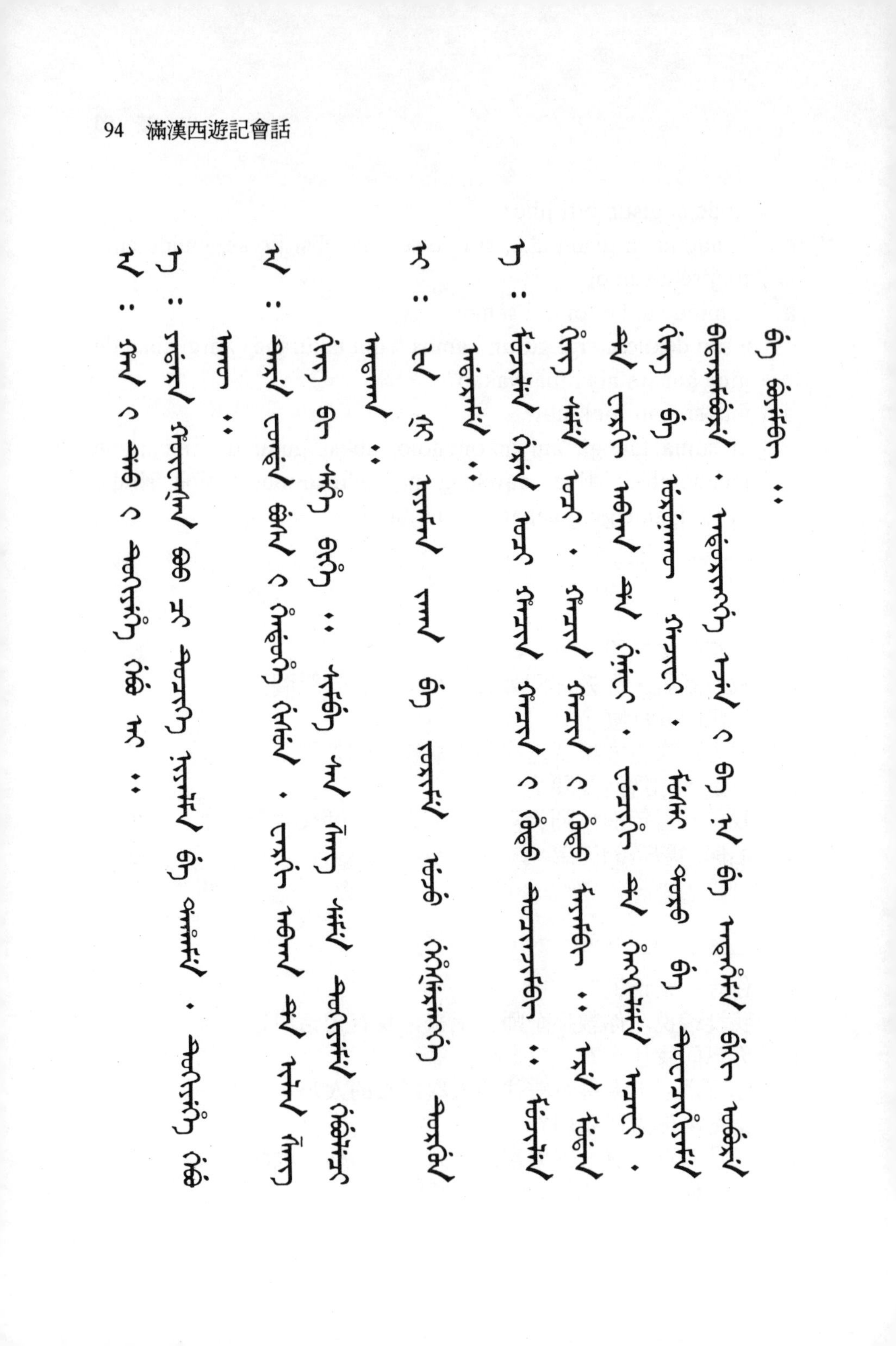

a：han i deo i tukiyehe gebu ai?

e：yadara hūwašan boo ci tucike niyalma be dahame, tukiyehe gebu akū.

a：tere fonde pusa i henduhe gisun, wargi abka de ilan dzang ging bi sehe bihe, simbe san dzang seme tukiyeme gebuleci antaka?

i：fa ši niyaman jaka be jorime uju gehešerengge turgun adarame?

e：mujilen geren oci hacin hacin i hutu tucinjimbi, mujilen hing seme oci, hacin hacin i hutu mayambi, ere mudan de wargi abka de genefi, fucihi de hengkileme acafi, ging be urunakū gajifi, musei doro be tuwacihiyame badarambure, enduringge ejen i ba na be enteheme beki obure be buyembi.

---

a：御弟雅號怎麼稱呼？

e：貧僧因為是出家人，沒有稱號。

a：當時菩薩說，西天有經三藏，你取號三藏何如？

i：法師指心點頭的緣故如何？

e：心雜，種種魔生；心篤，種種魔滅。這次去西天，定要叩見佛陀取經，弘揚僭們的佛法，願聖主皇圖永固。

---

a：御弟雅号怎么称呼？

e：贫僧因为是出家人，没有称号。

a：当时菩萨说，西天有经三藏，你取号三藏何如？

i：法师指心点头的缘故如何？

e：心杂，种种魔生；心笃，种种魔灭。这次去西天，定要叩见佛陀取经，弘扬咱们的佛法，愿圣主皇图永固。

十、葫蘆寶貝

a：age, enduri se geli holtome bahanambio?
e：si balai ume gisurere.
o：jugūn de yabure ahūta mimbe majige aliya.
i：si aibici jihe?si aibide genembi?
e：absi sain, age si emu booi niyalma be ainu takarakū?
a：meni dung de sini gesengge akū bihe.
e：bi adarame akū, si jai dasame takame tuwa.
i：muse booci tucifi udu ba yabuha?
o：tofohon ba funceme yabuha.

———————

a：哥啊！神仙們也會打誑語嗎？
e：你不要胡說。
o：走路的老兄們，等我一等。
i：你從哪裡來？要往哪裡去？
e：好哥啊！連自家人也認不得？
a：我們洞裡沒有像你這樣的。
e：怎麼沒我，你再認認看。
i：偺們離家走了多少里了？
o：走了十五里多。

———————

a：哥啊！神仙们也会打诳语吗？
e：你不要胡说。
o：走路的老兄们，等我一等。
i：你从哪里来？要往哪里去？
e：好哥啊！连自家人也认不得？
a：我们洞里没有像你这样的。
e：怎么没我，你再认认看。
i：咱们离家走了多少里了？
o：走了十五里多。

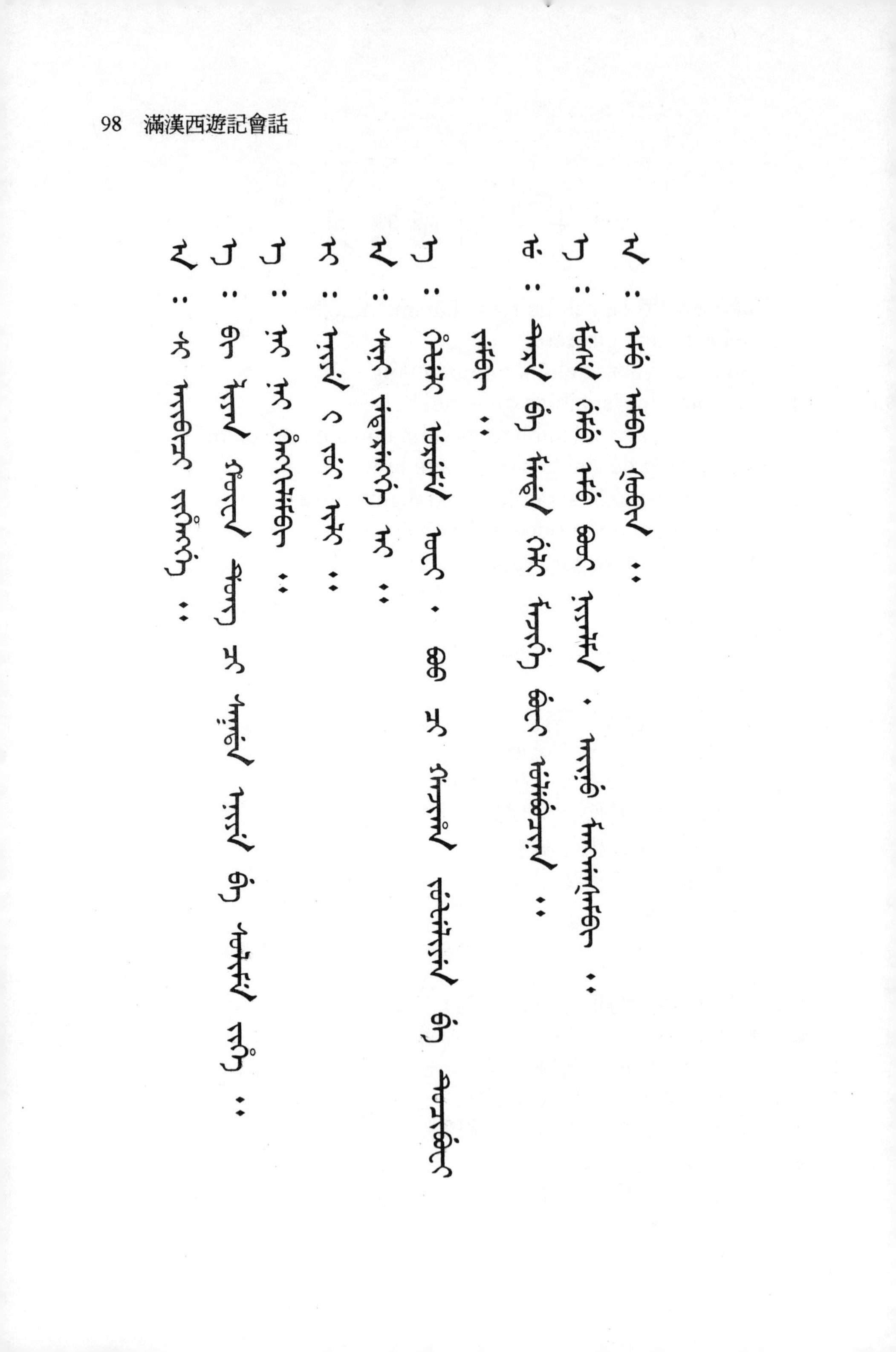

a：si aibici jihengge?
e：bi liyan hūwa dung ci sakda eniye be solime jihe.
e：nai nai hengkilembi.
i：eniye i jui ili.
a：sini jeterengge ai?
e：hefeli urume ofi, boo ci gajiha jufeliyen be tucibufi jembi.
u：tere be mende geli majige bufi ulebucina.
e：muse gemu emu booi niyalma, ainu manggašambi?
a：emu amba šobin.

---

a：你是哪裡來的？
e：我是蓮花洞裡差來請老奶奶的。
e：奶奶，磕頭了。
i：我兒，起來。
a：你吃的是什麼？
e：肚裡餓了，所以拿出家裡帶來的乾糧吃。
u：也分些兒給我們吃吃吧！
e：偺們都是一家人，怎麼為難？
a：是一個大燒餅。

---

a：你是哪里来的？
e：我是莲花洞里差来请老奶奶的。
e：奶奶，磕头了。
i：我儿，起来。
a：你吃的是什么？
e：肚里饿了，所以拿出家里带来的干粮吃。
u：也分些儿给我们吃吃吧！
e：咱们都是一家人，怎么为难？
a：是一个大烧饼。

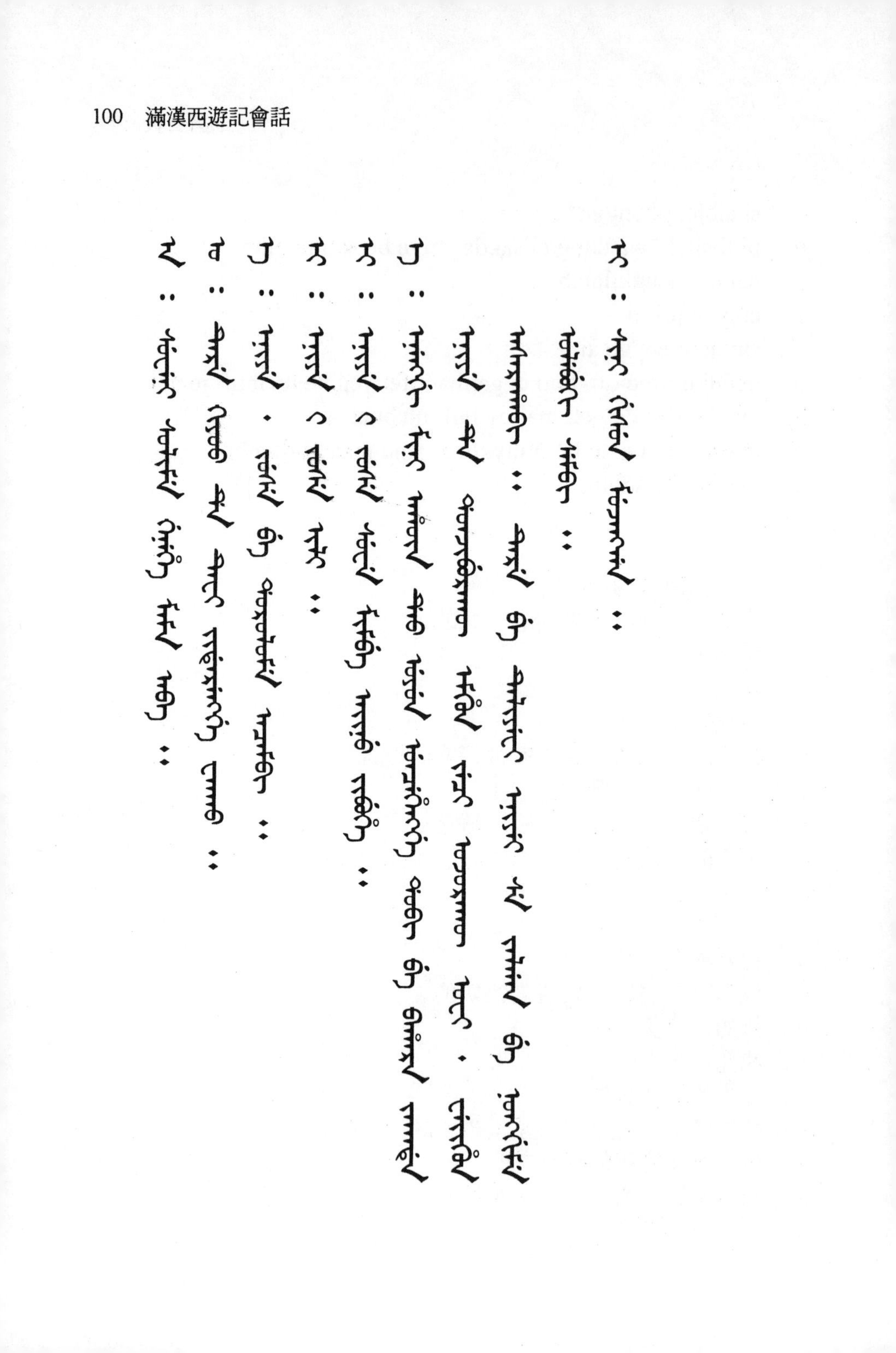

a：suweni solime genehe mama aba?
o：tere kiyoo de tefi jiderengge wakao?
e：eniye, juse be dorolome acambi.
i：eniye i juse ili.
i：eniye i juse suwe mimbe ainu jibuhe?
e：enenggi mini ahūn deo uyun uncehengge dobi be bahara jakade eniye de donjiburakū emhun jeci ojorakū ofi, weihun asarahabi, tere be teliyefi eniyei se jalgan be nonggime ulebuki sembi.
i：sini gisun mujangga.

---

a：你們去請的奶奶在哪裡？
o：那坐在轎內來的不是嗎？
e：母親，孩兒我們拜揖。
i：我兒起來。
i：我兒，你們請我來有何事幹？
e：今兒我兄弟拿得九尾狐狸，不敢不聞知於母親獨自吃，故留著活的，好把牠蒸與母親吃了延年益壽。
i：你說的是。

---

a：你们去请的奶奶在哪里？
o：那坐在轿内来的不是吗？
e：母亲，孩儿我们拜揖。
i：我儿起来。
i：我儿，你们请我来有何事干？
e：今儿我兄弟拿得九尾狐狸，不敢不闻知于母亲独自吃，故留着活的，好把牠蒸与母亲吃了延年益寿。
i：你说的是。

e：ibagan hutu duka be su!

a：si ai bai niyalma gelhun akū ubade jifi den jilgan i hūlambi?

e：minde emu boobai hoto bi.

a：minde inu emu hoto bi.

i：sini tere hoto aibici bahangge?

e：mini ere hoto hūlhi lampa i fonde, loo giyūn gaifi minde buhe.

a：mini ere hoto inu tubaci bahangge.

i：hūwašan absi genembi? mini boobai be minde gaji!

e：ai boobai?

---

e：精怪開門！

a：你是哪裡人氏，敢在此間吆喝？

e：我有個寶貝葫蘆。

a：我也有個葫蘆。

i：你那葫蘆是哪裡來的？

e：我這葫蘆是混沌時分，老君拿來給我的。

a：我的葫蘆也是那裡來的。

i：和尚，哪裡去？還我寶貝來！

e：什麼寶貝？

---

e：精怪开门！

a：你是哪里人氏，敢在此间吆喝？

e：我有个宝贝葫芦。

a：我也有个葫芦。

i：你那葫芦是哪里来的？

e：我这葫芦是混沌时分，老君拿来给我的。

a：我的葫芦也是那里来的。

i：和尚，哪里去？还我宝贝来！

e：什么宝贝？

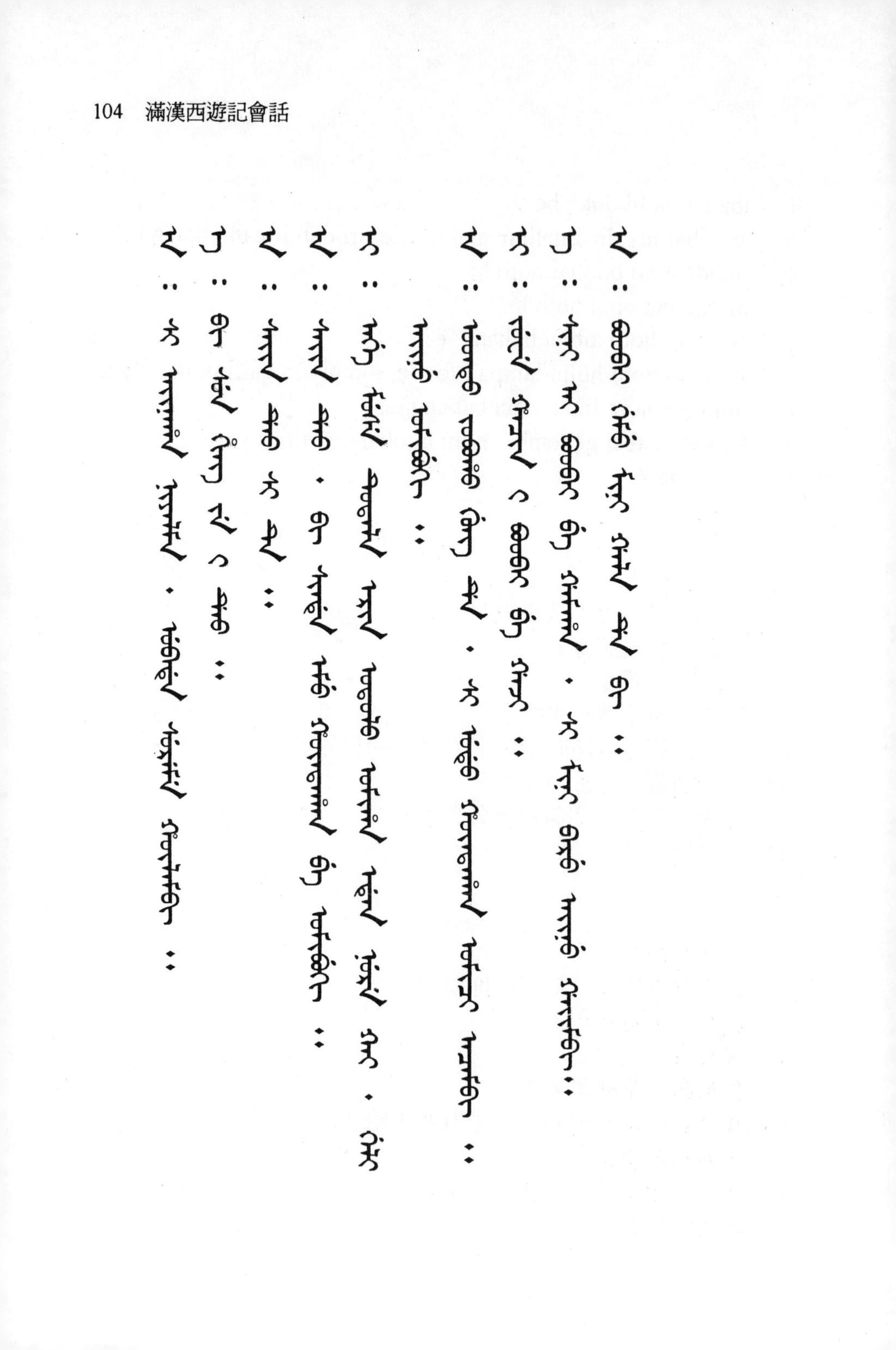

a ： si ainaha niyalma, ubade sureme hūlambi?
e ： bi sun hing je i deo.
a ： sain deo si te.
a ： sain deo, bi sinde emu hūntahan be omibuki.
i ： age muse tutala erin otolo omiha eden nure kai, geli ainu omibuki?
a ： uttu joboho gung de, si udu hūntahan omici acambi.
i ： juwe hacin i boobai be gaji.
e ： sini ai boobai be gamaha, si mini baru ainu gaimbi?
a ： boobai gemu mini gala de bi.

---

a ：你是什麼人，在此呼喝？
e ：我是孫行者的兄弟。
a ：賢弟，你請坐。
a ：賢弟，我請你喝一鍾兒。
i ：兄長，偺們已經吃了這半會酒，又喝什麼？
a ：如此功勞，你就該喝幾鍾。
i ：將那兩件寶貝還我。
e ：我拿你什麼寶貝，你問我要？
a ：寶貝都在我手裡。

---

a ：你是什么人，在此呼喝？
e ：我是孙行者的兄弟。
a ：贤弟，你请坐。
a ：贤弟，我请你喝一锺儿。
i ：兄长，咱们已经吃了这半会酒，又喝什么？
a ：如此功劳，你就该喝几锺。
i ：将那两件宝贝还我。
e ：我拿你什么宝贝，你问我要？
a ：宝贝都在我手里。

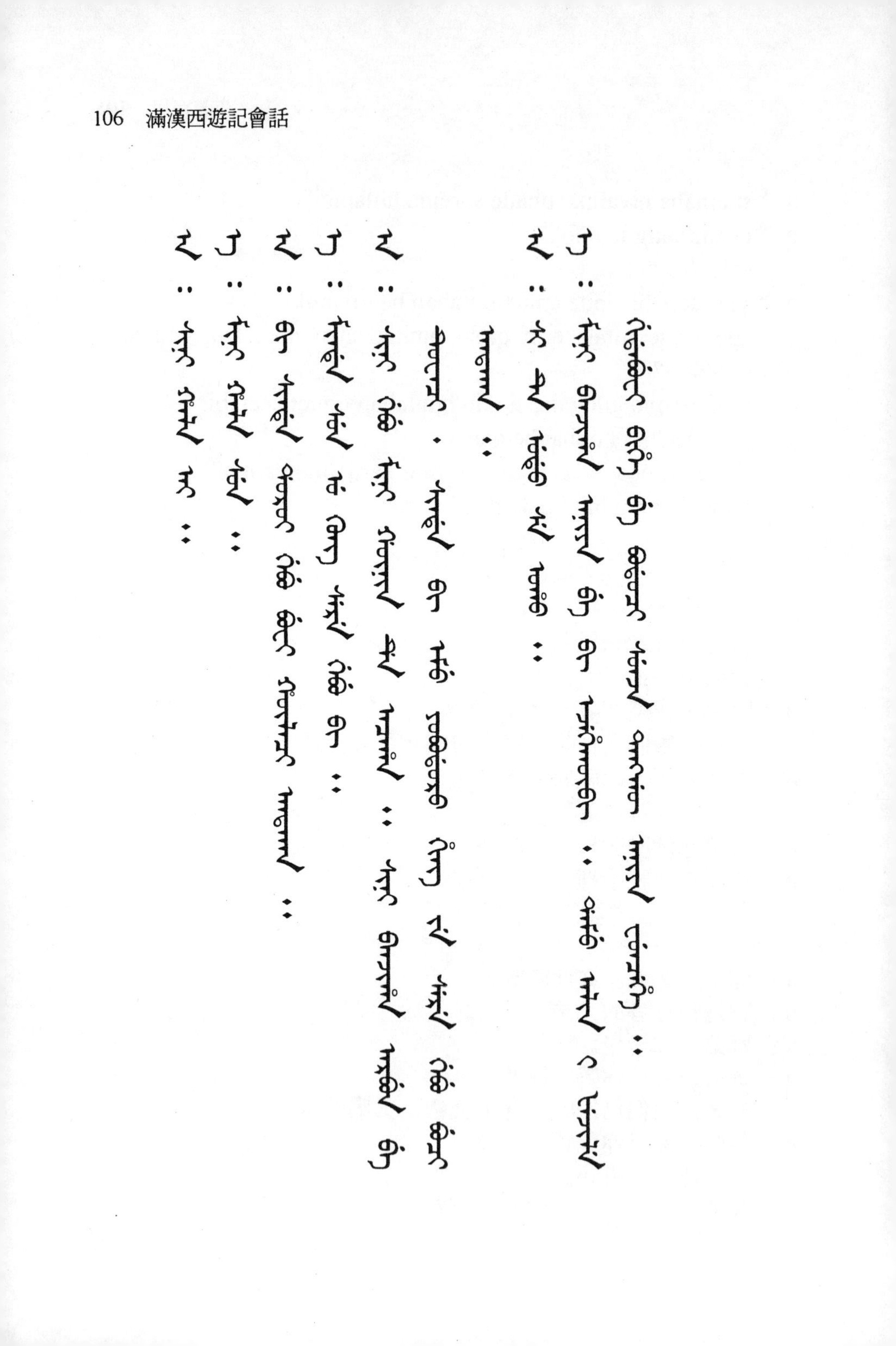

十一、圯橋進履

a：sini hala ai?
e：mini hala sun.
a：bi sinde doroi gebu bufi hūlaci antaka?
e：minde sun u kung sere gebu bi.
a：sini gebu mini gūnin de acaha, sini banjiha arbun be tuwaci, sinde bi emu yobodoro hing je sere gebu buci antaka?
a：si te udu se oho?
e：mini banjiha aniya be bi ejehekūbi, damu alin i fejile gidabufi bihe be bodoci sunja tanggū aniya funcehe.

———————

a：你姓什麼？
e：我姓孫。
a：我與你起個法名如何？
e：我有法名叫做孫悟空。
a：你的法名正合我意，看你的長相，給你起個混名，稱爲行者好嗎？
a：你今年幾歲了？
e：我那生身的年紀，我不記得是幾時？但只壓在這山脚下已五百餘年了。

———————

a：你姓什么？
e：我姓孙。
a：我与你起个法名如何？
e：我有法名叫做孙悟空。
a：你的法名正合我意，看你的长相，给你起个混名，称为行者好吗？
a：你今年几岁了？
e：我那生身的年纪，我不记得是几时？但只压在这山脚下已五百余年了。

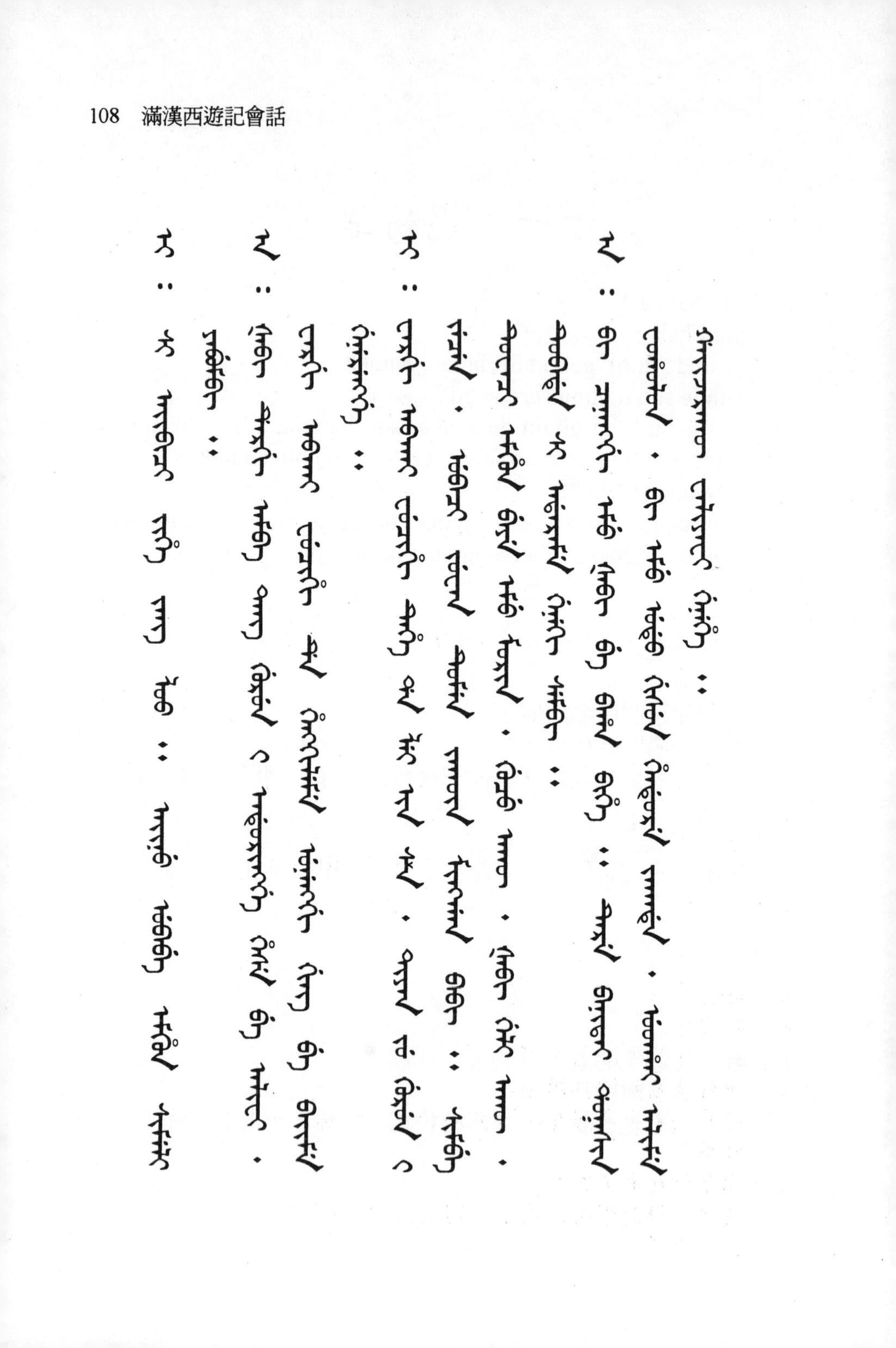

i ：si aibici jihe jang loo, ainu ubabe emhun simeli yabumbi?

a ：šabi dergi amba tang gurun i enduringge hese be alifi, wargi abkai fucihi de hengkileme unenggi ging be baime generengge.

i ：wargi abkai fucihi tehe da lei in sy, tiyan ju gurun i jecen, ubaci juwan tumen jakūn minggan babi, simbe tuwaci emhun beye emu morin, gucu akū, šabi geli akū, tubade si adarame geneki sembi?

a ：bi cananggi emu šabi be baha bihe, tere banitai doksin foholon, bi emu udu gisun hendure jakade, uthai alime gaijarakū waliyafi genehe.

---

i ：你是哪裡來的長老，爲何獨行於此？

a ：弟子乃奉東土大唐聖旨差往西天拜佛求真經者。

i ：西天佛所住大雷音寺在天竺國界，離此有十萬八千里路，你這等單人獨馬，沒有朋友，又無個徒弟，你如何去到那裡？

a ：我日前收得一個徒弟，他生性頑潑，是我說了他幾句，他便不受教，丟下我去了。

---

i ：你是哪里来的长老，为何独行于此？

a ：弟子乃奉东土大唐圣旨差往西天拜佛求真经者。

i ：西天佛所住大雷音寺在天竺国界，离此有十万八千里路，你这等单人独马，没有朋友，又无个徒弟，你如何去到那里？

a ：我日前收得一个徒弟，他生性顽泼，是我说了他几句，他便不受教，丢下我去了。

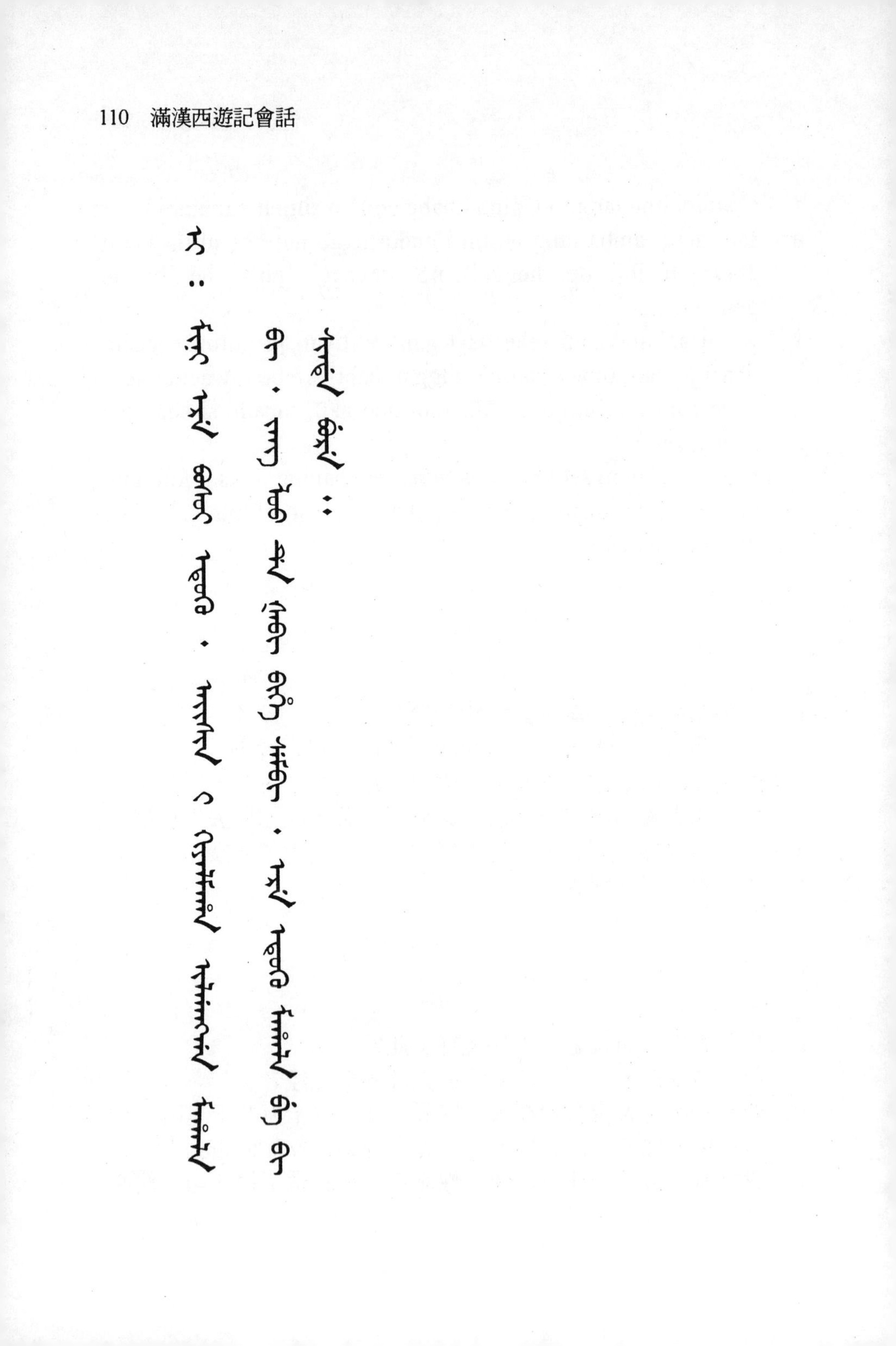

i：mini ere bosoi etuku, aisin i kiyalmaha ilgangga mahala bi,
　 jang loo de šabi bihe sembi, ere etuku mahala be bi sinde
　 bure.

---

i：我有這一領錦布直裰，一頂嵌金花帽，長老既有徒弟，我把
　 這衣帽送了你吧！

---

i：我有这一领锦布直裰，一顶嵌金花帽，长老既有徒弟，我把
　 这衣帽送了你吧！

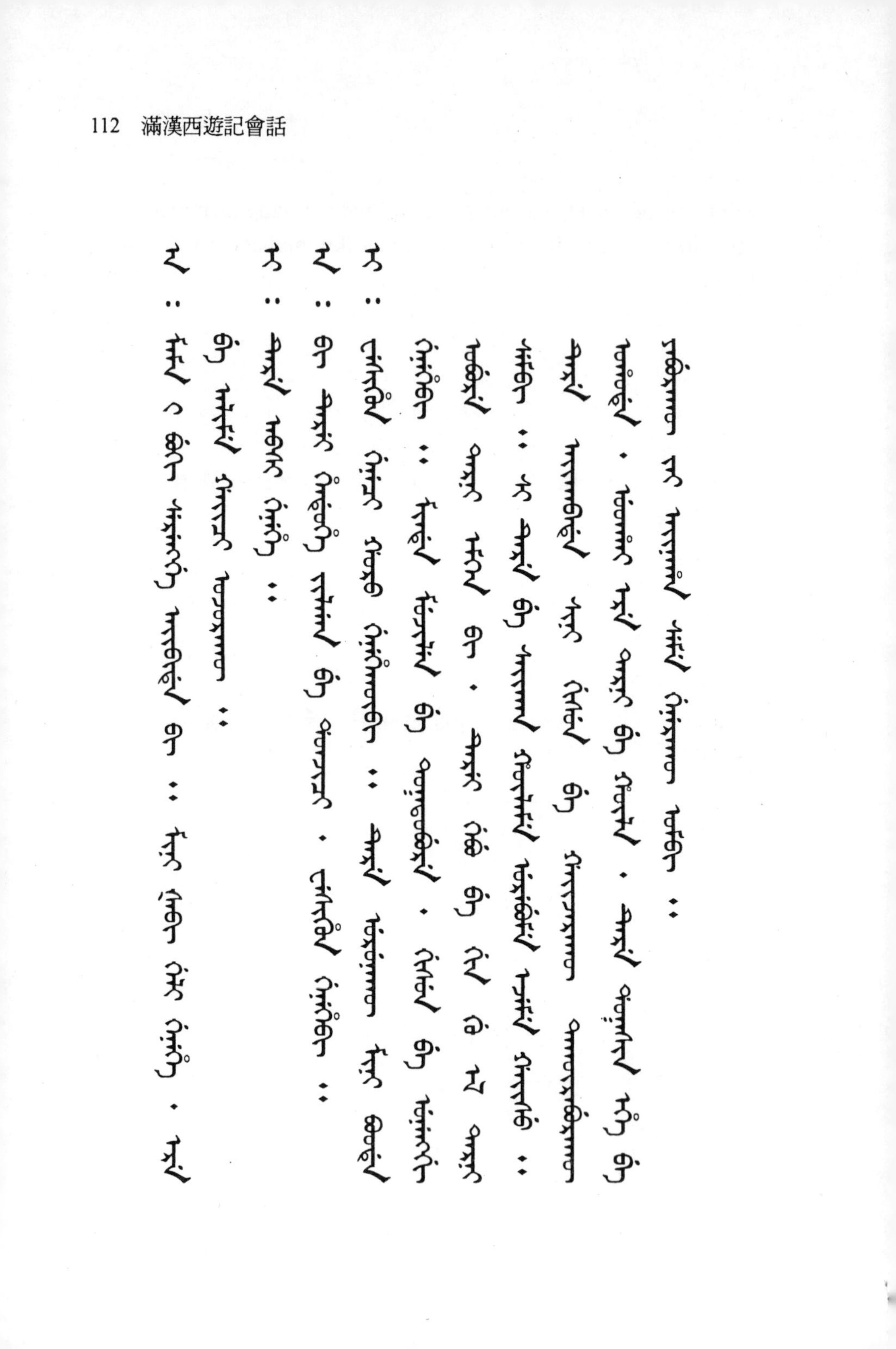

a：mama i buki serengge aibide bi, mini šabi geli genehe, ere be alime gaici ojorakū.

i：tere absi genehe?

a：bi terei henduhe jilgan be donjici, wesihun genehebi.

i：wesihun geneci goro genehekūbi, tere urunakū mini boode genehebi, minde mujilen be toktobure, gisun be unenggi obure tarni emken bi, terei gebu be gin gu el tarni sembi, si tere be saikan hūlame urebume ejeme gaisu, tere aikabade sini gisun be gaijarakū takūraburakū ohode, uthai ere tarni be hūla, tere doksin ehe be yaburakū jai ainaha seme generakū ombi.

---

a：承老母盛賜，但只是我徒弟已走，不敢領受。

i：他哪廂去了？

a：我聽得他的聲音往東去了。

i：往東邊去則不遠，他必往我家去了，我這裡有一「定心真言」的呪兒，其名叫做「緊箍兒呪」。你可好好的念熟，牢記心頭。他若不服你使喚，你就默念此呪，他再不敢妄行，也再不敢去了。

---

a：承老母盛賜，但只是我徒弟已走，不敢领受。

i：他哪厢去了？

a：我听得他的声音往东去了。

i：往东边去则不远，他必往我家去了，我这里有一「定心真言」的呪儿，其名叫做「紧箍儿呪」。你可好好的念熟，牢记心头。他若不服你使唤，你就默念此呪，他再不敢妄行，也再不敢去了。

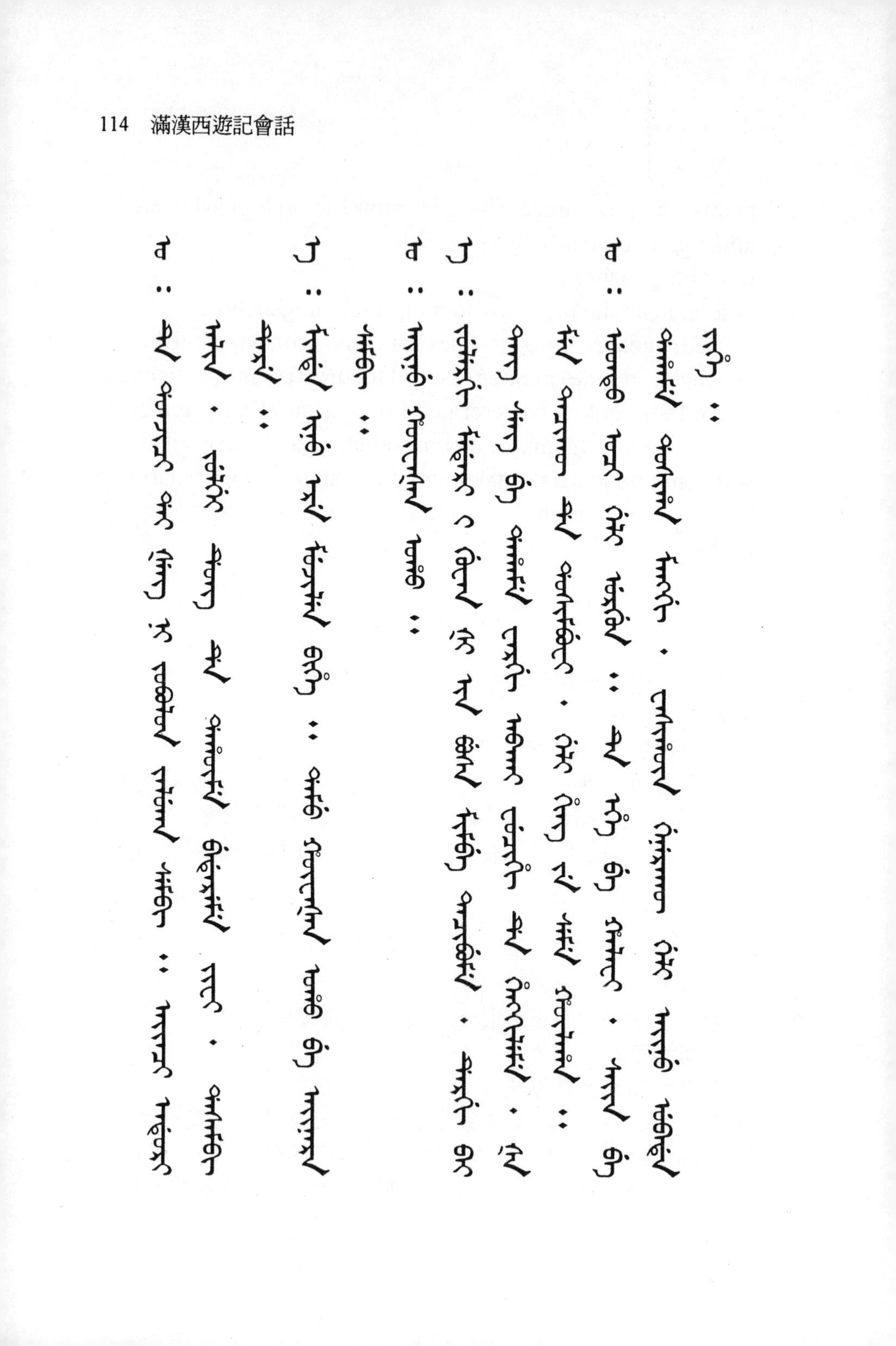

o：te donjici dai šeng ni jobolon jaluka sembi, ainci enduri alin, julgei dung de dahūme bedereme jifi dasambi dere.

e：minde inu ere mujilen bihe, damu hūwašan oho be ainara sembi.

o：ainu hūwašan oho?

e：julergi mederi i guwan ši in pusa mimbe tacibume, dergi bai tang seng be dahame wargi abkai fucihi de hengkileme ša men tacikū de dosimbufi, geli hing je seme hūlaha.

o：uttu oci geli urgun, te ehe be halafi, sain be dahame dosiha manggi, wasihūn generakū geli ainu ubade jihe?

---

o：今聞得大聖難滿，想必是回來重整仙山古洞吧！

e：我也有此心，只是無奈又做了和尙。

o：怎麼做了和尙？

e：我虧了南海觀世音菩薩勸導，教我隨東土唐僧上西天拜佛，皈依沙門，又喚爲行者了。

o：既如此，可賀可喜，如今改邪歸正後怎麼不西去，又來到此地？

---

o：今闻得大圣难满，想必是回来重整仙山古洞吧！

e：我也有此心，只是无奈又做了和尚。

o：怎么做了和尚？

e：我亏了南海观世音菩萨劝导，教我随东土唐僧上西天拜佛，皈依沙门，又唤为行者了。

o：既如此，可贺可喜，如今改邪归正后怎么不西去，又来到此地？

ᠵᡠ ᠴᠣ ᠵᡠ ᠸᡝ
᠂᠂ ᠂᠂ ᠂᠂ ᠂᠂

[滿文正文，右起直書，恕難逐字轉錄]

e：tere ai bai nirugan?

o：ere be i kiyoo de ilan jergi sabu alibuha nirugan sembi.

e：aibe ilan jergi sabu alibuha sembi?

o：tere enduri gebu hūwang ši gung, han gurun i jang liyang, hūwang ši gung ni emgi i kiyoo de tefi bisirede, hūwang ši gung ni sabu holkonde kiyoo i fejile tuhekebi,uthai jang liyang be hūlafi, genefi gaji sere jakade, jang liyang ekšeme gaifi, juleri niyakūrafi alibuhabi, tuttu ilan jergi tuhebufi, jang liyang be hūlafi ilan jergi ganabuci majige hono cira be tuyembuhekū, mujilen heoledehekū ofi, hūwang ši gung terei ginggun be saišame, dobori abkai bithe be bufi, amala han gurun de aisilame arga bodogon tucibufi, gurun i toose be jafafi, minggan bai tulergi be

---

e：那是什麼景致畫兒？

o：這叫做圯橋三進履的畫兒。

e：什麼叫做三進履？

o：此仙乃是黃石公，漢朝張良與黃石公坐在圯橋上時，黃石公的鞋子忽然跌落於橋下，即喚張良取來，張良急忙取來，跪獻於前。如此三度跌落，喚張良去取來三次。毫不形之於色，心無怠慢，黃石公嘉獎他的恭敬，於是夜授天書，著他扶助漢朝，運籌帷幄，掌握國家權力，

---

e：那是什么景致画儿？

o：这叫做圯桥三进履的画儿。

e：什么叫做三进履？

o：此仙乃是黃石公，汉朝张良与黄石公坐在圯桥上时，黄石公的鞋子忽然跌落于桥下，即唤张良取来，张良急忙取来，跪献于前。如此三度跌落，唤张良去取来三次。毫不形之于色，心无怠慢，黄石公嘉奖他的恭敬，于是夜授天书，着他扶助汉朝，运筹帷幄，掌握国家权力，

ᠰᡳ ᠪᡳ᠎ ᠠᡳ

ᠮᠠᠨᠵᡠ ᠪᡳᡨᡥᡝ

ᠮᠣᠩᡤᠣ ᠪᡳᡨᡥᡝ

ᠰᡳᠨ ᠪᡝ

bodome bahanafi, abkai fejergi toktofi taifin oho manggi, hafan be waliyafi alin de dosinafi, c'y sung dz be dahame yabuhai, enduri doro be mutebuhe bi, dai wang si aikabade tang seng be tuwakiyame yaburakū, hūsun be hacihiyame joboro suilara be akūmburakū tacibure jorire be alime gairakū ohode, kemuni emu ibagan enduri dabala, unenggi be mutebuki seme ume gūnire.

i ： sini sefu be tuwakiyame yaburakū, ubade ai baita jihe?

e ： jai ume gisurere, sakda sun bi tere be tuwakiyame genembi.

i ： si hasa amcame gene, tašarame ume gūnire sefi bederehe.

能決策於千里之外。天下太平之後，棄官入山，從赤松子遊，悟成仙道。大王你若不保唐僧，不竭盡勞苦，不受教誨，到底還是個妖仙，休想得成正果。

i ： 不去保你的師父，來此處何幹？

e ： 莫多話，老孫我去保他便是了。

i ： 你趕早去，莫錯了念頭。

能决策于千里之外。天下太平之后，弃官入山，从赤松子游，悟成仙道。大王你若不保唐僧，不竭尽劳苦，不受教诲，到底还是个妖仙，休想得成正果。

i ： 不去保你的师父，来此处何干？

e ： 莫多话，老孙我去保他便是了。

i ： 你赶早去，莫错了念头。

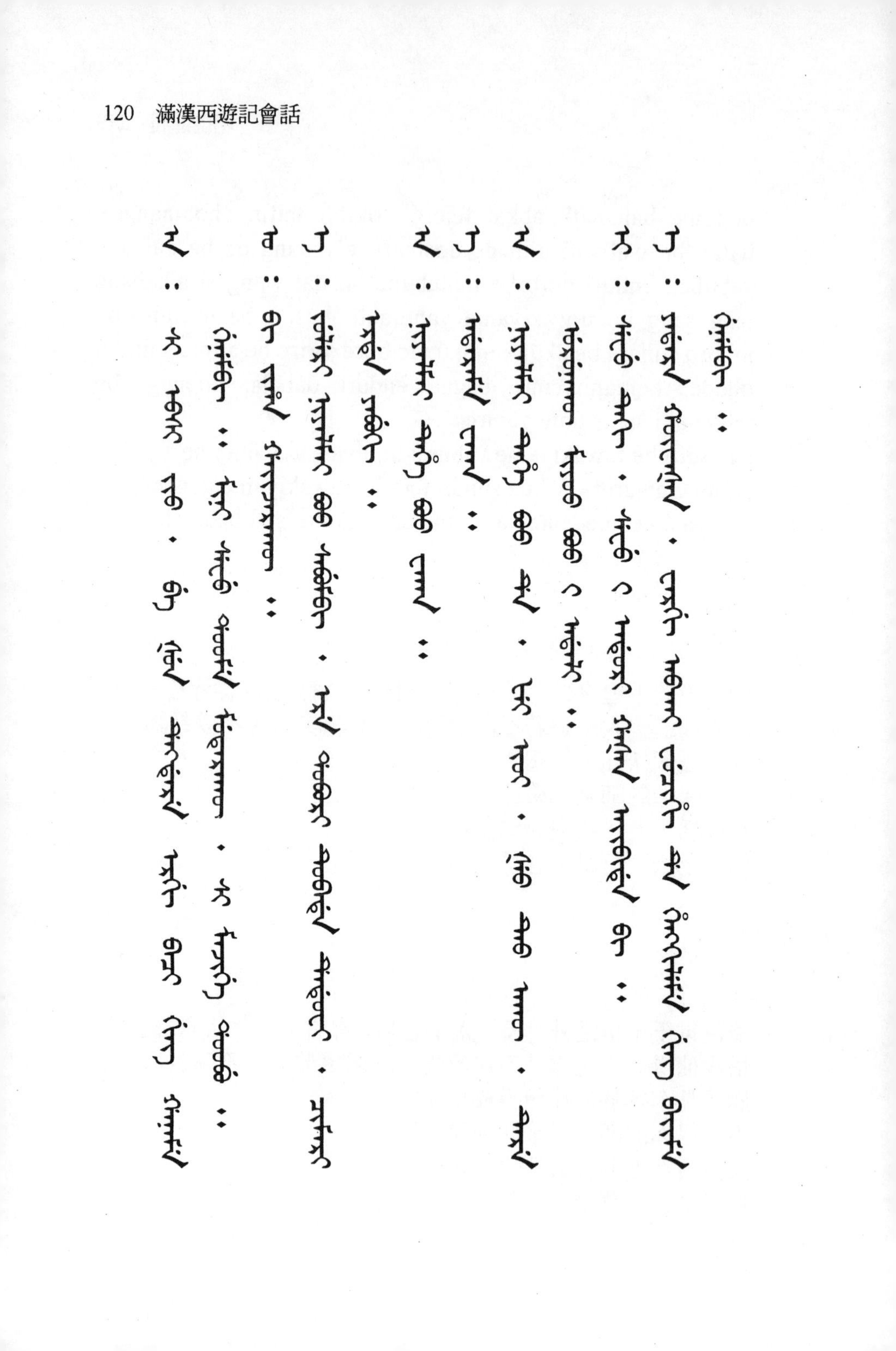

十二、借宿寶刹

a ： si ebsi jio, be šun dekdere ergi baci ging ganame genembi, mini sefu doome muterakū, si majige doobu.

o ： bi jiha gaijarakū.

e ： juleri niyalmai boo sabumbi, ere dobori tubade dedufi, cimari erde yabuki.

a ： niyalmai tehe boo waka.

e ： adarame waka?

a ： niyalmai tehe boo de, fei ioi、šeo teo akū, tere urunakū miyoo boo i adali.

i ： sefu teki, sefu i enduri gašan aibide bi?

e ： yadara hūwašan wargi abkai fucihi de hengkileme ging baime genembi.

---

a：你來，我們是東土取經去的。我師父不能渡，你來渡他一渡。

o：我不要錢。

e：前面見有人家，今夜在那裡借宿，明早再行。

a：不是住家。

e：如何不是？

a：住家沒有飛魚獸頭，那斷是個廟宇庵院。

i：師父請坐，師父仙鄉是何處？

e：貧僧是上西天拜佛求經的。

---

a：你来，我们是东土取经去的。我师父不能渡，你来渡他一渡。

o：我不要钱。

e：前面见有人家，今夜在那里借宿，明早再行。

a：不是住家。

e：如何不是？

a：住家没有飞鱼兽头，那断是个庙宇庵院。

i：师父请坐，师父仙乡是何处？

e：贫僧是上西天拜佛求经的。

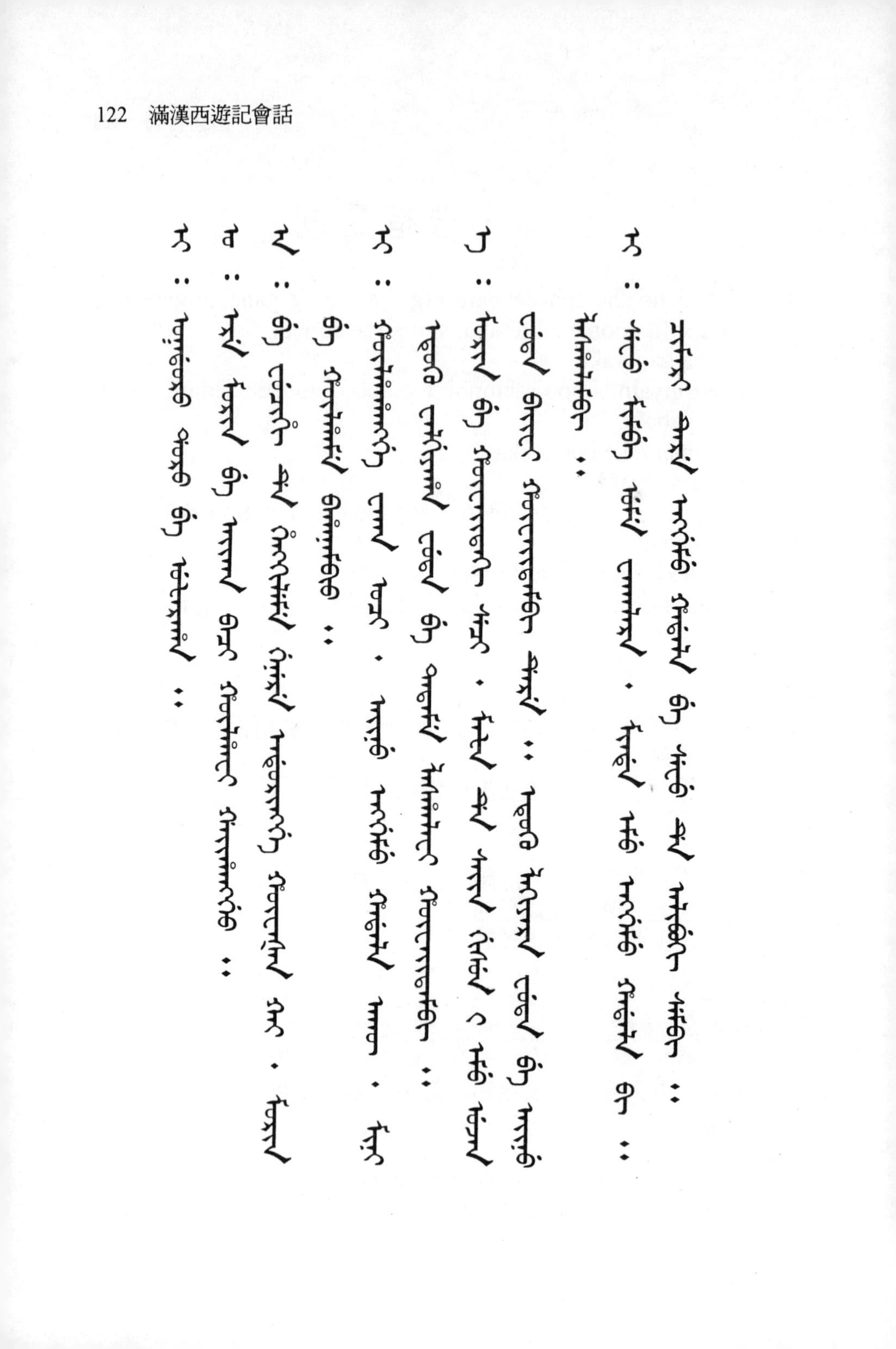

i ： okdoro doro be ufaraha.

o ： ere morin be aika baci hūlhafi gaihanggeo?

a ： be fucihi de hengkileme genere enduringge hūwašan kai, morin be hūlhame bahanambio?

i ： hūlhahangge waka oci, ainu enggemu hadala akū, mini etuku walgiyaha futa be tatame lashalafi hūwaitambi?

e ： morin be hūwaitaki seci, mafa de sain gisun i emu ujan futa baifi hūwaitambi dere, etuku lakiyara futa be ainu lashalambi?

i ： sefu mimbe ume wakalara, minde emu enggemu hadala bi, cimari tere enggemu hadala be sefu de alibuki sembi.

---

i ：失迎。

o ：這馬是哪裡偷來的？

a ：我們是去拜佛的聖僧，還會偷馬嗎？

i ：不是偷的，如何沒有鞍轡韁繩，却來扯斷我晾衣的繩子拴馬呢？

e ：要拴馬，好生問老人家討條繩子，如何就扯斷他的衣繩？

i ：師父休怪，我那裡倒有一副鞍轡，明日將那鞍轡取來，願送師父。

---

i ：失迎。

o ：这马是哪里偷来的？

a ：我们是去拜佛的圣僧，还会偷马吗？

i ：不是偷的，如何没有鞍辔缰绳，却来扯断我晾衣的绳子拴马呢？

e ：要拴马，好生问老人家讨条绳子，如何就扯断他的衣绳？

i ：师父休怪，我那里倒有一副鞍辔，明日将那鞍辔取来，愿送师父。

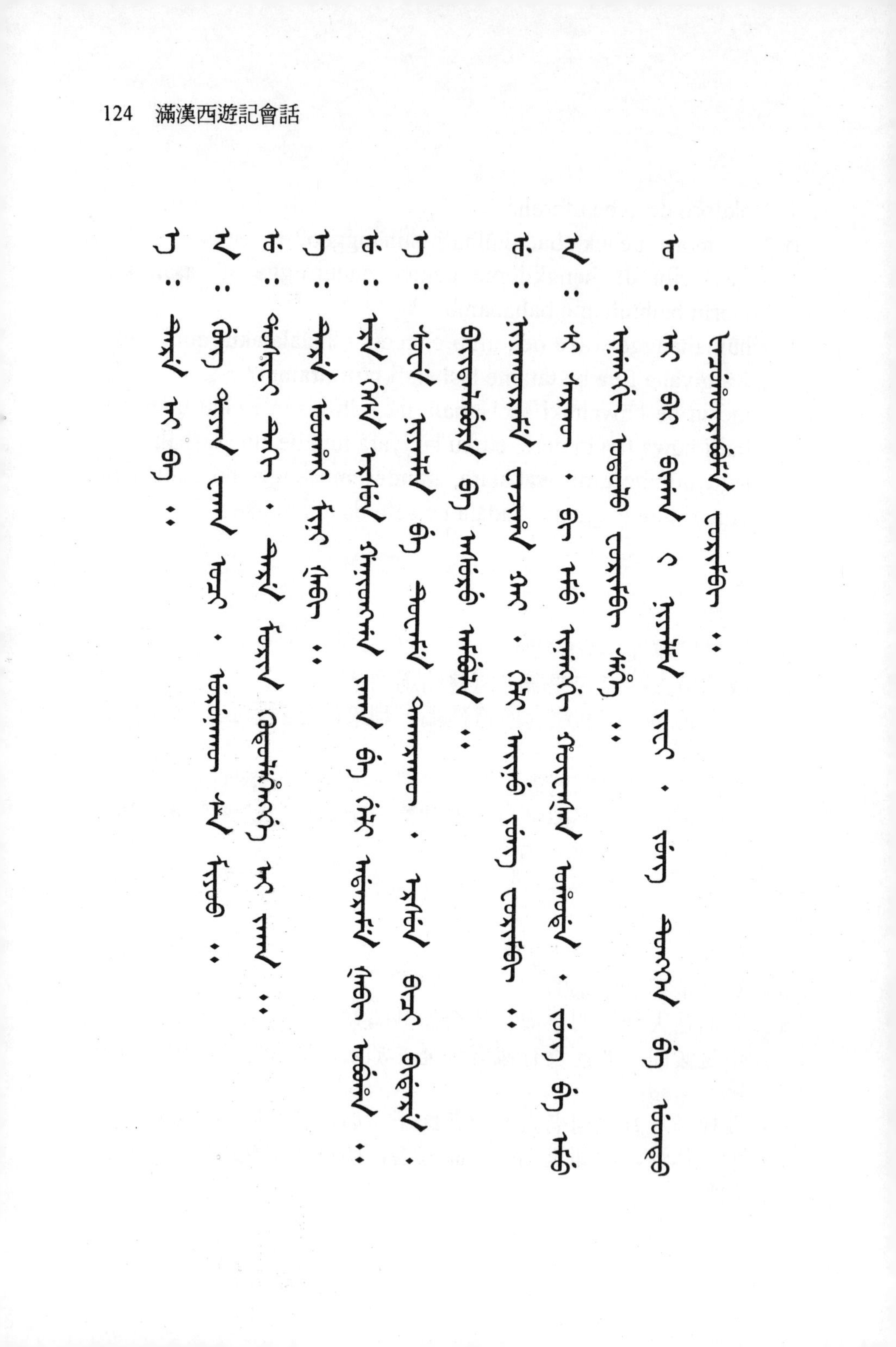

e：tere ai ba?

a：gung diyan waka oci, urunakū sy miyoo.

u：dosifi teki, tere morin kutulehengge ai jaka?

e：tere uthai mini šabi.

u：ere gese ersun ganiongga jaka be geli adarame šabi obuha?

e：suwe niyalma be tuwame takarakū, ersun bici bidere, baitalabure ba asuru ambula.

u：niyakūrame wajiha kai, geli ainu jung forimbi?

a：si sarkū, bi emu inenggi hūwašan ohode, jung be emu inenggi otolo forimbi sehe.

o：ai bai bigan i niyalma jifi, jung tungken be uttu facuhūrabume forimbi?

---

e：那裡是什麼去處？

a：不是殿宇，定是寺院。

u：請進裡面坐，那牽馬的是個什麼東西？

e：他就是我的徒弟。

u：這般一個醜頭怪腦的，好招他做徒弟？

e：你們看不出人來哩，醜則醜矣，甚是有用。

u：拜完了，還撞鐘怎麼？

a：你不知道，我這是「做一日和尚撞一日鐘」的。

o：哪個野人來這裡如此亂敲鐘鼓？

---

e：那里是什么去处？

a：不是殿宇，定是寺院。

u：请进里面坐，那牵马的是个什么东西？

e：他就是我的徒弟。

u：这般一个丑头怪脑的，好招他做徒弟？

e：你们看不出人来哩，丑则丑矣，甚是有用。

u：拜完了，还撞钟怎么？

a：你不知道，我这是「做一日和尚撞一日钟」的。

o：哪个野人来这里如此乱敲钟鼓？

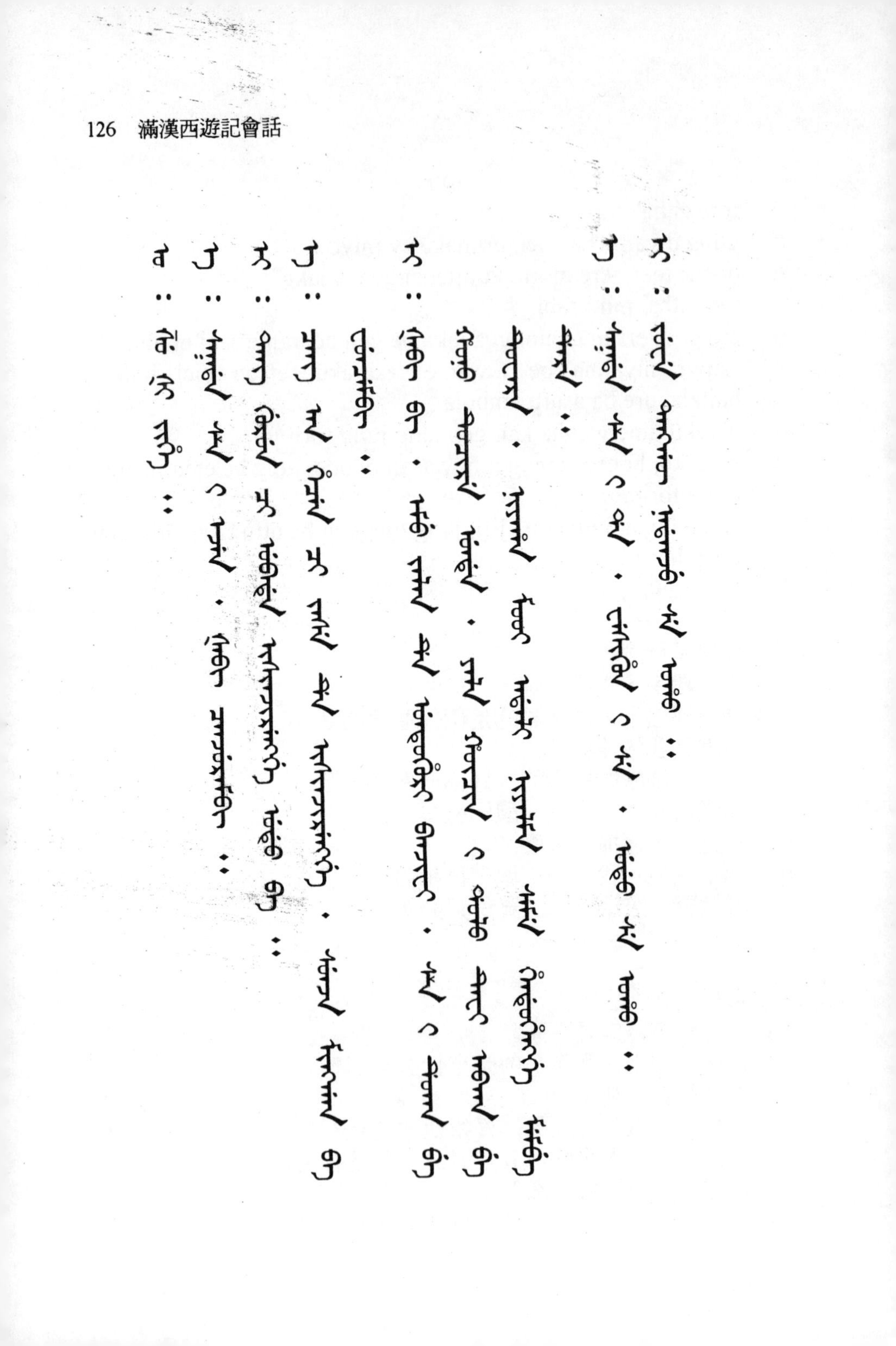

o：dzu ši jihe.

e：sakda sy i ejen, šabi canjurambi.

i：tang gurun ci ubade isinjirengge udu ba?

e：cang an hecen ci jase de isinjirengge, sunja minggan ba funcembi.

i：šabi bi, emu jalan de untuhuri banjifi, sy i duka be hono tucire unde, yala hūcin i dolo tefi abka be tuwara, niyaha mooi adali niyalma seme henduhengge membe dere.

e：sakda sy i da, wesihun i se, udu se oho?

i：juwe tanggū nadanju se oho.

---

o：師祖來了。

e：老院主，弟子拜揖。

i：唐朝到此，有多少路程？

e：出長安至此界，有五千餘里。

i：弟子我虛度一生，山門也不曾出去，所謂「坐井觀天，樗朽之輩」說的就是我們吧！

e：老院主高壽幾何？

i：二百七十歲了。

---

o：师祖来了。

e：老院主，弟子拜揖。

i：唐朝到此，有多少路程？

e：出长安至此界，有五千余里。

i：弟子我虚度一生，山门也不曾出去，所谓「坐井观天，樗朽之辈」说的就是我们吧！

e：老院主高寿几何？

i：二百七十岁了。

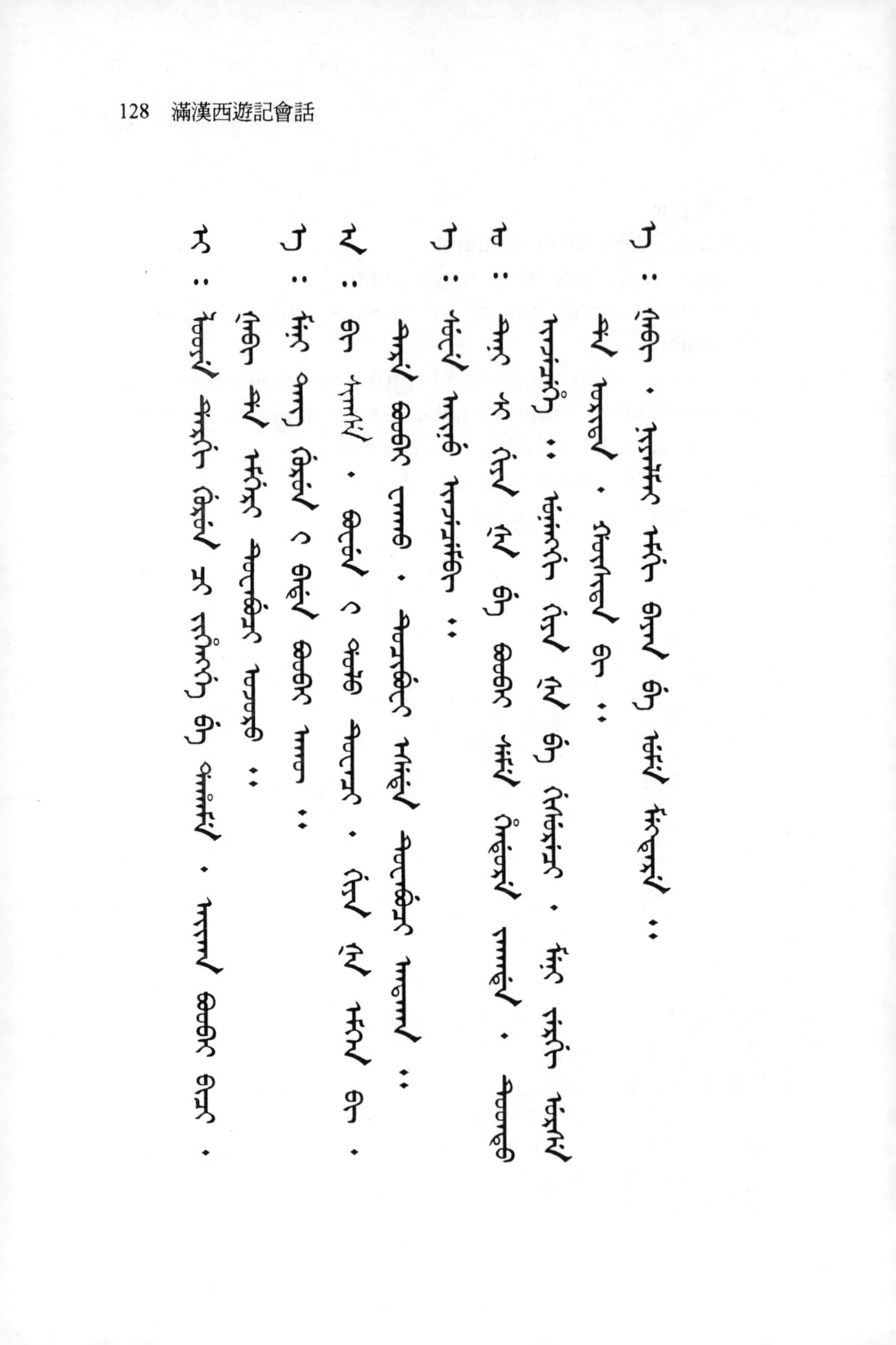

i：looye dergi gurun ci jihengge be dahame, aika boobai bici, šabi de emgeri tuwabuci ojoro?

e：meni tang gurun i bade boobai akū.

a：bi sikse, bofun i dolo tuwaci, giya ša emken bi, tere boobai wakao? tucibufi esede tuwabuci antaka?

e：suwe ainu injecembi.

o：teni si giya ša be boobai seme hendure jakade, tuttu injecehe, unenggi giya ša be gisureci, meni jergi urse de orita, gūsita bi.

e：šabi, niyalmai emgi bayan be ume mektere.

---

i：老爺自貴邦來，可有什麼寶貝，借與弟子一觀？

e：我那唐朝，無甚寶貝。

a：我昨日在包袱裡，曾見那領袈裟，不是件寶貝嗎？拿與他們看看如何？

e：你們笑怎的？

o：你纔說袈裟是件寶貝，所以笑了。誠然說袈裟，似我等輩者，不止二、三十件。

e：徒弟，莫要與人鬥富。

---

i：老爷自贵邦来，可有什么宝贝，借与弟子一观？

e：我那唐朝，无甚宝贝。

a：我昨日在包袱里，曾见那领袈裟，不是件宝贝吗？拿与他们看看如何？

e：你们笑怎的？

o：你纔说袈裟是件宝贝，所以笑了。诚然说袈裟，似我等辈者，不止二、三十件。

e：徒弟，莫要与人斗富。

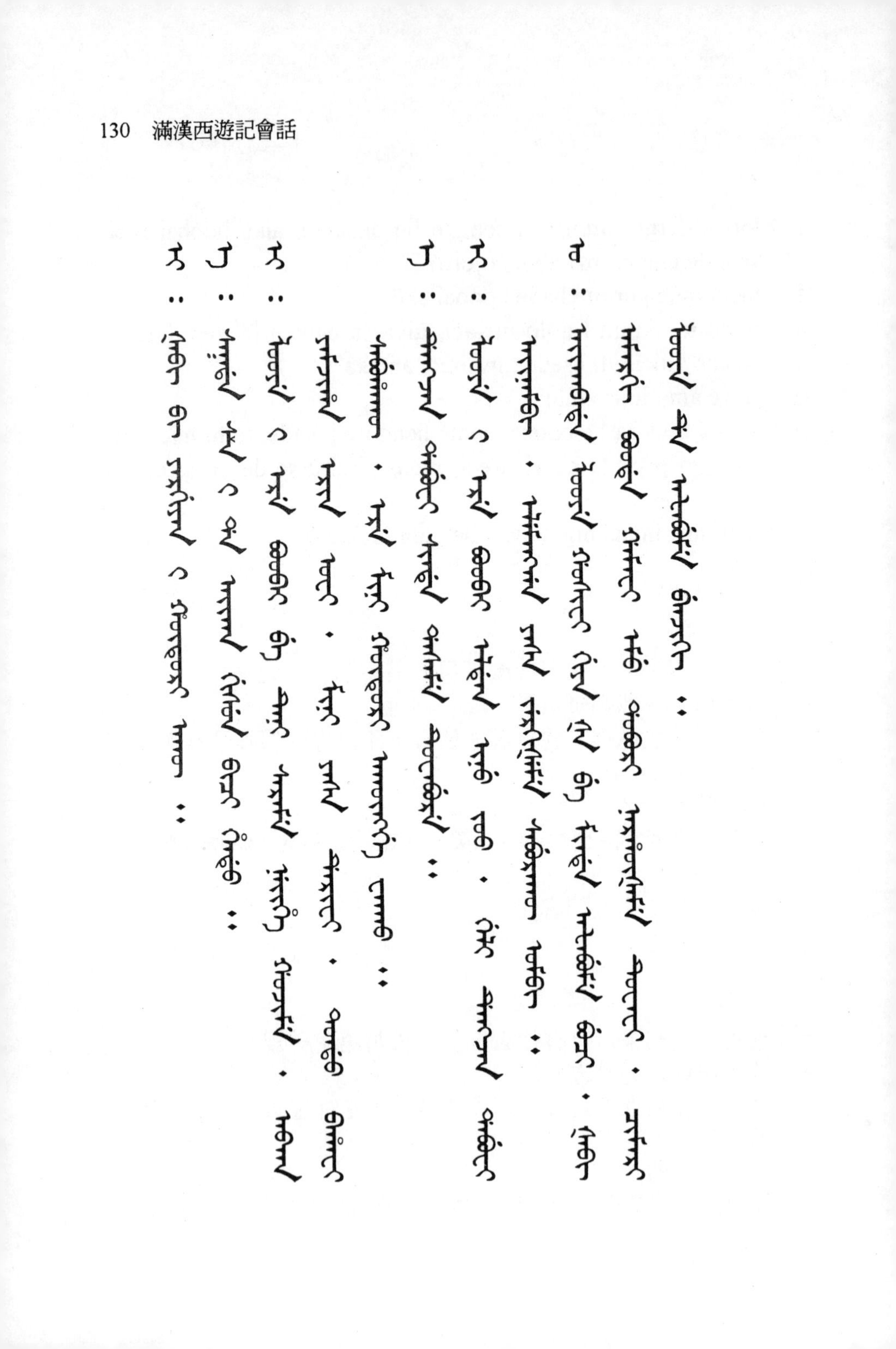

十三、袈裟獻壽

i：šabi bi yargiyan i hūturi akū.

e：sakda sy i da aika gisun bici hendu?

i：looye i ere boobai be teni sarame neihe gojime, abka yamjiha erin ofi, mini yasa derifi, tondo bahafi sabuhakū, ere mini hūturi akūngge wakao?

e：dengjan dabufi sinde dasame tuwabure.

i：looye i ere boobai elden inu joo, geli dengjan dabufi ainambi, elemangga yasa jerkišeme saburakū ombi.

o：aikabade looye gosifi giya ša be minde afabume buci, šabi amargi boode gamafi emu dobori narhūšame tuwafi, cimari looye de afabume benjiki.

---

i：弟子我真是沒緣！

e：老院主有何話說？

i：老爺這件寶貝，方纔展開，天色已經晚了，我眼目昏花，不能看得明白，這不是我無緣嗎？

e：掌上燈來，讓你再看。

i：老爺的這件寶貝，已是光亮，奈何再點了燈，反倒晃眼看不仔細了。

o：若蒙老爺垂愛，將袈裟交付給我，教弟子拿到後房，細細地看一夜，明早送還給老爺。

---

i：弟子我真是没缘！

e：老院主有何话说？

i：老爷这件宝贝，方纔展开，天色已经晚了，我眼目昏花，不能看得明白，这不是我无缘吗？

e：掌上灯来，让你再看。

i：老爷的这件宝贝，已是光亮，奈何再点了灯，反倒晃眼看不仔细了。

o：若蒙老爷垂爱，将袈裟交付给我，教弟子拿到后房，细细地看一夜，明早送还给老爷。

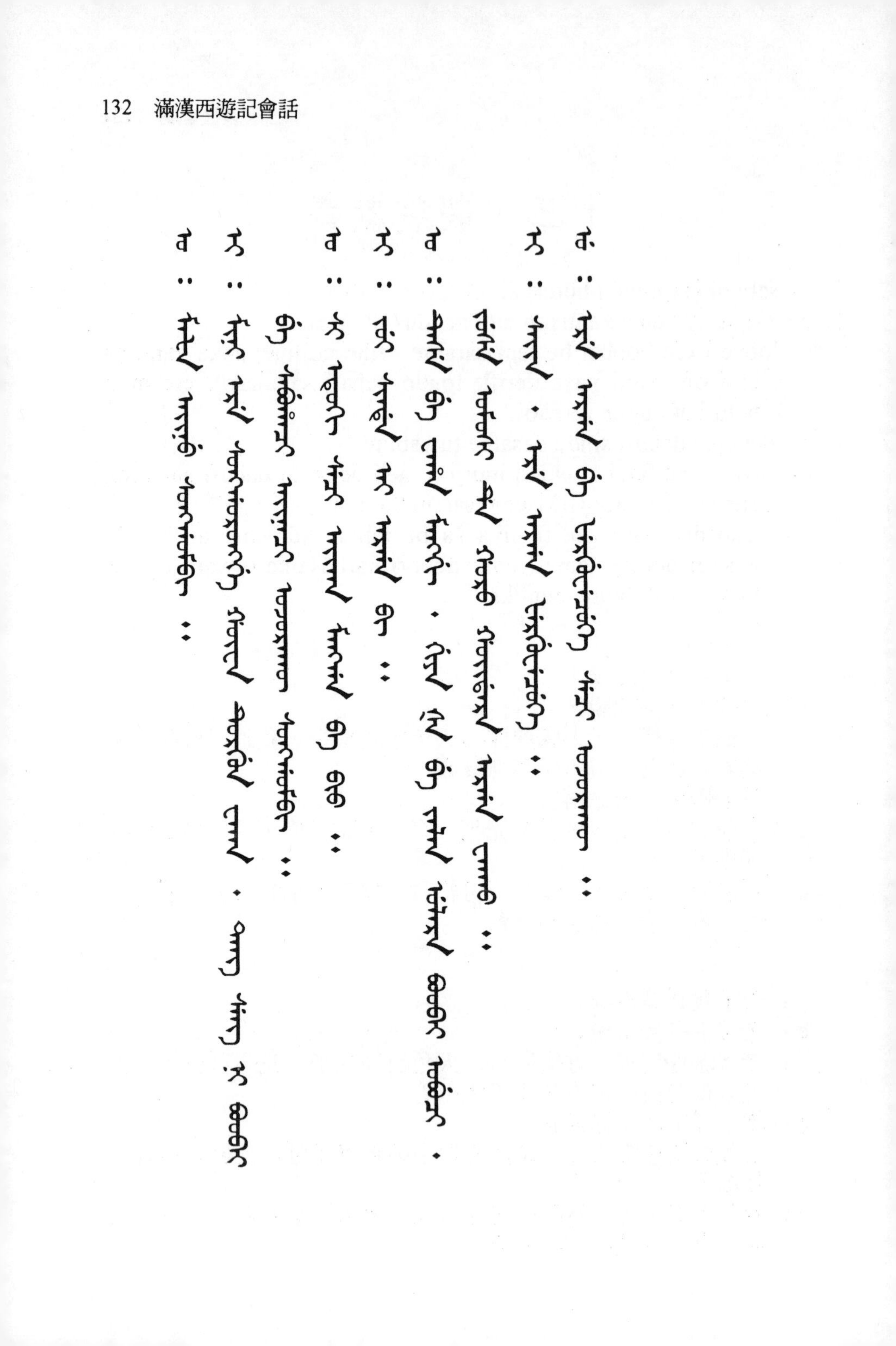

o：mafa ainu songgombi?

i：mini ere songgorongge gūwa turgun waka, tang seng ni boobai be sabuhaci ainaci ojorakū songgombi?

o：si etuki seci aika mangga ba bio?

i：jui sinde ai arga bi?

o：tese be waha manggi, giya ša be jalan ulara boobai obuci, juse omosi de goro goidara arga wakao?

i：sain, ere arga ferguwecuke.

u：ere arga be ferguwecuke seci ojorakū.

---

o：師公，你哭怎的？

i：我哭沒有別故，看不到唐僧的寶貝，奈何不得哭？

o：你要穿他的，有何難處？

i：我兒，你有何法？

o：將他們殺了，却把那袈裟留下，以爲傳家之寶，豈非子孫長久之計耶？

i：好，此計絕妙。

u：此計不妙。

---

o：师公，你哭怎的？

i：我哭没有别故，看不到唐僧的宝贝，奈何不得哭？

o：你要穿他的，有何难处？

i：我儿，你有何法？

o：将他们杀了，却把那袈裟留下，以为传家之宝，岂非子孙长久之计耶？

i：好，此计絕妙。

u：此计不妙。

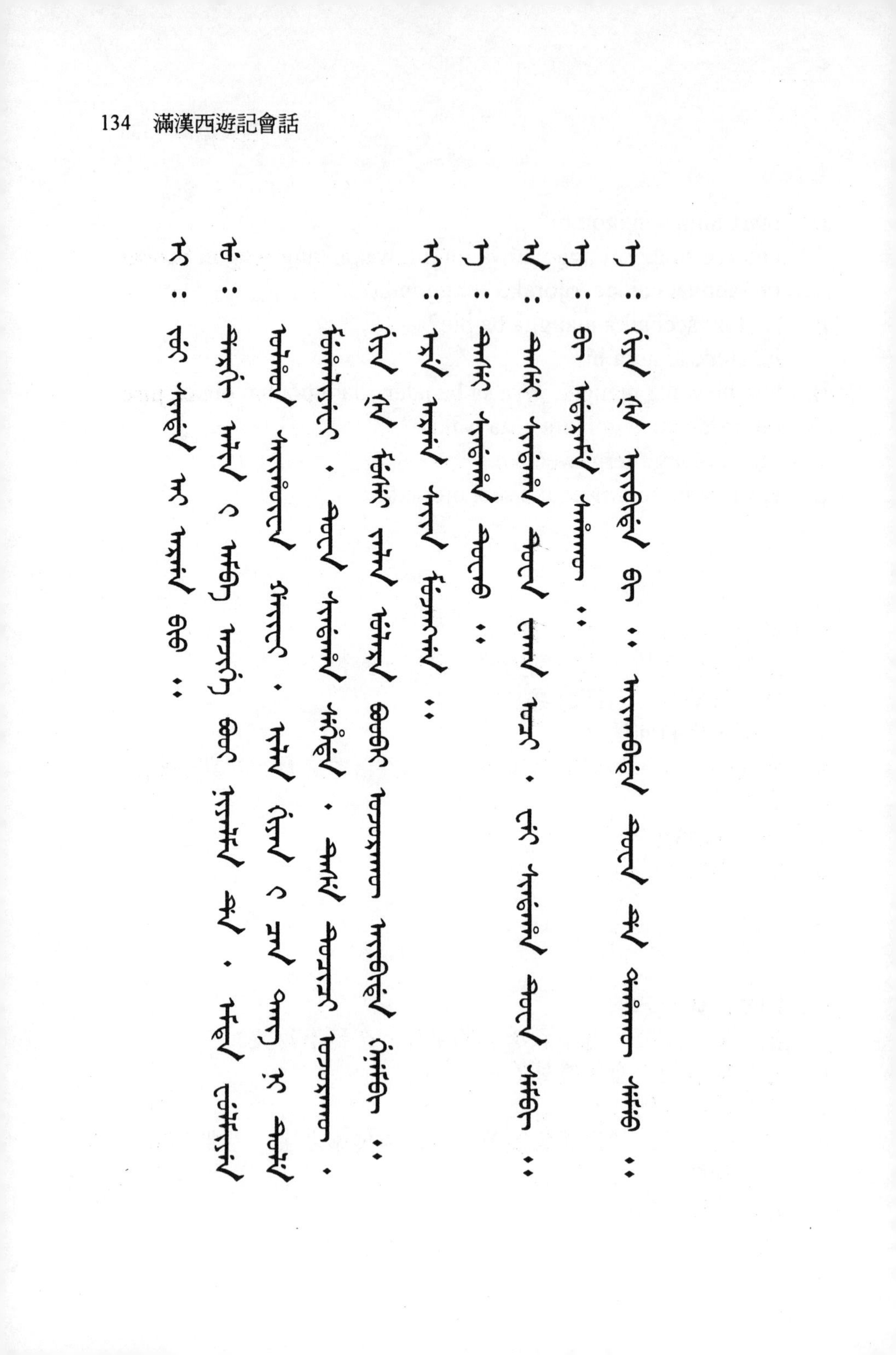

i ： jui sinde ai arga bio?

u ： dergi alin i amba ajige booi niyalma de, emte fulmiyen olhon saihūwa gaifi, ilan giyan i can tang ni tule muhaliyefi, tuwa sindaha sehede, tese tucici ojorakū, giya ša musei jalan ulara boobai ojorakū aibide genembi?

i ： ere arga sain mujangga.

e ： tesei sindaha tuwao?

a ： tesei sindaha tuwa waka oci, wei sindaha tuwa sembi.

e ： bi adarame sahakū?

e ： giya ša aibide bi? aikabade tuwa de dahakū semeo?

———————

i ：我兒，你有何法？

u ：喚聚東山大小家人，每人拿乾柴一束，堆積三間禪堂外，放起火來，教他們欲走無門，袈裟豈不是我們傳家之寶？

i ：此計真好。

e ：是他們放的火嗎？

a ：不是他們放的火是誰放的火。

e ：我怎不知？

e ：袈裟何在？敢莫是被火燒壞了也？

———————

i ：我儿，你有何法？

u ：唤聚东山大小家人，每人拿干柴一束，堆积三间禅堂外，放起火来，教他们欲走无门，袈裟岂不是我们传家之宝？

i ：此计真好。

e ：是他们放的火吗？

a ：不是他们放的火是谁放的火。

e ：我怎不知？

e ：袈裟何在？敢莫是被火烧坏了也？

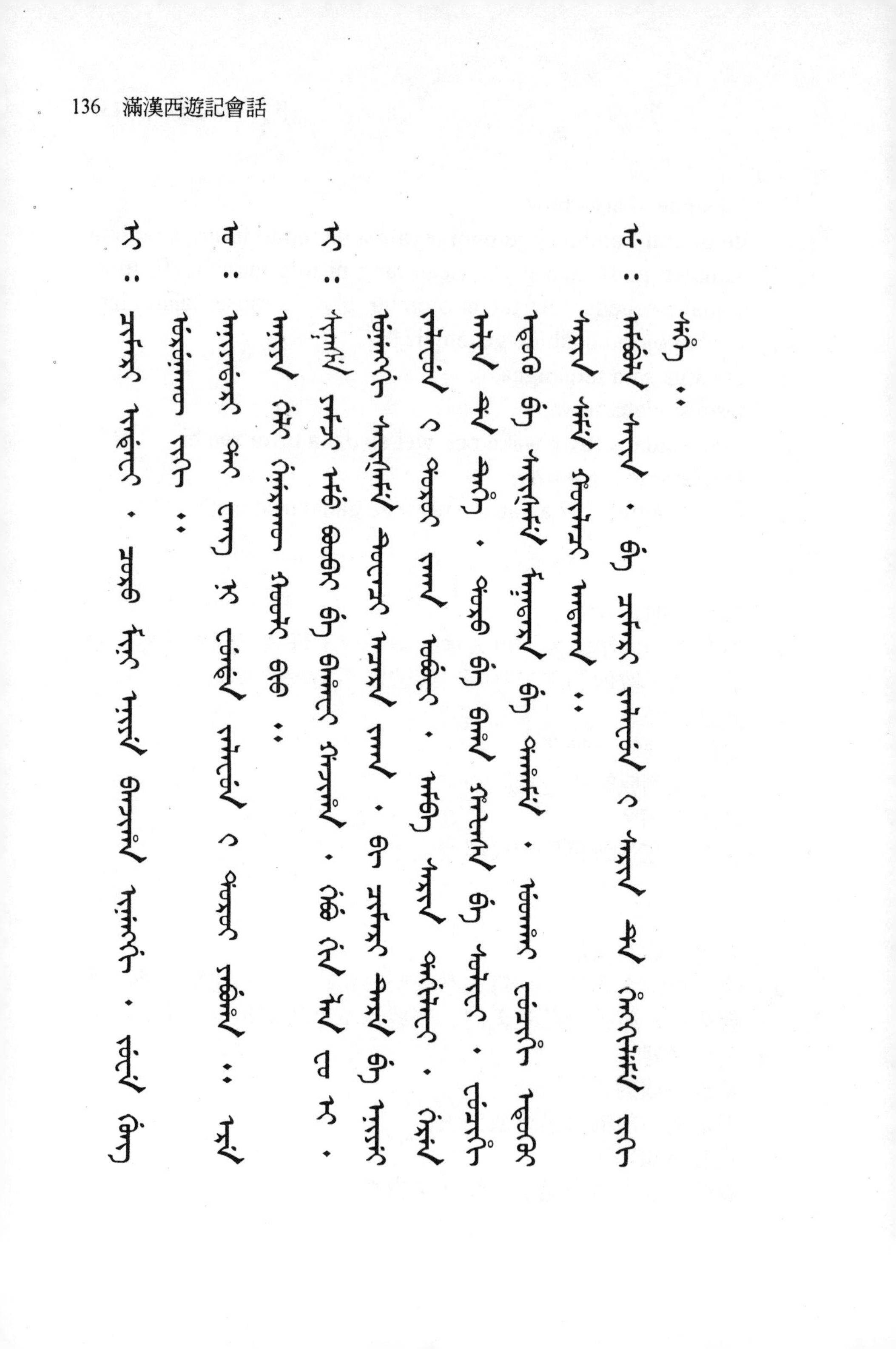

i：cimari indefi, coro mini eniye banjiha inenggi, juwe gung urunakū jiki?

o：aniyadari dai wang ni funde jalafun i doroi yabuha. ere aniya geli generakū kooli bio?

i：sikse yamji emu boobai be bahafi gajiha, gebu gin lan fo i, unenggi saišame tuwaci acara jaka, bi cimari tere be eniyei jalafun i doroi jaka obufi, amba sarin dagilafi, geren alin de tehe, doro be baha hafasa be solifi, fucihi etuku be saišame maktara be dahame, uthai fucihi etukui sarin seme hūlaci antaka?

u：ambula sain, be cimari jalafun i sarin de hengkileme jiki sehe.

---

i：明日留一宿，後日是我母誕日，二公可光顧光顧？

o：年年代大王行壽禮，今年豈有不來之理？

i：我夜來得了一件寶貝，名喚錦襴佛衣，是件玩好之物。明日我就以它為母親壽禮，備下盛筵，邀請各山道官，頌賀佛衣，就稱為佛衣宴如何？

u：很妙，我們明日就來拜壽赴宴。

---

i：明日留一宿，后日是我母诞日，二公可光顾光顾？

o：年年代大王行寿礼，今年岂有不来之理？

i：我夜来得了一件宝贝，名唤锦襕佛衣，是件玩好之物。明日我就以它为母亲寿礼，备下盛筵，邀请各山道官，颂贺佛衣，就称为佛衣宴如何？

u：很妙，我们明日就来拜寿赴宴。

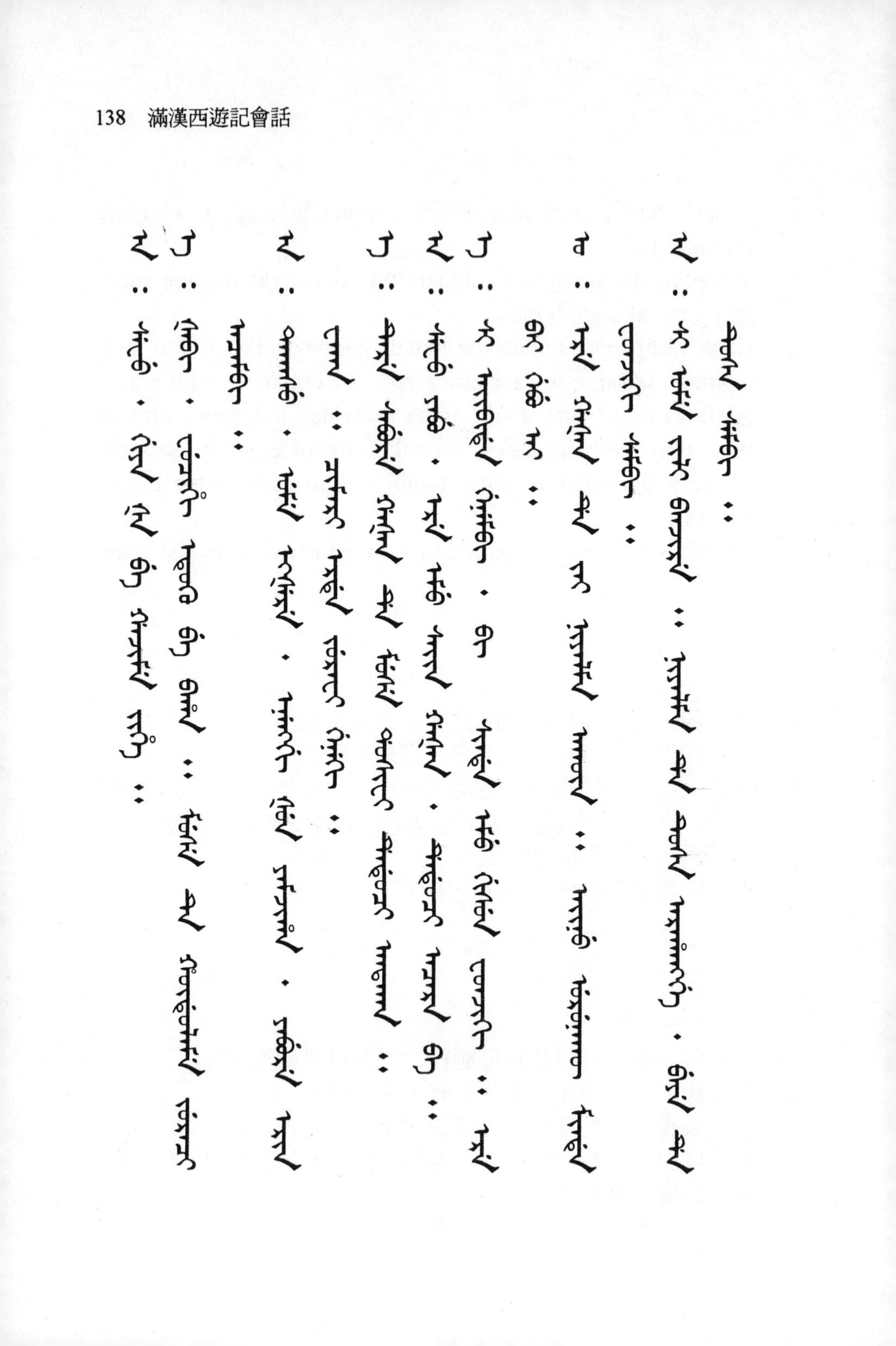

a ： sefu, giya ša be gajime jihe.

e ： šabi, fucihi etuku be baha, muse te hūdulame juraci acambi.

a ： takasu, ume ekšere, enenggi šun yamjiha, yabure erin waka, cimari erde jurafi geneki.

e ： tere sabure gašan de muse dosifi deduci antaka?

a ： sefu yabu, ere emu sain gašan, deduci acara ba.

e ： si aibide genembi, bi sinde emu gisun fonjiki, ere bai gebu ai?

o ： ere gašan de jai niyalma akūn? ainu urunakū minde fonjiki sembi?

a ： si ume jili banjire, niyalma de tusa arahangge, beye de tusa sembi.

---

a ：師父，袈裟取來了。

e ：徒弟啊，既然有了佛衣，我們如今該快啓程。

a ：且住，莫忙，今日將晚，不是走路的時候，且待明早行。

e ：看那壁廂有座山莊，我們去告宿一宵何如？

a ：師父請行，這是一村好人家，正可借宿。

e ：你哪裡去？我問你一句話兒，此間是什麼地方。

o ：我莊上沒人嗎？怎麼定要問我！

a ：你莫惱，與人方便，自己方便。

---

a ：师父，袈裟取来了。

e ：徒弟啊，既然有了佛衣，我们如今该快启程。

a ：且住，莫忙，今日将晚，不是走路的时候，且待明早行。

e ：看那壁厢有座山庄，我们去告宿一宵何如？

a ：师父请行，这是一村好人家，正可借宿。

e ：你哪里去？我问你一句话儿，此间是什么地方。

o ：我庄上没人吗？怎么定要问我！

a ：你莫恼，与人方便，自己方便。

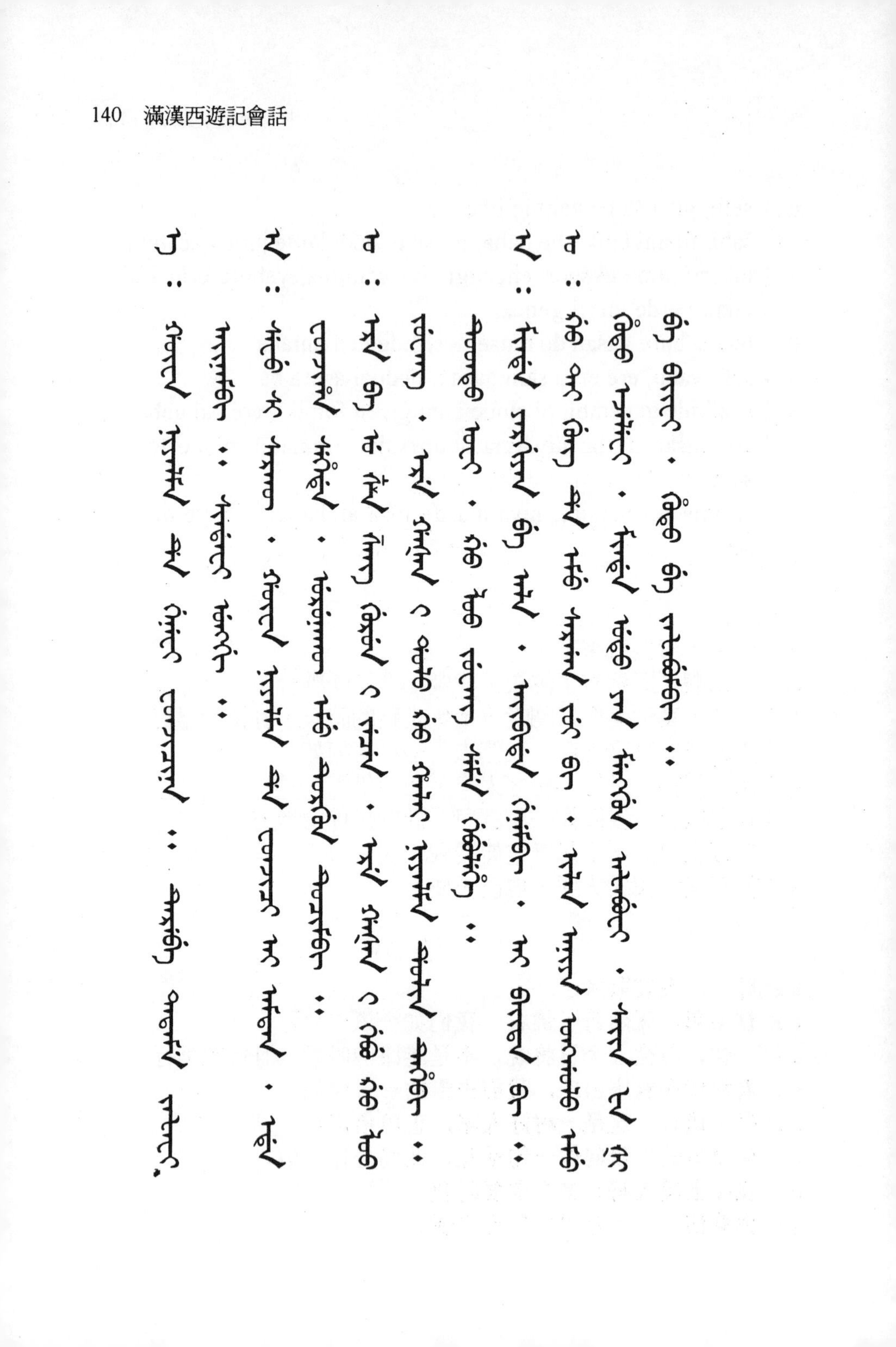

e：gūwa niyalma de genefi fonjicina, terebe tatame jafafi ainambi?
　sindafi unggi.

a：sefu si sarkū, gūwa niyalma de fonjici ai amtan, ede fonjiha
　sehede, urunakū emu turgun tucimbi.

o：ere ba u ts'y dzang gurun i jecen, ere gašan i gebu g'ao loo
　juwang, ere gašan i dolo g'ao halai niyalma dulin tehebi, tuttu
　ofi, g'ao loo juwang seme gebulehe.

a：minde yargiyan be ala, aibide genembi, ai baita bi?

o：g'ao tai gung de emu sargan jui bi, ilan aniya onggolo emu
　hutu ejelefi, minde udu yan menggun afabufi, sain fa ši be
　baifi, hutu be jafabumbi.

---

e：去問別人吧！扯住他怎的？放他去吧！

a：師父不知，若是問了別人沒趣，須是問他，定能問出緣故。

o：此處乃是烏斯藏國界之地，此莊喚做高老莊，莊中人家一半
　姓高，故此喚做高老莊。

a：你實與我說，你要往哪裡去？有何事？

o：高太公有一個女兒，三年前被一個妖精占了，給了我幾兩銀
　子，教我去訪好法師，拿那妖怪。

---

e：去问别人吧！扯住他怎的？放他去吧！

a：师父不知，若是问了别人没趣，须是问他，定能问出缘故。

o：此处乃是乌斯藏国界之地，此庄唤做高老庄，庄中人家一半
　姓高，故此唤做高老庄。

a：你实与我说，你要往哪里去？有何事？

o：高太公有一个女儿，三年前被一个妖精占了，给了我几两银
　子，教我去访好法师，拿那妖怪。

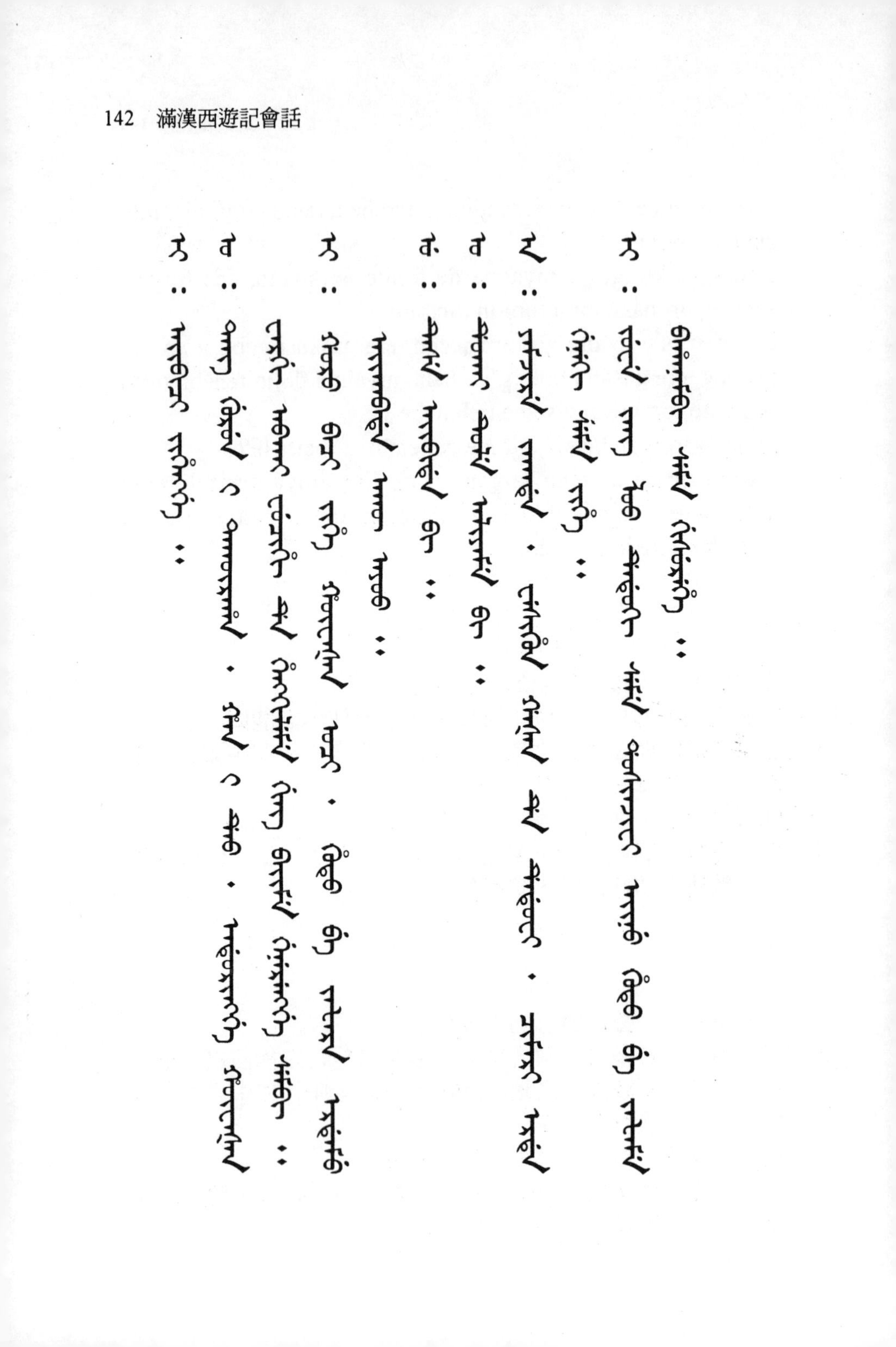

十四、改邪歸正

i：aibici jihengge?

o：tang gurun i takūraha, han i deo, enduringge hūwašan wargi abkai fucihi de hengkileme ging baime generengge sembi.

i：goro baci jihe hūwašan oci, hutu be jafara erdemu aikabade akū ayoo!

u：tese aibide bi?

o：dukai tule aliyame bi.

a：yamjire jakade, wesihun gašan de dedufi, cimari erde geneki seme jihe.

i：juwe jang loo deduki seme dosinjifi ainu hutu be jafame bahanambi seme gisurehe?

---

i：是哪裡來的？

o：他說是唐朝差來的御弟聖僧，前往西天拜佛求經的。

i：既是遠來的和尙，怕不真有些拿怪的手段。

u：他們如今在哪裡？

o：現在門外等候。

a：因爲天晚了，所以借宿貴莊，明早再行。

i：二位長老原是進來借宿的，怎說會拿怪？

---

i：是哪里来的？

o：他说是唐朝差来的御弟圣僧，前往西天拜佛求经的。

i：既是远来的和尚，怕不真有些拿怪的手段。

u：他们如今在哪里？

o：现在门外等候。

a：因为天晚了，所以借宿贵庄，明早再行。

i：二位长老原是进来借宿的，怎说会拿怪？

ᠵᡠ᠂
ᠶᠣᠨ ᠵᡠ᠂
ᠶᠣᠨ ᠵᡠ᠂
ᠶᠣᠨ᠂

e：dosifi dedure ildun de, emu udu hutu be eficeme jafaki sembi, suweni ere gašan de udu hutu bi.

i：abka, geli udu hutu okini sembi, tere emu hutu be hojihon obure jakade, hono alime eterakū.

e：tere hutu i erdemu daci adarame bihe, si terebe minde emu jergi yooni ala, bi terei arbun be tuwafi, jai jafaki.

i：sakda niyalma de haha juse emke hono akū, damu ilan sargan jui bi, ilan aniyai onggolo emu haha jihe be tuwaci, banjiha arbun inu sain gincihiyan, uthai booi niyalmai adali dosifi, hojihon obuha.

---

e：進來借宿，順便拿幾個妖怪兒耍耍的，你們這莊裡有多少妖怪？

i：天哪！還說有多少妖怪哩！只那一個妖怪女婿，尚且難於忍受了。

e：你把那妖怪原本有多大本事，從頭兒說說我聽，我看情形再拿。

i：老拙不曾有子，只生三個女兒，三年前，來了一個漢子，看長的模樣兒也標致，願同家人做個女婿。

---

e：进来借宿，顺便拿几个妖怪儿耍耍的，你们这庄里有多少妖怪？

i：天哪！还说有多少妖怪哩！只那一个妖怪女婿，尚且难于忍受了。

e：你把那妖怪原本有多大本事，从头儿说说我听，我看情形再拿。

i：老拙不曾有子，只生三个女儿，三年前，来了一个汉子，看长的模样儿也标致，愿同家人做个女婿。

ᡨ᠊᠊ᡳ᠌᠊
᠉᠉

ᡨᡳ᠊
᠊ᡳ᠊
᠉᠉

ᡨᡳ᠊
᠉᠉

i ：tere hojihon ome dosika fonde, ambula kicebe, usin tarici, ihan be baitalarakū,usin haduci, hadufun be baitalarakū, dobori genefi gereme jimbi, tuttu ambula sain bihe, geli angga dere be ubaliyambume bahanambi.

e ：terei ubaliyambume bahanarangge ai hacin?

i ：sucungga tarhūn sahaliyan haha ubaliyambihe, amala oforo golmin, šan amba gurgu ubaliyaka, uju i amala den sika, beyede banjihangge gemu ulgiyan i funiyehe adali, uju dere ulgiyan i emu adali, jeterengge asuru ambula, emu erin de sunja hiyase araha buda jembi, cimari erde emu tanggū šobin jembi, terebe hutu seme teni bahanafi, fa ši se be baifi terebe bederebuki sembi.

---

i ：招了那個女婿，一進門時，倒也勤謹，耕田耙地，不用牛具，收割田禾，不用鐮刀，昏去明來，其實也好，又會變嘴臉。

e ：他怎麼樣變？

i ：最初時是變黑胖漢，後來就變做一個鼻長耳朵大的禽獸，腦後有鬃毛，身上長的都像豬的毛，頭臉就像個豬的模樣。食量又甚大，一頓要吃五斗米飯，早間點心，也要吃一百個燒餅，知道他是個妖怪，要請個法師們退他。

---

i ：招了那个女婿，一进门时，倒也勤谨，耕田耙地，不用牛具，收割田禾，不用镰刀，昏去明来，其实也好，又会变嘴脸。

e ：他怎么样变？

i ：最初时是变黑胖汉，后来就变做一个鼻长耳朵大的禽兽，脑后有鬃毛，身上长的都像猪的毛，头脸就像个猪的模样。食量又甚大，一顿要吃五斗米饭，早间点心，也要吃一百个烧饼，知道他是个妖怪，要请个法师们退他。

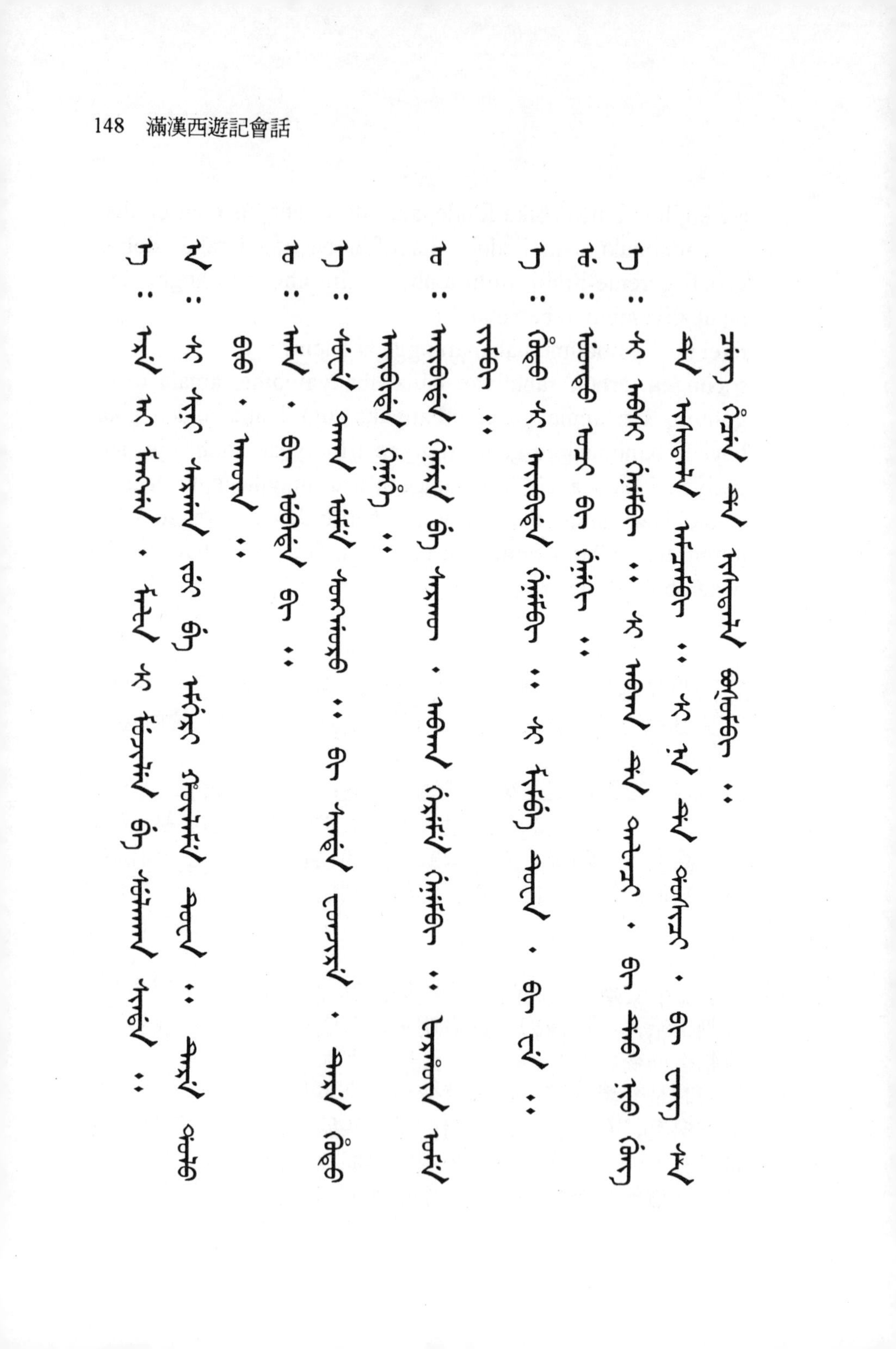

e：ere ai mangga? mafa si mujilen be sulakan sinda.

a：si sini sargan jui be emgeri hūlame tuwa, tere dolo bio, akūn?

o：ama, bi ubade bi.

e：suwe taka ume songgoro, bi sinde fonjire, tere hutu aibide genehe?

o：aibide genere be sarkū, abka gereme genembi, farhūn ome jimbi.

e：hutu si aibide genembi? si mimbe tuwa, bi we?

u：uttu oci bi geneki.

e：si absi genembi? si abka de tafaci, bi deo nio gung de isitala amcambi, si na de dosici, bi wang sy ceng hecen de isitala bošombi.

---

e：這有何難？老爺你只管放心。

a：你去叫你女兒一聲，看他可在裡面？

o：爹爹，我在這裡哩！

e：你們且莫哭！我問你，妖怪往哪裡去了？

o：不知往哪裡去？天明就去，入夜方來。

e：妖怪你哪裡走？你看看我，我是哪個？

u：既是這麼說，我去了吧！

e：你哪裡走？你若上天，我就趕到斗牛宮。你若入地，我就追至枉死城。

---

e：这有何难？老爷你只管放心。

a：你去叫你女儿一声，看他可在里面？

o：爹爹，我在这里哩！

e：你们且莫哭！我问你，妖怪往哪里去了？

o：不知往哪里去？天明就去，入夜方来。

e：妖怪你哪里走？你看看我，我是哪个？

u：既是这么说，我去了吧！

e：你哪里走？你若上天，我就赶到斗牛宫。你若入地，我就追至枉死城。

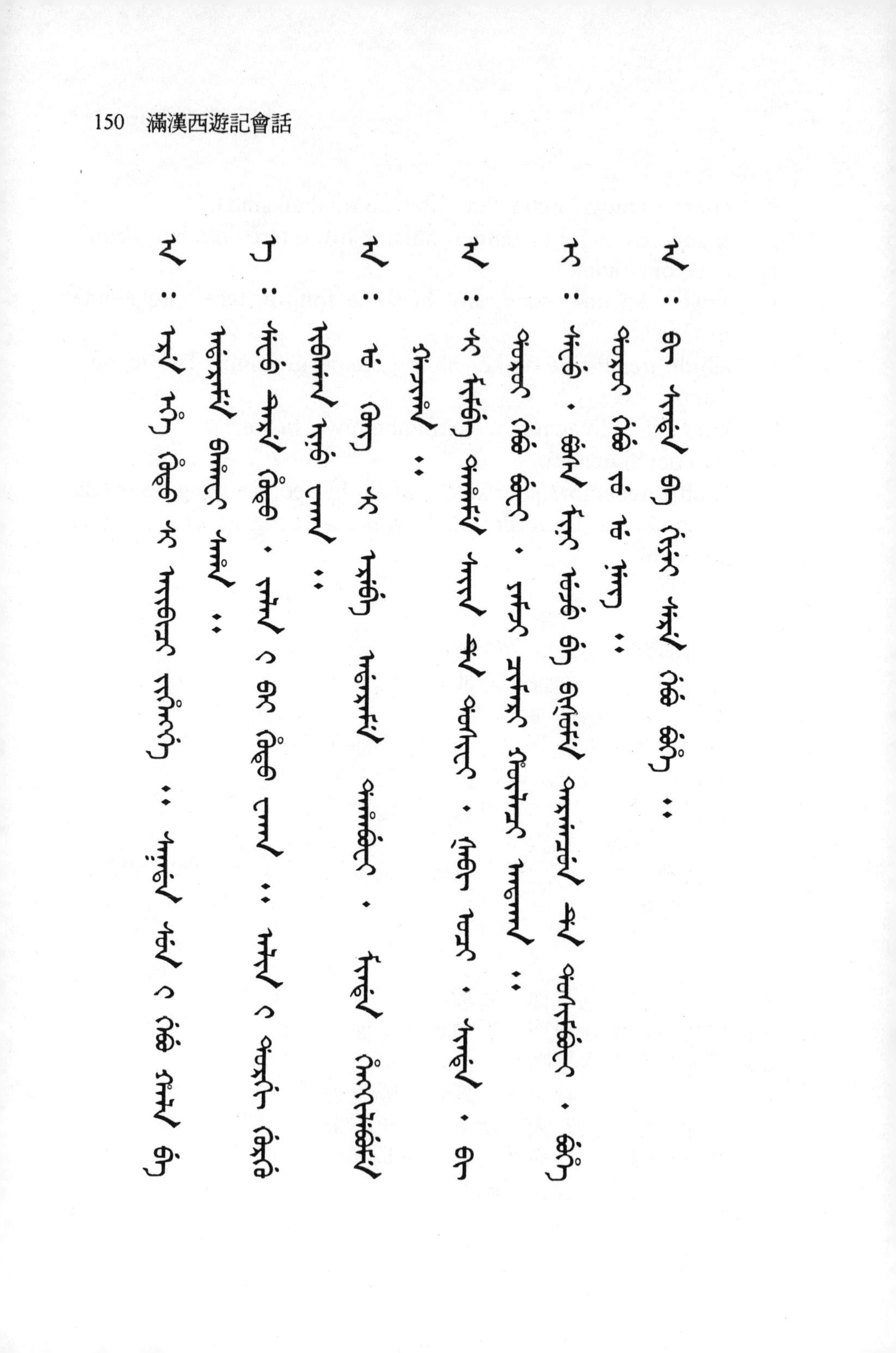

� ᠪᡳ ᡴᡝᠮᠨᡳ ᠪᠣᡩᠣ ᡴᠠᡳ ᠪᠠᡳᡨ᠎᠎

a：ere ehe hutu si aibici jihengge?sakda sun i gebu hala be adarame bahafi saha?

e：sefu tere hutu, jalan i bai hutu waka, alin i dorgi gurgu ibagan inu waka.

a：u kung si erebe adarame dahabufi, minde hengkilebume gajiha?

a：si mimbe dahame sain de dosifi, šabi oci, sinde bi doroi gebu bufi, yamji cimari hūlaci antaka?

i：sefu, pusa mini uju be bišume targacun de dosimbufi, buhe doroi gebu ju u neng.

a：bi sinde ba giyei sere gebu buhe.

---

a：潑怪，你是哪裡來的？怎麼知道我老孫的名號？

e：師父，那妖不是凡間的邪崇，也不是山間的怪獸。

a：悟空，你怎麼降得他來拜我？

a：你既從我善果，要做徒弟，我與你起個法名，早晚好呼喚如何？

i：師父，我是菩薩已與我摩頂受戒，起了法名，叫做豬悟能。

a：我再與你起個別名，喚為八戒。

---

a：泼怪，你是哪里来的？怎么知道我老孙的名号？

e：师父，那妖不是凡间的邪崇，也不是山间的怪兽。

a：悟空，你怎么降得他来拜我？

a：你既从我善果，要做徒弟，我与你起个法名，早晚好呼唤如何？

i：师父，我是菩萨已与我摩顶受戒，起了法名，叫做猪悟能。

a：我再与你起个别名，唤为八戒。

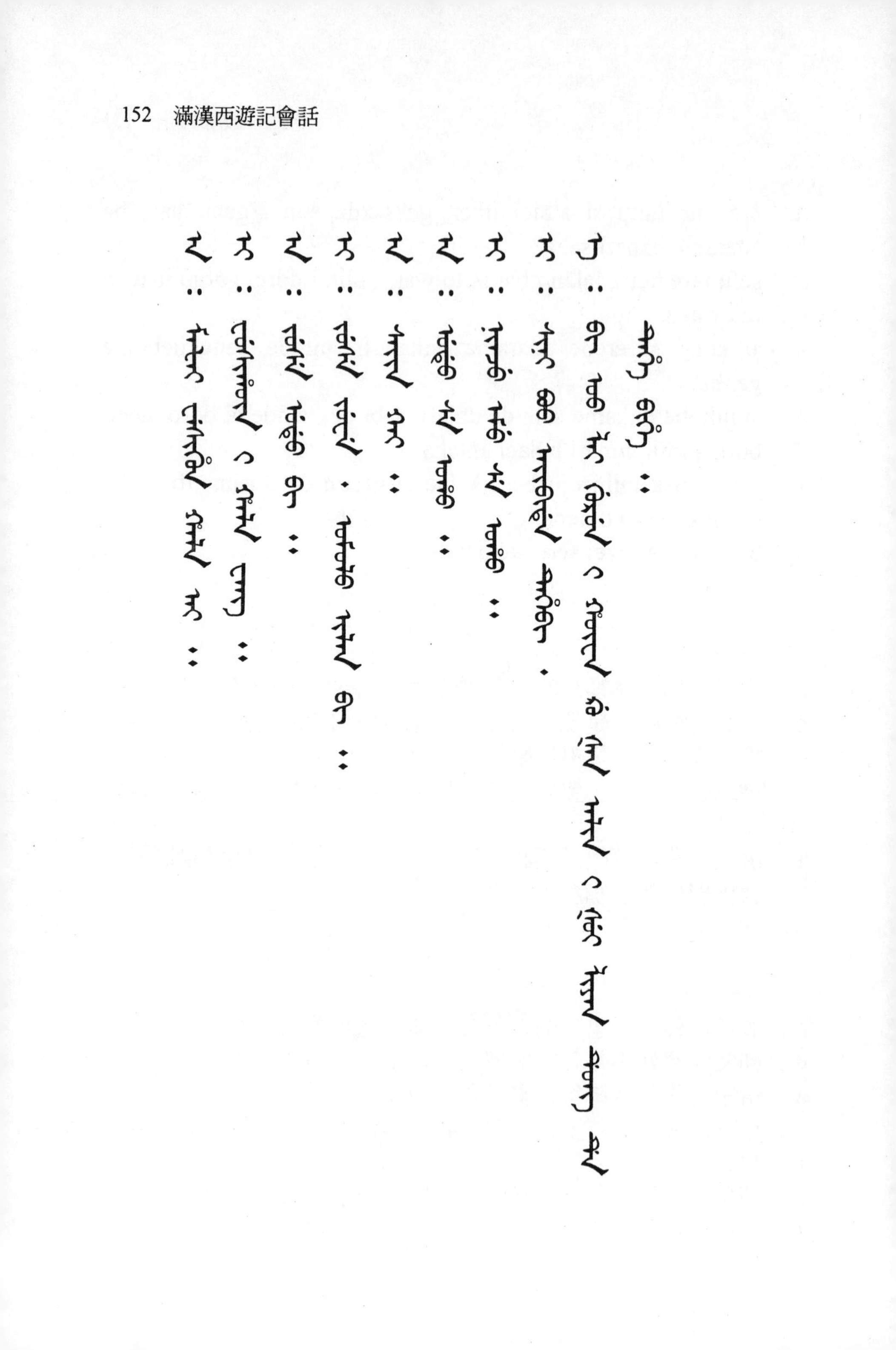

十五、金蟬脫殼

a ： mafai wesihun hala ai?
i ： fusihūn i hala wang.
a ： juse udu bi?
i ： juse juwe, omolo ilan bi.
a ： sain kai.
a ： udu se oho?
i ： ninju emu se oho.
i ： sini boo aibide tehebi?
e ： bi oo lai gurun i hūwa g'o šan alin i šui liyan dung de tehe
　　bihe.

---

a：老爺貴姓？
i：在下姓王。
a：令嗣有幾位？
i：有兩個小兒，三個小孫。
a：好！好！
a：年壽幾何？
i：六十一歲了。
i：你家居何處？
e：我在傲來國花果山水濂洞居住。

---

a：老爷贵姓？
i：在下姓王。
a：令嗣有几位？
i：有两个小儿，三个小孙。
a：好！好！
a：年寿几何？
i：六十一岁了。
i：你家居何处？
e：我在傲来国花果山水濂洞居住。

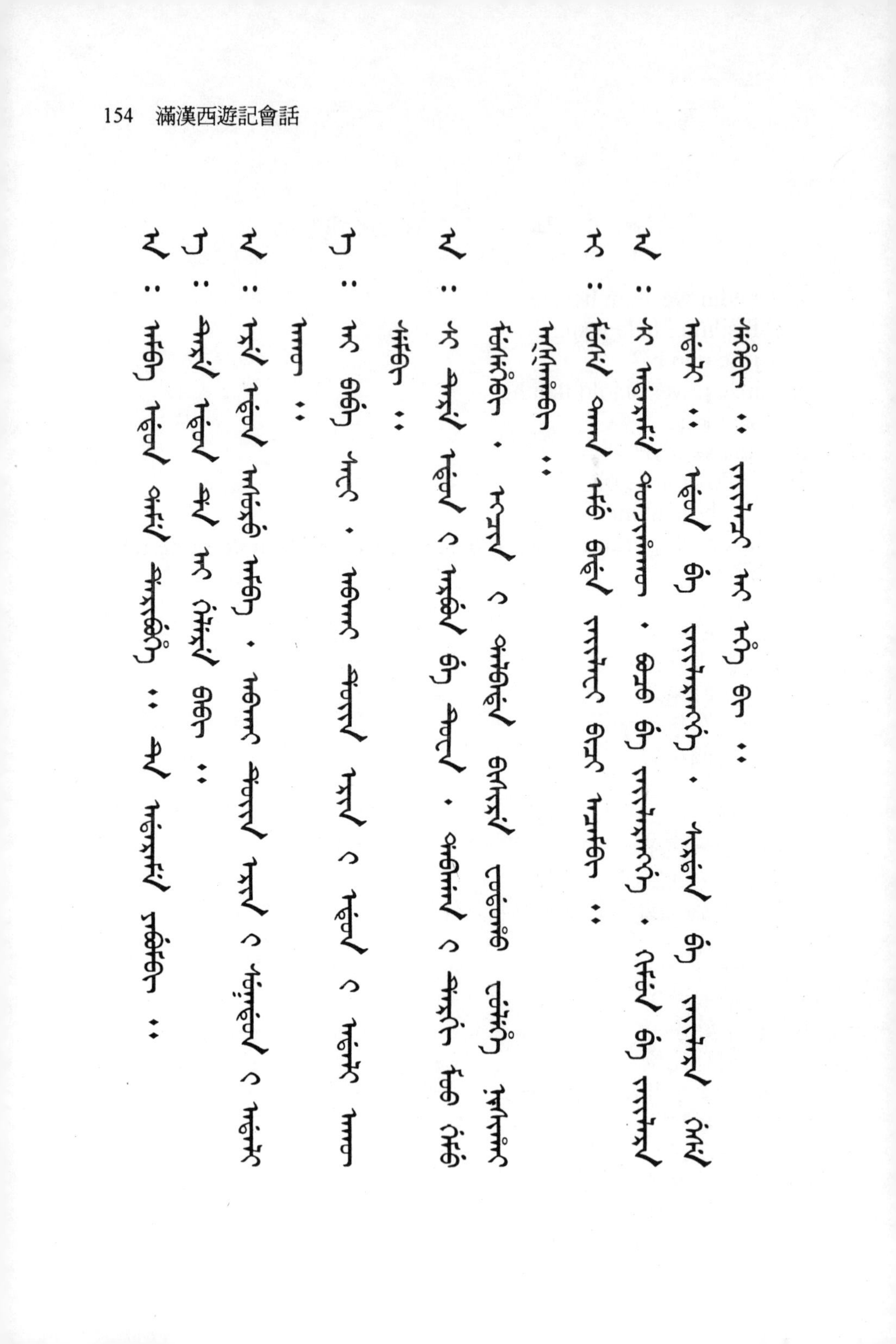

a ： amba edun dame deribuhe, te adarame yabumbi?

e ： tere edun de ai gelere babi?

a ： ere edun asuru amba, abkai duin erin i sukdun i adali akū.

e ： ai babe safi, abkai duin erin i edun i adali akū sembi?

a ： si tere edun i arbun be tuwa, dabagan i dergi moo gemu musehebi, ekcin i dalbade bisire fodoho fulehe nisihai aššahabi.

i ： muse taka emu bade jailafi bici acambi.

a ： si adarame donjihakū, boco be jailarangge, kimun be jailara adali, edun be jailarangge, sirdan be jailara gese sehebi, jailaci ai ehe bi?

─────────

a ： 大風起了，如今如何行走？

e ： 那風却怕它怎的？

a ： 此風甚大，比那天候四時之氣不同。

e ： 怎見得不比天候四時之風？

a ： 你看那風，嶺上林木皆彎折，岸邊楊柳連根動。

i ： 我們應該暫且躲一躲。

a ： 你不曾聞得「避色如避讎，避風如避箭」哩！躲一躲，有什麼不好？

─────────

a ： 大风起了，如今如何行走？

e ： 那风却怕它怎的？

a ： 此风甚大，比那天候四时之气不同。

e ： 怎见得不比天候四时之风？

a ： 你看那风，岭上林木皆弯折，岸边杨柳连根动。

i ： 我们应该暂且躲一躲。

a ： 你不曾闻得「避色如避讎，避风如避箭」哩！躲一躲，有什么不好？

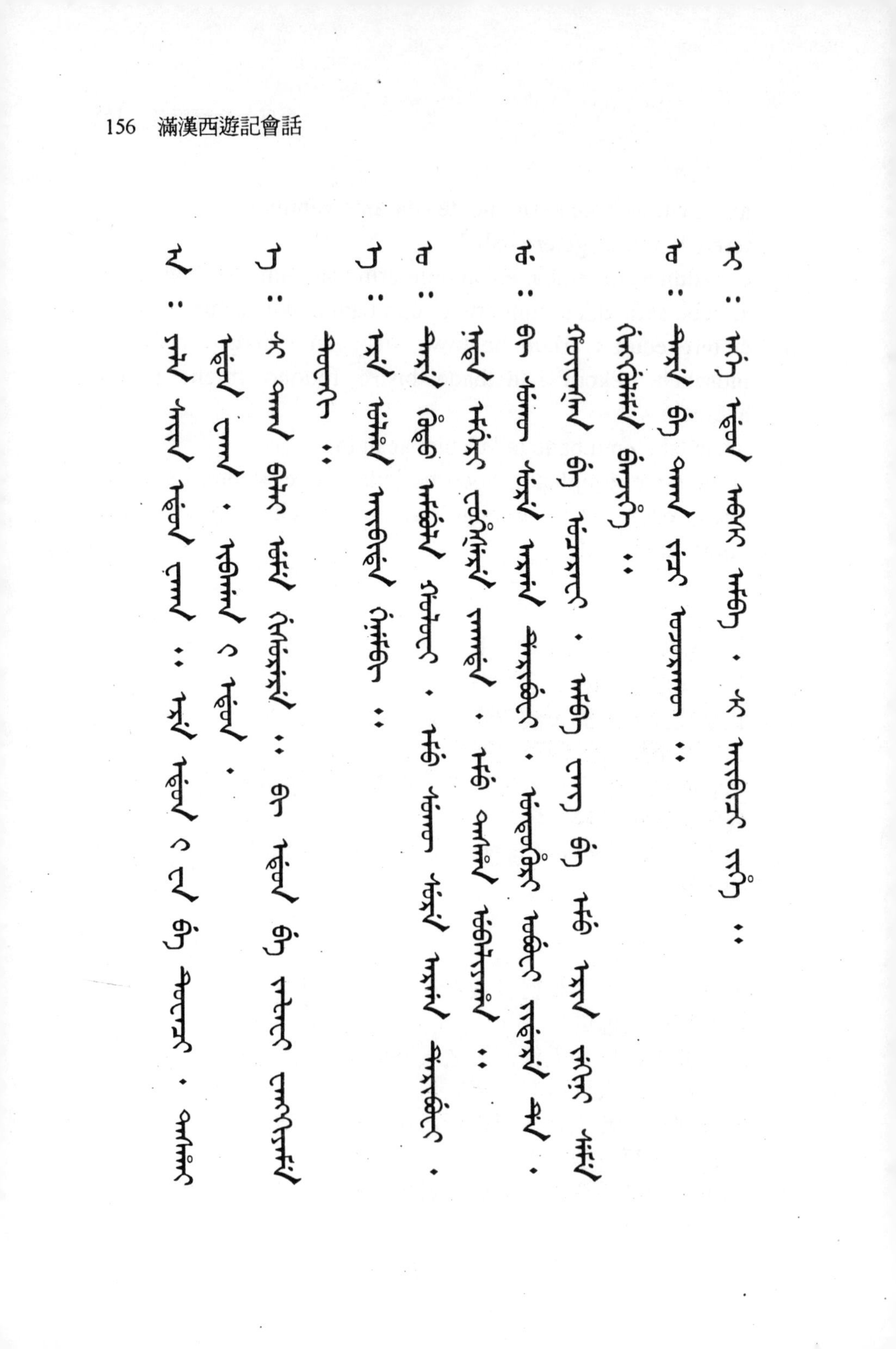

a：yala sain edun waka, ere edun i wa be tuwaci, tashai edun waka, ibagan i edun.

e：si taka balai ume gisurere, bi edun be jafafi wangkiyame tuwaki.

e：ere ulha aibide genembi?

o：tere hutu ambula golofi, emu sukū sure arga deribufi, nade emgeri fuhešere jakade, emu tasha ubaliyaha.

u：bi sukū sure arga deribufi, untuhuri obufi jidere de, hūwašan be ucarafi, amba wang be emu erin jekini seme gingguleme benjihe.

o：tere be taka jeci ojorakū.

i：age edun absi amba, si aibici jihe?

---

a：果然不是好風，這風的味道不是虎風，是怪風。

e：你且莫胡言亂語，等我把這風抓一把來聞一聞。

e：這孽畜！哪裡走？

o：那怪大驚，使個金蟬脫殼計，在地上打個滾，變成了一隻老虎。

u：我使了一個金蟬脫殼之計，得空而來，遇到這和尚，奉獻大王，聊表一餐之敬。

o：且莫吃他。

i：阿哥！好大風啊！你從哪裡走來？

---

a：果然不是好风，这风的味道不是虎风，是怪风。

e：你且莫胡言乱语，等我把这风抓一把来闻一闻。

e：这孽畜！哪里走？

o：那怪大惊，使个金蝉脱壳计，在地上打个滚，变成了一只老虎。

u：我使了一个金蝉脱壳之计，得空而来，遇到这和尚，奉献大王，聊表一餐之敬。

o：且莫吃他。

i：阿哥！好大风啊！你从哪里走来？

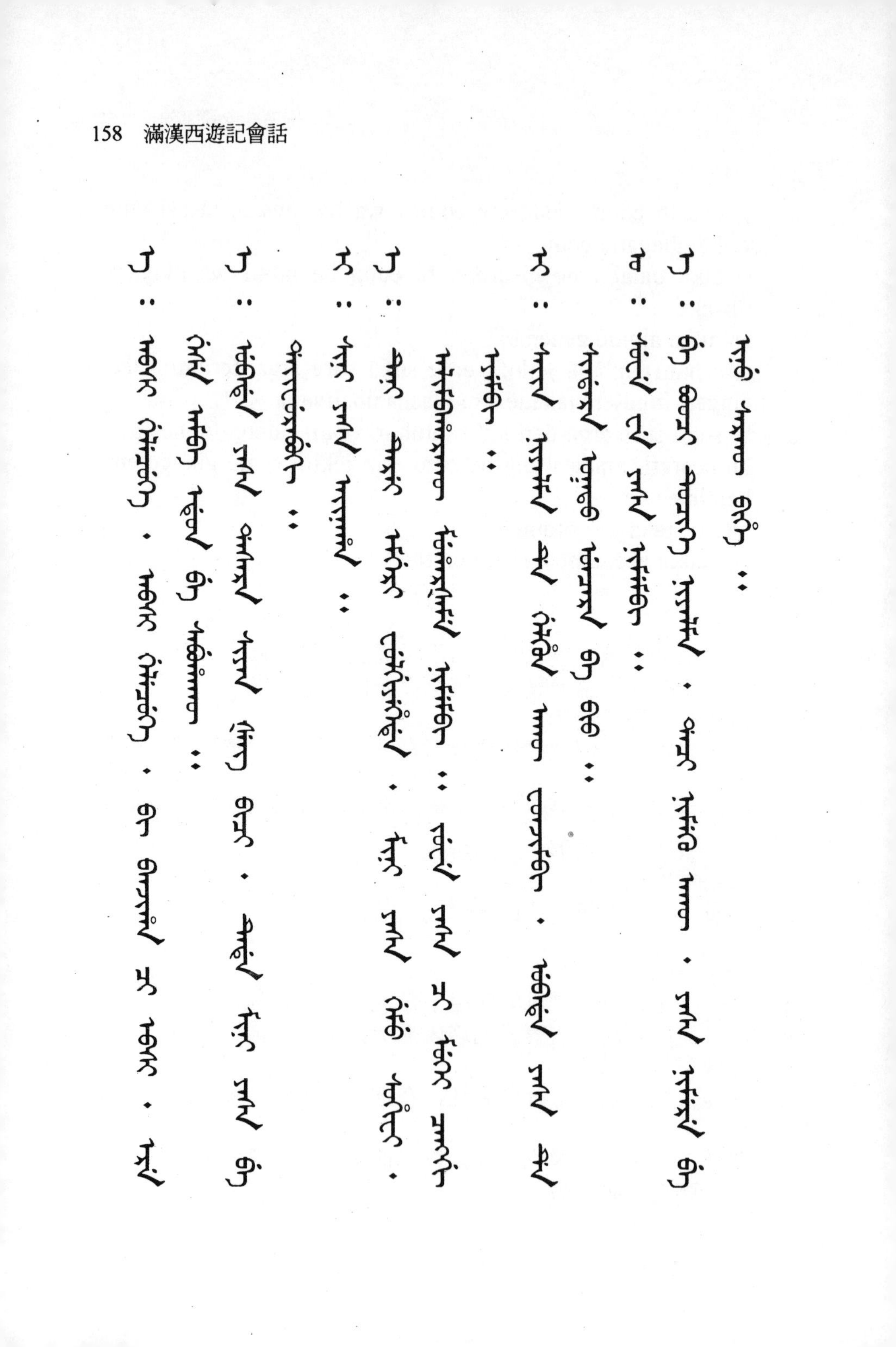

a：absi gelecuke, absi gelecuke, bi banjiha ci ebsi, ere gese amba edun be sabuhakū.

e：ubade yasa dasara siyan šeng bici, tede mini yasa be daifurabuki.

i：sini yasa ainaha?

e：teni terei emgeri fulgiyehede, mini yasa gemu sohifi, alimbaharakū muharšame nimembi, juwe yasa ci mukei canggi eyembi.

i：sain niyalma de gelhun akū fonjimbi, ubade yasa de sindara okto uncara ba bio?

o：suwe we yasa nimembi?

e：be booci tucike niyalma, daci nimeku akū, yasa nimere be inu sarkū bihe.

———————

a：厲害！厲害！我從出生，不曾見這大風。

e：不知這裡可有眼科先生，且教他把我的眼睛醫治醫治。

i：你的眼睛怎麼了？

e：剛才被他一陣風吹過來，我的眼睛都被吹著，不勝酸痛，兩眼冷淚直流。

i：敢問善人，這裡可有賣眼藥的嗎？

o：你們哪位害眼？

e：我們出家人，自來無病，從不曉得害眼。

———————

a：厉害！厉害！我从出生，不曾见这大风。

e：不知这里可有眼科先生，且教他把我的眼睛医治医治。

i：你的眼睛怎么了？

e：刚才被他一阵风吹过来，我的眼睛都被吹着，不胜酸痛，两眼冷泪直流。

i：敢问善人，这里可有卖眼药的吗？

o：你们哪位害眼？

e：我们出家人，自来无病，从不晓得害眼。

o：yasa nimerakū oci, okto be ainu baimbi?

e：be enenggi hūwang fung dung ni duka de, tere hutu emgeri fulgiyere jakade, mini juwe yasa sohifi nimembi, tuttu ofi yasa de sindara okto be baimbi.

o：tuttu oci inu erdemu bisire niyalma kai, meni ubade okto uncara niyalma akū, sakda niyalma de, edungge yasa de sindara okto majige bi, encu hacin i niyalma be ucarafi ulame buhe arga bihe, gebu san hūwa gio dz g'ao, eiten hacin i edungge yasa be dasambi.

e：majige bufi sindara be baimbi.

e：yala absi sain okto, neneheci hono genggiyen oho.

-----

o：既不害眼，爲何討藥？

e：我們今日在黃風洞口時，被那怪將一陣風吹來，吹得我雙眼酸痛，故此要尋眼藥。

o：既如此說，也是個有來頭的人，我們這裡，却無賣眼藥的人。老漢也有些點風眼的藥，曾遇異人，傳了一方，名喚三花九子膏，能治所有風眼。

e：願求些兒來點。

e：果然好藥，比先前還明亮了。

-----

o：既不害眼，为何讨药？

e：我们今日在黄风洞口时，被那怪将一阵风吹来，吹得我双眼酸痛，故此要寻眼药。

o：既如此说，也是个有来头的人，我们这里，却无卖眼药的人。老汉也有些点风眼的药，曾遇异人，传了一方，名唤三花九子膏，能治所有风眼。

e：愿求些儿来点。

e：果然好药，比先前还明亮了。

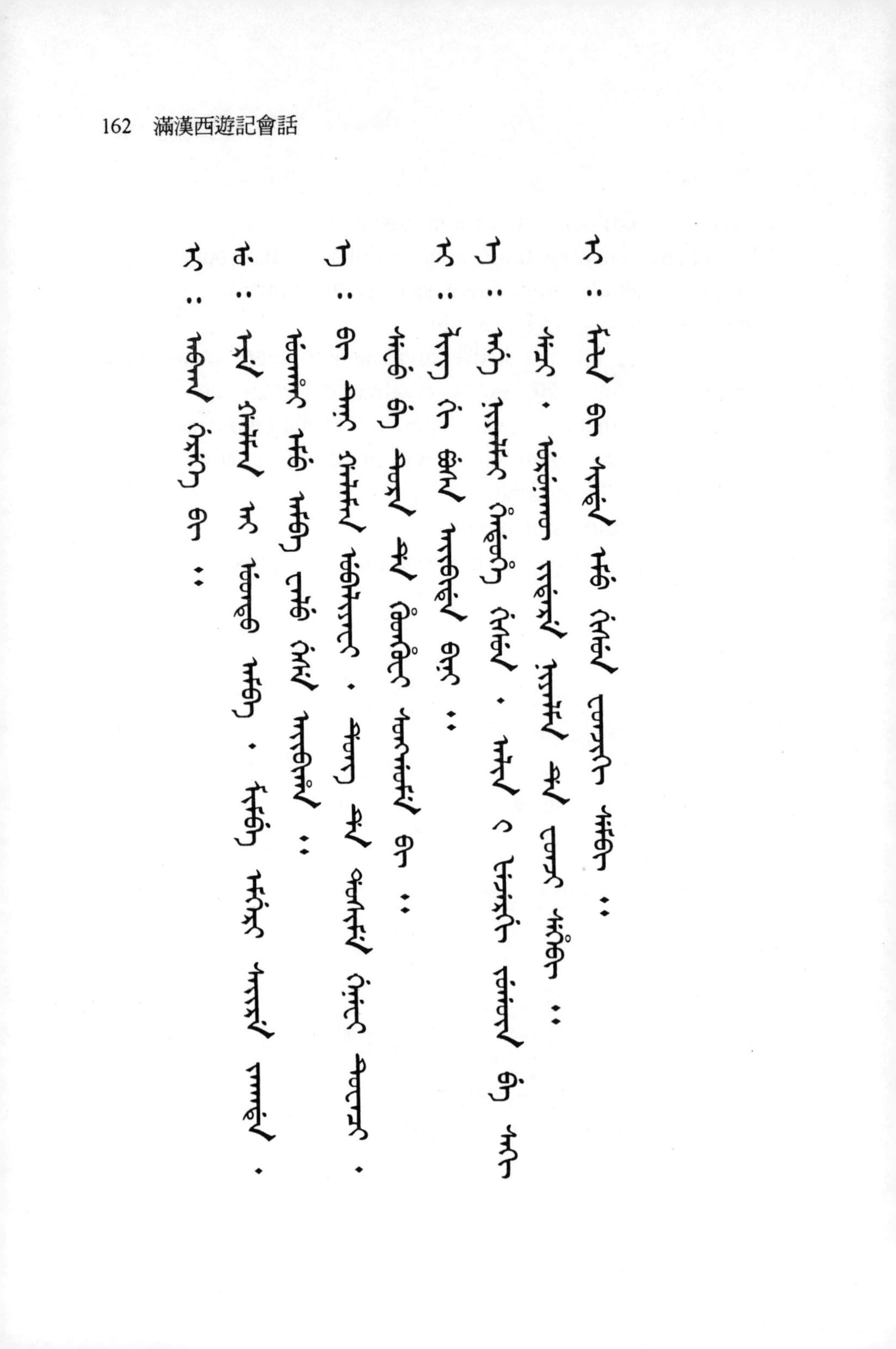

i：abka gereke bi.

u：ere galman ai uttu amba, mimbe emgeri saire jakade, uthai emu amba walu gese aibiha.

e：bi teni galman ubaliyafi, dung de dosime genefi tuwaci, sefu be tura de huthufi songgome bi.

i：ling gi pusa aibide bini?

e：age, niyalmai henduhe gisun, alin i fejergi jugūn be saki seci, urunakū jidere niyalma de fonji sehebi.

i：mafa bi sinde emu gisun fonjiki sembi.

---

i：天亮了。

u：好大蚊子！一口就叮了一個腫大疙疸！

e：我纔變做蚊蟲兒，進入洞去探看，師父被綁在柱上哭泣哩。

i：靈吉菩薩在何處？

e：阿哥，常言道：要知山下路，須問去來人。

i：老公公，我想問您一句話。

---

i：天亮了。

u：好大蚊子！一口就叮了一个肿大疙疸！

e：我纔变做蚊虫儿，进入洞去探看，师父被绑在柱上哭泣哩。

i：灵吉菩萨在何处？

e：阿哥，常言道：要知山下路，须问去来人。

i：老公公，我想问您一句话。

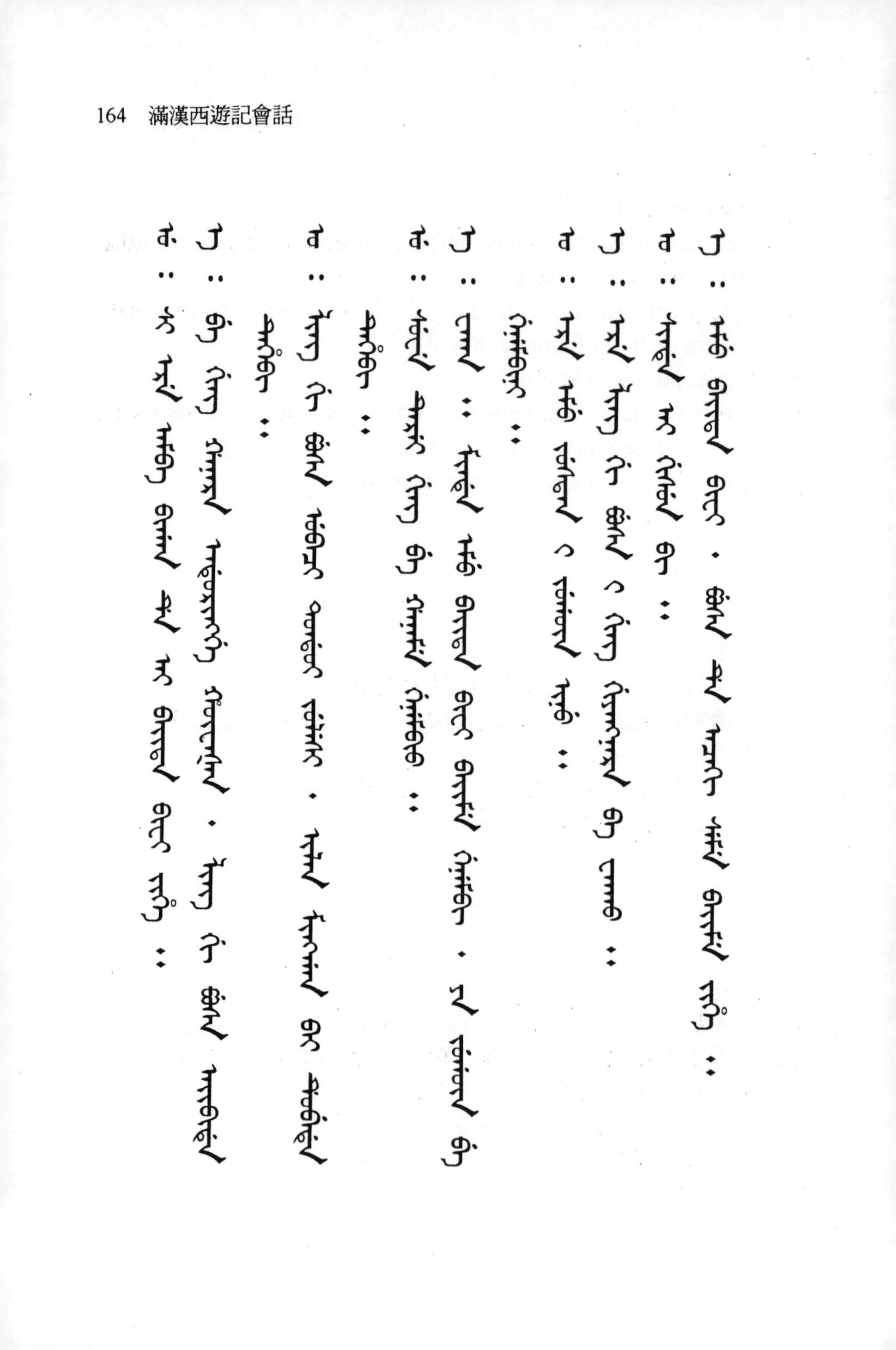

十六、定風寶丹

u：si ere amba bigan de ai baita bifi jihe?

e：be ging ganara enduringge hūwašan,ling gi pusa aibide tehebi?

o：ling gi pusa ubaci tondoi julesi, ilan minggan bai dubede tehebi.

u：suwe terei ging be ganame genembio?

e：waka, minde emu baita bifi baime genembi, ya jugūn be genembini?

o：ere emu justan i jugūn inu.

e：ere ling gi pusa i ging giyangnara ba wakao?

o：sinde ai gisun bi?

e：emu baita bifi, pusa de acaki seme baime jihe.

---

u：你在這曠野處，爲何事而來？

e：我們是取經的聖僧，靈吉菩薩在哪裡住？

o：靈吉菩薩在此處正南，到那裡還有三千里路。

u：你們是取他的經去嗎？

e：不是，我們有一事去求他，要走哪條路呢？

o：這條羊腸路就是了。

e：這可是靈吉菩薩講經處嗎？

o：你有何話說？

e：有一事，要來見菩薩。

---

u：你在这旷野处，为何事而来？

e：我们是取经的圣僧，灵吉菩萨在哪里住？

o：灵吉菩萨在此处正南，到那里还有三千里路。

u：你们是取他的经去吗？

e：不是，我们有一事去求他，要走哪条路呢？

o：这条羊肠路就是了。

e：这可是灵吉菩萨讲经处吗？

o：你有何话说？

e：有一事，要来见菩萨。

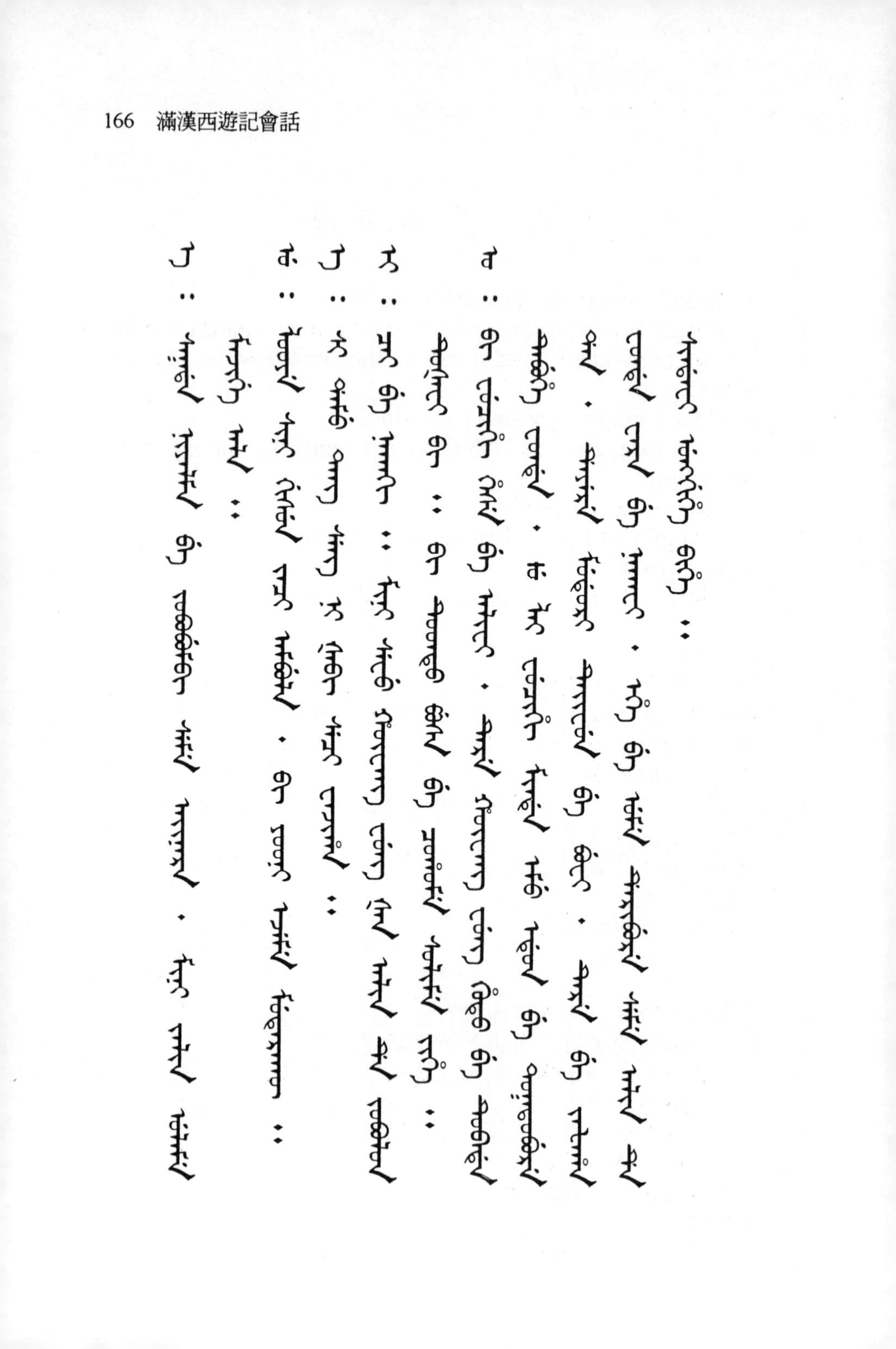

e：sakda niyalma be jobobumbi seme ainara, mini jalin ulame majige ala.

u：looye sini gisun jaci ambula, bi yooni ejeme muterakū.

e：si damu tang seng ni šabi seci wajiha.

i：cai be nakaki, mini sefu hūwang fung šan alin de jobolon tušafi bi, bi tuttu pusa be cohome solime jihe.

o：bi fucihi hese be alifi, tere hūwang fung hutu be tubade tebuhe fonde, žu lai fucihi minde emu edun be toktobure dan, deyere muduri teifun be bufi, tere be jafaha fonde wara be nakafi, ehe be ume deribure seme alin de sindafi unggihe bihe.

---

e：累煩你老人家與我傳達傳達。

u：老爺話太多，我不能全記。

e：你只說唐僧的徒弟來了。

i：茶不勞賜，我師父在黃風山遭難，因此，我特地來請菩薩。

o：我受了如來旨意，在此鎮壓黃風怪，如來賜了我一顆定風丹、一柄飛龍寶杖，當時被我拿住，饒了他的性命，放他歸山，不許傷生造孽。

---

e：累烦你老人家与我传达传达。

u：老爷话太多，我不能全记。

e：你只说唐僧的徒弟来了。

i：茶不劳赐，我师父在黄风山遭难，因此，我特地来请菩萨。

o：我受了如来旨意，在此镇压黄风怪，如来赐了我一颗定风丹、一柄飞龙宝杖，当时被我拿住，饶了他的性命，放他归山，不许伤生造孽。

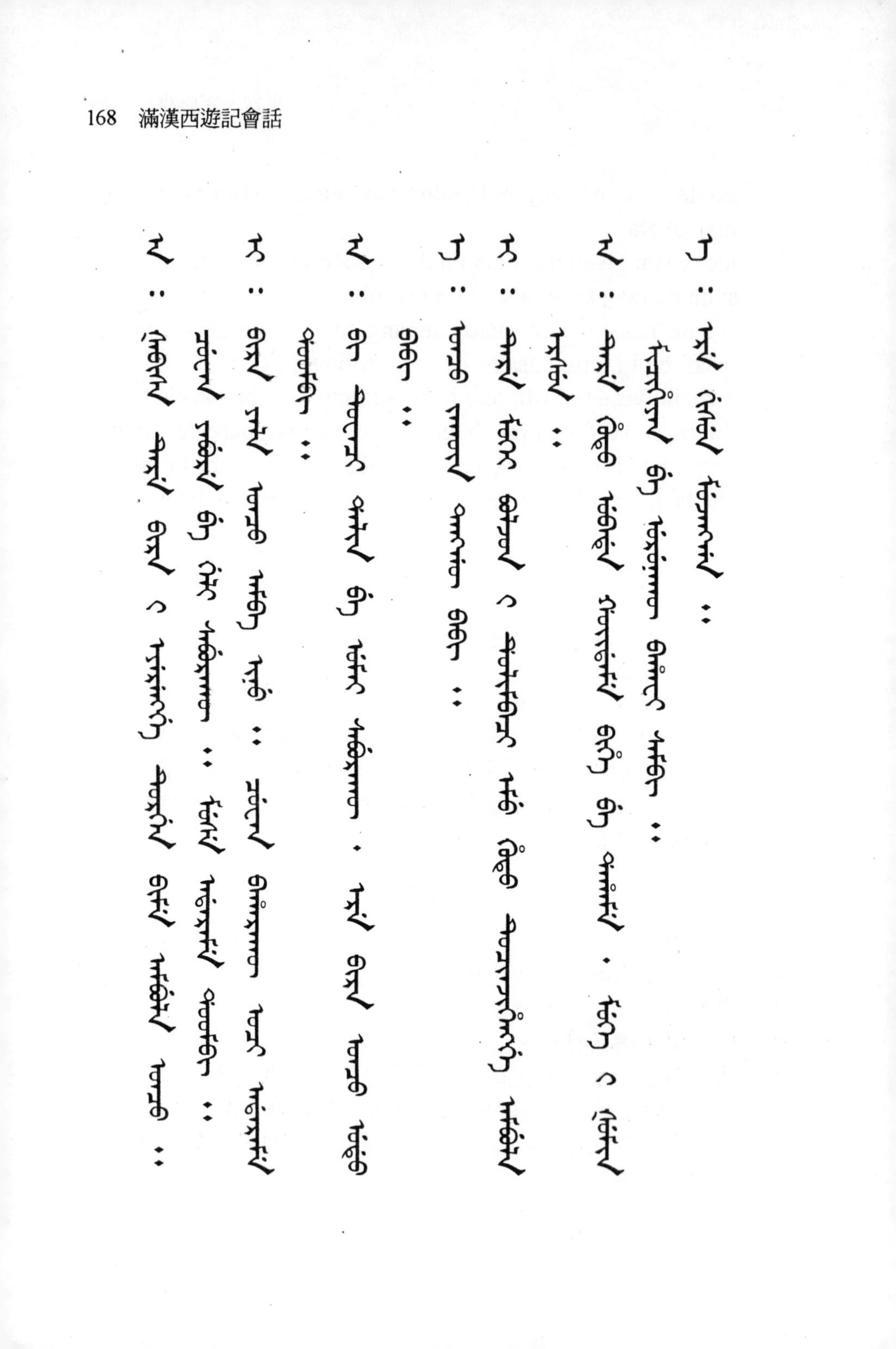

a：šabisa tere bira i eyerengge turgen bime ambula onco, cuwan yabure be geli saburakū, muse adarame doombi?

i：bira yala onco amba inu, cuwan baharakū oci adarame doombi?

a：bi tuwaci dalin be umai saburakū, ere bira onco udu babi?

e：onco jakūn tanggū babi.

i：tere mukei boljon i dulimbaci emu hutu tucinjihengge ambula ersun.

a：tere hutu ubade goidame bihe be dahame, muke i šumin micihiyan be urunakū bahafi sambi.

e：ere gisun mujangga.

———————

a：徒弟，你看那前邊河水流勢湍急且寬闊，又不見船隻來往，我們怎麼過去？

i：河流果是寬闊，無船怎麼渡過？

a：我看一望無邊，這河寬有幾里？

e：寬有八百里遠近。

i：那水浪當中鑽出一個妖精，十分兇醜。

a：那怪久在此處，必定知道河水淺深。

e：這話正是。

———————

a：徒弟，你看那前边河水流势湍急且宽阔，又不见船只来往，我们怎么过去？

i：河流果是宽阔，无船怎么渡过？

a：我看一望无边，这河宽有几里？

e：宽有八百里远近。

i：那水浪当中钻出一个妖精，十分凶丑。

a：那怪久在此处，必定知道河水浅深。

e：这话正是。

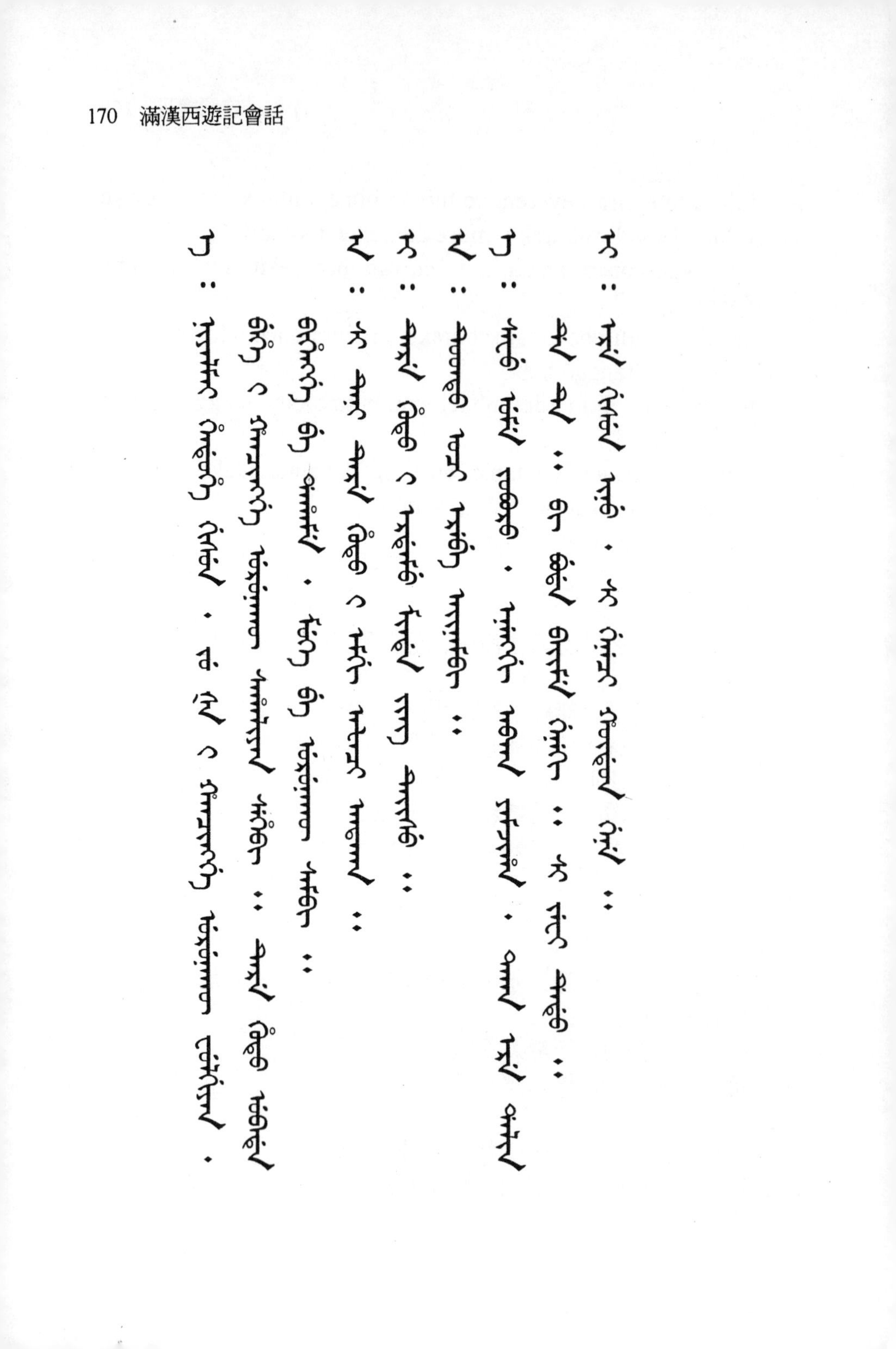

e：niyalmai henduhe gisun, ju ša i hancingge urunakū fulgiyan, behe i hancingge urunakū sahaliyan sehebi, tere hutu ubade bihengge be dahame, muke be urunakū sambi.

a：si teni tere hutu i emgi afaci antaka?

i：tere hutu i erdemu minde jing teisu.

a：tuttu oci erebe ainambi?

e：sefu ume joboro, enenggi abka yamjiha, taka ere dalin de te, bi buda baime geneki, si jefi dedu.

i：ere gisun inu, si geneci hūdun gene.

---

e：常言道：近硃者赤，近墨者黑，那怪在此，斷知水性。

a：你纔與那怪交戰何如？

i：那妖的手段，與我是個對手。

a：如此怎生奈何？

e：師父且莫焦惱，如今天色已晚，且坐在這崖岸之上，待我去化些齋飯來，你吃了睡去。

i：說得是，你要去快去。

---

e：常言道：近朱者赤，近墨者黑，那怪在此，断知水性。

a：你纔与那怪交战何如？

i：那妖的手段，与我是个对手。

a：如此怎生奈何？

e：师父且莫焦恼，如今天色已晚，且坐在这崖岸之上，待我去化些斋饭来，你吃了睡去。

i：说得是，你要去快去。

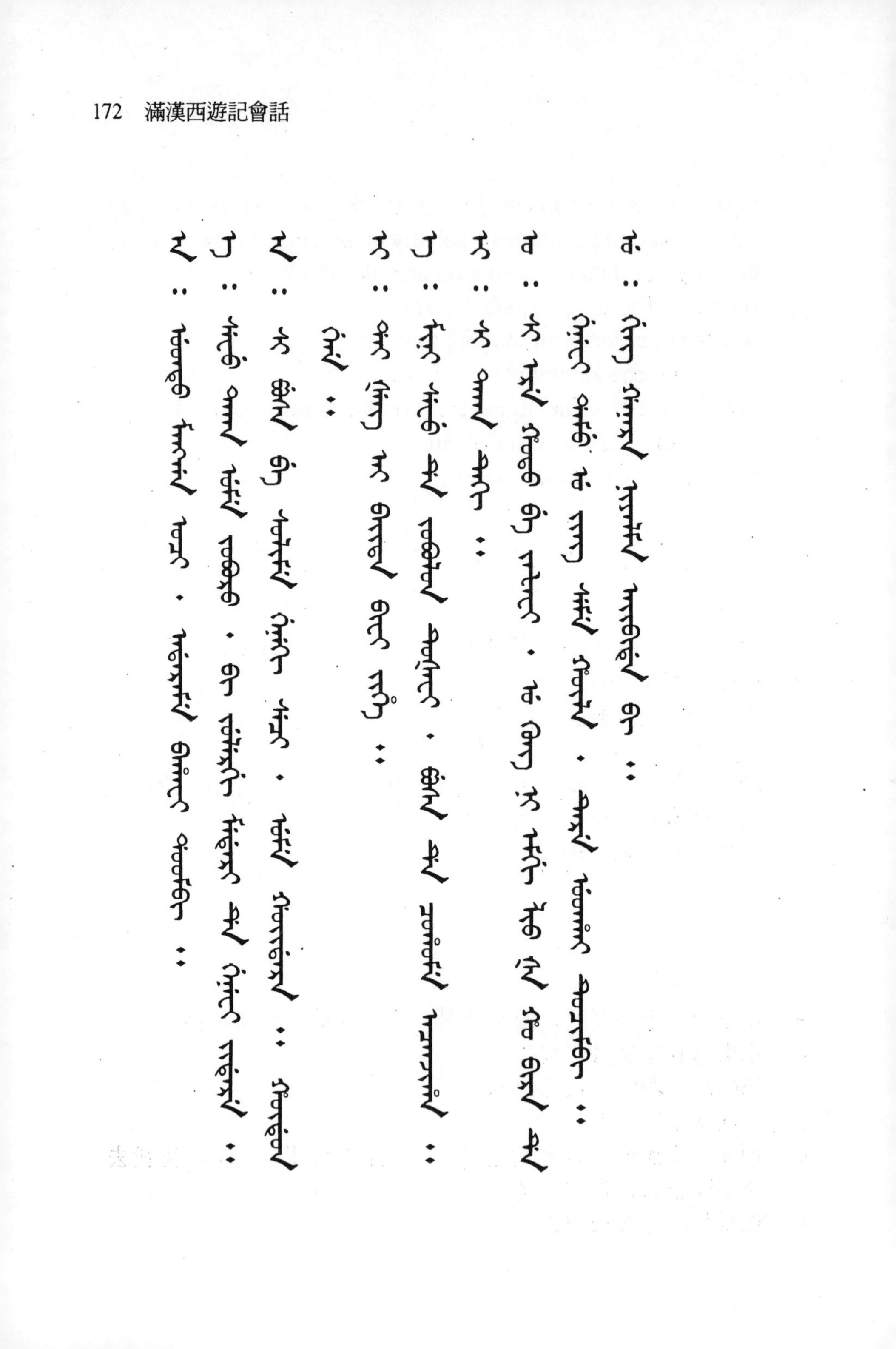

a：uttu mangga oci, adarame bahafi doombi?
e：sefu taka ume joboro, bi julergi mederi de genefi jidere.
a：si pusa be solime geneki seci, ume goidara, hūdun gene!
i：dai šeng ai baita bifi jihe?
e：mini sefu de jobolon tušafi, pusa de cohome acanjiha.
i：si taka teki.
o：si ere hoto be jafafi, u kung ni emgi lio ša ho bira de genefi damu u jing seme hūla, tere uthai tucimbi.
u：ging ganara niyalma aibide bi?

---

a：似此艱難，怎生得渡？
e：師父且莫煩惱，我往南海走走去來。
a：你若是要去請菩薩，却也不必遲疑，快去快來！
i：大聖爲何事而來？
e：我師有難，特來謁見菩薩。
i：你且請坐。
o：你可將此葫蘆，同悟空到流沙河水上面，只叫悟淨，他就出來了。
u：取經人在哪裡？

---

a：似此艰难，怎生得渡？
e：师父且莫烦恼，我往南海走走去来。
a：你若是要去请菩萨，却也不必迟疑，快去快来！
i：大圣为何事而来？
e：我师有难，特来谒见菩萨。
i：你且请坐。
o：你可将此葫芦，同悟空到流沙河水上面，只叫悟净，他就出来了。
u：取经人在哪里？

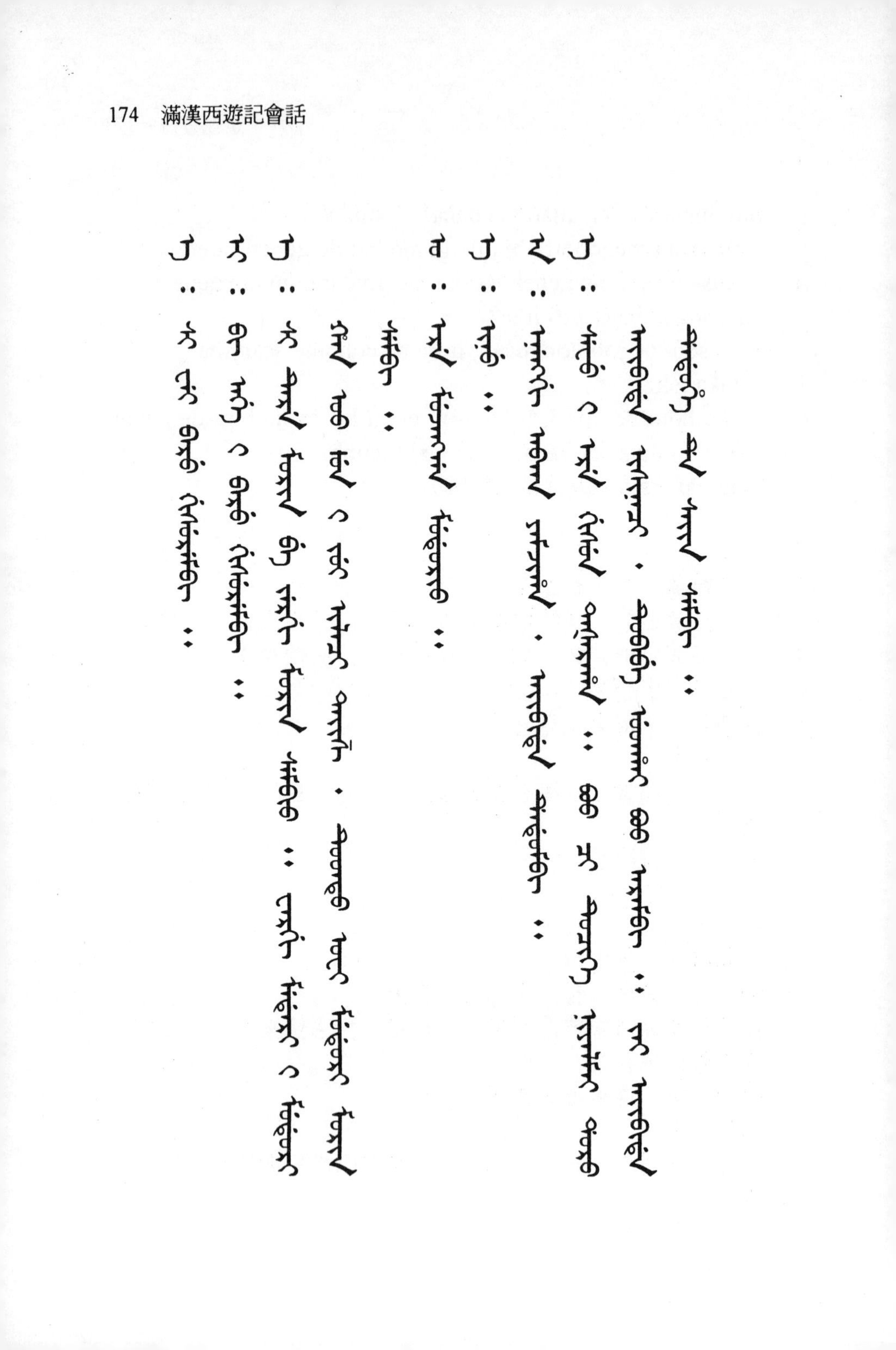

e：si wei baru gisurembi?

i：bi age i baru gisurembi.

e：si tere morin be jergi morin sembio? wargi mederi i muduri han oo žun i jui ilaci taidz, tuttu ofi muduri morin sembi.

o：ere mujangga mudurio?

e：inu.

a：enenggi abka yamjiha, aibide dedumbi?

e：sefu i ere gisun tašaraha, boo ci tucike niyalmai doro aibide isinaci, tubabe uthai boo arambi, jai aibide deduhe de sain sembi?

---

e：你和誰說哩？

i：我和哥哥說哩。

e：你說他是凡馬嗎？本是西海龍王敖閏之子三太子，因此，是龍馬。

o：是真龍嗎？

e：是龍。

a：如今天色已晚，却往哪裡安歇？

e：師父這話差了，出家人之道，無論走到哪裡，隨處爲家，怎說哪裡安歇好？

---

e：你和谁说哩？

i：我和哥哥说哩。

e：你说他是凡马吗？本是西海龙王敖闰之子三太子，因此，是龙马。

o：是真龙吗？

e：是龙。

a：如今天色已晚，却往哪里安歇？

e：师父这话差了，出家人之道，无论走到哪里，随处为家，怎说哪里安歇好？

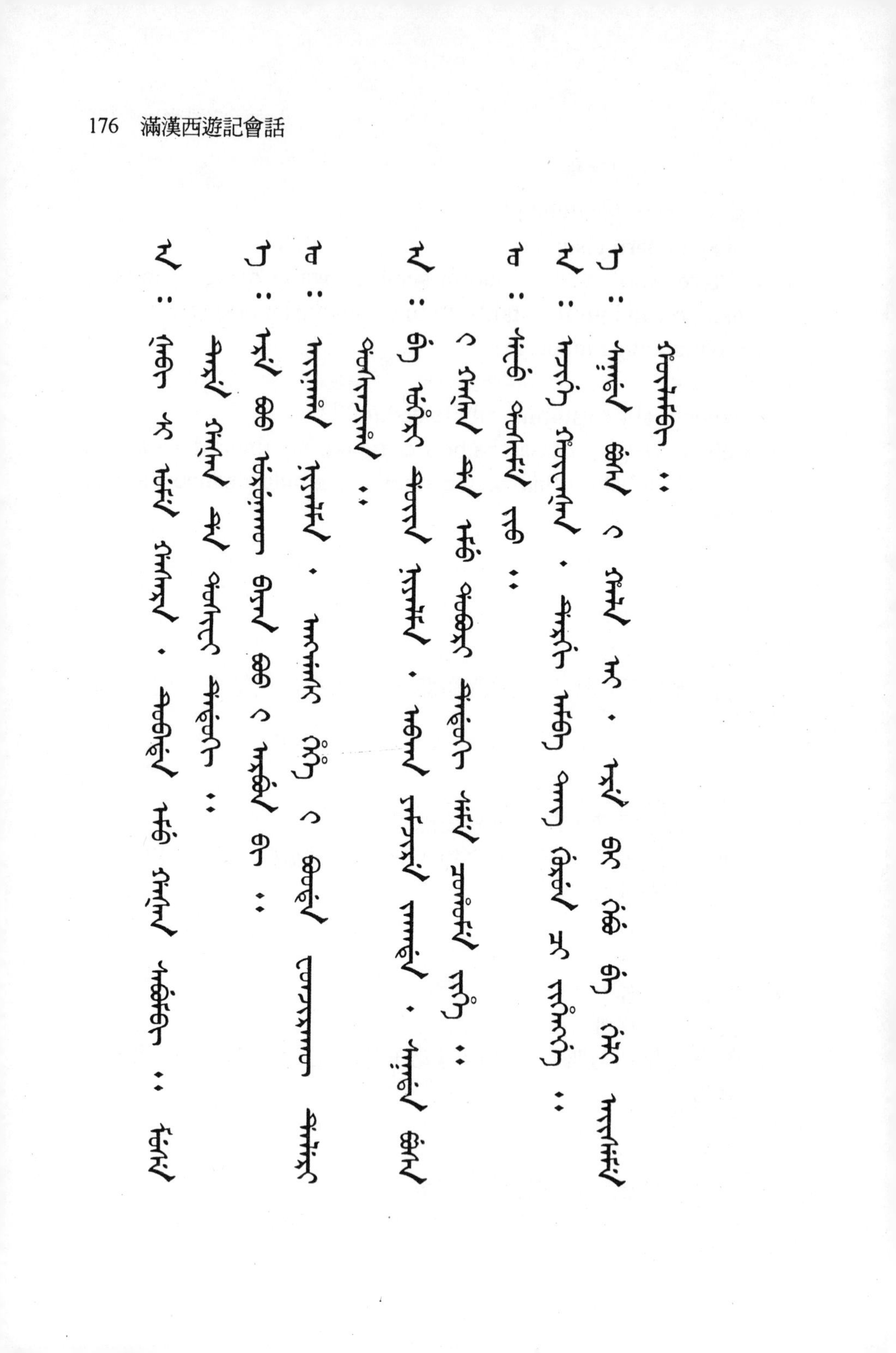

a：šabi si ume gasara, tubade emu gašan sabumbi, muse tere gašan de dosifi deduki.

e：ere boo urunakū bayan boo i arbun bi.

o：ainaha niyalma? anggasi hehe i boode fonjirakū deleri dosinjiha.

a：be uheri duin niyalma, abka yamjire jakade, sakda pusa i gašan de emu dobori deduki seme cohome jihe.

o：sefu dosime jio.

a：ajige hūwašan, dergi amba tang gurun ci jihengge.

e：sakda pusa i hala ai? ere bai gebu be geli aiseme hūlambi?

---

a：徒弟啊，你別抱怨，且看那裡有一座莊院，我們進去那莊院借宿吧！

e：這個人家，定是個富裕之家。

o：是什麼人，擅入寡婦之家。

a：我們一行四人，因天色已晚，特來老菩薩莊院，告借一宵。

o：師父請進來吧！

a：小僧是東土大唐來的。

e：老菩薩貴姓？此地又是什麼地名？

---

a：徒弟啊，你别抱怨，且看那里有一座庄院，我们进去那庄院借宿吧！

e：这个人家，定是个富裕之家。

o：是什么人，擅入寡妇之家。

a：我们一行四人，因天色已晚，特来老菩萨庄院，告借一宵。

o：师父请进来吧！

a：小僧是东土大唐来的。

e：老菩萨贵姓？此地又是什么地名？

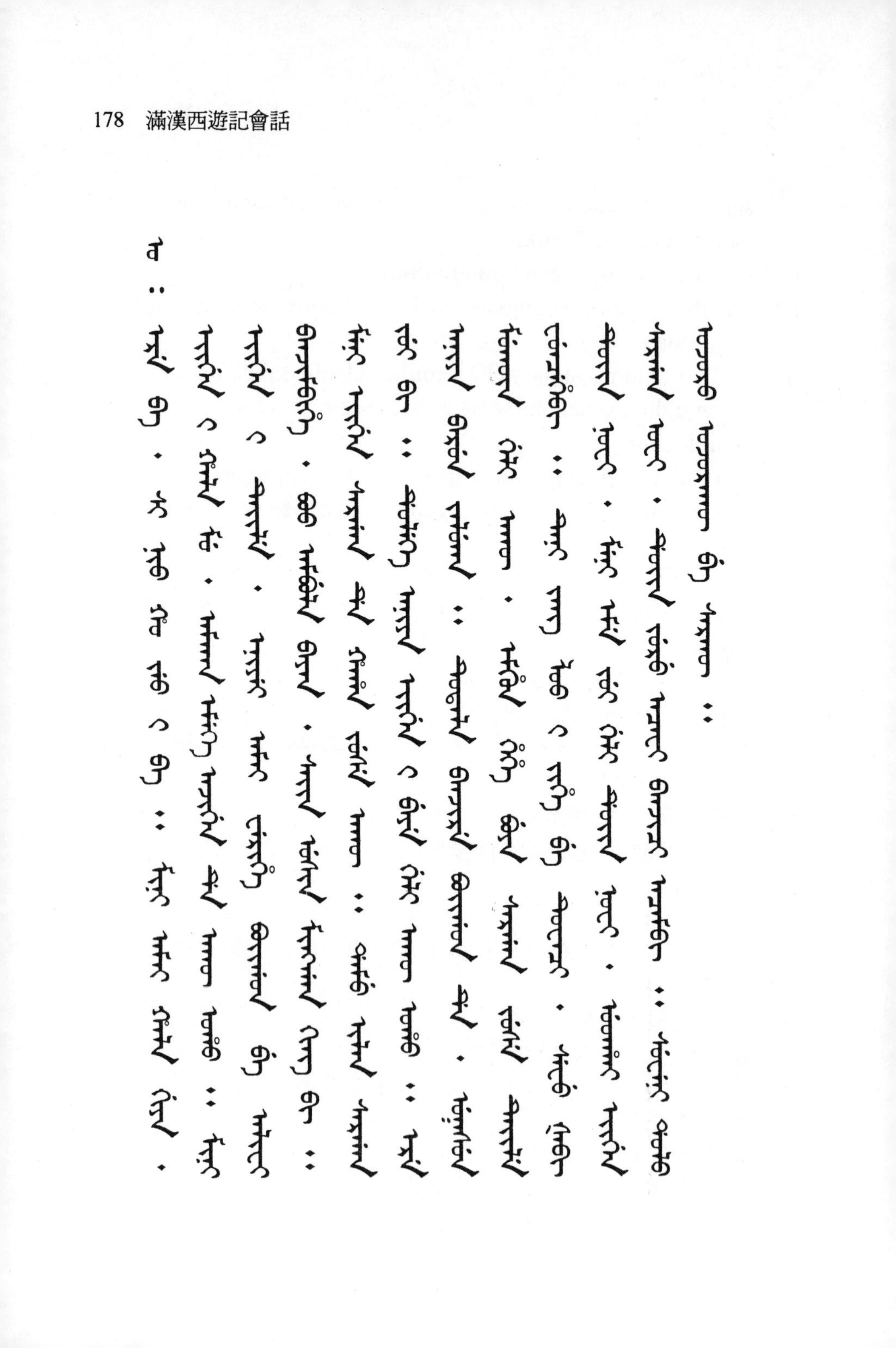

o ： ere ba si nio ho jeo i ba, mini amai hala giya, eigen i hala mu, amaka emhe ajigen de akū oho. mini eigen i teile eniyei amai werihe boigon be alifi banjimbihe, boo ambula bayan, sain usin minggan king bi. meni eigen sargan de haha juse akū, damu ilan sargan jui bi, duleke aniya eigen i beye geli akū oho, ere aniya barun jaluka, tutala banjire boigon de, uksun mukūn geli akū, emhun hehe buya sargan juse teile funcehebi. teni jang loo i jihe be tuwaci, sefu šabi duin nofi, meni eme jui geli duin nofi, uthai eigen sargan ofi, duin juru acafi banjici acambi, suweni dolo ojoro ojorakū be sarkū?

---

o ： 這裡是西牛賀洲之地，我娘家姓賈，夫家姓莫，幼年公婆早亡，與丈夫守承父母遺留祖業，家產富裕，有良田千頃。我夫妻無子，只生了三個女孩兒。去年又喪了丈夫，今歲周年服滿，空遺下田產家業，再無個眷族親人，只剩下孤單婦人和小女孩。剛才看見長老前來，師徒四人，我們母女也是四人，即應結爲夫妻，四對人共同生活，不知尊意肯否如何？

---

o ： 这里是西牛贺洲之地，我娘家姓贾，夫家姓莫，幼年公婆早亡，与丈夫守承父母遗留祖业，家产富裕，有良田千顷。我夫妻无子，只生了三个女孩儿。去年又丧了丈夫，今岁周年服满，空遗下田产家业，再无个眷族亲人，只剩下孤单妇人和小女孩。刚才看见长老前来，师徒四人，我们母女也是四人，即应结为夫妻，四对人共同生活，不知尊意肯否如何？

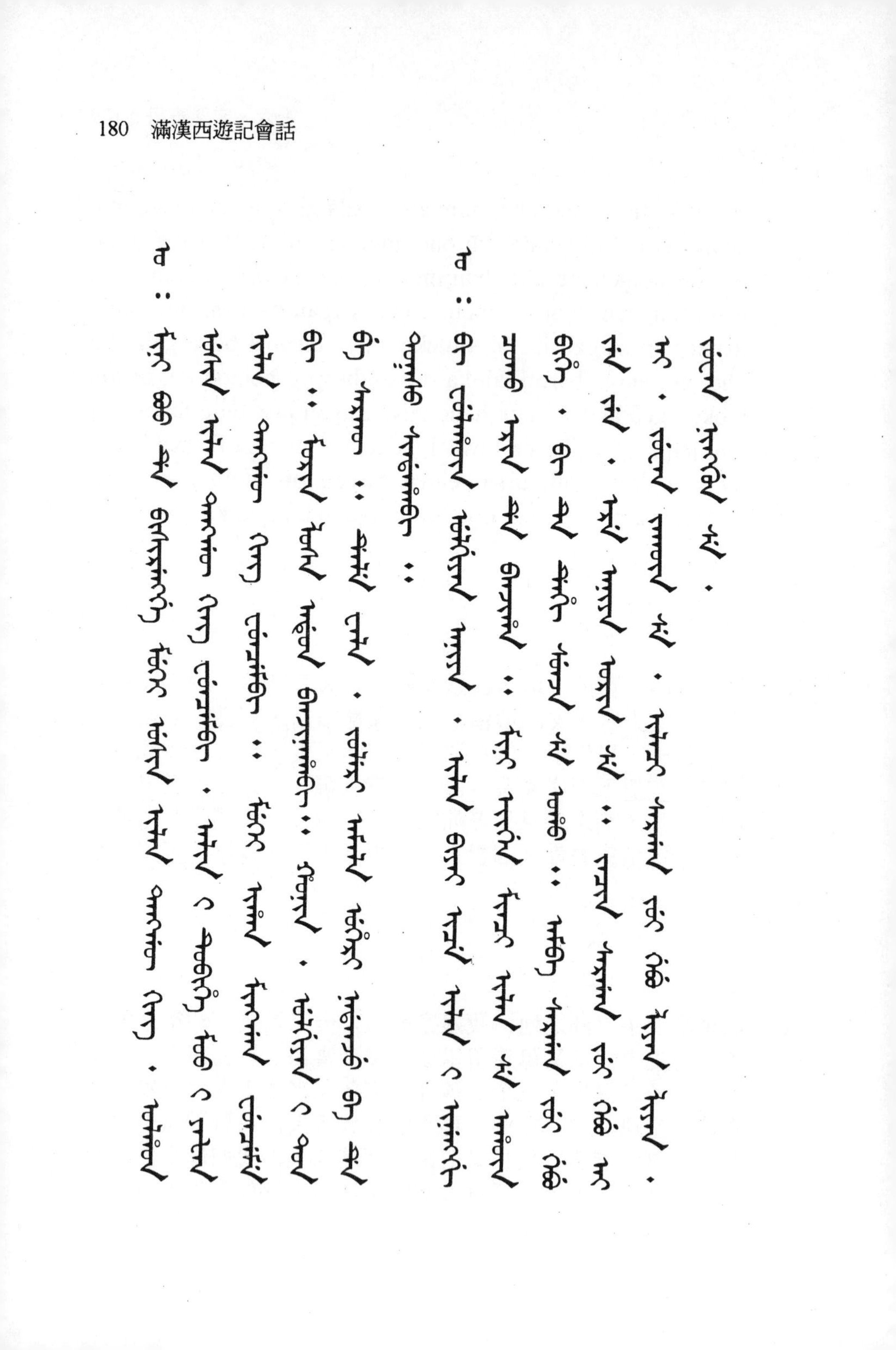

十七、富貴浮雲

o：mini boo de bisirengge mukei usin ilan tanggū king, olhon usin ilan tanggū king funcembi, alin i tubihe moo i yafan ilan tanggū king funcembi, mukei ihan minggan funceme bi, morin losa adun banjinahabi, honin ulgiyan i ton be sarkū, dele wala juleri amala uheri nadanju ba de tokso sindahabi.

o：bi fulahūn ulgiyan aniya, ilan biyai ice ilan i inenggi coko erin de banjiha, mini eigen minci ilan se ahūn bihe, bi te dehi sunja se oho, amba sargan jui gebu jen jen, ere aniya orin se, jacin sargan jui gebu ai ai, juwan jakūn se, ilaci sargan jui gebu liyan liyan, juwan ninggun se,

---

o：舍下有水田三百餘頃，旱田三百餘頃，山場果園三百餘頃，水牛有千餘隻，騾馬成群，豬羊無數，東南西北共置莊堡七十處。

o：我是丁亥年三月初三日酉時生，故夫比我年大三歲，我今年四十五歲。大女兒名真真，今年二十歲，次女兒名愛愛，今年十八歲，三女兒名憐憐，今年十六歲，

---

o：舍下有水田三百余顷，旱田三百余顷，山场果园三百余顷，水牛有千余只，骡马成群，猪羊无数，东南西北共置庄堡七十处。

o：我是丁亥年三月初三日酉时生，故夫比我年大三岁，我今年四十五岁。大女儿名真真，今年二十岁，次女儿名爱爱，今年十八岁，三女儿名怜怜，今年十六岁，

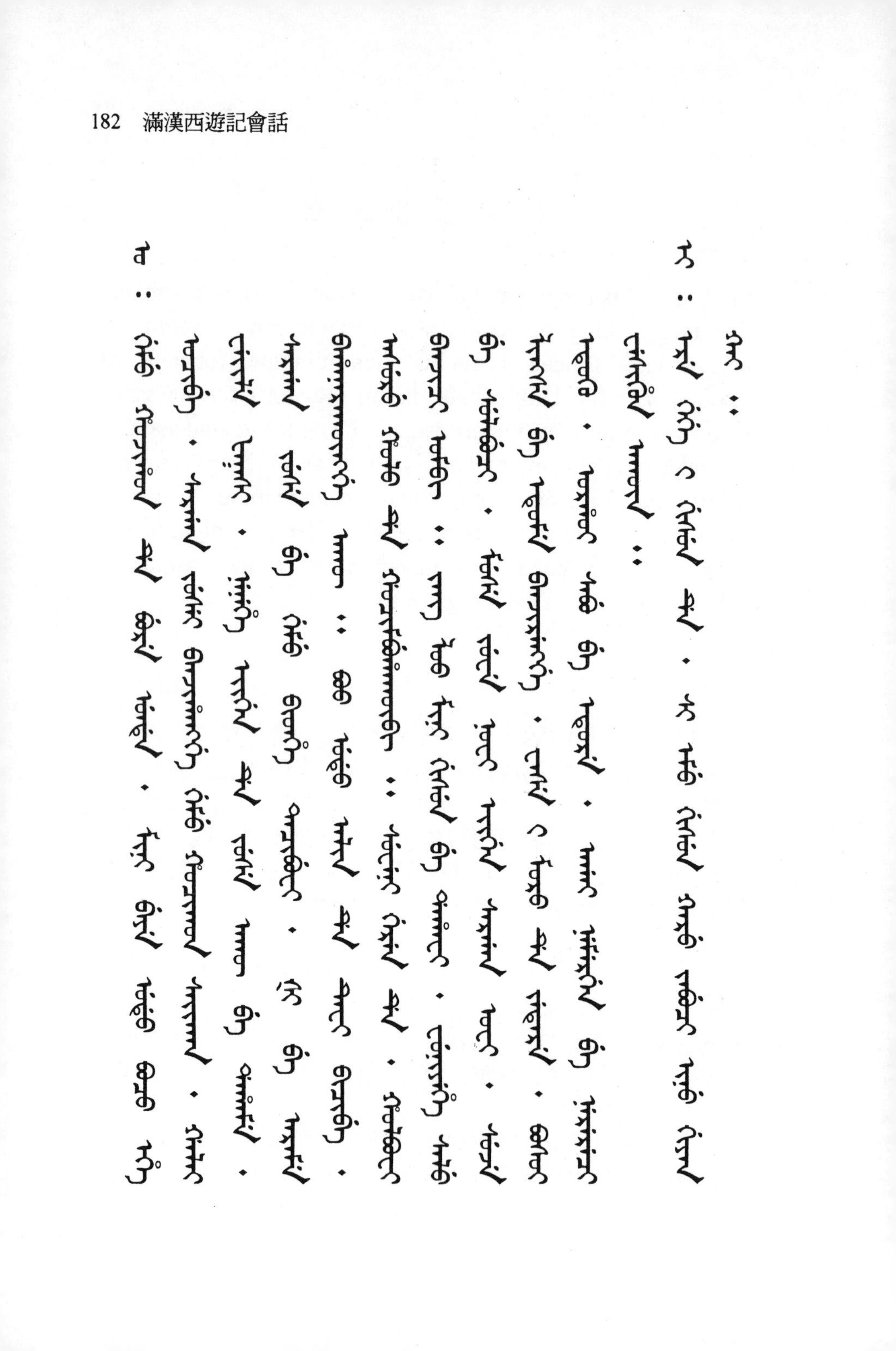

o ： gemu hojihon de bure unde, mini beye udu boco ehe ocibe, sargan jusei banjihangge gemu hocikon saikan, galai weile faksi, nenehe eigen de juse akū be dahame, sargan juse be gemu bithe tacibufi, ši be arame bahanarakūngge akū, boo udu alin de tefi bicibe, asuru holo de gocimbuhakūbi, suweni geren de holbofi banjici ombi, jang loo mini gisun be dahafi, funiyehe salu be sulabuci, muse juwe nofi eigen sargan ofi, suje lingse be etume banjirengge, wase i moro de jetere, bosoi etuku, orhoi sabu be eture, agai nemergen be nerereci wesihun akūn.

i ： ere gege i gisun de, si emu gisun karu jabuci inu giyan kai!

---

o：俱不曾許配人家。小婦人雖是醜陋，却幸小女俱幾分顏色，女工精巧。因是先夫無子，倒也曾教小女讀些書，個個能够吟詩作對。家雖住山莊，也不是那十分粗俗之類，料想也配得過你們列位。長老若能聽從我的話，長髮留鬚，我們兩人結爲夫妻，穿綾著錦地過日子，不是比那瓦鉢緇衣，芒鞋雲笠強嗎？

i：這娘子的話，你回應一句也是應該呀！

---

o：俱不曾许配人家。小妇人虽是丑陋，却幸小女俱几分颜色，女工精巧。因是先夫无子，倒也曾教小女读些书，个个能够吟诗作对。家虽住山庄，也不是那十分粗俗之类，料想也配得过你们列位。长老若能听从我的话，长发留须，我们两人结为夫妻，穿绫着锦地过日子，不是比那瓦钵缁衣，芒鞋云笠强吗？

i：这娘子的话，你回应一句也是应该呀！

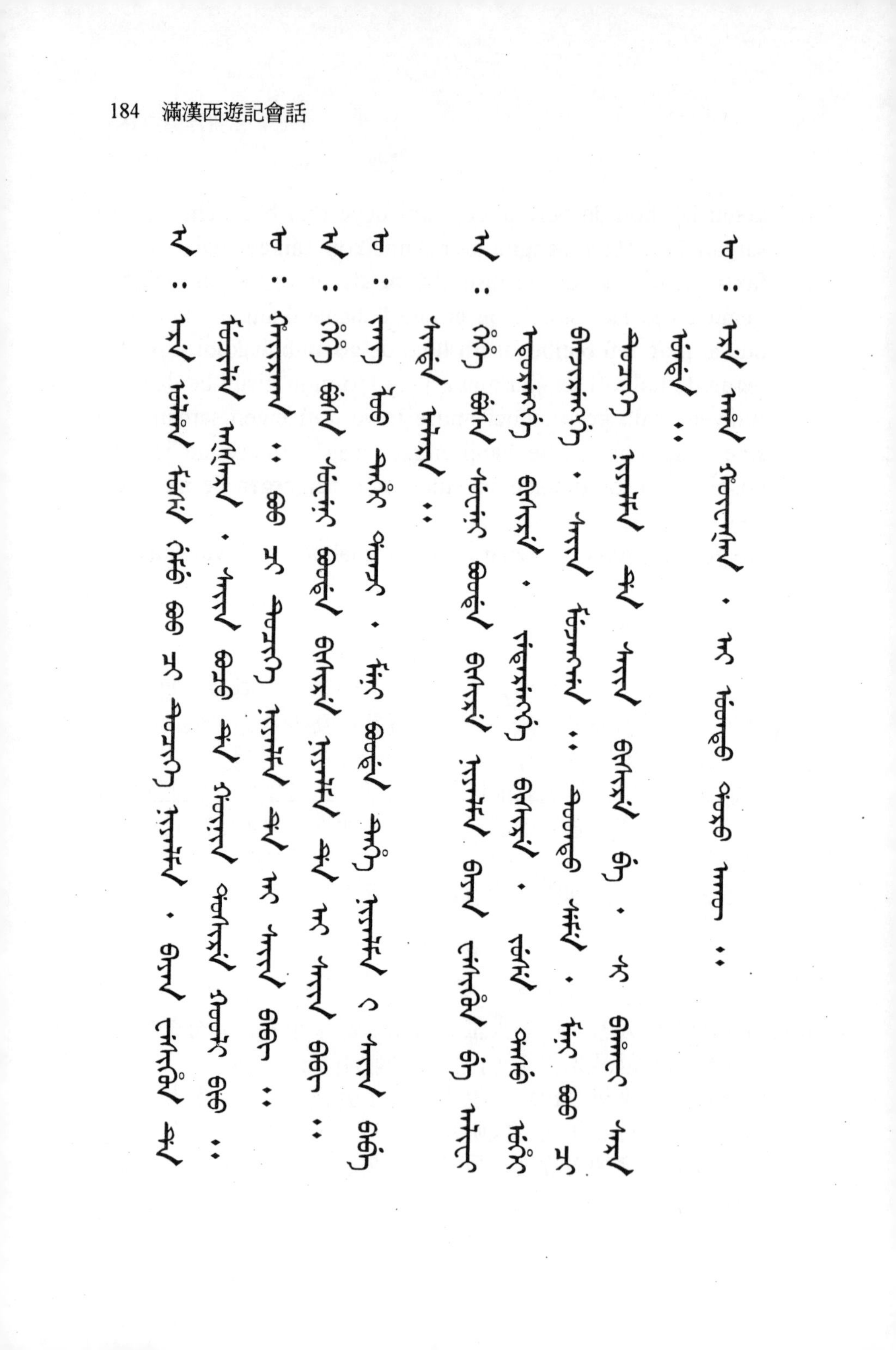

a：ere ulha muse gemu boo ci tucike niyalma, bayan wesihun de mujilen aššara, sain boco de gūnin dosire kooli bio?

o：hairaka, boo ci tucike niyalma de ai sain babi?

a：hehe pusa suweni boode bisire niyalma de ai sain babi?

o：jang loo tehei donji, meni boode tehe niyalma i sain babe sinde alara.

a：hehe pusa suweni boode bisire niyalma bayan wesihun be alifi eturengge bisire, jeterengge bisire, juse dasu uhei banjirengge, sain mujangga, tuttu seme meni boo ci tucike niyalma de sain bisire be, si bahafi sara unde.

o：ere aha hūwašan, ai uttu doro akū?

---

a：你這個孽畜，我們都是出家人，豈有因富貴動心，迷戀美色的道理？

o：可憐！出家人有何好處？

a：女菩薩，你們居家人有何好處？

o：長老你請坐，等我把我們在家人好處，說給你聽！

a：女菩薩，你們在家的人享受富貴，有穿的，有吃的，兒女團圓，果然是好，但你還不知道我們出家人的好處。

o：這潑和尚何以這樣無禮？

---

a：你这个孽畜，我们都是出家人，岂有因富贵动心，迷恋美色的道理？

o：可怜！出家人有何好处？

a：女菩萨，你们居家人有何好处？

o：长老你请坐，等我把我们在家人好处，说给你听！

a：女菩萨，你们在家的人享受富贵，有穿的，有吃的，儿女团圆，果然是好，但你还不知道我们出家人的好处。

o：这泼和尚何以这样无礼？

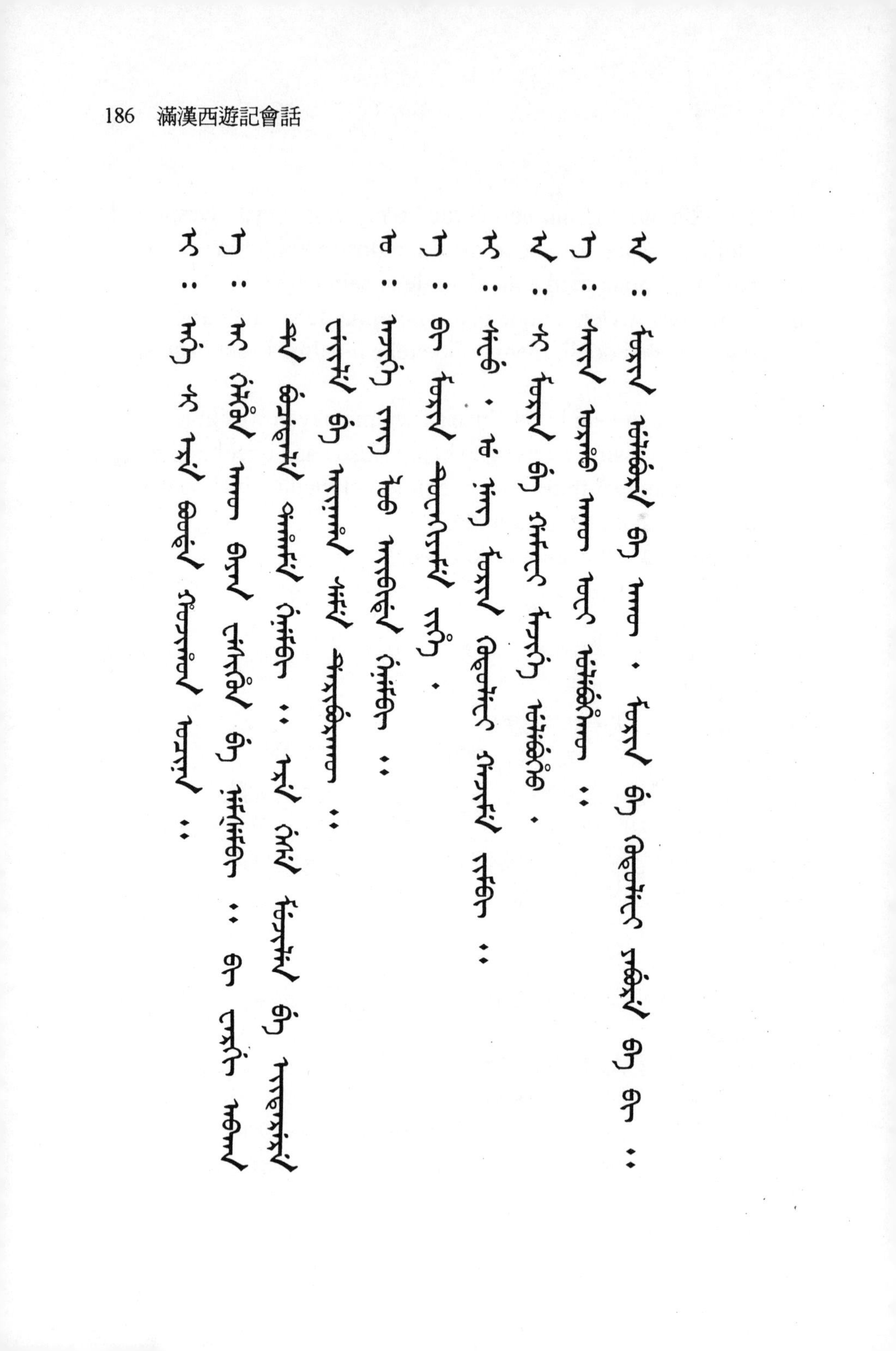

i ： age si ere boode hojihon ocina!

e ： ai gelhun akū bayan wesihun be nemšembi?bi wargi abka de
bucetele dahame genembi, ere gese mujilen be eiterere weile
be ainaha seme deriburakū.

o ： ajige jang loo aibide genembi?

e ： bi morin tuwakiyame jihe.

i ： sefu, u neng morin kutulefi gajime jimbi.

a ： si morin be gamafi majige ulebuheo?

e ： sain orho akū ofi ulebuhekū.

a ： morin ulebure ba akū, morin be kutulefi yabure ba bi?

---

i ：阿哥你在這家做個女婿吧！

e ：怎敢圖此富貴？我寧死也要隨著去西天，決不幹此昧心之事。

o ：小長老，哪裡去？

e ：我來放馬。

i ：師父，悟能牽馬來了。

a ：你把馬帶去餵了嗎？

e ：沒有什麼好草，沒餵。

a ：沒處餵馬，可有牽馬處？

---

i ：阿哥你在这家做个女婿吧！

e ：怎敢图此富贵？我宁死也要随着去西天，决不干此昧心之事。

o ：小长老，哪里去？

e ：我来放马。

i ：师父，悟能牵马来了。

a ：你把马带去喂了吗？

e ：没有什么好草，没喂。

a ：没处喂马，可有牵马处？

十八、人參奇果

i：tacikū i age, lei in sy ubaci udu ba bi?
e：uheri juwan tumen jakūn minggan ba.
i：age tuttu oci udu aniya yabuha de isinambi?
a：si tere bade ai bi seme tuwa?
e：miyoo waka oci, sy kai, muse tubade yabu.
a：šabisa ere yala miyoo inu.
i：sefu ere miyoo asuru gincihiyan bime ice, urunakū sain niyalma tehebi.
e：muse dosifi tuwaki.
a：sini gisun mujangga.

---

i：師兄，雷音寺離此幾里？
e：共十萬八千里。
i：哥啊，要走幾年纔得到？
a：你看那裡是什麼去處？
e：不是廟宇，定是寺院，我們走到那廂。
a：徒弟，真個是一座廟宇。
i：師父，此廟甚是鮮亮，必有好人居住。
e：我們進去看看。
a：你說得是。

---

i：师兄，雷音寺离此几里？
e：共十万八千里。
i：哥啊，要走几年纔得到？
a：你看那里是什么去处？
e：不是庙宇，定是寺院，我们走到那厢。
a：徒弟，真个是一座庙宇。
i：师父，此庙甚是鲜亮，必有好人居住。
e：我们进去看看。
a：你说得是。

ᠵᠠᡴᠠ᠉

ᡧᠠᡥᡡᡵᠠᠮᠪᡳ᠂
᠊᠊
᠊᠊
᠊᠊
᠊᠊

ᠵᠠᡴᠠ
᠉᠊
ᡝ᠊ᠪᠠ
᠊ᠪᡳᠮᠪᡳ᠂

ᠪᠠ ᠪᡳᠮᠪᡳ᠂ ᠊᠊ ᠊᠊ ᠊᠊ ᠊᠊ ᠊᠊

ᠵᠠᡴᠠ ᠪᡳ ᠪᠠᡳ ᠊᠊ ᠊᠊

ᠵᠠᡴᠠ ᠪᡳ ᠊᠊ ᠊᠊

ᠵᠠᡴᠠ ᠊᠊ ᠊᠊

ᠵᠠᡴᠠ ᠊᠊

ᠵᠠᡴᠠ᠉

e：u jing si jio!

i：age si ainu hūlaha?

e：deo si ere be ai jaka seme tuwa?

i：ere žin šen g'o.

e：si dule takambini, amtan antaka?

a：žin šen g'o serengge antaka banjihabi?

i：niyalmai henduhengge, bulehun i yali be bulehun jeterakū sehebi.

a：o mi to fo, tere ai jaka? bi tere be sabure jakade, niyaman šurgeme gelehe, tere be ainaha seme hūlhame jeterakū.

---

e：悟淨你來！

i：哥哥，你叫我怎的？

e：兄弟，你看這個是什麼東西？

i：這是人參果。

e：你原來認得，味道如何？

a：人參果什麼模樣？

i：常言道：鷺鷥不吃鷺鷥肉。

a：阿彌陀佛！那是什麼東西？我一見那東西，就心驚膽戰，斷不敢偷吃他哩！

---

e：悟净你来！

i：哥哥，你叫我怎的？

e：兄弟，你看这个是什么东西？

i：这是人参果。

e：你原来认得，味道如何？

a：人参果什么模样？

i：常言道：鹭鸶不吃鹭鸶肉。

a：阿弥陀佛！那是什么东西？我一见那东西，就心惊胆战，断不敢偷吃他哩！

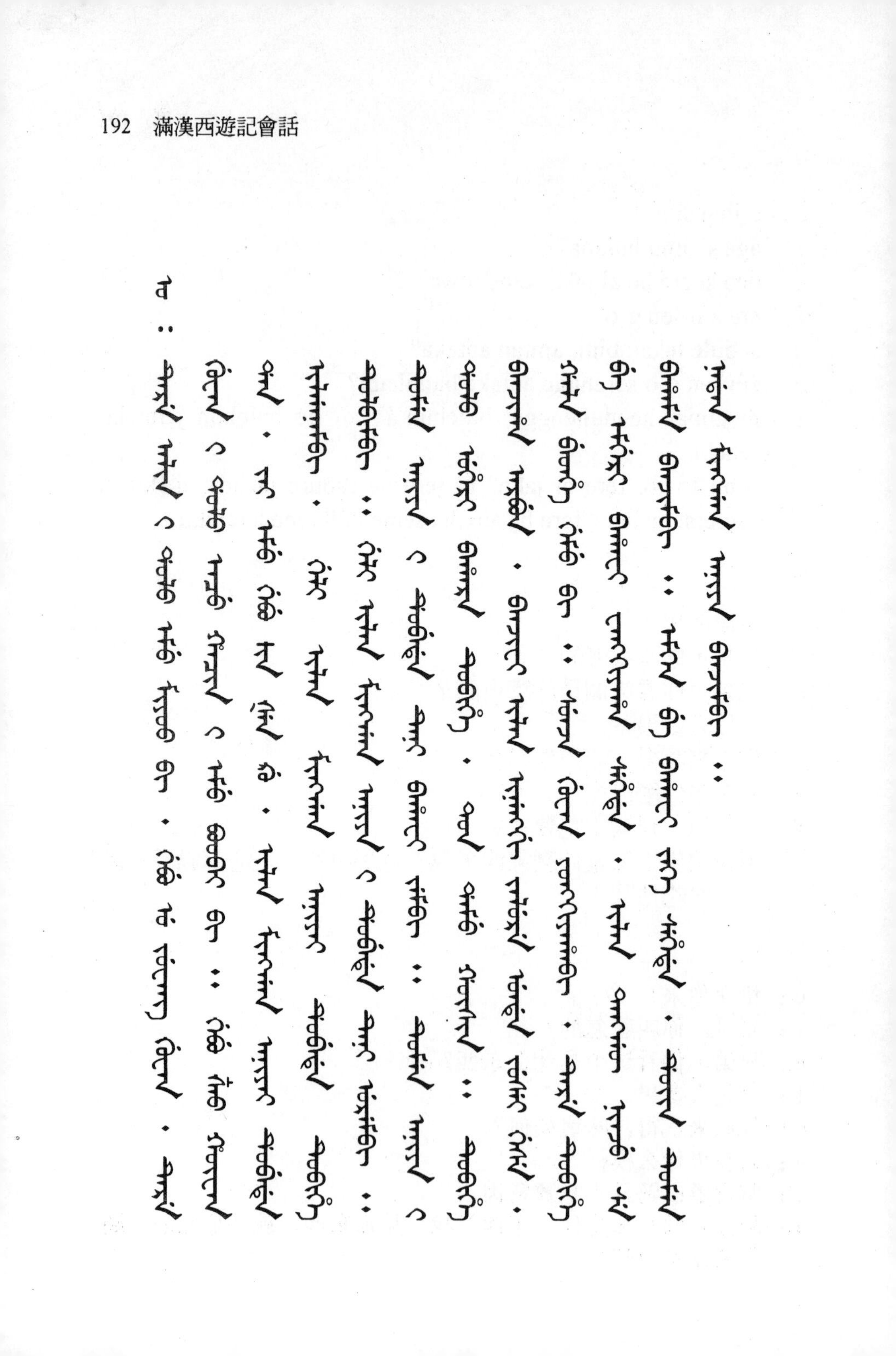

o：tere alin i dolo emu miyoo bi, gebu u juwang guwan, tere
guwan i dolo encu hacin i emu boobai bi, gebu ts'ao hūwan
dan, jai emu gebu žin šen g'o, ilan minggan aniyai dubede
ilganambi, geli ilan minggan aniyai dubede tubihe tulbimbi,
geli ilan minggan aniya i dubede teni urembi, tumen aniya i
dubede teni bahafi jembi, tumen aniya i dolo uheri bahara
tubihe ton damu gūsin, tubihe banjiha arbun, banjifi ilan
inenggi jalure unde jusei gese, gala bethe gemu bi, sunja
guwan yongkiyahabi, tere tubihe be emgeri bahafi
wangkiyaha sehede, ilan tanggū ninju se bahame banjimbi,
emken be bahafi jeke sehede, duin tumen nadan minggan
aniya banjimbi.

---

o：那座山中有一座廟，名喚五莊觀。那觀裡有一種異寶，名喚
草還丹，又一名人參果。三千年一開花，三千年一結果，再
三千年纔得成熟，一萬年方得吃，萬年之中，總共結得之數，
只有三十個。果子的長相，就像未滿三天的小孩，手腳俱全，
五官咸備。得那果子聞一聞，就能活三百六十歲；得吃一個，
就能活四萬七千年。

---

o：那座山中有一座庙，名唤五庄观。那观里有一种异宝，名唤
草还丹，又一名人参果。三千年一开花，三千年一结果，再
三千年纔得成熟，一万年方得吃，万年之中，总共结得之数，
只有三十个。果子的长相，就像未满三天的小孩，手脚俱全，
五官咸备。得那果子闻一闻，就能活三百六十岁；得吃一个，
就能活四万七千年。

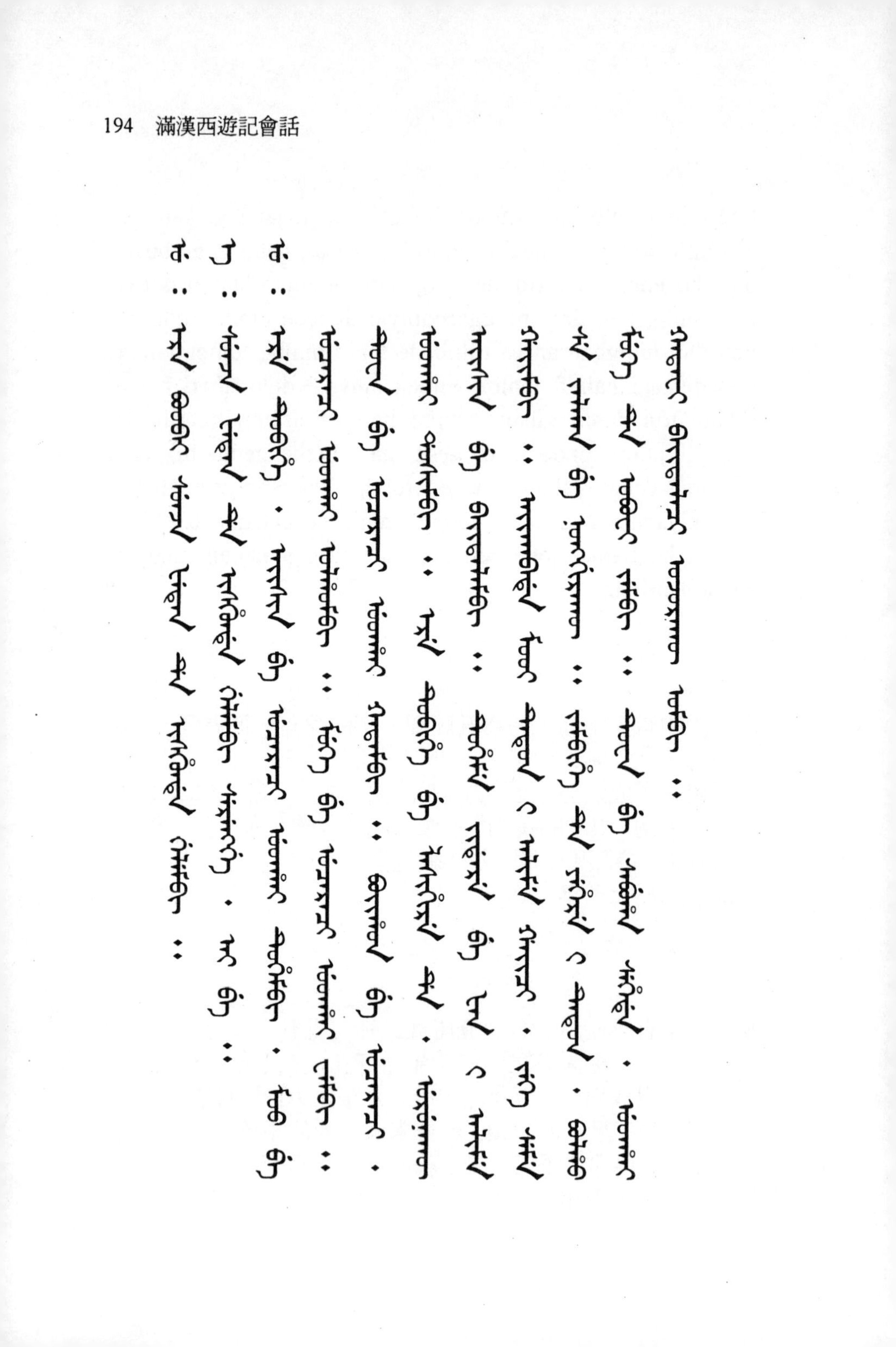

u：ere boobai sunja feten de ishunde gelembi.

e：sunja feten de ishunde gelembi serengge ai be?

u：ere tubihe, aisin be ucaraci uthai tuhembi, moo be ucaraci uthai olhombi, muke be ucaraci uthai wembi, tuwa be ucaraci uthai katambi. boihon be ucaraci uthai dosimbi, ere tubihe be lasihire de, urunakū aisin be baitalambi. tuheme jidere be fan i alime gaimbi, aikabade mooi tetun i alime gaici, jeke seme se jalgan be nonggirakū, jembihe de yehere i tetun, bolho muke de obofi jembi, tuwa be sabuha sehede, uthai katafi baitalaci ojorakū ombi.

---

u：這寶貝與五行相畏。

e：怎麼與五行相畏？

u：這果子遇金即落，遇木即枯，遇水即化，遇火即焦，遇土即入。搖這果子時，必用金器，打下來，以盤襯墊，若受以木器，就是吃了也不延壽。吃它須用磁器，清水洗過食用，見火即焦而不可用。

---

u：这宝贝与五行相畏。

e：怎么与五行相畏？

u：这果子遇金即落，遇木即枯，遇水即化，遇火即焦，遇土即入。摇这果子时，必用金器，打下来，以盘衬垫，若受以木器，就是吃了也不延寿。吃它须用磁器，清水洗过食用，见火即焦而不可用。

u：dai šeng aibide bihe?

e：suweni emgi efiki seme cohome jihe.

u：dai šeng be enduri doro be waliyafi, fucihi doro de dosifi, tang seng be tuwakiyame, wargi abka de ging ganame genembi, inenggidari muke be olome alin be dabame yabumbi sembihe, adarame šolo bahafi efiki seme jihe?

e：wan šeo šan alin i u juwang guwan de heturebuhebi.

u：si tere i žin šen g'o be hūlhafi jekekūbi semeo?

e：hūlhafi jeke de hono ai bi?

u：ere monio i deberen ai uttu ehe sain be sarkū?

---

u：大聖何來？

e：特來尋你們玩。

u：聽說大聖棄道從釋，保護唐僧往西天取經，每日跋山涉水，怎麼得閒要來玩？

e：在萬壽山五莊觀受阻。

u：你莫不是把他的人參果偷吃了？

e：偷吃了又什麼了？

u：你這猴崽子何以這樣不知好歹？

---

u：大圣何来？

e：特来寻你们玩。

u：听说大圣弃道从释，保护唐僧往西天取经，每日跋山涉水，怎么得闲要来玩？

e：在万寿山五庄观受阻。

u：你莫不是把他的人参果偷吃了？

e：偷吃了又什么了？

u：你这猴崽子何以这样不知好歹？

ᠮᡠᠨᡠᠰᡝ ᠁

ᠨ ᠊᠊ ᠊᠊ ᠁ ᠊᠊

ᡴᠠ ᠊᠊ ᠊᠊

u：tere tubihe be emgeri bahafi wangkiyaha sehede, ilan tanggū ninju se bahambi, emke be bahafi jeke sehede, duin tumen nadan minggan aniya banjimbi, tuttu ofi tumen jalafun ts'oo hūwan dan seme gebulehebi. meni doro tede isirakū, terei baharangge enteheme ja, abkai emgi sasa jalafun. be oori be ujime, sukdun be urebume, simen be bibume, muduri tashai emgi sebkendume, ai hacin i weilefi teni majige mutebuhe, si tere be ai mangga hūwanggiyarakū seme gisureci ojorakū, abkai fejergi enduri fulehe damu tubade emke bi.

e：enduri fulehe seme ume gisurere, bi tere fulehe be lashalaha.

---

u：那果子聞一聞，得三百六十歲；吃一個，活四萬七千年；因此，叫做萬壽草還丹。我們的道，不及他多矣。他得之甚易，就可與天齊壽，我們還要養精鍊氣存神，調和龍虎，不知費多少工夫，才能成就些許，你怎麼說他的能值什麼？天下只有那裡有一靈根。

e：別說靈根，我已弄斷了那根。

---

u：那果子闻一闻，得三百六十岁；吃一个，活四万七千年；因此，叫做万寿草还丹。我们的道，不及他多矣。他得之甚易，就可与天齐寿，我们还要养精炼气存神，调和龙虎，不知费多少工夫，才能成就些许，你怎么说他的能值什么？天下只有那里有一灵根。

e：别说灵根，我已弄断了那根。

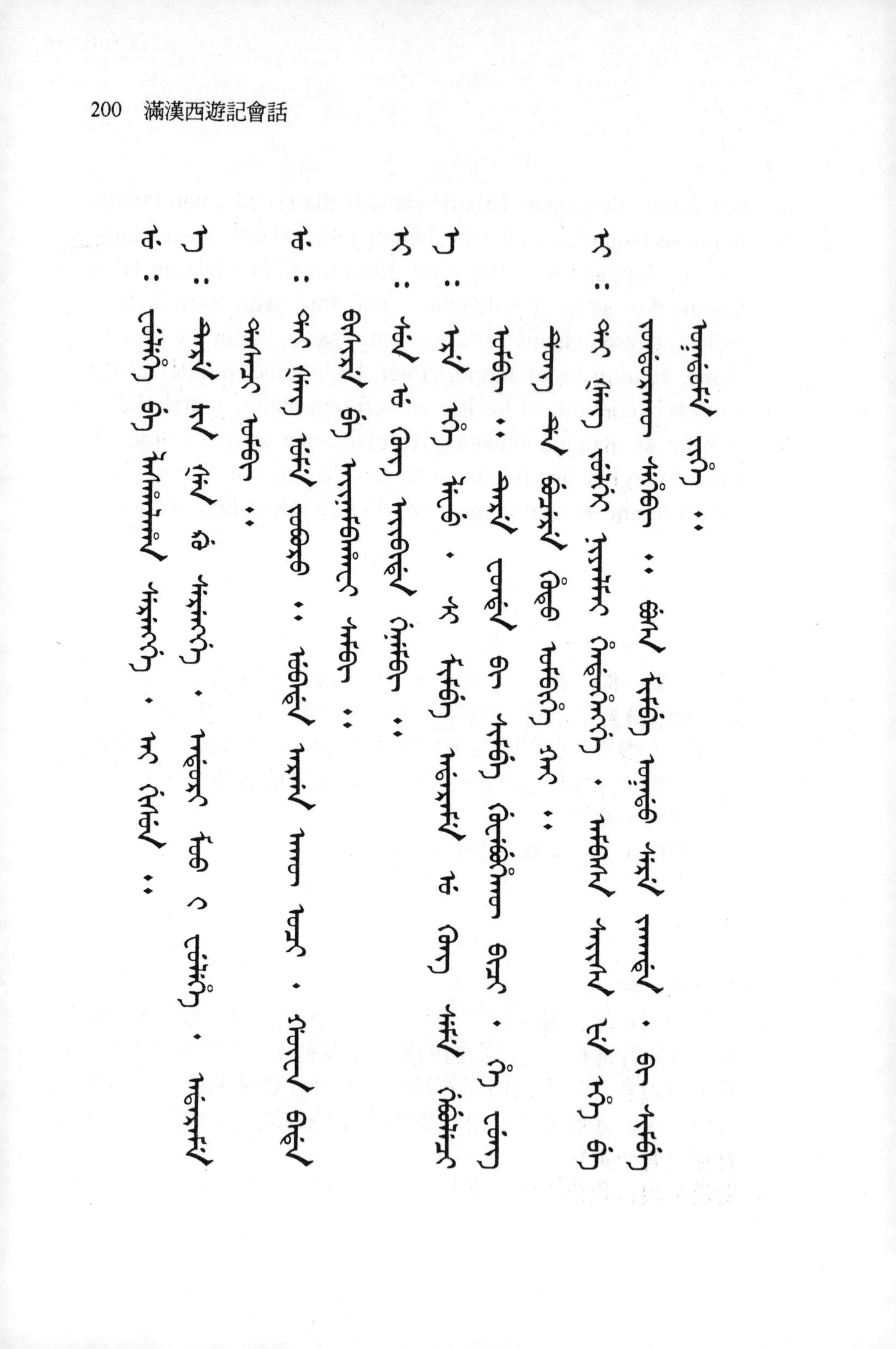

u：fulehe be lashalaha serengge ai gisun?

e：tere žin šen g'o serengge, enduri moo i fulehe, adarame dasaci
ombi.

u：dai šeng ume joboro, ubade arga akū oci, gūwa bade bisire be
ainambahafi sambi.

i：sun u kung aibide genembi?

e：ere ehe lefu, si mimbe adarame u kung seme gebuleci ombi,
tere fonde bi simbe guwebuhekū bici, he fung dung de bucere
hutu ombihe kai!

i：dai šeng julgei niyalmai henduhengge, ambasa saisa fe ehe be
jondorakū sehebi, pusa mimbe okdo sere jakade, bi simbe
okdome jihe.

---

u：怎的斷根？

e：那人參果乃仙木之根，如何調治？

u：大聖不須煩惱，此處無方，但願知道他處或有。

i：孫悟空哪裡去？

e：你這個惡熊！悟空可是你叫的！當初若不是我饒了你，你已
是黑風洞的死鬼了！

i：大聖，古人云：「君子不念舊惡」。菩薩著我來迎你哩！

---

u：怎的断根？

e：那人參果乃仙木之根，如何调治？

u：大圣不须烦恼，此处无方，但愿知道他处或有。

i：孙悟空哪里去？

e：你这个恶熊！悟空可是你叫的！当初若不是我饶了你，你已
是黑风洞的死鬼了！

i：大圣，古人云：「君子不念旧恶」。菩萨着我来迎你哩！

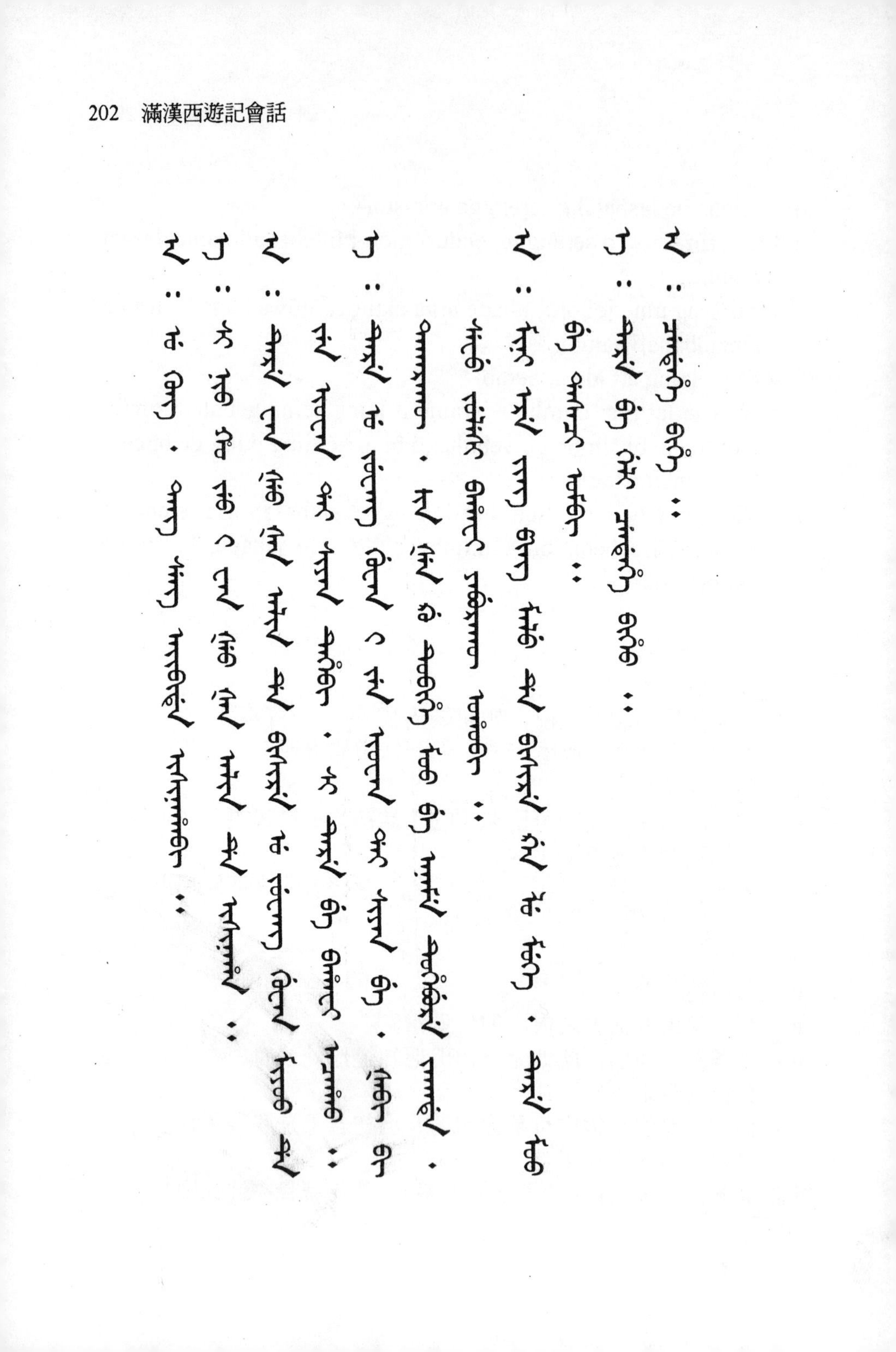

十九、齋僧佛喜

a：u kung, tang seng aibide isinahabi.

e：si nio ho jeo i wan šeo šan alin de isinaha.

a：tere wan šeo šan alin de bisire u juwang guwan miyoo de jen iowan dai siyan tehebi, si tere be bahafi acahao?

e：tere u juwang guwan i jen iowan dai siyan be, sabi bi takarakū, žin šin g'o tubihe moo be aname tuhebure jakade, sefu julesi bahafi yaburakū ohobi.

a：mini ere jing ping malu de bisire g'an lu muke, tere moo be dasaci ombi.

e：tere be geli cendehe biheo?

a：cendehe bihe.

---

a：悟空，唐僧行到哪裡？

e：行到西牛賀洲萬壽山了。

a：住在那萬壽山五莊觀的鎮元大仙，你曾會見了他嗎？

e：弟子不認識那五莊觀的鎮元大仙，因爲推倒了他的人參果樹，所以師父不得前進。

a：我這淨瓶裡的甘露水，可治得那樹。

e：那水可曾試驗過嗎？

a：曾經試過。

---

a：悟空，唐僧行到哪里？

e：行到西牛贺洲万寿山了。

a：住在那万寿山五庄观的镇元大仙，你曾会见了他吗？

e：弟子不认识那五庄观的镇元大仙，因为推倒了他的人参果树，所以师父不得前进。

a：我这净瓶里的甘露水，可治得那树。

e：那水可曾试验过吗？

a：曾经试过。

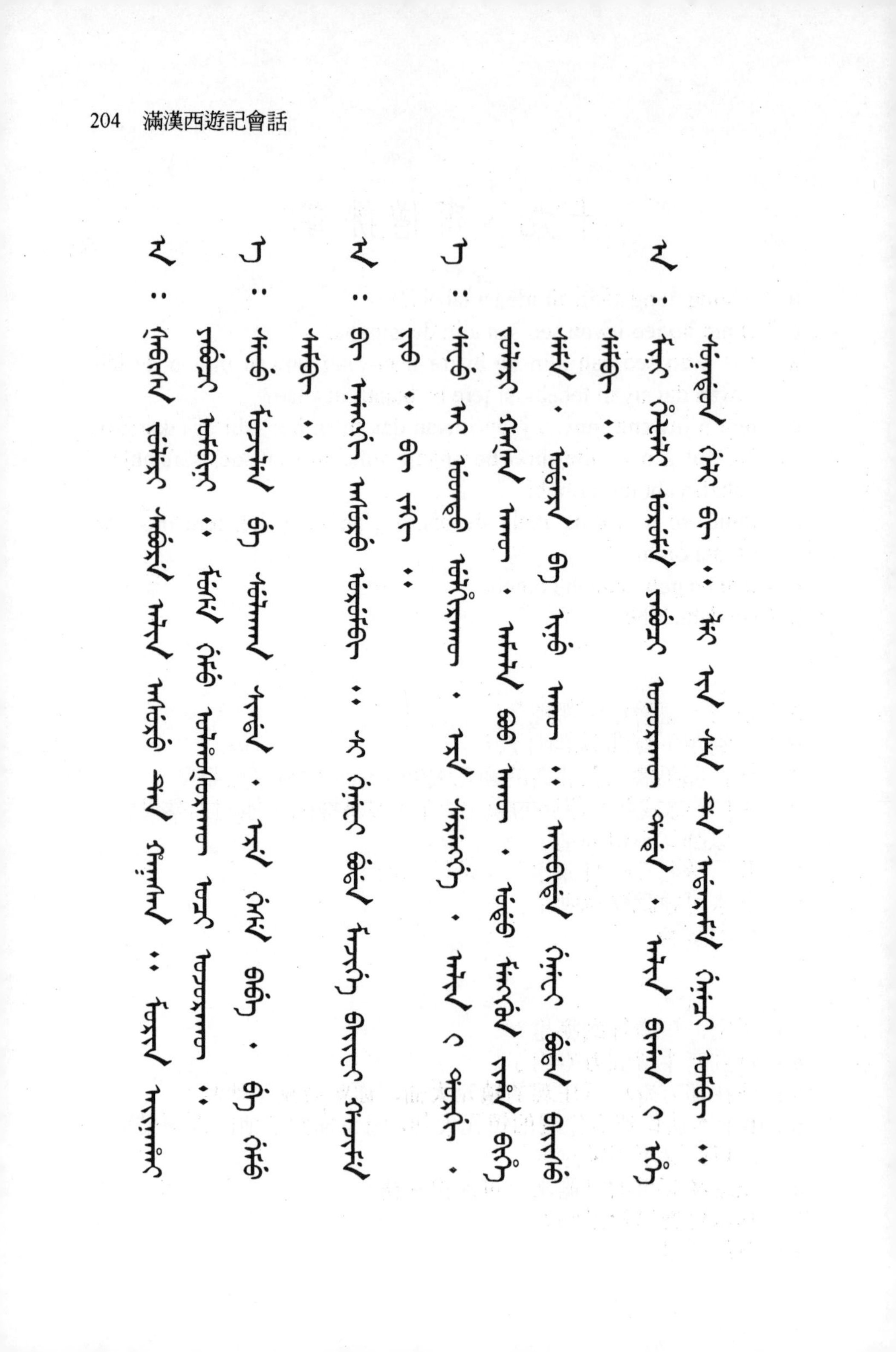

a : šabisa juleri sabure alin asuru den haksan, morin ainahai yabuci ombini? muse gemu olhošorakū oci ojorakū.

e : sefu mujilen be sulakan sinda, ere gese babe, be gemu sambi.

a : bi enenggi asuru urumbi, si genefi buda majige baifi gajime jio, bi jeki.

e : sefu ai uttu ulhirakū, ere serengge alin i dorgi, juleri gašan akū, amala boo akū, udu menggun jiha bihe seme udara ba inu akū, aibide genefi buda baisu sembi?

a : mini hefeli urume yabuci ojorakū dade, alin bigan i ehe sukdun geli bi, lei in sy de adarame geneci ombi?

---

a：徒弟，前面有山險峻，恐馬不能前行，我們大家不可不仔細。

e：師父放心，似此之處，我們都知道。

a：我這一日，肚中非常饑餓了，你去化些齋來我吃！

e：師父何以這樣不知曉，這在山中，前不巴村，後不著店，雖然有錢也沒買處，教往哪裡去尋齋？

a：我饑餓怎行？況此地山嵐瘴氣，怎麼得上雷音寺？

---

a：徒弟，前面有山险峻，恐马不能前行，我们大家不可不仔细。

e：师父放心，似此之处，我们都知道。

a：我这一日，肚中非常饥饿了，你去化些斋来我吃！

e：师父何以这样不知晓，这在山中，前不巴村，后不着店，虽然有钱也没买处，教往哪里去寻斋？

a：我饥饿怎行？况此地山岚瘴气，怎么得上雷音寺？

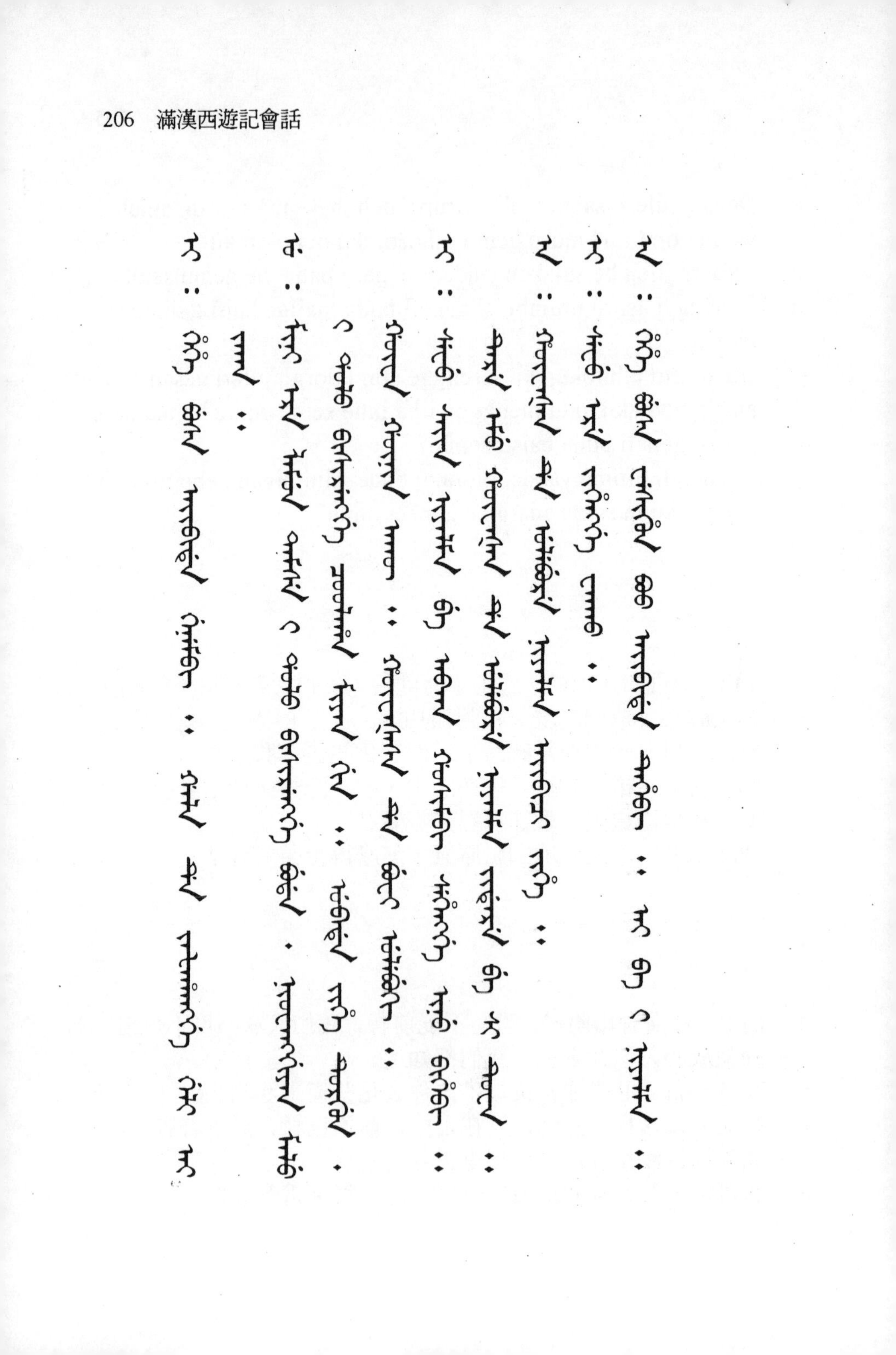

i ： hehe pusa aibide genembi, gala de jafahangge geli ai jaka?

u ： mini ere lamun tamse i dolo bisirengge buda, niowanggiyan malu i dolo bisirengge coolaha miyan gin, ubade jihe turgun, gūwa gūnin akū, hūwašasa de bufi ulebuki.

i ： sefu sain niyalma be abka gosimbi sehengge inu bihebi, tere emu hūwašan de ulebure niyalma jidere be si tuwa?

a ： hūwašan de ulebure niyalma aibici jihe?

i ： sefu ere jihengge wakao?

a ： hehe pusa wesihun boo aibide tehebi? ai ba i niyalma?

---

i ： 女菩薩，往哪裡去？手裡提的又是什麼東西？

u ： 我這青罐裡是米飯，綠甕裡是炒麵筋，來到此處，沒有他故，只是要齋僧。

i ： 師父！吉人自有天相。你看那不是個齋僧的人來了？

a ： 齋僧的人從何而來？

i ： 師父，這來的不是嗎？

a ： 女菩薩，你府上在何處住？是何處人家？

---

i ： 女菩萨，往哪里去？手里提的又是什么东西？

u ： 我这青罐里是米饭，绿瓮里是炒面筋，来到此处，没有他故，只是要斋僧。

i ： 师父！吉人自有天相。你看那不是个斋僧的人来了？

a ： 斋僧的人从何而来？

i ： 师父，这来的不是吗？

a ： 女菩萨，你府上在何处住？是何处人家？

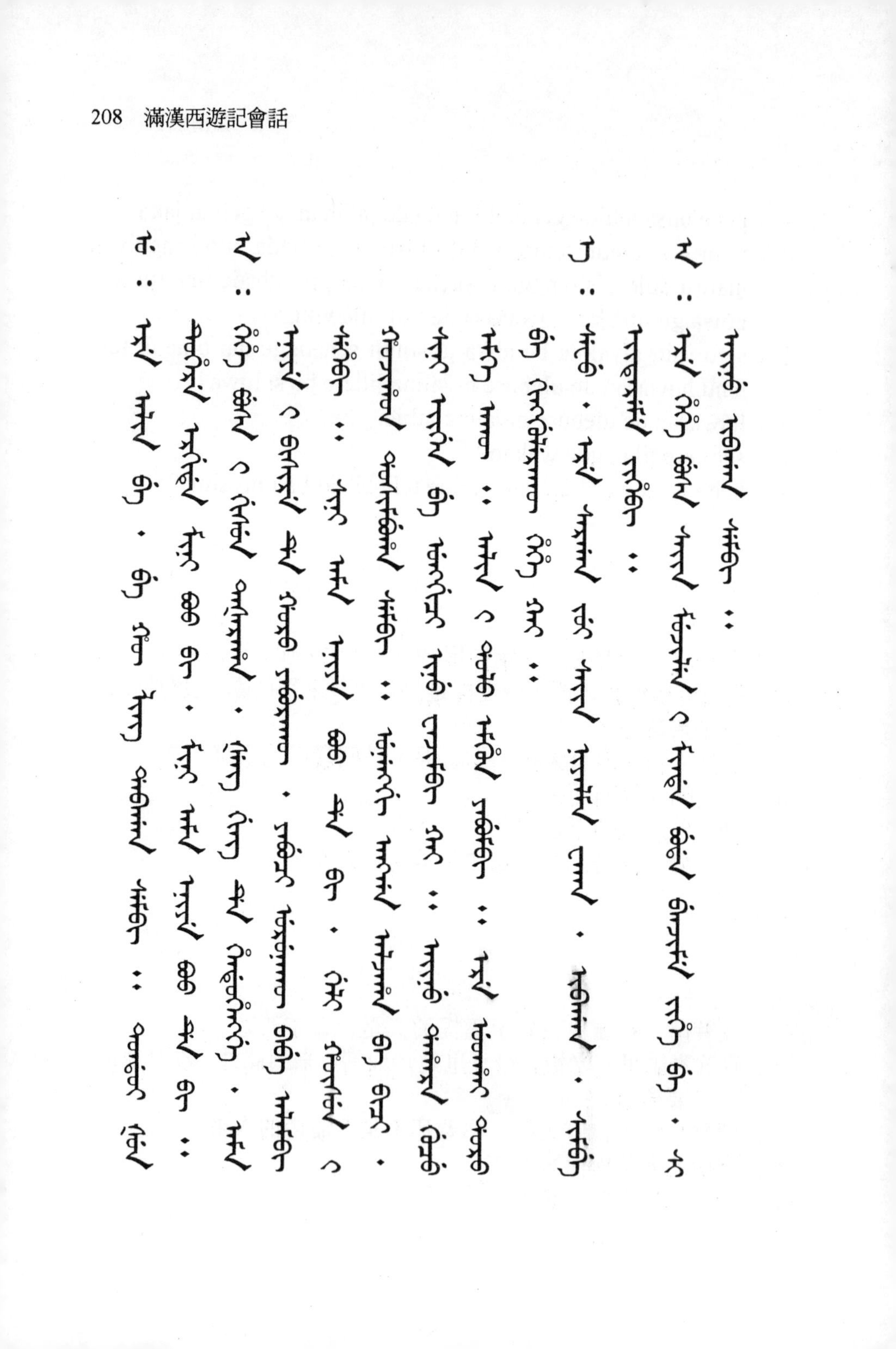

u：ere alin be be hū ling dabagan sembi, tondoi šun tuhere ergide mini boo bi, mini ama eniye boo de bi.

a：hehe pusa i gisun tašaraha, šeng ging de henduhengge, ama eniye i bisire de goro yaburakū, yabuci urunakū babe alambi sehebi, sini ama eniye boo de bi, geli hūsun i hojihon dosimbuha sembi, unenggi angga aljaha ba bici, sini eigen be unggici inu wajimbi kai, ainu dahara gucu emke akū, alin i dolo emhun yabumbi, ere uthai doro be ginggulerakū hehe kai.

e：sefu, ere sargan jui sain niyalma waka, ibagan, simbe eitereme jihebi.

a：ere hehe pusa sain mujilen i minde buda benjime jihe be, si ainu ibagan sembi.

---

u：此山叫做白虎嶺，正西下面是我家，我父母在堂。

a：女菩薩言差了，聖經云，父母在，不遠遊，遊必有方。你既有父母在堂，又與你招了女婿上門，果然有許配人家，教你男人前來便也罷了，怎麼沒個隨從之人，自家在山中獨行，這便是不遵婦道了。

e：師父，這個女子不是好人，是個妖精，要來騙你哩！

a：這女菩薩有此善心，送飯來齋我，你怎麼說他是妖精。

---

u：此山叫做白虎岭，正西下面是我家，我父母在堂。

a：女菩萨言差了，圣经云，父母在，不远游，游必有方。你既有父母在堂，又与你招了女婿上门，果然有许配人家，教你男人前来便也罢了，怎么没个随从之人，自家在山中独行，这便是不遵妇道了。

e：师父，这个女子不是好人，是个妖精，要来骗你哩！

a：这女菩萨有此善心，送饭来斋我，你怎么说他是妖精。

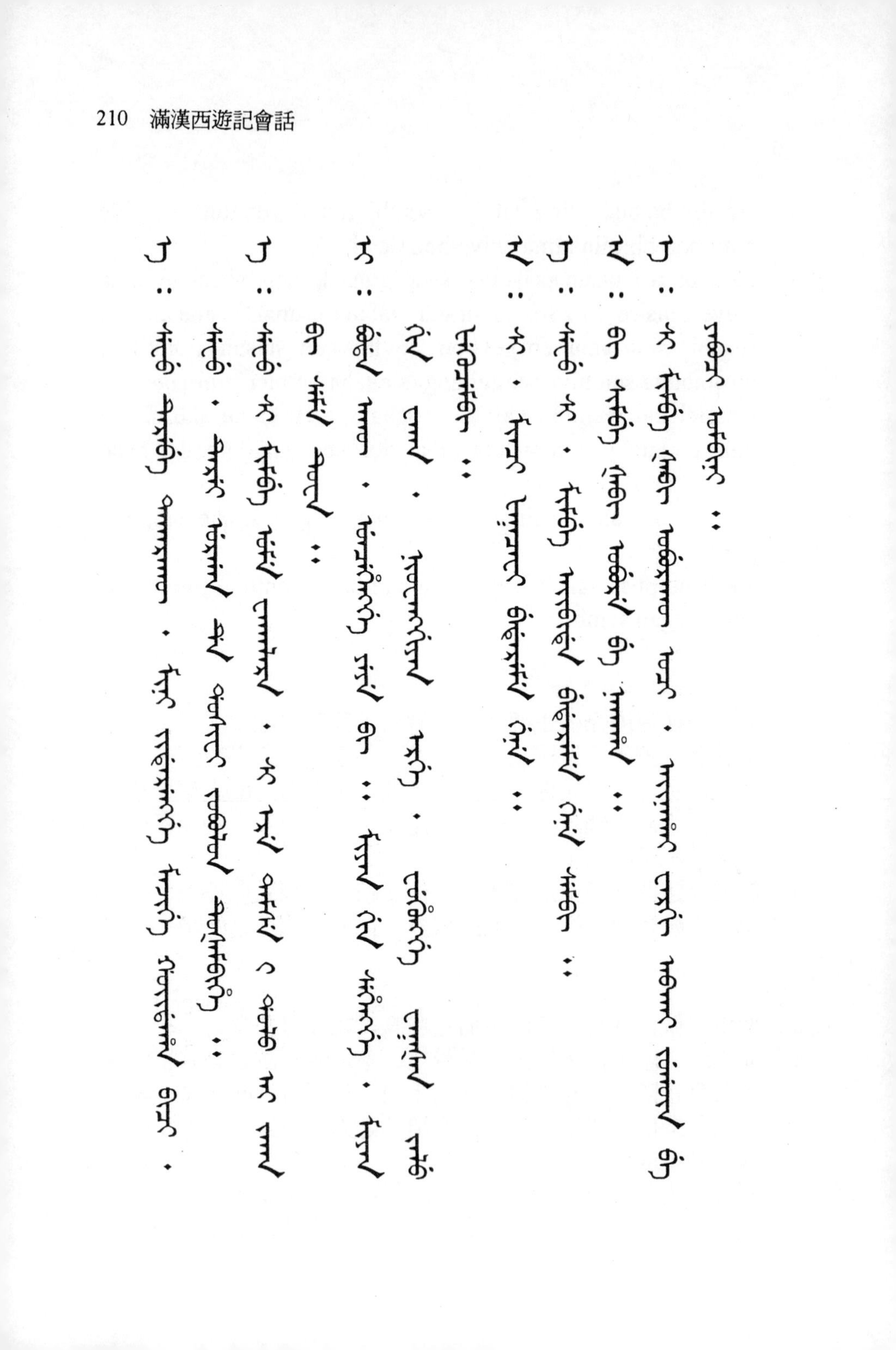

e：sefu terebe takarakū , mini jiderengge majige goidaha bici, sefu, terei urgan de dosifi jobolon tušambihe.

e：sefu si mimbe ume wakalara, si ere tamse i dolo ai jaka bi seme tuwa?

i：buda akū, uncehengge yeye bi, miyan gin sehengge, miyan gin waka, niowanggiyan erge, fuhungge wakšan jalu fekucembi.

a：si, minci fakcafi bedereme gene.

e：sefu si mimbe aibide bedereme gene sembi?

a：bi simbe šabi obure be nakaha.

e：si mimbe šabi oburakū oci, ainahai wargi abkai jugūn be yabuci ombini?

---

e：師父你哪裡認得他，我若來遲，師父定入他套子，遭到災禍。

e：師父莫要怪我，你且來看看這罐子內是什麼東西？

i：沒有米飯，是拖尾巴的長蛆，說什麼麵筋？也不是麵筋，却是青蛙、癩蝦蟆滿處跳。

a：你離開我回去吧！

e：師父你教我回哪裡去？

a：我不要你做徒弟。

e：你不要我做徒弟，怎麼能走西天路？

---

e：师父你哪里认得他，我若来迟，师父定入他套子，遭到灾祸。

e：师父莫要怪我，你且来看看这罐子内是什么东西？

i：没有米饭，是拖尾巴的长蛆，说什么面筋？也不是面筋，却是青蛙、癩虾蟆满处跳。

a：你离开我回去吧！

e：师父你教我回哪里去？

a：我不要你做徒弟。

e：你不要我做徒弟，怎么能走西天路？

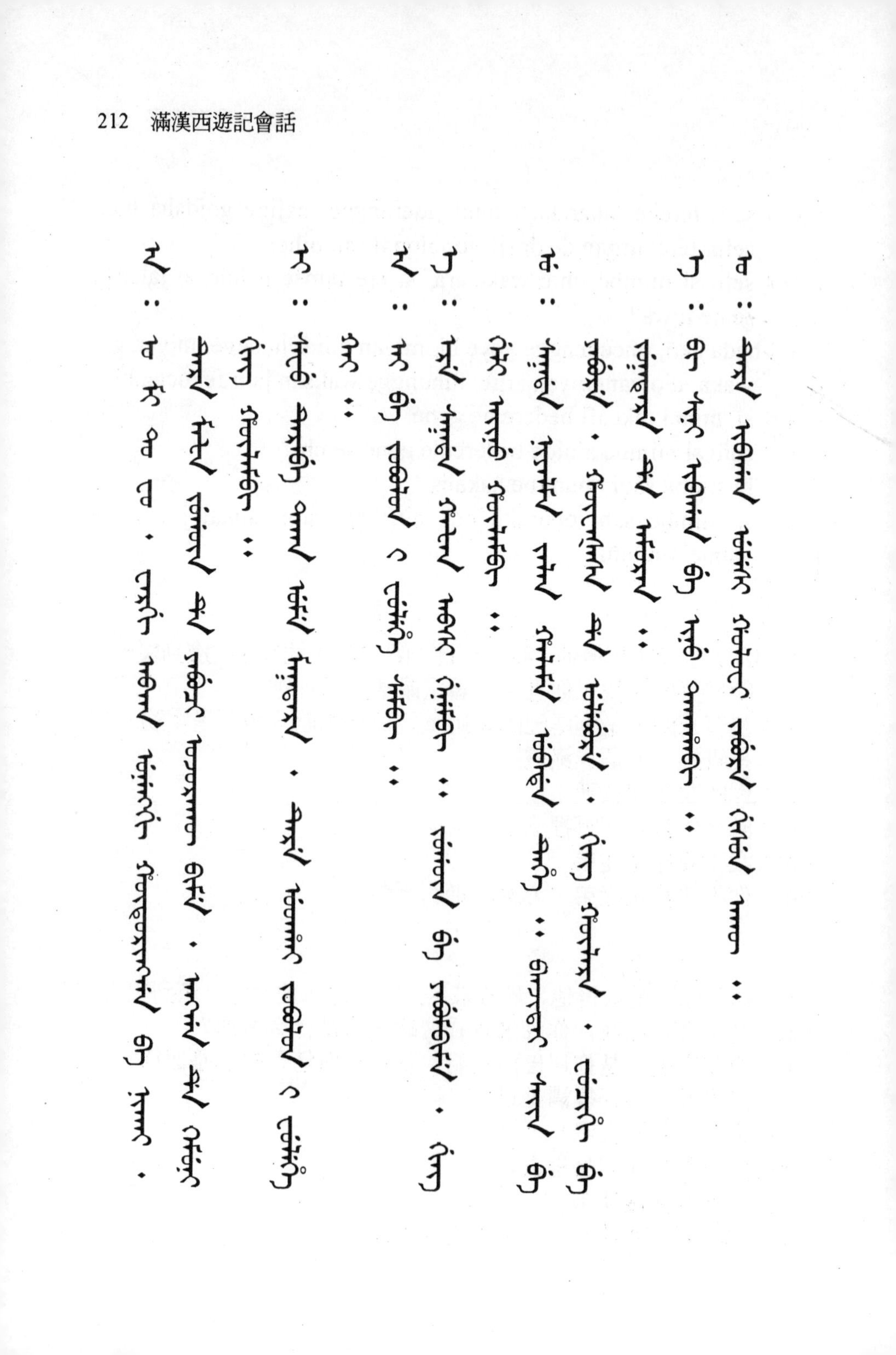

a ： o mi to fo, wargi abka unenggi hūturingga ba nikai, tere mafa jugūn de yabuci ojorakū bime, angga de kemuni ging hūlambi.

i ： sefu terebe taka ume maktara, tere uthai jobolon i fulehe kai.

a ： ai be jobolon i fulehe sembi?

e ： ere sakda hafan absi genembi, jugūn be yabumbime, ging geli ainu hūlambi?

u ： sakda niyalma jalan halame ubade tehe, banjitai sain be yabure, hūwašasa de ulebure ging hūlara, fucihi be juktere de amuran.

e ： bi sini ibagan be inu takahabi.

o ： tere ibagan umesi golofi jabure gisun akū.

---

a ： 阿彌陀佛！西天真是福地，那公公路也走不上來，口裡還念經哩。

i ： 師父，你且莫要誇獎他，那便是禍根哩。

a ： 怎麼說是禍根？

e ： 這老官兒，怎麼走？既然走路，怎麼又念經？

u ： 老漢祖居此地，一生好善齋僧，念經供佛。

e ： 我認得你是個妖精。

o ： 那個妖精嚇得頓口無言。

---

a ： 阿弥陀佛！西天真是福地，那公公路也走不上来，口里还念经哩。

i ： 师父，你且莫要夸奖他，那便是祸根哩。

a ： 怎么说是祸根？

e ： 这老官儿，怎么走？既然走路，怎么又念经？

u ： 老汉祖居此地，一生好善斋僧，念经供佛。

e ： 我认得你是个妖精。

o ： 那个妖精吓得顿口无言。

ᠵᠠᡳ

ᡴᠠᡳ ᡝᡳᠴᠠᠯᠠᠮᠪᡳ ᠰᡝᡥᡝᠵᡝ ᠰᡝᠮᠪᡳ ᠁

ᠵᠠᡳ

ᡝᡳ ᡤᡝᠯᡳ ᠮᡝᠨᡳ ᡝᠵᡝᠨ ᠊ᠨᡳ ᠊ᠨᡝ ᠁

ᠵᠠᡳ

᠊ᠨᡝ ᠊ᠨᡳ ᠁

ᠵᠠᡳ

᠊ᠨᡝ ᠊ᠨᡳ ᠁

e ： ere ibagan ilan jergi jifi, mini sefu be eiterembi, ere mudan de
bi terebe tantame wambi.

i ： inenggi dulin i onggolo ilan niyalma be tantame waha.

a ： ere niyalma teni bucefi, ainu uthai emu buktan fe giranggi
oho?

e ： ere bucehe giran ibagan ubaliyafi, ubade niyalma be
hūlimbume bihebi, bi tantame wara jakade, ini da beye
tucike.

a ： si ere bigan i bade emu siran i ilan niyalma be tantame waha,
si bedereme gene.

e ： sefu mimbe wakalame tašaraha, ere uthai yargiyan i ibagan,
elemangga bošombi. niyalmai henduhe gisun, yaya weile be
ilan jergici dulemburakū sehebi, bi geneki.

---

e：這妖精三番來戲弄我師父，這一番我要打殺他。

i：只是半日，倒打死了三個人。

a：這個人剛剛死，怎麼就化作一堆骷髏？

e：這死屍變作妖精，在此迷人，被我打殺，他就現了本相。

a：你在這荒郊野外，一連打死三人，你回去吧！

e：師父錯怪我了，這廝實是妖精，反倒逐我，常言道：事不過
三，我去！

---

e：这妖精三番来戏弄我师父，这一番我要打杀他。

i：只是半日，倒打死了三个人。

a：这个人刚刚死，怎么就化作一堆骷髅？

e：这死屍变作妖精，在此迷人，被我打杀，他就现了本相。

a：你在这荒郊野外，一连打死三人，你回去吧！

e：师父错怪我了，这厮实是妖精，反倒逐我，常言道：事不过
三，我去！

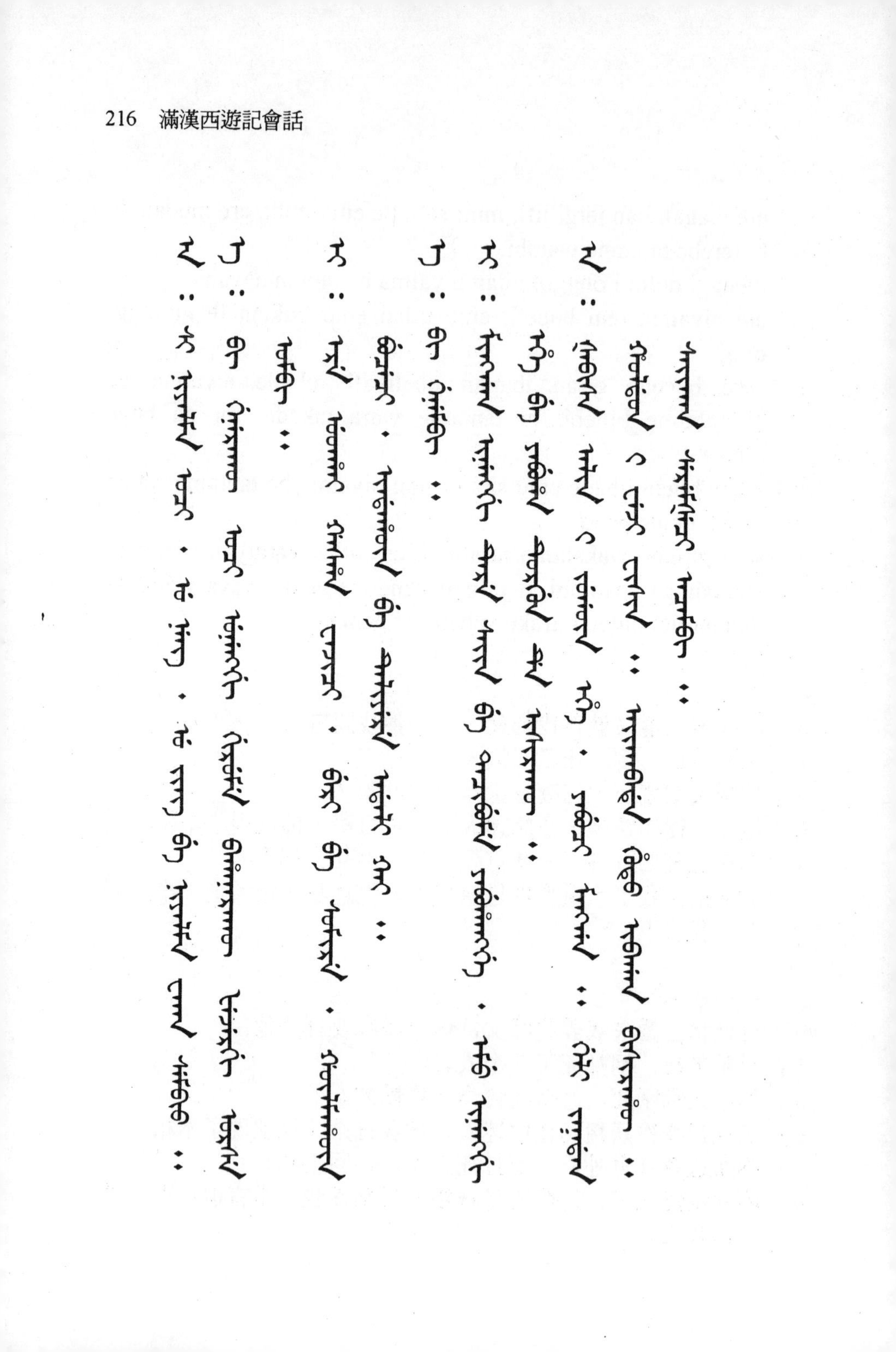

a：si niyalma oci, u neng, u jing be niyalma waka sembio?

e：bi generakū oci unenggi girume bahanarakū fejergi urse ombi.

i：ere uthai gasha wajici, beri be somire, gūlmahūn buceci, indahūn be teliyere adali kai.

e：bi genembi.

i：minggan inenggi tere sain be tacibume yabuhangge, emu inenggi ehe be yabuha turgun de isirakū.

a：šabisa alin i jugūn ehe, yabuci mangga, geli jakdan holdon i weji fisin, aikabade hutu ibagan bisirahū, saikan seremšeci acambi.

---

a：你是人，悟能、悟淨不是人嗎？

e：我若不去，真成了個下流無恥之徒。

i：這就是鳥盡弓藏，兔死狗烹啊！

e：我去。

i：千日行善，不抵一日行惡。

a：徒弟呀！山路崎嶇難走，却又松林茂密，恐有鬼怪，切須仔細！

---

a：你是人，悟能、悟净不是人吗？

e：我若不去，真成了个下流无耻之徒。

i：这就是鸟尽弓藏，兔死狗烹啊！

e：我去。

i：千日行善，不抵一日行恶。

a：徒弟呀！山路崎岖难走，却又松林茂密，恐有鬼怪，切须仔细！

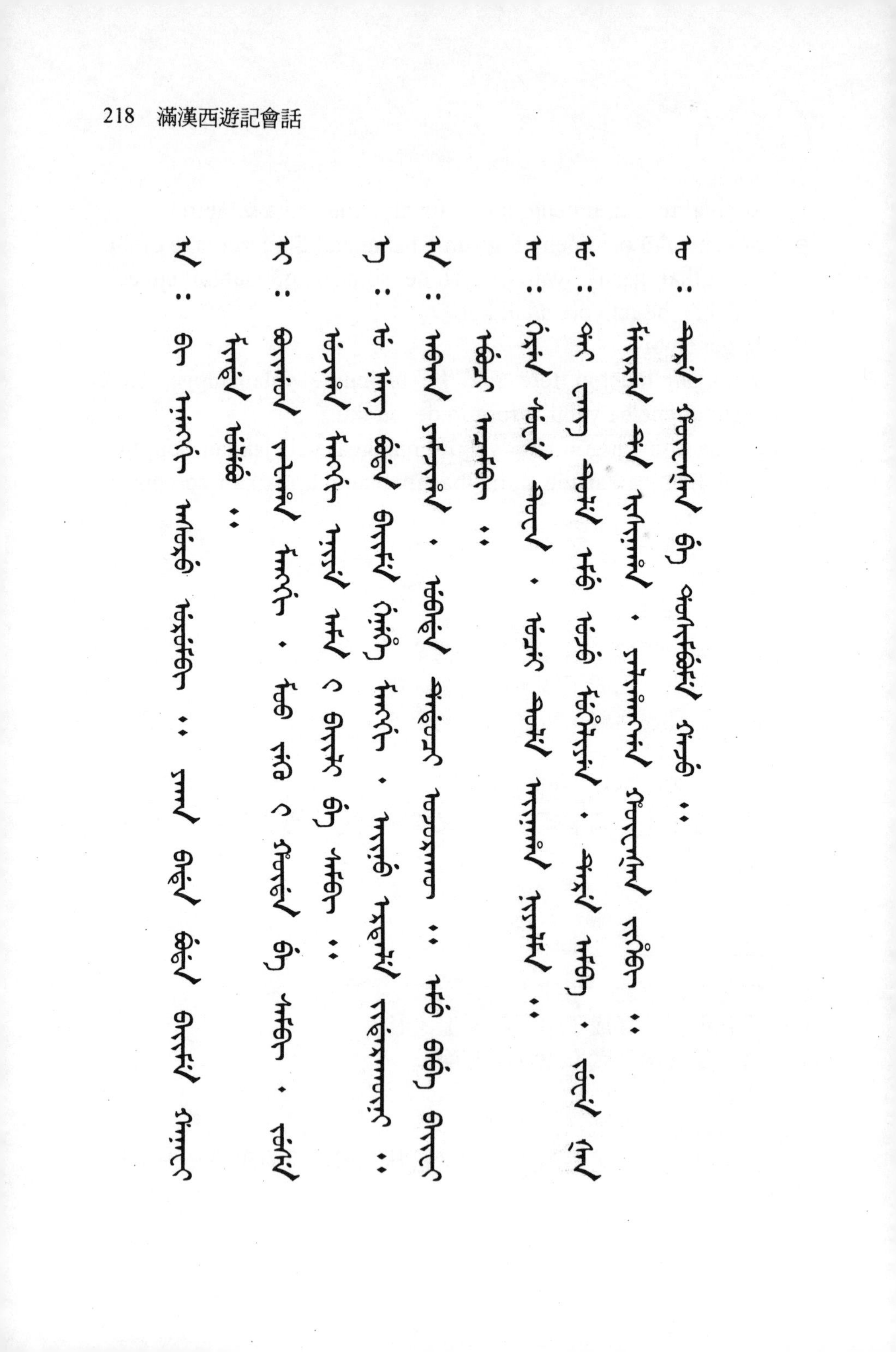

a : bi enenggi asuru urumbi, yaka bade buda baime ganafi minde ulebu?

i : boigon jafaha manggi, moo jeku i hūda be sambi, juse ujiha manggi, eniye ama i baili be sambi.

e : u neng buda baime genehe manggi, ainu ertele jiderakūni?

a : abka yamjiha, ubade deduci ojorakū, emu babe baifi ebuci acambi.

o : geren suwe tuwa, ucei tule ainaha niyalma?

u : dai wang tule emu uju muheliyen, dere amba, juwe šan meiren de isinaha, yalihangga hūwašan jihebi.

o : tere hūwašan be dosimbume gaju.

---

a ：我這一日非常餓了，哪裡去尋些齋飯我吃？

i ：當家纔知柴米價，養子方曉父母恩。

e ：悟能去化齋，怎麼到現在還不回來呢？

a ：天色晚了，這裡不可住宿，應該尋個地方下榻才好哩。

o ：你們大家看門外是什麼人？

u ：大王外面是個圓頭大面，兩耳垂肩，肥肥胖胖的和尚來了。

o ：帶那和尚進來。

---

a ：我这一日非常饿了，哪里去寻些斋饭我吃？

i ：当家纔知柴米价，养子方晓父母恩。

e ：悟能去化斋，怎么到现在还不回来呢？

a ：天色晚了，这里不可住宿，应该寻个地方下榻才好哩。

o ：你们大家看门外是什么人？

u ：大王外面是个圆头大面，两耳垂肩，肥肥胖胖的和尚来了。

o ：带那和尚进来。

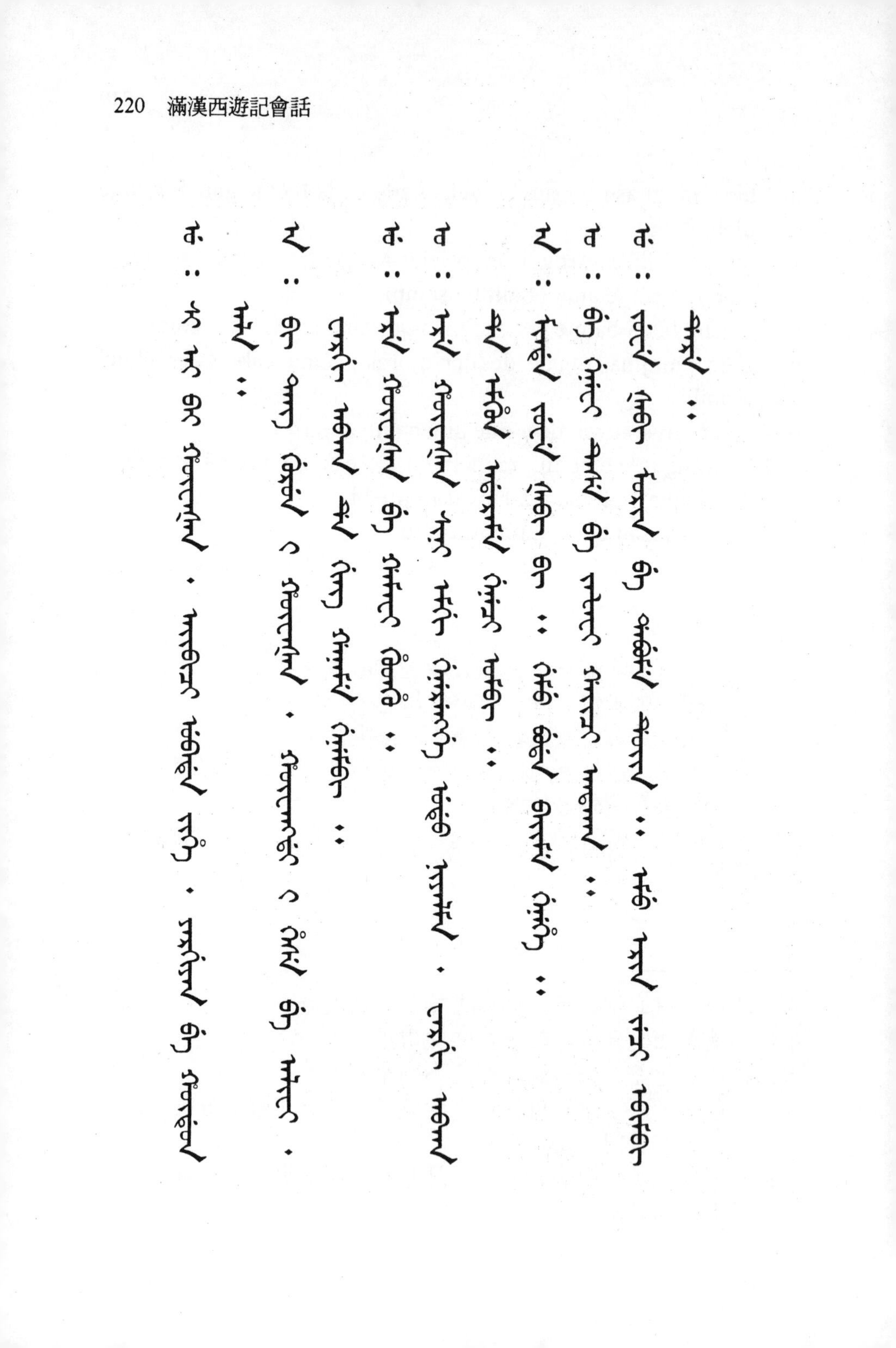

u：si ai bai hūwašan? aibici ubade jihe? yargiyan be hūdun ala.

a：bi tang gurun i hūwašan, hūwangdi i hese be alifi, wargi abka
de ging ganame genembi.

u：ere hūwašan be gamafi huthu.

o：ere hūwašan sini emgi generengge udu niyalma? wargi abka
de emhun adarame geneci ombi?

a：minde juwe šabi bi, gemu buda baime genehe.

o：be genefi tese be jafafi gaici antaka?

u：juwe šabi morin be dabume duin, emu erin jeci ebimbi dere.

---

u：你是哪裡和尚？從哪裡來？快快據實說明！

a：我是唐朝僧人，奉皇帝敕命，前往西天去取經。

u：把這和尚拿去綁了！

o：這和尚，你一行有幾人？單獨一人怎麼上西天？

a：我有兩個徒弟，都化齋去了。

o：我們去捉他們來如何？

u：兩個徒弟，連馬四個，够吃一頓了吧！

---

u：你是哪里和尚？从哪里来？快快据实说明！

a：我是唐朝僧人，奉皇帝敕命，前往西天去取经。

u：把这和尚拿去绑了！

o：这和尚，你一行有几人？单独一人怎么上西天？

a：我有两个徒弟，都化斋去了。

o：我们去捉他们来如何？

u：两个徒弟，连马四个，够吃一顿了吧！

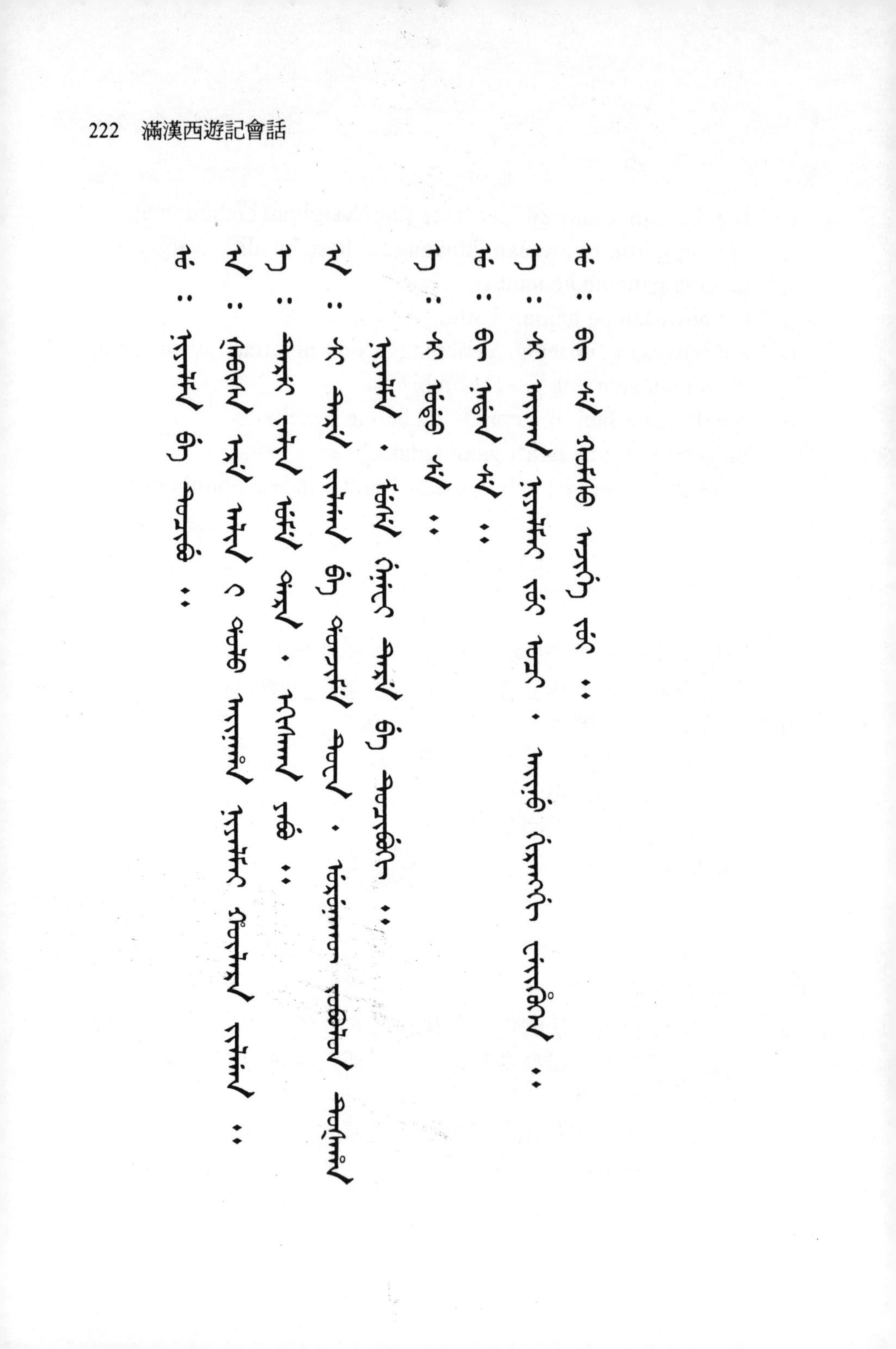

二十、三昧真火

u：niyalma be tucibu!

a：šabisa ere alin i dolo ainaha niyalmai hūlara jilgan?

e：terei jalin ume dara, ekisaka yabu.

a：si tere jilgan be donjime tuwa, urunakū jobolon tušaha niyalma, muse genefi tere be tucibuki.

e：si udu se?

u：bi nadan se.

e：si aika niyalmai jui oci, ainu giranggi weihuken?

u：bi se komso ajige jui.

---

u：救人！

a：徒弟呀！這半山中，是哪裡什麼人的叫聲？

e：莫管閒事，且悄悄走路。

a：你聽那叫聲，想必是個有難之人，我們去救他一救。

e：你幾歲了？

u：我七歲了。

e：你既是人家兒女，怎麼這等骨頭輕？

u：我還是歲少小孩。

---

u：救人！

a：徒弟呀！这半山中，是哪里什么人的叫声？

e：莫管闲事，且悄悄走路。

a：你听那叫声，想必是个有难之人，我们去救他一救。

e：你几岁了？

u：我七岁了。

e：你既是人家儿女，怎么这等骨头轻？

u：我还是岁少小孩。

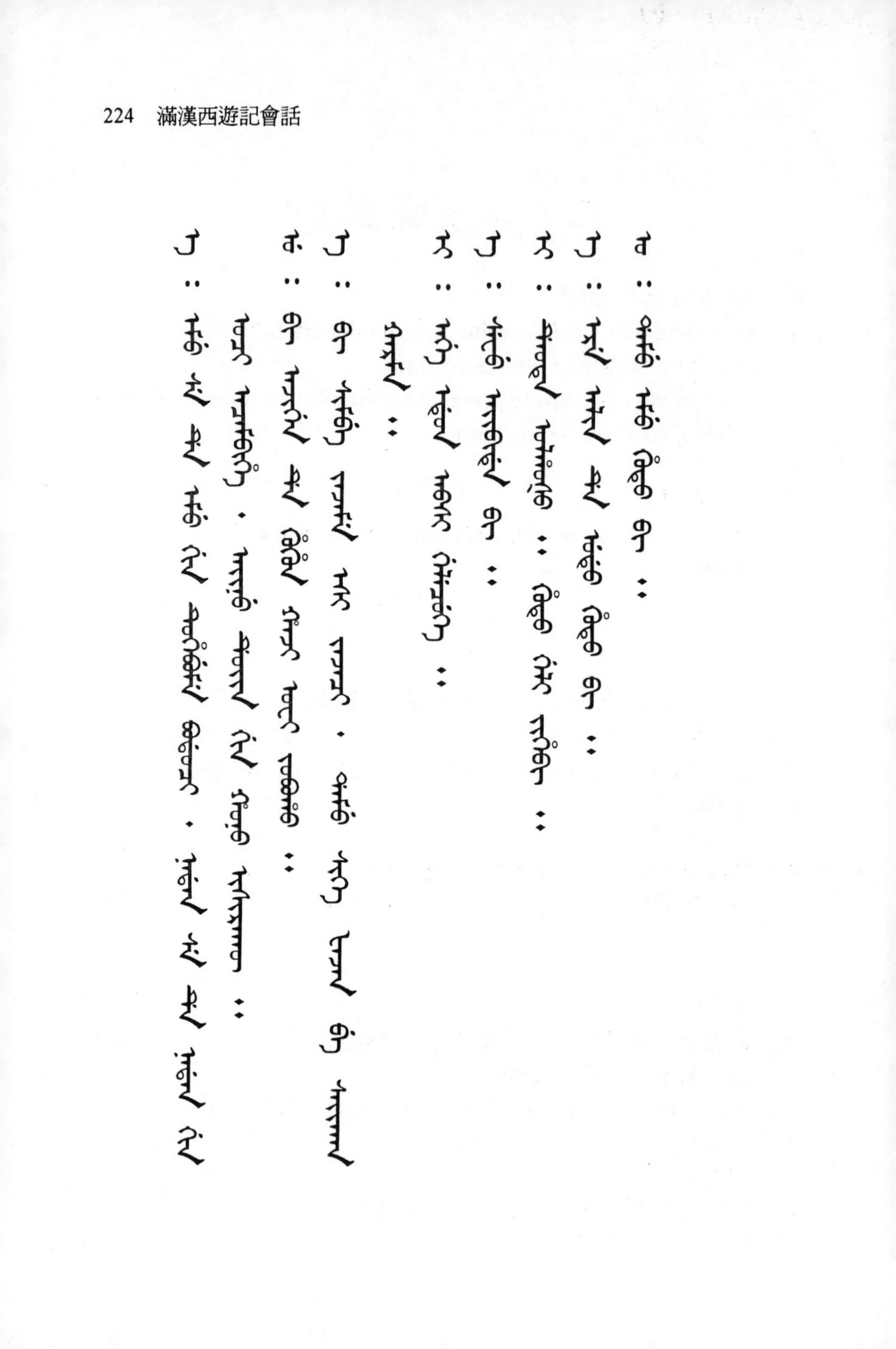

e：emu se de emu gin tuhebume bodoci, nadan se de nadan gin oci acambihe, ainu duin gin hono isirakū?

u：bi ajigen de huhun haji ofi joboho.

e：bi simbe jajame esi jajaci, damu sike fajan be saikan karma.

i：age edun absi gelecuke.

e：sefu aibide bi?

i：deote olhošo, hutu geli jihebi.

e：ere alin de udu hutu bi?

o：damu emu hutu bi.

---

e：一歲長一斤，七歲也該七斤，怎麼不滿四斤重？

u：我小時失乳。

e：我背著你，只是要把好屎尿糞便。

i：哥哥，風好可怕。

e：師父在哪裡？

i：兄弟們，仔細，妖精又來了！

e：這山上有多少妖精？

o：只有一個妖精。

---

e：一岁长一斤，七岁也该七斤，怎么不满四斤重？

u：我小时失乳。

e：我背着你，只是要把好屎尿粪便。

i：哥哥，风好可怕。

e：师父在哪里？

i：兄弟们，仔细，妖精又来了！

e：这山上有多少妖精？

o：只有一个妖精。

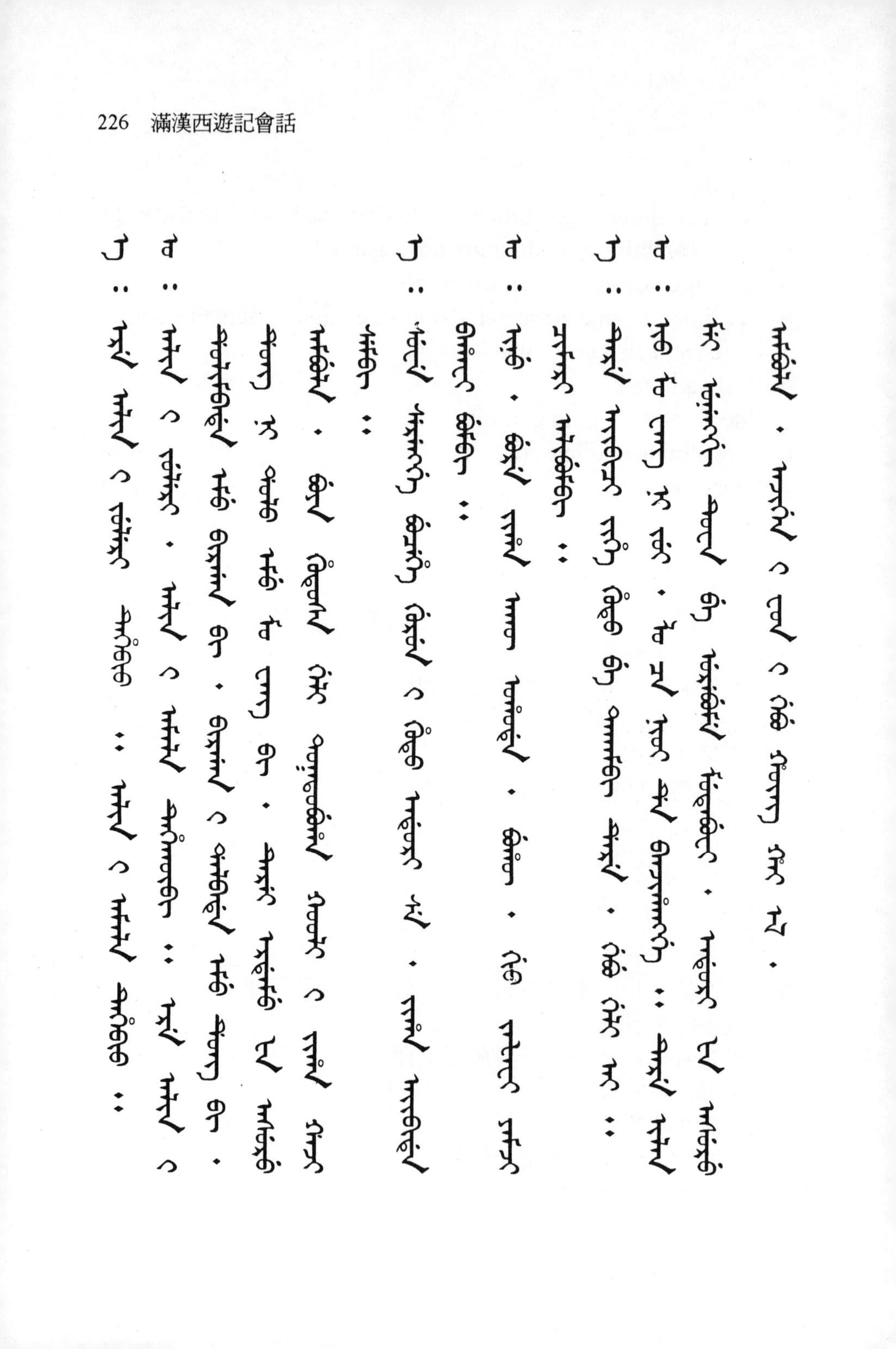

e ： ere alin i juleri tehebio? alin i amala tehebio?

o ： alin i juleri, alin i amala tehekūbi, ere alin i dulimbade emu birgan bi, birgan i dalbade emu dung bi, dung ni dolo emu mo wang bi, terei erdemu fa asuru ambula, buya hutusa geli toktobuha kooli i jiha gaji sembi.

e ： suwe serengge bucehe gurun i hutu enduri se, jiha aibide bahafi bumbi?

o ： inu, bure jiha akū ohode, buhū, gio jafafi yamji cimari alibumbi.

e ： tere aibici jihe hutu be takambi dere, gebu geli ai?

o ： nio mo wang ni jui, lo ca nioi de banjihangge, tere ilan mei unenggi tuwa be urebume mutebufi, enduri fa asuru ambula, ajigen i fon i gebu hūng hai el.

---

e ：在這山前住？還是在山後住？

o ：不在山前山後，這山中有一條澗，澗邊有一座洞，洞裡有一個魔王，他神通廣大，小妖兒又要定例錢。

e ：你們乃是陰鬼之仙，有何錢鈔？

o ：正是沒錢給他，只得捉幾個山獐、野鹿，早晚呈獻。

e ：可知他是從哪裡來的妖精，叫什麼名字？

o ：是牛魔王的兒子，羅刹女養的，練成三昧真火，仙術廣大，乳名叫做紅孩兒。

---

e ：在这山前住？还是在山后住？

o ：不在山前山后，这山中有一条涧，涧边有一座洞，洞里有一个魔王，他神通广大，小妖儿又要定例钱。

e ：你们乃是阴鬼之仙，有何钱钞？

o ：正是没钱给他，只得捉几个山獐、野鹿，早晚呈献。

e ：可知他是从哪里来的妖精，叫什么名字？

o ：是牛魔王的儿子，罗刹女养的，练成三昧真火，仙术广大，乳名叫做红孩儿。

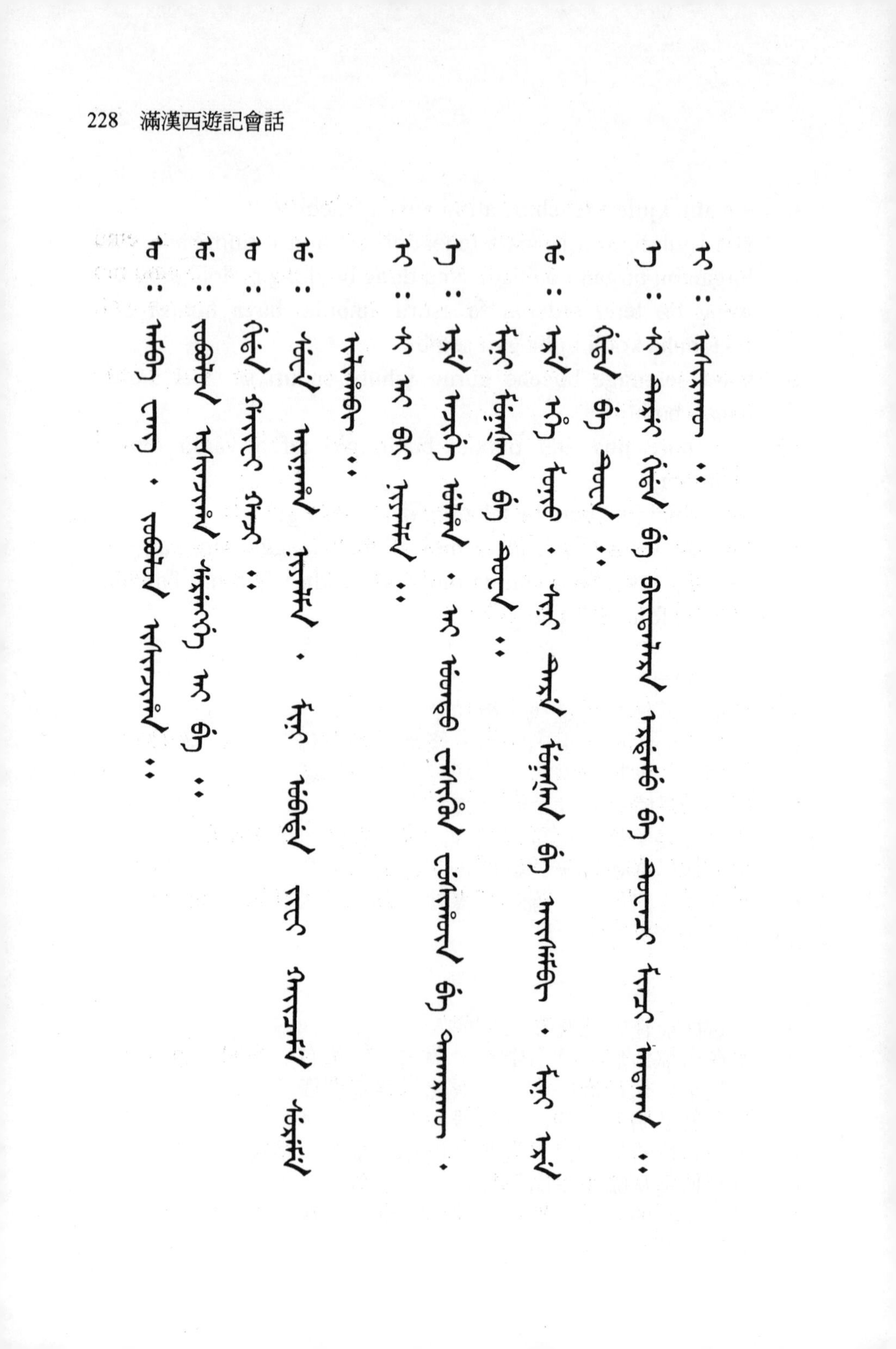

o：amba wang, jobolon isinjiha.

u：jobolon isinjiha serengge ai be?

o：gida gaifi gaji!

u：suwe ainaha niyalma, mini ubade jifi kaicame sureme ilihabi?

i：si ai bai niyalma?

e：ere ajige ulha, ai uttu wesihun fusihūn be takarakū? mini mukšan be tuwa!

u：ere ehe monio, sini tere mukšan be aisembi? mini ere gida be tuwa!

e：si terei gida be baitalara erdemu be tuwaci minci antaka?

i：isirakū.

---

o：大王，禍事到了！

u：有何禍事？

o：取過鎗來。

u：你們是什麼人，來我這裡吆喝！

i：你是哪裡人？

e：這小畜生，緣何如此不知高低？看棍！

u：這潑猢猻，你的那棍算什麼？看我這鎗！

e：你看他的鎗法比我何如？

i：不及。

---

o：大王，祸事到了！

u：有何祸事？

o：取过鎗来。

u：你们是什么人，来我这里吆喝！

i：你是哪里人？

e：这小畜生，缘何如此不知高低？看棍！

u：这泼猢狲，你的那棍算什么？看我这鎗！

e：你看他的鎗法比我何如？

i：不及。

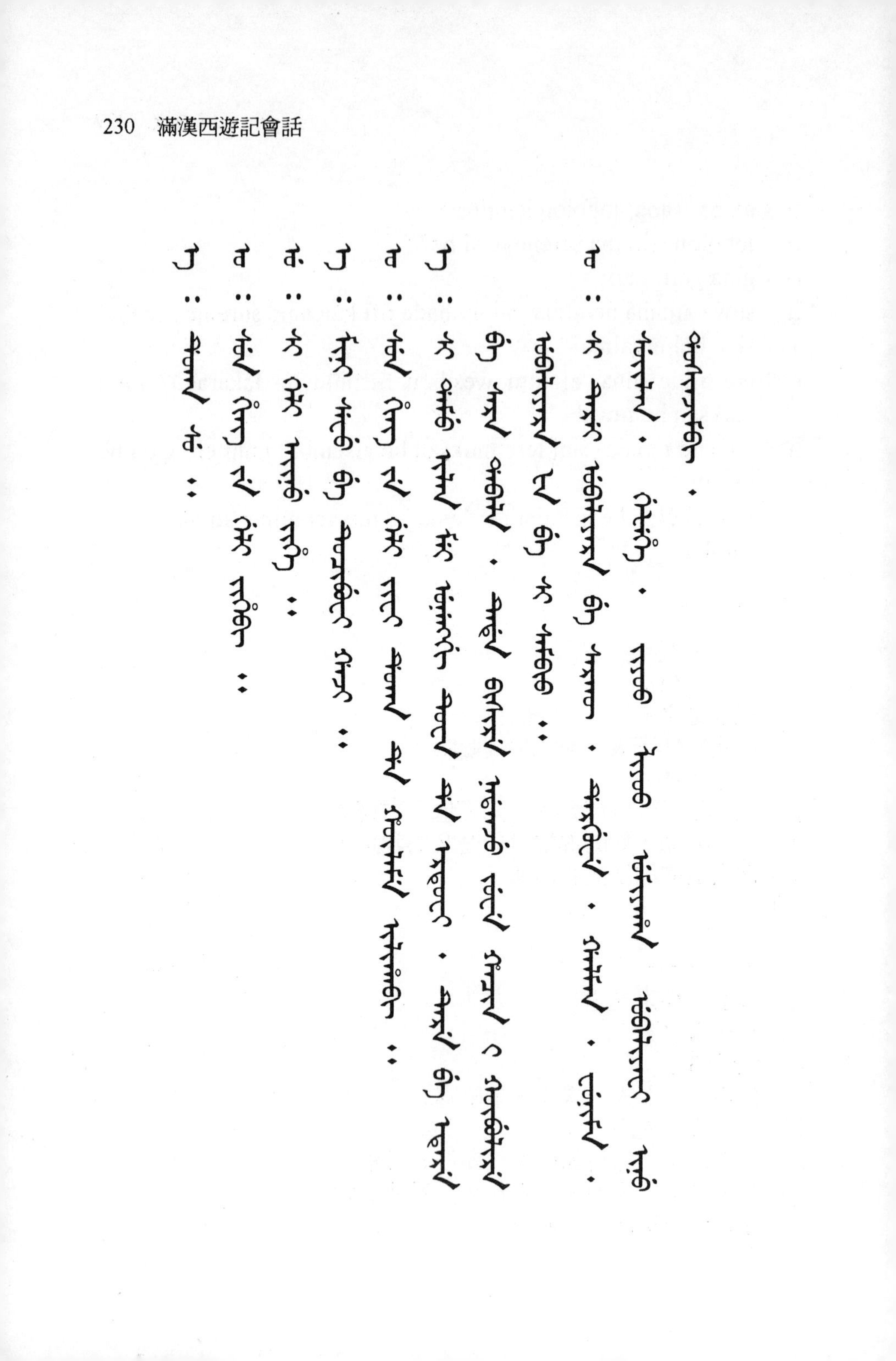

e：duka su!
o：sun hing je geli jihebi.
u：si geli ainu jihe?
e：mini sefu be tucibufi gaji!
o：sun hing je geli jifi duka de hūlame ilihabi.
e：si damu ilan mei unenggi tuwa de ertufi, tere be etere be sara dabala, tede bisire nadanju juwe hacin i kūbulire ubaliyara fa be si sambio?
o：si terei ubaliyara be sarkū, derguwe, galman, funima, suilan, gefehe, jiyoo liyoo umiyaha ubaliyafi inu dosinjimbi.

---

e：開門！
o：孫行者又來了。
u：你又來怎的？
e：放我師父出來！
o：孫行者又來門首叫哩！
e：你只知靠三昧真火贏他而已，你知道他有七十二變法術嗎？
o：你不知道他的變化，他也會變成蒼蠅、蚊子、虼蚤、大螞蜂、蝴蝶、蟭蟟蟲進來。

---

e：开门！
o：孙行者又来了。
u：你又来怎的？
e：放我师父出来！
o：孙行者又来门首叫哩！
e：你只知靠三昧真火赢他而已，你知道他有七十二变法术吗？
o：你不知道他的变化，他也会变成苍蝇、蚊子、虼蚤、大蚂蜂、蝴蝶、蟭蟟虫进来。

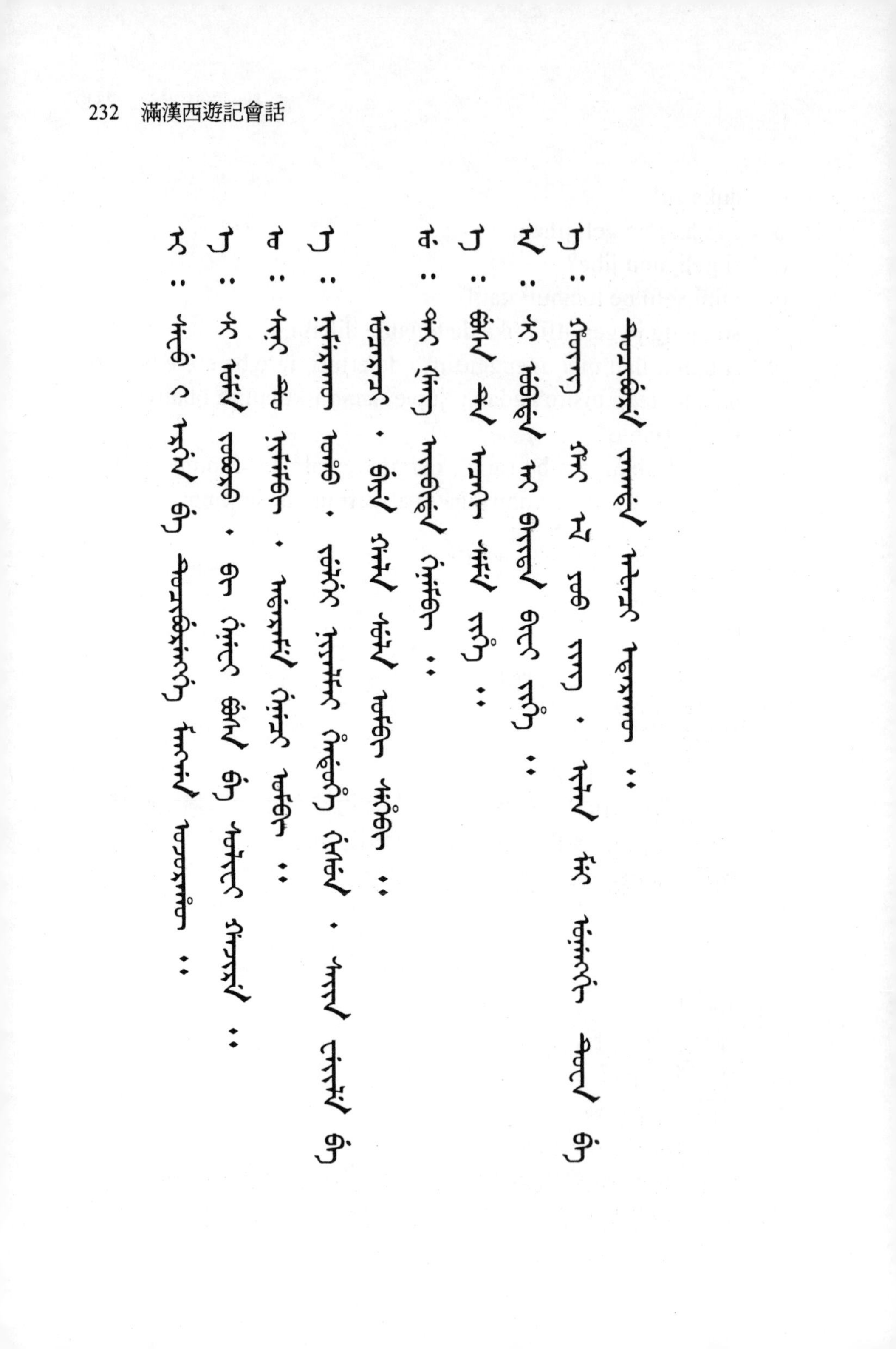

i ：sefu i ergen be tuciburengge mangga ojorahū.

e ：si ume joboro, bi genefi pusa be solifi gajire.

o ：sini du nimembi, adarame geneci ombi?

e ：nimerakū oho, julgei niyalmai henduhe gisun, sain weile be ucaraci, beye gala sula ombi sehebi.

u ：dai šeng aibide genembi?

e ：pusa de acaki seme jihe.

a ：si ubade ai baita bifi jihe?

e ：hūng hai el yoo jing, ilan mei unenggi tuwa be tucibure jakade, afaci eterakū.

---

i ：恐師父性命難保。

e ：你不須憂慮，我去請菩薩來。

o ：你腰疼，怎麼能去？

e ：不疼了，古人云：人逢喜事精神爽。

u ：大聖，哪裡去？

e ：要來見菩薩。

a ：你來這裡有何事？

e ：紅孩兒妖精放出三昧真火來，不能取勝。

---

i ：恐师父性命难保。

e ：你不须忧虑，我去请菩萨来。

o ：你腰疼，怎么能去？

e ：不疼了，古人云：人逢喜事精神爽。

u ：大圣，哪里去？

e ：要来见菩萨。

a ：你来这里有何事？

e ：红孩儿妖精放出三昧真火来，不能取胜。

a : tere ilan mei unenggi tuwa i hūsun amba, mimbe ainu solinjihakū?
e : tere fonde uthai solime jici acara giyan bihe, bi šanggiyan de fangšabufi, tugi de teci ojorakū.
a : si tubade ilifi ai seme gisurembi?
e : bi umai seme gisurehekū.
a : si genefi tere malu be tafabume gaju!
i : ere malu i dorgi g'an lu muke be, muduri i baitalaha muke de duibuleci ojorakū, tere hutu i ilan mei unenggi tuwa be mukiyebume mutembi.
a : si tere šu ilga i fiyentehe de te, bi simbe mederi ci doobure.

———————

a：他既是三昧真火神通廣大，怎麼不來請我？
e：那時本該來的，只是我被煙燻了，不能駕雲。
a：你站在那裡說什麼？
e：我並沒說什麼。
a：你去拿上那甕來！
i：這甕中甘露水，比龍王所用的水不同，能滅那妖精的三昧真火。
a：你上那蓮花瓣兒，我渡你過海。

———————

a：他既是三昧真火神通广大，怎么不来请我？
e：那时本该来的，只是我被烟熏了，不能驾云。
a：你站在那里说什么？
e：我并没说什么。
a：你去拿上那瓮来！
i：这瓮中甘露水，比龙王所用的水不同，能灭那妖精的三昧真火。
a：你上那莲花瓣儿，我渡你过海。

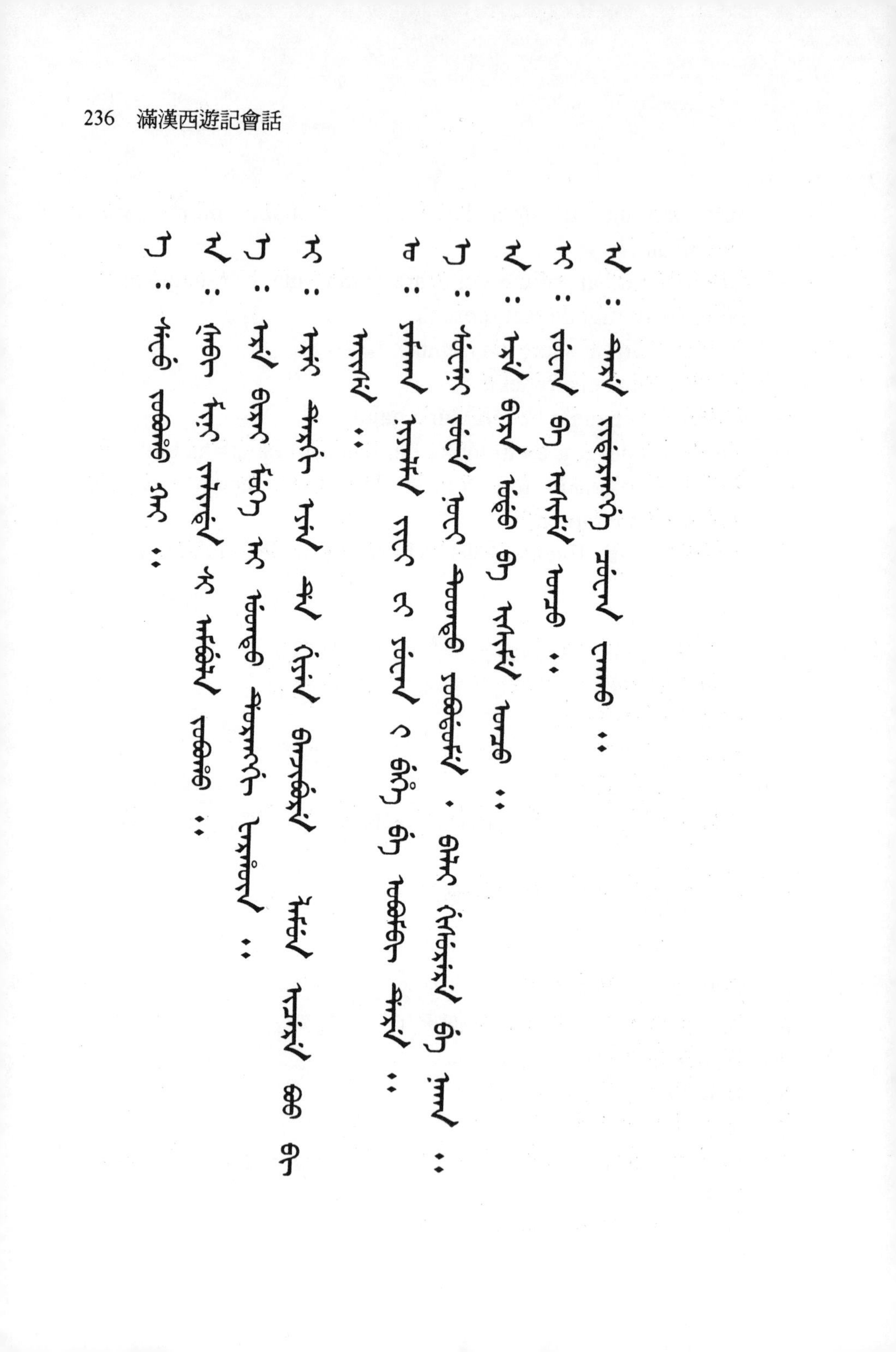

二十一、僧道賭法

e：sefu joboho kai!
a：šabi mini jalinde si ambula joboho.
e：ere birai muke ai uttu duranggi farhūn?
i：erei dergi eyen de giyen banjibure lamun icere boo bi aise.
o：yamaka niyalma jifi fi yuwan i behe be obombi dere.
e：suweni juwe nofi tuttu yobodome, balai gisurere be naka.
a：ere bira udu ba isime onco?
i：juwan ba isime onco.
a：tere jiderengge cuwan wakao?

---

e：師父喫苦了。
a：徒弟爲我多累你了。
e：這河水怎麼如此渾黑？
i：或許上流有種靛染藍之家吧！
o：或許有人來洗筆硯哩！
e：你們且休胡猜亂道吧！
a：這河有多少寬？
i：有十來里寬。
a：那不是有船來了嗎？

---

e：师父吃苦了。
a：徒弟为我多累你了。
e：这河水怎么如此浑黑？
i：或许上流有种靛染蓝之家吧！
o：或许有人来洗笔砚哩！
e：你们且休胡猜乱道吧！
a：这河有多少宽？
i：有十来里宽。
a：那不是有船来了吗？

o：mini cuwan, niyalma be doobure cuwan waka, suwembe adarame doobuci ombi?

i：abkai dergi, abkai fejergi niyalma, gemu niyalma de tusa arara be uju obuhabi.

o：mini ere cuwan ajigen, suweni niyalma geren, adarame emu jergi de yooni doobuci ombi?

a：cuwan umesi ajigen, te ainambi?

i：juwe mudan dooki.

e：sini gisun mujangga.

i：tere hutu adarame banjihabi?

e：terei banjiha arbun be tuwaci, amba nimahai adali.

───────

o：我的船不是渡人的船，如何能渡你們？

i：天上人間，都是方便人為第一。

o：我這船小，你們人多，怎能一趟全渡？

a：船很小，如今怎生是好？

i：兩趟兒渡吧！

e：你說的是。

i：那個妖精長得怎麼樣？

e：那模樣看起來像一隻大魚。

───────

o：我的船不是渡人的船，如何能渡你们？

i：天上人间，都是方便人为第一。

o：我这船小，你们人多，怎能一趟全渡？

a：船很小，如今怎生是好？

i：两趟儿渡吧！

e：你说的是。

i：那个妖精长得怎么样？

e：那模样看起来像一只大鱼。

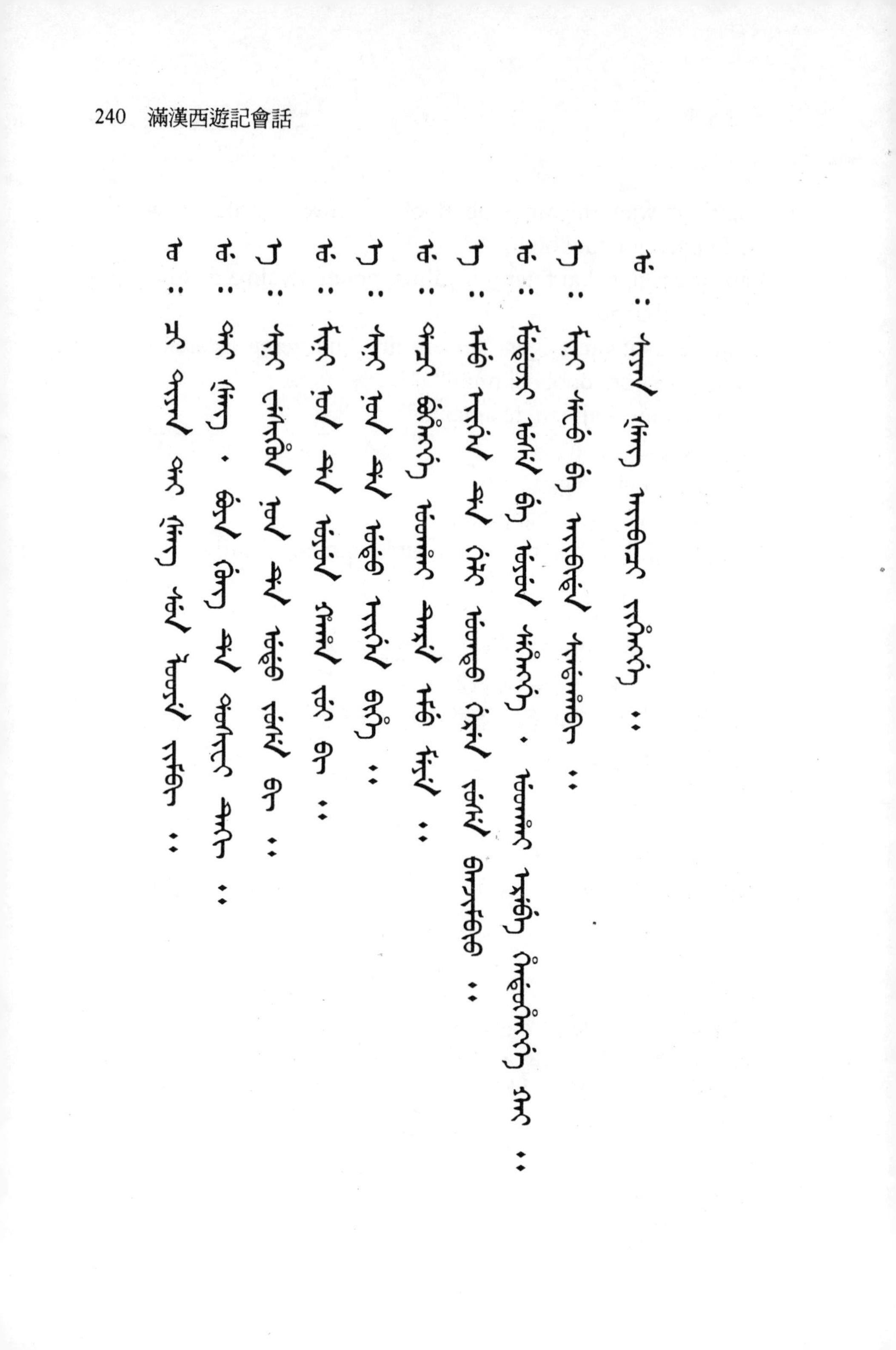

o：ci tiyan dai šeng sun looye jimbi!
u：dai šeng, buya gung de dosifi teki.
e：sini wesihun non de udu juse bi?
u：mini non de uyun haha jui bi.
e：sini non de udu eigen bihe?
u：daci buhengge uthai tere emu meye.
e：emu eigen de geli uttu geren juse banjimbio?
u：muduri use be uyun sehengge, uthai erebe henduhengge kai!
e：mini sefu be aibide sindahabi?
u：siyan šeng aibici jihengge?

––––––––––

o：齊天大聖孫爺爺來了！
u：大聖，請入小宮少坐。
e：令妹共有幾個兒子？
u：舍妹有九個兒子。
e：你妹妹有幾個丈夫？
u：只嫁得一個丈夫。
e：一夫一妻，如何又生出如此眾多兒子。
u：龍生九種，即指此也。
e：將我師父安在何處？
u：先生哪裡來的？

––––––––––

o：齐天大圣孙爷爷来了！
u：大圣，请入小宫少坐。
e：令妹共有几个儿子？
u：舍妹有九个儿子。
e：你妹妹有几个丈夫？
u：只嫁得一个丈夫。
e：一夫一妻，如何又生出如此众多儿子。
u：龙生九种，即指此也。
e：将我师父安在何处？
u：先生哪里来的？

a：juwe doo jang de fonjiki, ere hecen i dolo ya giyai de doose de amuran ningge tehebi? yadara doose cohome genefi baime jeki.

u：siyan šeng si ainu uttu mukdere wasire gisun be gisurembi.

e：mukdere wasire gisun serengge ai be?

u：si baime jeki serengge, mukdere wasire gisun waka oci ai?

a：booci tucike niyalma giohome jeterakū oci, aibide jiha bahafi udame jembi?

u：be inenggidari ilan erin halhūn buda jeme, yamjime uthai mangkan de dedumbi.

i：amba mentu be sonjome, hacin hacin i jaka be ebire ebsihe jeke.

---

a：請問二位道長，這城中哪條街上住著好道的？貧道特去化些齋吃。

u：你這先生怎麼說這等敗興的話？

e：何為敗興的話？

u：你說要化些齋吃，不是敗興的話又是什麼？

a：出家人不化齋吃，哪裡有錢買來吃？

u：我們每天吃三餐熱飯，晚上在沙灘上住宿。

i：選了大饅頭，種種食物，任情吃飽。

---

a：请问二位道长，这城中哪条街上住着好道的？贫道特去化些斋吃。

u：你这先生怎么说这等败兴的话？

e：何为败兴的话？

u：你说要化些斋吃，不是败兴的话又是什么？

a：出家人不化斋吃，哪里有钱买来吃？

u：我们每天吃三餐热饭，晚上在沙滩上住宿。

i：选了大馒头，种种食物，任情吃饱。

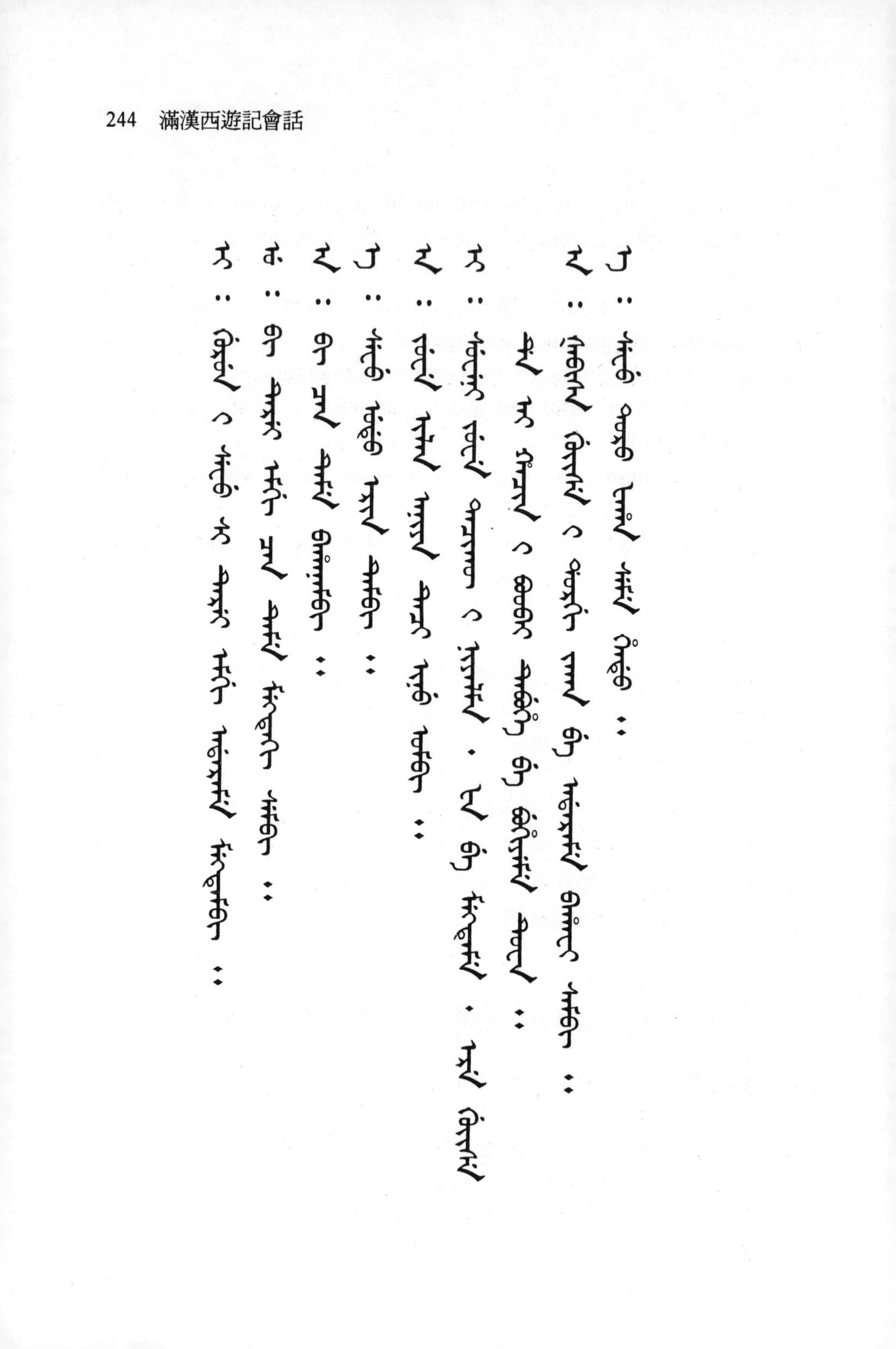

i：gurun i sefu si terei emgi adarame mektembi?

u：bi terei emgi can teme mekteki sembi.

a：bi can teme bahanambi.

e：sefu udu erin tembi?

a：juwe ilan aniya teci inu ombi.

i：suweni juwe tacikū i niyalma, fa be mekteme, ere guise de ai hacin i boobai tebuhe be buhiyeme tuwa.

a：šabisa guise i dorgi jaka be adarame bahafi sambi?

e：sefu toro faha seme hendu.

---

i：國師，你怎麼與他賭？

u：我與他賭坐禪。

a：我會坐禪。

e：師父可坐多少時？

a：坐二、三個年頭也可。

i：你們兩家人各賭法力，猜猜看那櫃中是何寶貝。

a：徒弟，櫃中之物，怎麼得知？

e：師父，只說是個桃核子。

---

i：国师，你怎么与他赌？

u：我与他赌坐禅。

a：我会坐禅。

e：师父可坐多少时？

a：坐二、三个年头也可。

i：你们两家人各赌法力，猜猜看那柜中是何宝贝。

a：徒弟，柜中之物，怎么得知？

e：师父，只说是个桃核子。

ᠪᡳ᠃

ᡝᡳ᠃

ᡝᡳ᠃

ᡝᡳ᠃

ᡝᡳ᠃

ᠪᡳ᠃

ᡝᡳ᠃

ᡝᠯᡳ᠃

ᠪᡳ᠃

u：yadara doose neneme buhiyeki, terei dolo emu enduri toro.
a：toro waka, emu toro faha.
i：mini galai sindaha enduri toro be ainu toro faha sembi, meni
　　ilaci sefu buhiyeme bahanaha.
a：neneme guise be neifi tuwa.
i：guise be neifi tuwaci, yala emu toro faha mujangga.
u：guise be ebsi gaju, bi terei fa be efuleme tuwaki.
i：gurun i sefu, geli ai be buhiyeki sembi?
u：ajige doo tung be guise de tebuhe.

---

u：貧道先猜，那裡面是一顆仙桃。
a：不是桃，是個桃核子。
i：是我親手放的仙桃，怎麼說是桃核子，我們的三國師猜著了。
a：先打開櫃子看一看。
i：打開櫃子一看，果然是一個桃核子。
u：抬上櫃來，我破他法術看看。
i：國師還要猜什麼？
u：將小道童藏在櫃裡。

---

u：贫道先猜，那里面是一颗仙桃。
a：不是桃，是个桃核子。
i：是我亲手放的仙桃，怎么说是桃核子，我们的三国师猜着了。
a：先打开柜子看一看。
i：打开柜子一看，果然是一个桃核子。
u：抬上柜来，我破他法术看看。
i：国师还要猜什么？
u：将小道童藏在柜里。

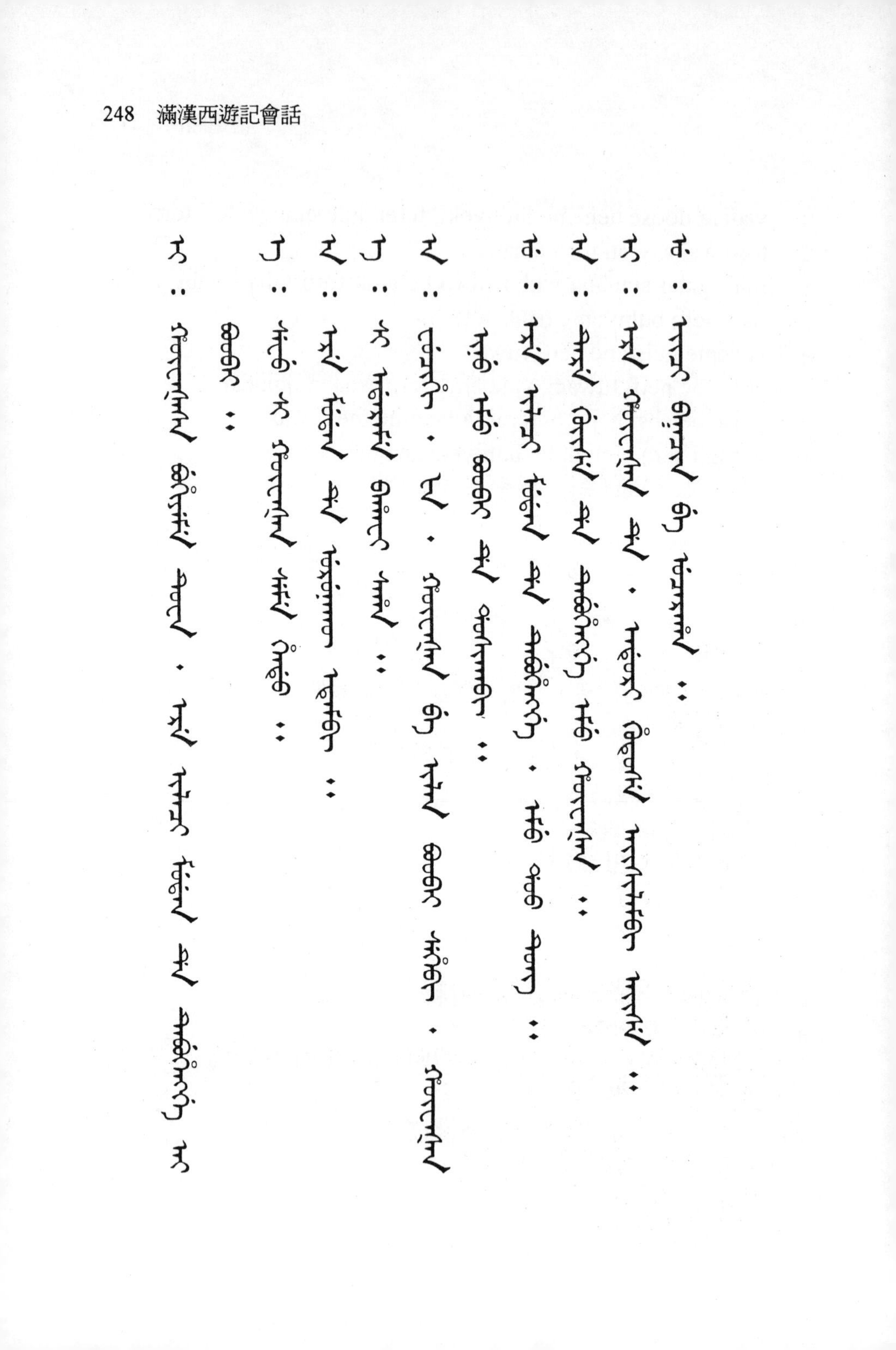

i：hūwašasa buhiyeme tuwa, ere ilaci mudan de tebuhengge ai boobai?

e：sefu si hūwašan seme hendu.

a：ere mudan de urunakū etembi.

e：si adarame bahafi saha?

a：fucihi, fa, hūwašan be ilan boobai sehebi, hūwašan inu emu boobai de dosikabi.

u：ere ilaci mudan de tebuhengge, emu doo tung.

a：tere guise de tebuhengge emu hūwašan.

i：ere hūwašan de, enduri hutuse aisilambi aise.

u：eici bakcin be ucaraha.

---

i：和尚們猜猜看，第三番裝的是什麼寶貝？

e：師父，你只說是個和尚。

a：這番準贏。

e：你怎麼能知道？

a：佛、法、僧三寶，和尚也是其中一寶。

u：第三番所裝的是個道童。

a：櫃裡裝的是個和尚。

i：這和尚是有鬼神輔佐吧！

u：或許是棋逢對手了。

---

i：和尚们猜猜看，第三番装的是什么宝贝？

e：师父，你只说是个和尚。

a：这番准赢。

e：你怎么能知道？

a：佛、法、僧三宝，和尚也是其中一宝。

u：第三番所装的是个道童。

a：柜里装的是个和尚。

i：这和尚是有鬼神辅佐吧！

u：或许是棋逢对手了。

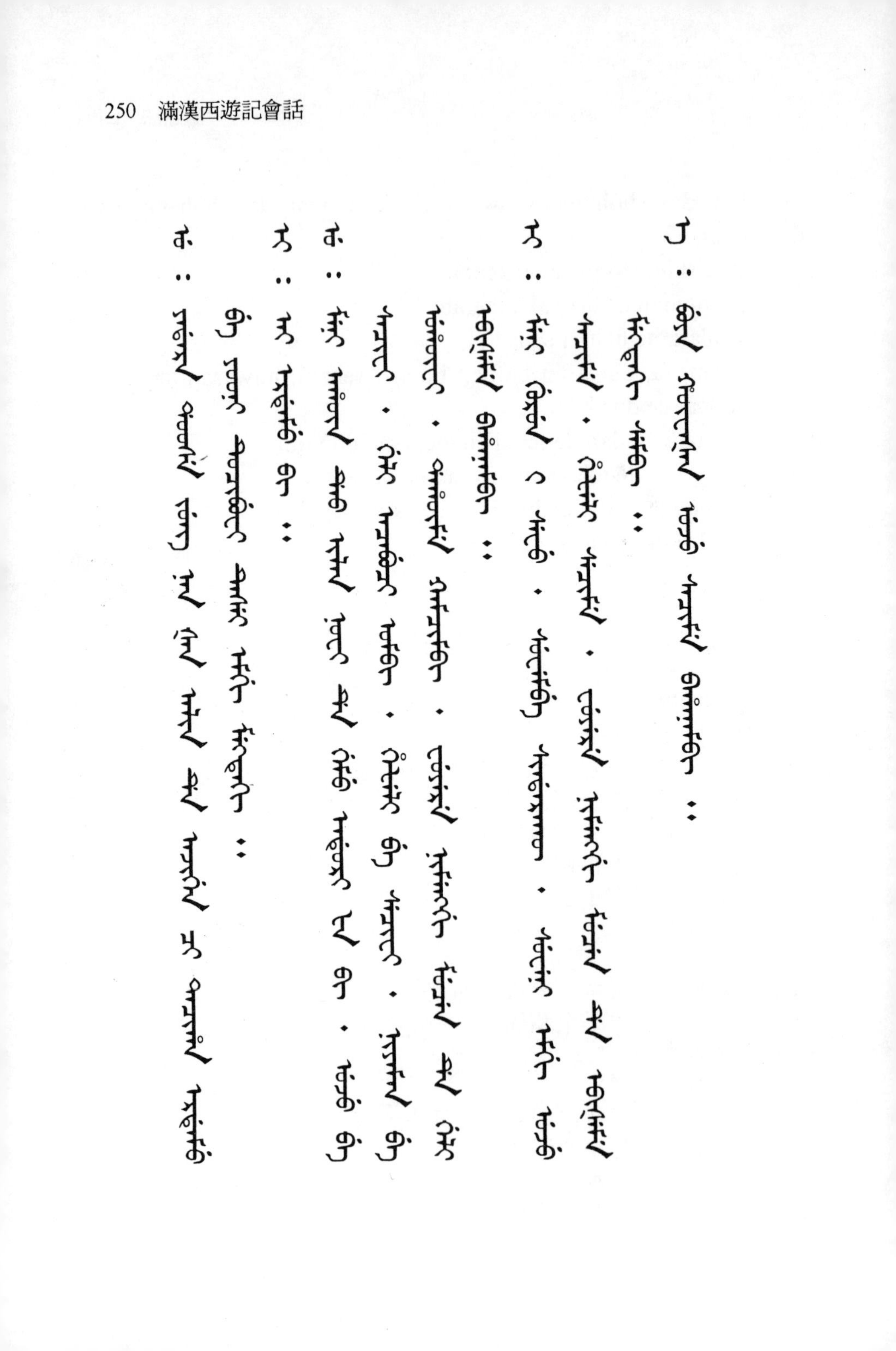

u：yadara doose jung nan šan alin de ajigen ci taciha erdemu be yooni tucibufi tesei emgi mekteki.

i：ai erdemu bi?

u：meni ahūn deo ilan nofi de gemu enduri fa bi, uju be sacifi, geli acabuci ombi, hefeli be secifi, niyaman be uhūfi, dahūme kamcimbi, fuyere nimenggi mucen de geli ebišeme bahanambi.

i：meni gurun i sefu, suwembe sindarakū, suweni emgi uju sacime, hefeli secime fuyere nimenggi mucen de ebišeme mekteki sembi.

e：buya hūwašan uju sacime bahanambi.

---

u：貧道將終南山幼時學的武藝，全都拿出來與他賭一賭。

i：有什麼武藝？

u：我們弟兄三個，都有神通，會砍下頭來，又能安上；剖腹剜心，還再長合；滾油鍋裡，又能洗澡。

i：我的國師不肯放你們，要與你們賭砍頭剖腹下滾油鍋洗澡。

e：小和尚會砍頭。

---

u：貧道將终南山幼时学的武艺，全都拿出来与他赌一赌。

i：有什么武艺？

u：我们弟兄三个，都有神通，会砍下头来，又能安上；剖腹剜心，还再长合；滚油锅里，又能洗澡。

i：我的国师不肯放你们，要与你们赌砍头剖腹下滚油锅洗澡。

e：小和尚会砍头。

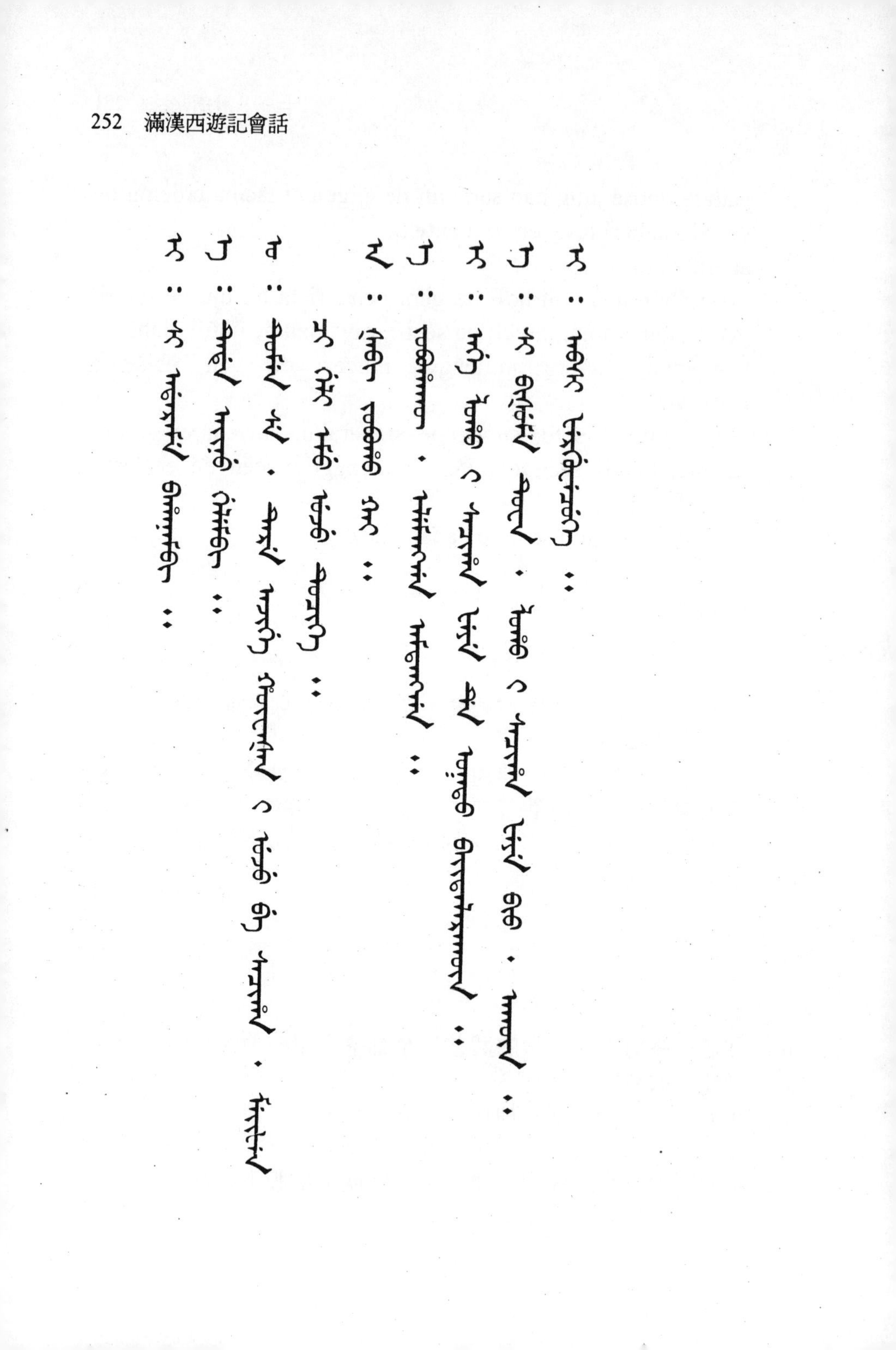

i ：si adarame bahanambi?

e ：tede ainu gelembi?

o ：tumen se, tere ajige hūwašan i uju be saciha, meifen ci geli emu uju tucike.

a ：šabi joboho kai!

e ：jobohakū, elemangga amtangga.

i ：age loho i saciha feye de okto baitalarakūn?

e ：si bišume tuwa, loho i saciha feye bio, akūn?

i ：absi ferguwecuke.

---

i：你怎麼會？

e：怕他怎的？

o：萬歲，那小和尚砍了頭，又能從脖子長出一顆頭來了。

a：徒弟，辛苦了。

e：不辛苦，倒是有趣。

i：哥哥可用刀創藥嗎？

e：你摸摸看，可有刀痕嗎？

i：何其妙哉！

---

i：你怎么会？

e：怕他怎的？

o：万岁，那小和尚砍了头，又能从脖子长出一颗头来了。

a：徒弟，辛苦了。

e：不辛苦，倒是有趣。

i：哥哥可用刀创药吗？

e：你摸摸看，可有刀痕吗？

i：何其妙哉！

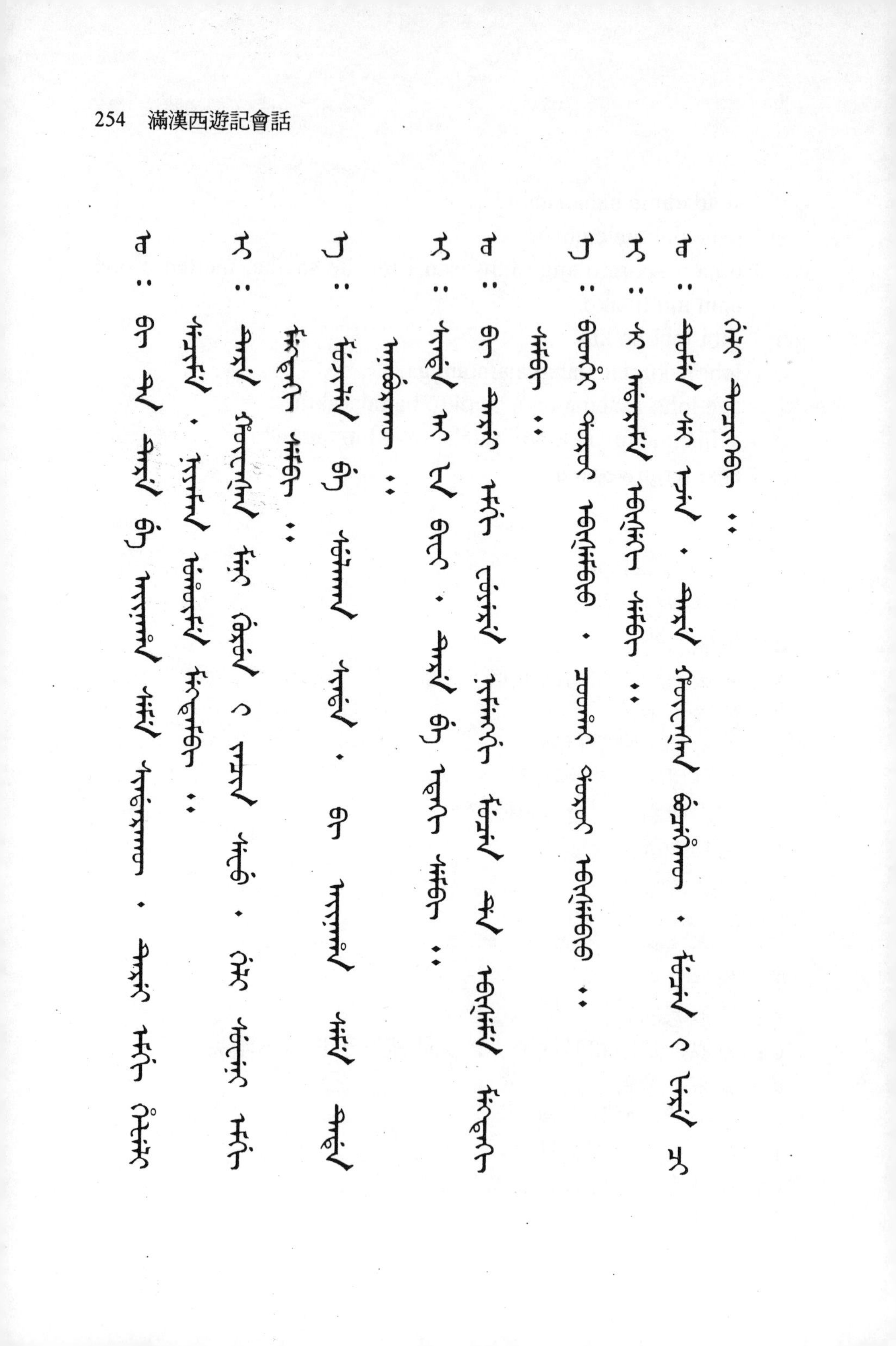

o：bi te tere be ainaha seme sindarakū, terei emgi hefeli secime, niyaman uhūme mektembi.

i：tere hūwašan meni gurun i jacin sefu, geli suweni emgi mekteki sembi.

e：mujilen be sulakan sinda, bi ainaha seme tede anaburakū.

i：sinde ai fa bifi, tere be eteki sembi?

o：bi terei emgi fuyere nimenggi mucen de ebišeme mekteki sembi.

e：bithei doroi ebišembio? coohai doroi ebišembio?

i：si adarame ebišeki sembi?

o：tumen sei ejen, tere hūwašan bucehekū, mucen i fere ci geli tucikebi.

---

o：我今定不饒他，要與他賭那剖腹剜心！
i：那和尚，我們二國師還要與你們賭哩。
e：放寬心，我決不輸與他。
i：你有什麼法力贏他？
o：我與他賭下滾油鍋洗澡。
e：不知是文洗，還是武洗？
i：你要怎麼洗？
o：萬歲，那和尚不曾死，又從鍋底鑽出來了。

---

o：我今定不饶他，要与他赌那剖腹剜心！
i：那和尚，我们二国师还要与你们赌哩。
e：放宽心，我决不输与他。
i：你有什么法力赢他？
o：我与他赌下滚油锅洗澡。
e：不知是文洗，还是武洗？
i：你要怎么洗？
o：万岁，那和尚不曾死，又从锅底钻出来了。

ᠮᠠᠨᠵᡠ ᡳ ᠨᡳᡵᡠᡤᠠᠨ ᠪᡳᡨᡥᡝ ᡠᡨᡥᠠᡳ ᠪᠠᡳᡨᠠᠯᠠᡵᠠ ᠪᡳᡨᡥᡝ ᠪᠠᡳᡨᠠᠯᠠᡵᠠ

ᡝᠰᡝ ᠪᠠᡳᡨᠠᠯᠠᡵᠠ

二十二、披星戴月

a ： šabisa ere yamji aibide dedumbi?

e ： sefu boo ci tucike niyalma, boo de bisire gisun be ume gisurere.

a ： boo de bisire niyalma adarame, boo ci tucike niyalma geli adarame?

e ： boo de bisire niyalma ere erin de halhūn nahan, bulukan jibehun i dolo, tunggen de jui be tebeliyefi, bethe i jakade sargan be dedubufi jirgame amgambi. muse boo ci tucike niyalma, tere be adarame bahambi. usiha biya be nereme, edun muke be ukiyeme, jugūn bici yabumbi, jugūn akū oci taka nakambi.

a ： biyai elden be amcame te emu udu ba yabu, niyalma bisire bade jai teyeki.

i ： te jugūn mohoho bade isinjiha.

----

a：徒弟，今宵何處安身？

e：師父，出家人莫說那在家人的話。

a：在家人怎麼樣？出家人又怎麼樣？

e：在家人，這時候溫牀暖被，懷中抱子，腳後蹬妻，自自在在睡覺；我們出家人，哪裡能够！更是要戴月披星，餐風宿水，有路且行，無路方住。

a：趁月光再走一程，到有人家之所再住。

i：如今來到路盡頭了。

----

a：徒弟，今宵何处安身？

e：师父，出家人莫说那在家人的话。

a：在家人怎么样？出家人又怎么样？

e：在家人，这时候温床暖被，怀中抱子，脚后蹬妻，自自在在睡觉；我们出家人，哪里能够！更是要戴月披星，餐风宿水，有路且行，无路方住。

a：趁月光再走一程，到有人家之所再住。

i：如今来到路尽头了。

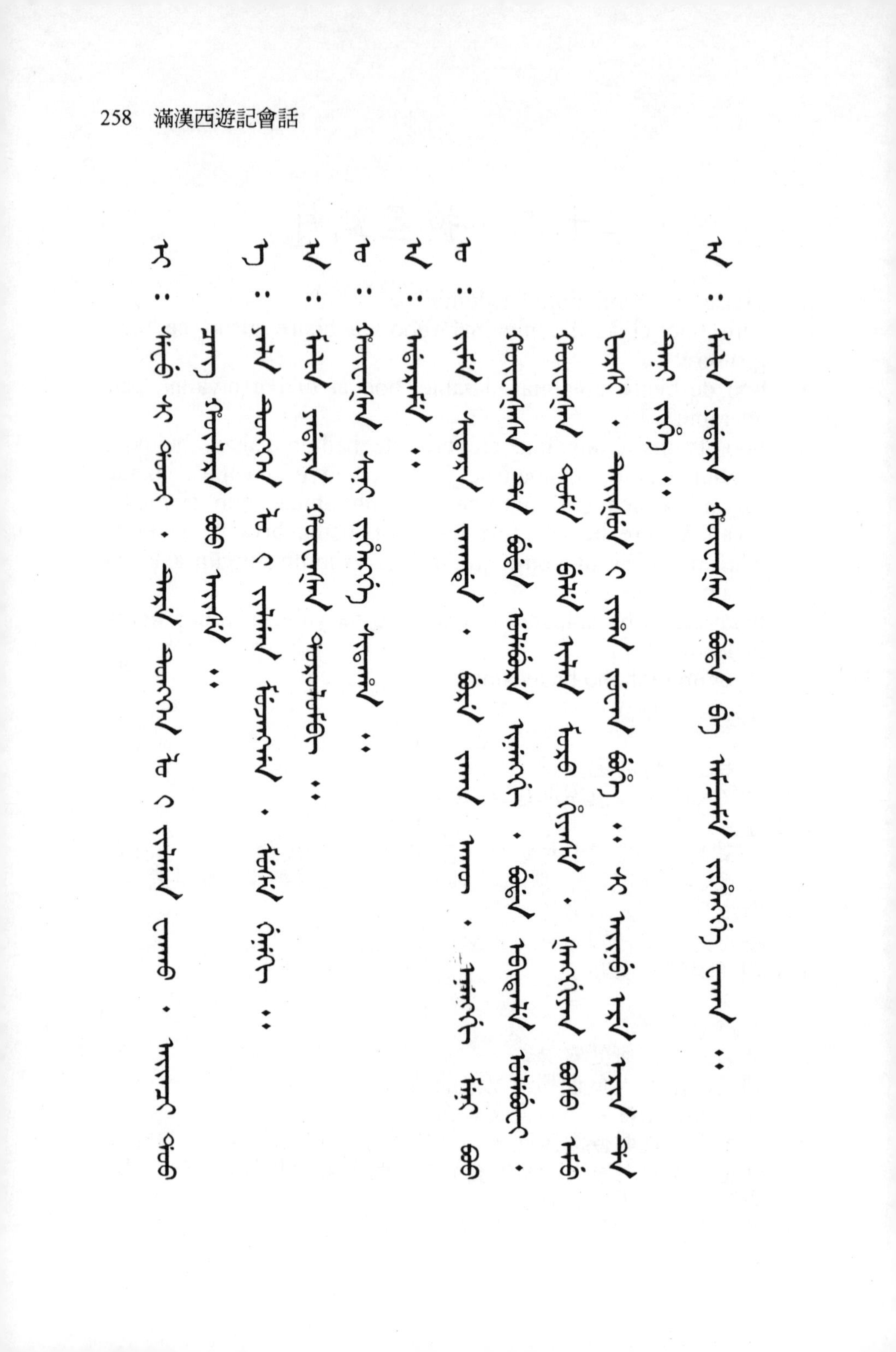

i ： sefu si donji, tere tungken lo i jilgan wakao? ainci doo cang
　　hūlara boo aise?

e ： yala tungken lo i jilgan mujangga, muse geneki.

a ： mafa yadara hūwašan dorolombi.

o ： hūwašan sini jihengge sitaha.

a ： adarame?

o ： jime sitara jakade, bure jaka akū, enenggi meni boo hūwašasa
　　de buda ulebure inenggi, buda ebitele ulebufi, hūwašan tome
　　bele ilan moro hiyase, šanggiyan boso emu farsi, teišun i jiha
　　juwan buhe, si ainu ere erin de teni jihe?

a ： mafa yadara hūwašan buda be amcame jihengge waka.

---

i ：師父，你且聽，那不是鼓鈸聲音嗎？想是做道場的人家。

e ：果然是鼓鈸之聲，我們去吧！

a ：老施主，貧僧有禮了。

o ：和尚，你來遲了。

a ：怎麼說？

o ：來遲沒有齋物了，今日是舍下齋僧之日，儘飽了吃，每位和
　　尚給熟米三升，白布一疋，銅錢十分，你怎麼這時候纔來？

a ：老施主，貧僧不是趕齋的。

---

i ：师父，你且听，那不是鼓钹声音吗？想是做道场的人家。

e ：果然是鼓钹之声，我们去吧！

a ：老施主，贫僧有礼了。

o ：和尚，你来迟了。

a ：怎么说？

o ：来迟没有斋物了，今日是舍下斋僧之日，尽饱了吃，每位和
　　尚给熟米三升，白布一疋，铜钱十分，你怎么这时候纔来？

a ：老施主，贫僧不是赶斋的。

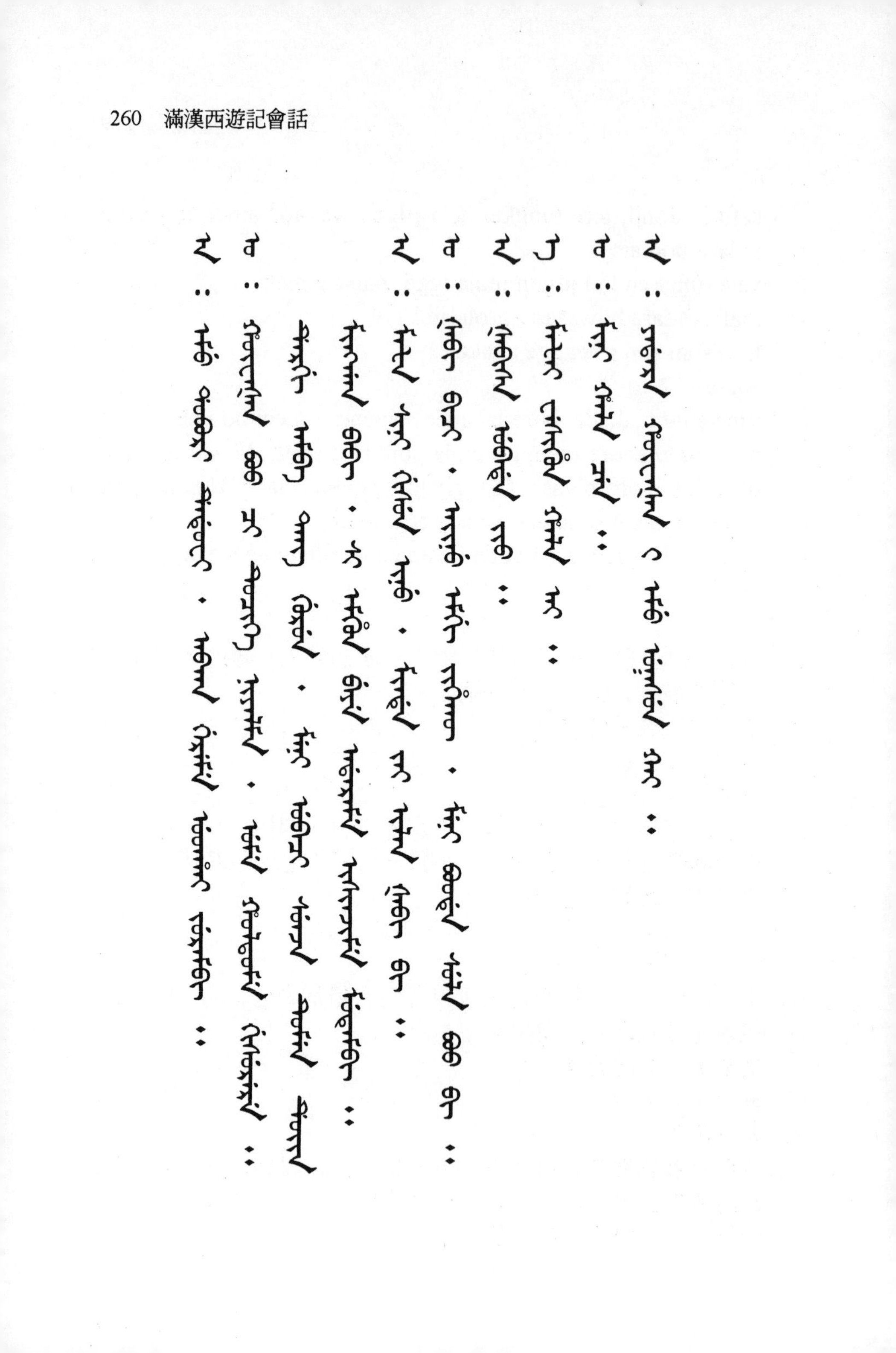

a：emu dobori dedufi, abka gereme uthai jurambi.

o：hūwašan boo ci tucike niyalma, ume holtome gisurere, dergi amba tang gurun, meni ubaci sunja tumen duin minggan babi, si emhun beye adarame isinjime mutembi?

a：mafa sini gisun inu, minde jai ilan šabi bi.

o：šabi bici, ainu emgi jihekū, meni boode sula boo bi.

a：šabisa ubade jio!

e：mafai wesihun hala ai?

o：mini hala cen.

a：yadara hūwašan i emu uksun kai.

---

a：借住一宿，天明就啓行。

o：和尚是出家人，休打誑語。東土大唐，離我這裡，有五萬四千里路，你這等單身，怎麼來得？

a：老施主你說的是，我還有三個徒弟。

o：既有徒弟，何不同來？舍下有空屋安歇。

a：徒弟，這裡來！

e：老施主，貴姓？

o：我姓陳。

a：是貧僧的同宗了。

---

a：借住一宿，天明就启行。

o：和尚是出家人，休打诳语。东土大唐，离我这里，有五万四千里路，你这等单身，怎么来得？

a：老施主你说的是，我还有三个徒弟。

o：既有徒弟，何不同来？舍下有空屋安歇。

a：徒弟，这里来！

e：老施主，贵姓？

o：我姓陈。

a：是贫僧的同宗了。

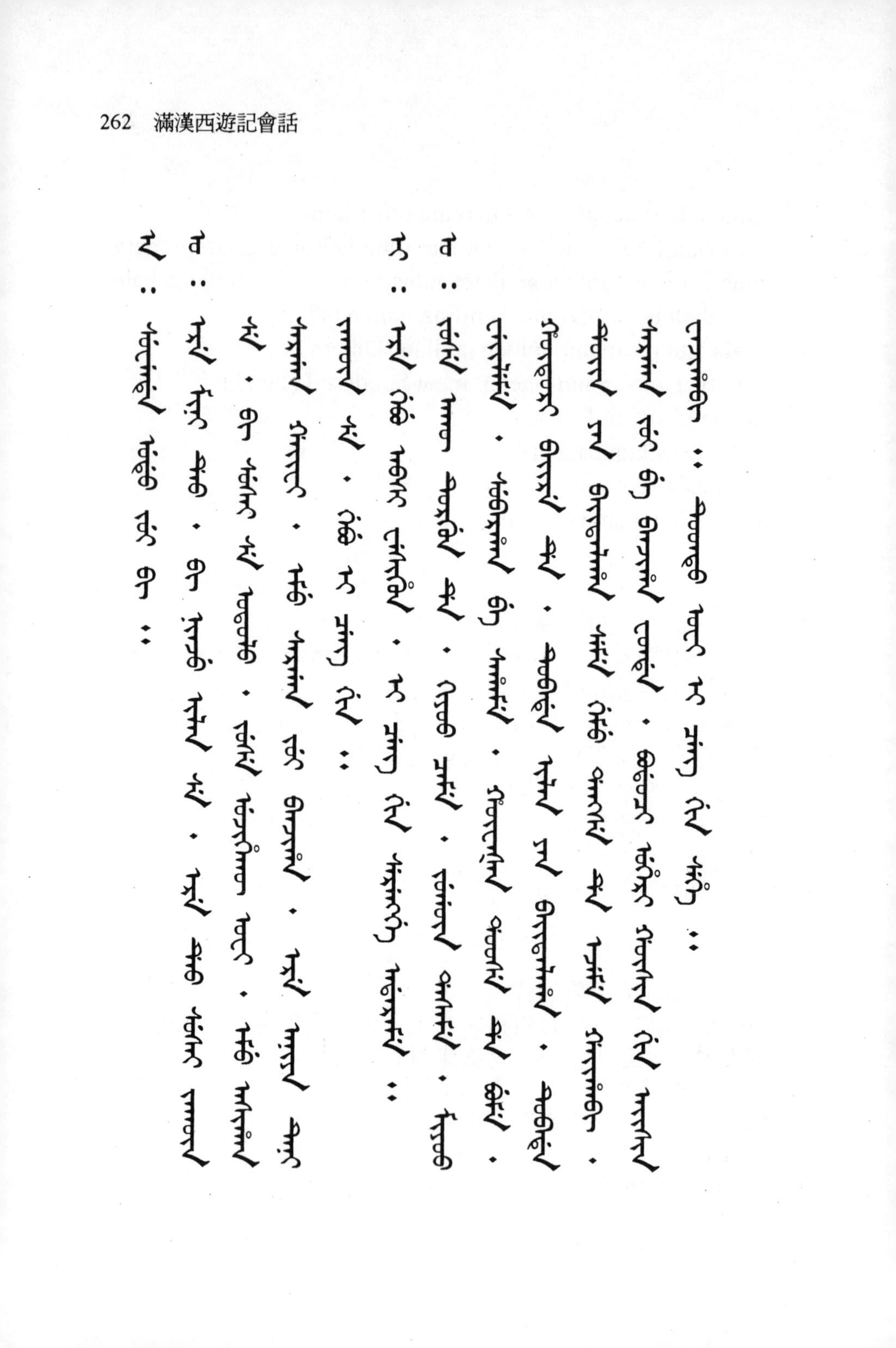

a ：suwende udu jui bi?

o ：ere mini deo, bi ninju ilan se, ere deo susai jakūn se, bi susai se
　　 otolo, juse ujihekū ofi, emu asihan sargan gaifi, emu sargan
　　 jui banjiha, ere aniya teni jakūn se, gebu i ceng gin.

i ：ere gebu absi wesihun, i ceng gin serengge adarame?

o ：juse akū turgun de, kiyoo came, jugūn dasame, miyoo weileme,
　　 subarhan be sahame, hūwašan doose de bume, hūturi baire de,
　　 tubade ilan yan baitalaha, tubade duin yan baitalaha seme
　　 gemu dangse de ejeme gaihabi, sargan jui be banjiha fonde,
　　 bodoci uheri gūsin gin aisin wajihabi, tuttu ofi, i ceng gin
　　 sehe.

---

a ：你們有幾個孩子？

o ：這位是我舍弟，我六十三歲，舍弟五十八歲。我五十歲上還
　　 沒孩子，納了一妾，生得一女，今年纔八歲，取名喚做一秤
　　 金。

i ：此名好尊貴！怎麼叫做一秤金？

o ：因無兒女，修橋補路，建寺立塔，佈施齋僧祈福，那裡使三
　　 兩，那裡使四兩，都記在帳目上，到生女之時，總計用過三
　　 十斤黃金，所以喚做一秤金。

---

a ：你们有几个孩子？

o ：这位是我舍弟，我六十三岁，舍弟五十八岁。我五十岁上还
　　 没孩子，纳了一妾，生得一女，今年纔八岁，取名唤做一秤
　　 金。

i ：此名好尊贵！怎么叫做一秤金？

o ：因无儿女，修桥补路，建寺立塔，布施斋僧祈福，那里使三
　　 两，那里使四两，都记在帐目上，到生女之时，总计用过三
　　 十斤黄金，所以唤做一秤金。

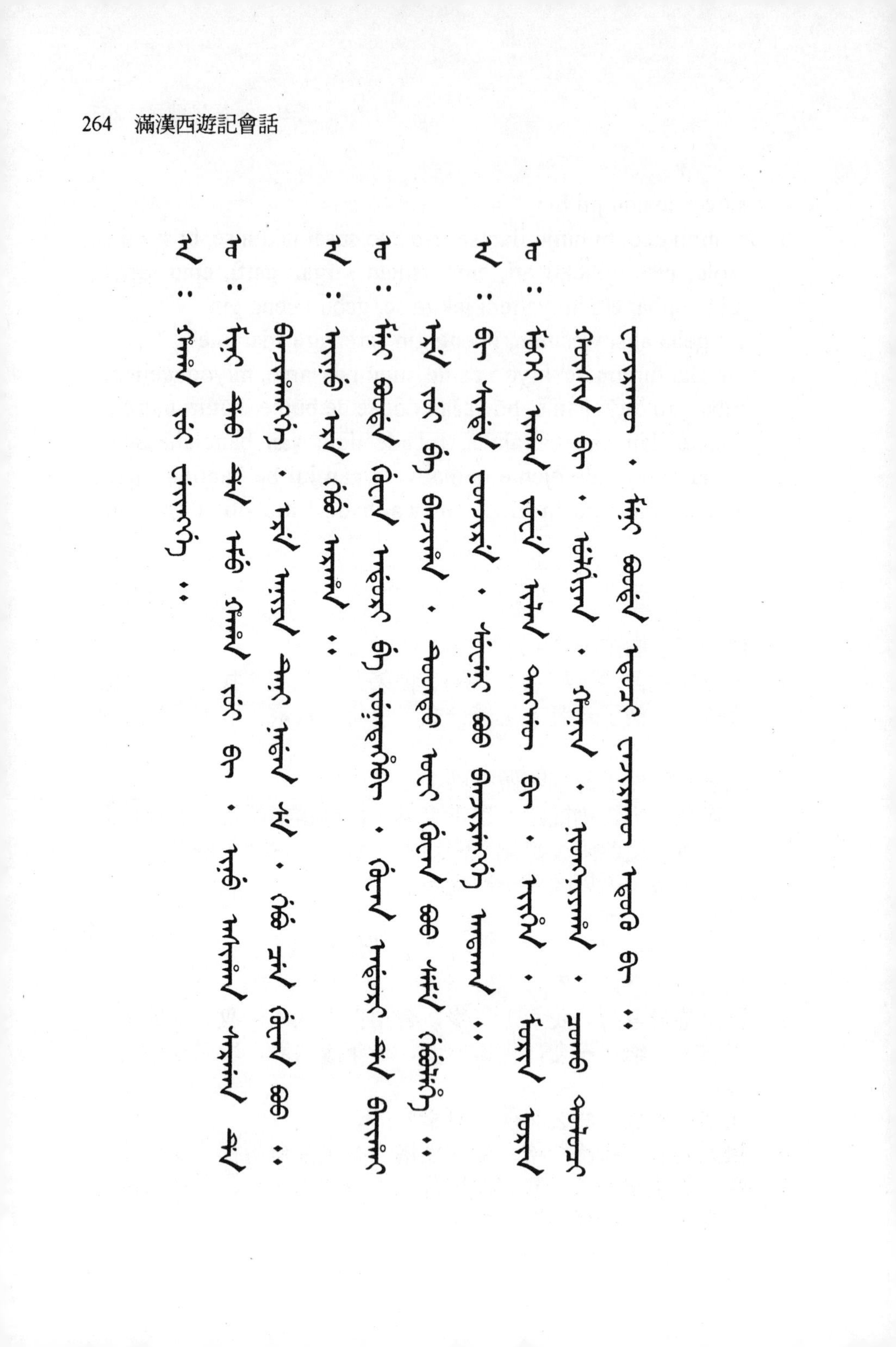

a ： haha jui weingge?

o ： mini deo de emu haha jui bi, inu asihan sargan de banjihangge, ere aniya teni nadan se, gebu cen guwan boo.

a ： ainu ere gebu araha?

o ： meni boode guwan enduri be juktehebi, guwan enduri de baihai ere jui be banjiha, tuttu ofi guwan boo seme gebulehe.

a ： bi sinde fonjire, suweni boo banjirengge antaka?

o ： mukei ihan juwe ilan tanggū bi, eihen, morin orin gūsin bi, ulgiyan honin niongniyaha coko toloci wajirakū, meni boode etuci wajirakū etuku bi.

---

a ：兒子是誰的？

o ：舍弟有個兒子，也是妾生的，今年才七歲，名喚陳關保。

a ：何取此名？

o ：舍下供養關聖爺爺，因在關聖爺爺之位下求得這個兒子，故名關保。

a ：我問你，你們府上有多大家當？

o ：水牛有二三百頭，驢馬有二三十匹，豬羊雞鵝無數，我們家有穿不完的衣服。

---

a ：儿子是谁的？

o ：舍弟有个儿子，也是妾生的，今年才七岁，名唤陈关保。

a ：何取此名？

o ：舍下供养关圣爷爷，因在关圣爷爷之位下求得这个儿子，故名关保。

a ：我问你，你们府上有多大家当？

o ：水牛有二三百头，驴马有二三十匹，猪羊鸡鹅无数，我们家有穿不完的衣服。

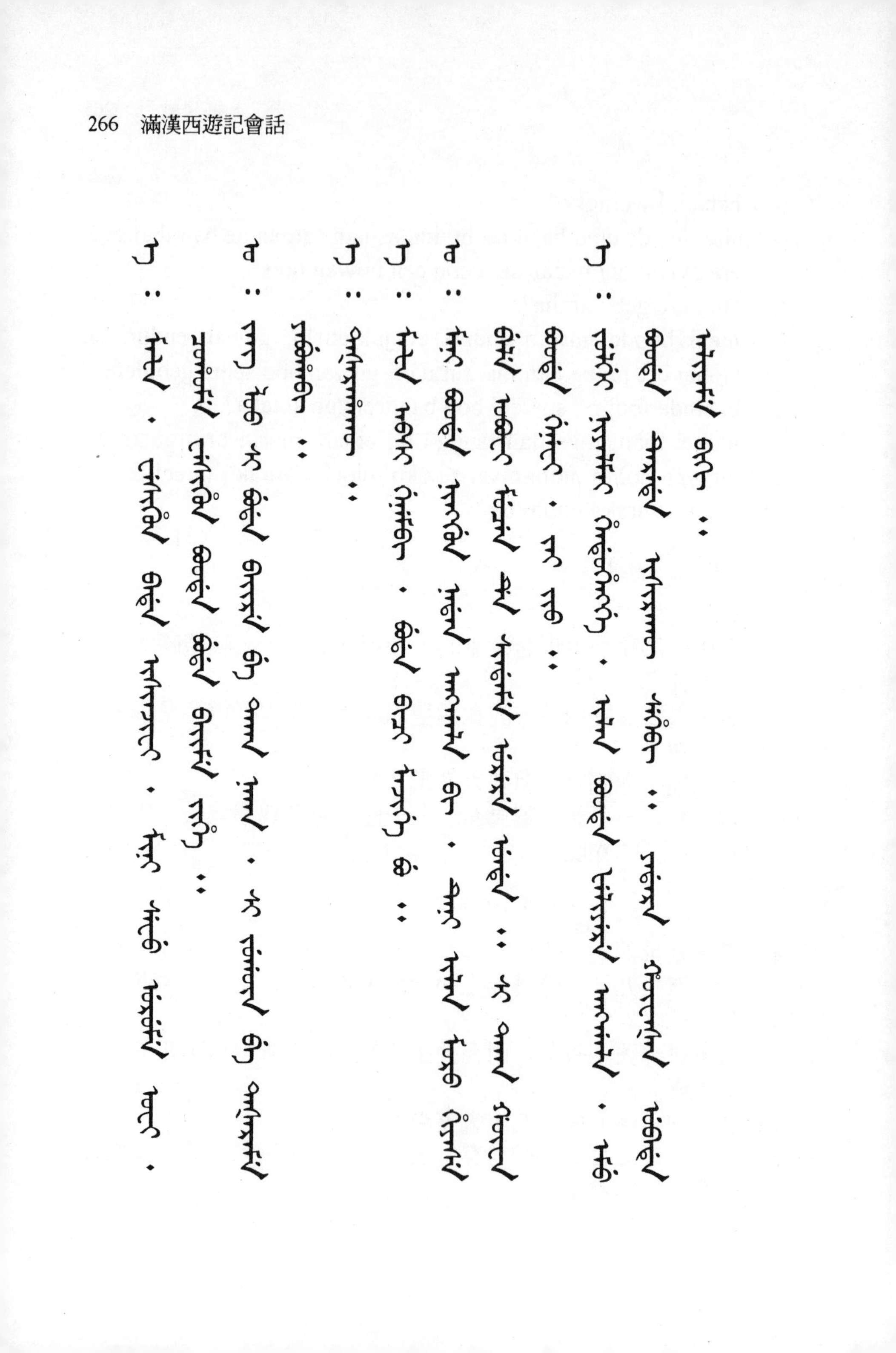

二十三、潑水難收

e：mafa, wesihun bade isinjifi, mini sefu urume ofi, cohome wesihun boode buda baime jihe.

o：jang loo si buda baire be taka naka, si jugūn be tašarame yabuhabi.

e：tašarahakū.

e：mafa absi genembi? buda bici majige bu.

o：meni boode ninggun nadan anggala bi, teni ilan moro hiyase bele obofi mucen de sindame urere unde, si taka gūwa boode genefi, jai jio.

e：julgei niyalmai henduhengge, ilan boode feliyere anggala, emu boode terede isirakū sehebi, yadara hūwašan ubade aliyame biki.

---

e：老施主，來到寶方，我師父腹中飢餒，特造尊府募化一齋。

o：長老，你且休化齋，你走錯路了。

e：不錯。

e：施主哪裡去？有齋化些兒。

o：我家老小六七口，纔淘了三升米下鍋，還未曾煮熟，你且到別處去轉轉再來。

e：古人云：走三家不如坐一家，我貧僧在此等一等吧！

---

e：老施主，来到宝方，我师父腹中饥馁，特造尊府募化一斋。

o：长老，你且休化斋，你走错路了。

e：不错。

e：施主哪里去？有斋化些儿。

o：我家老小六七口，纔淘了三升米下锅，还未曾煮熟，你且到别处去转转再来。

e：古人云：走三家不如坐一家，我贫僧在此等一等吧！

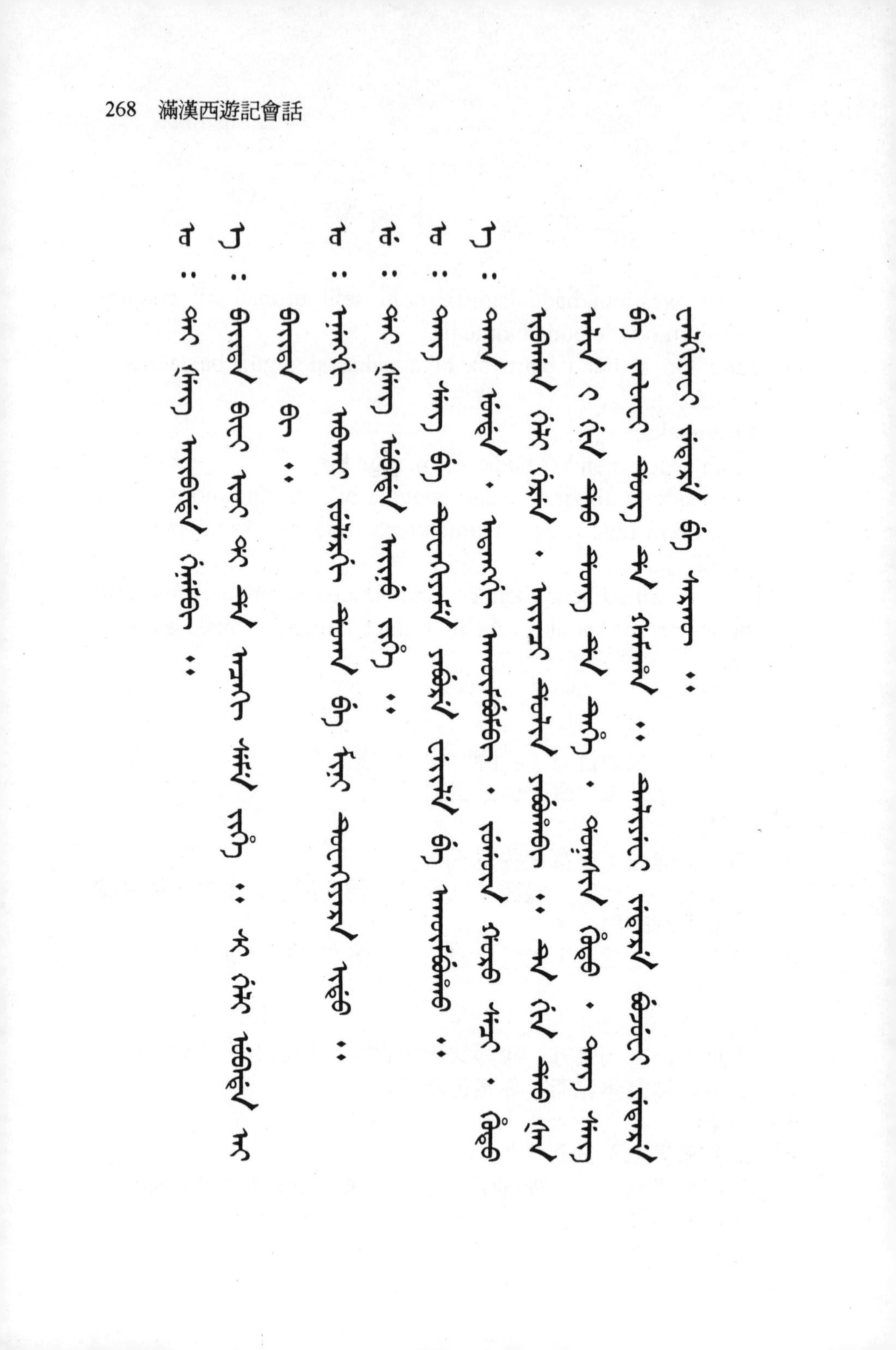

o：dai šeng aibide genembi?

e：baita bifi ioi di de acaki seme jihe, si geli ubade ai baita bi?

o：enenggi abkai julergi duka be mini tuwakiyara idu.

u：dai šeng ubade ainu jihe?

o：tang seng be tuwakiyame yabure weile be akūmbuhao?

e：taka unde, atanggi akūmbumbi, jugūn goro seci, hutu ibagan
geli geren, ainci dulin yabuhabi, te gin deo šan alin i gin deo
dung de tehe doksin hutu, tang seng be jafafi dung de gamaha,
teliyefi jetere bujufi jetere, walgiyafi jetere be sarkū.

---

o：大聖何往？

e：有事要見玉帝，你在此何幹？

o：今日輪值該巡視南天門。

u：大聖如何到此？

o：保唐僧之功完否？

e：早哩，幾時完功？路途遙遠，妖怪又多，纔有一半之功。於
今住在金兜山金兜洞的兇怪，把唐僧截到洞裡，不知是要蒸
來吃，要煮來吃，要曬來吃？

---

o：大圣何往？

e：有事要见玉帝，你在此何干？

o：今日轮值该巡视南天门。

u：大圣如何到此？

o：保唐僧之功完否？

e：早哩，几时完功？路途遥远，妖怪又多，纔有一半之功。于
今住在金兜山金兜洞的凶怪，把唐僧截到洞里，不知是要蒸
来吃，要煮来吃，要晒来吃？

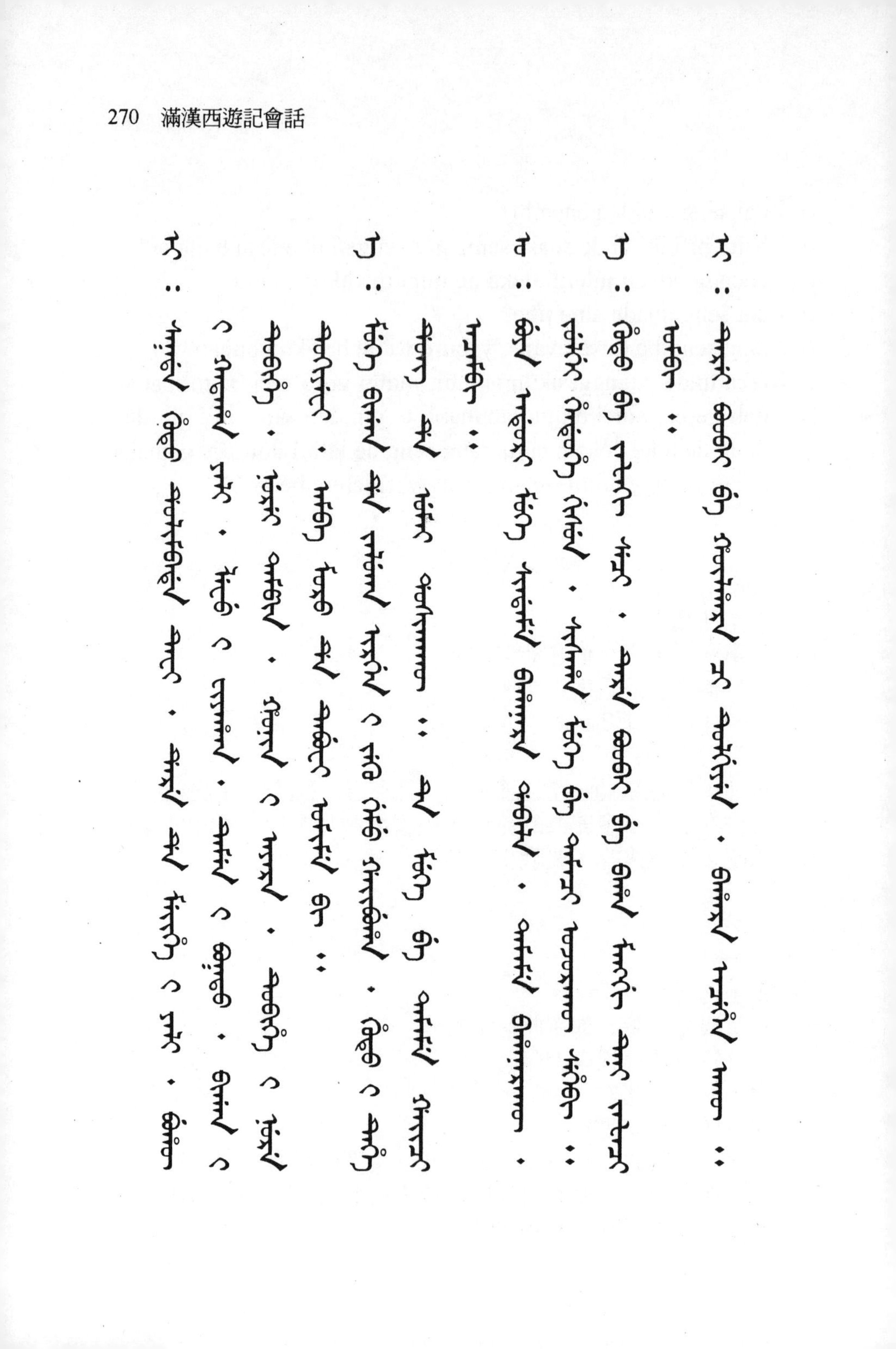

i ： sakda hutu dulimbade tefi, dere de meihe i yali, buhū i kataha
yali, lefu i fiyahan temen i bokto, bigan i tubihe, nurei tampin,
honin i ayara, tubihe i nure tukiyefi, amba moro de tebufi
omime bi.

e ： muke bigan de jaluka irgen i jeku gemu gaibuha, hutu i tehe
dung de umai dosikakū, te muke be tamame gaici acambi.

o ： buya enduri muke sindame bahanara dabala, tamame
bahanarakū, julgei henduhe gisun, sisaha muke be tamaci
ojorakū sehebi.

e ： hutu be jafaki seci, tere boobai be baha manggi teni jafaci
ombi.

i ： terei boobai be hūlhara ci tulgiyen, bahara encehen akū.

---

i ： 老魔王坐在中間，桌上擺着些蛇肉、鹿脯、熊掌、駝峯、山
蔬果品、酒壺、羊酪，舉起果酒倒在大碗上暢飲。

e ： 水漫四野，淹了民田，未曾進入魔王居住的洞裡，如今該收
水。

o ： 小神只會放水，却不會收水。常言道：潑水難收。

e ： 若要擒魔王，除非得了他那寶貝，然後可擒。

i ： 他那寶貝除了偷外，沒有辦法得到。

---

i ： 老魔王坐在中间，桌上摆着些蛇肉、鹿脯、熊掌、驼峯、山
蔬果品、酒壶、羊酪，举起果酒倒在大碗上畅饮。

e ： 水漫四野，淹了民田，未曾进入魔王居住的洞里，如今该收
水。

o ： 小神只会放水，却不会收水。常言道：泼水难收。

e ： 若要擒魔王，除非得了他那宝贝，然后可擒。

i ： 他那宝贝除了偷外，没有办法得到。

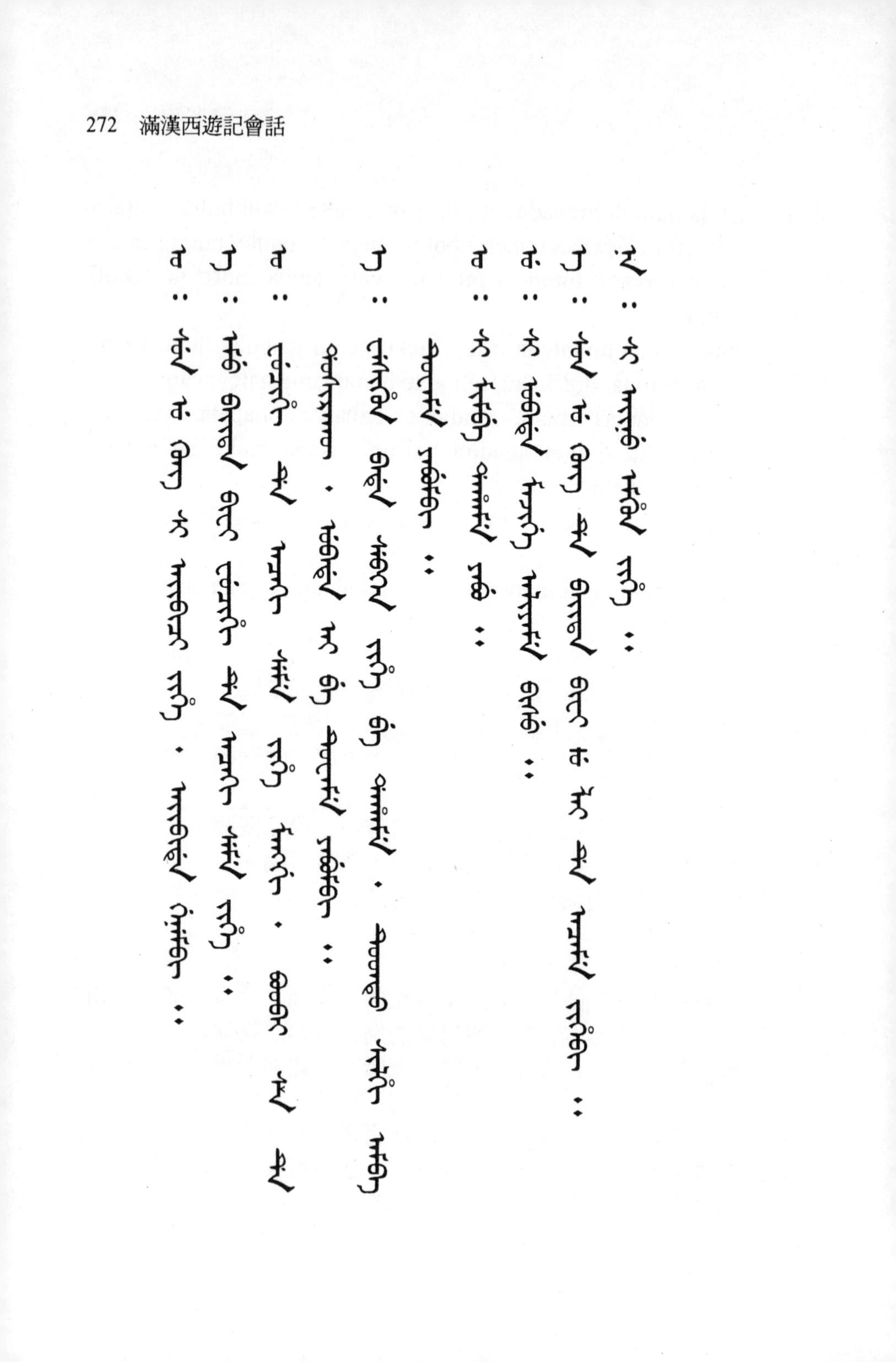

o：sun u kung si aibici jihe, aibide genembi?
e：emu baita bifi fucihi de acaki seme jihe.
o：fucihi de acaki seme jihe manggi, boobai sy de dosirakū, ubade ai be tuwame yabumbi?
e：wesihun bade sebken jihe be dahame, tuttu silhi amba tuwame yabumbi.
o：si mimbe dahame yabu.
u：si ubade majige aliyame bisu.
e：sun u kung de baita bifi žu lai de acame jihebi.
na：si ainu emhun jihe?

---

o：孫悟空，你從哪裡來？往何處去？
e：有一事欲來見如來。
o：既然要見如來，怎麼不登寶刹，在這裡行走看什麼？
e：因爲纔來寶地，所以大膽走走看看。
o：你跟我來。
u：你在這裡暫候片時。
e：孫悟空有事來見如來。
na：你怎麼獨自到此？

---

o：孙悟空，你从哪里来？往何处去？
e：有一事欲来见如来。
o：既然要见如来，怎么不登宝刹，在这里行走看什么？
e：因为纔来宝地，所以大胆走走看看。
o：你跟我来。
u：你在这里暂候片时。
e：孙悟空有事来见如来。
na：你怎么独自到此？

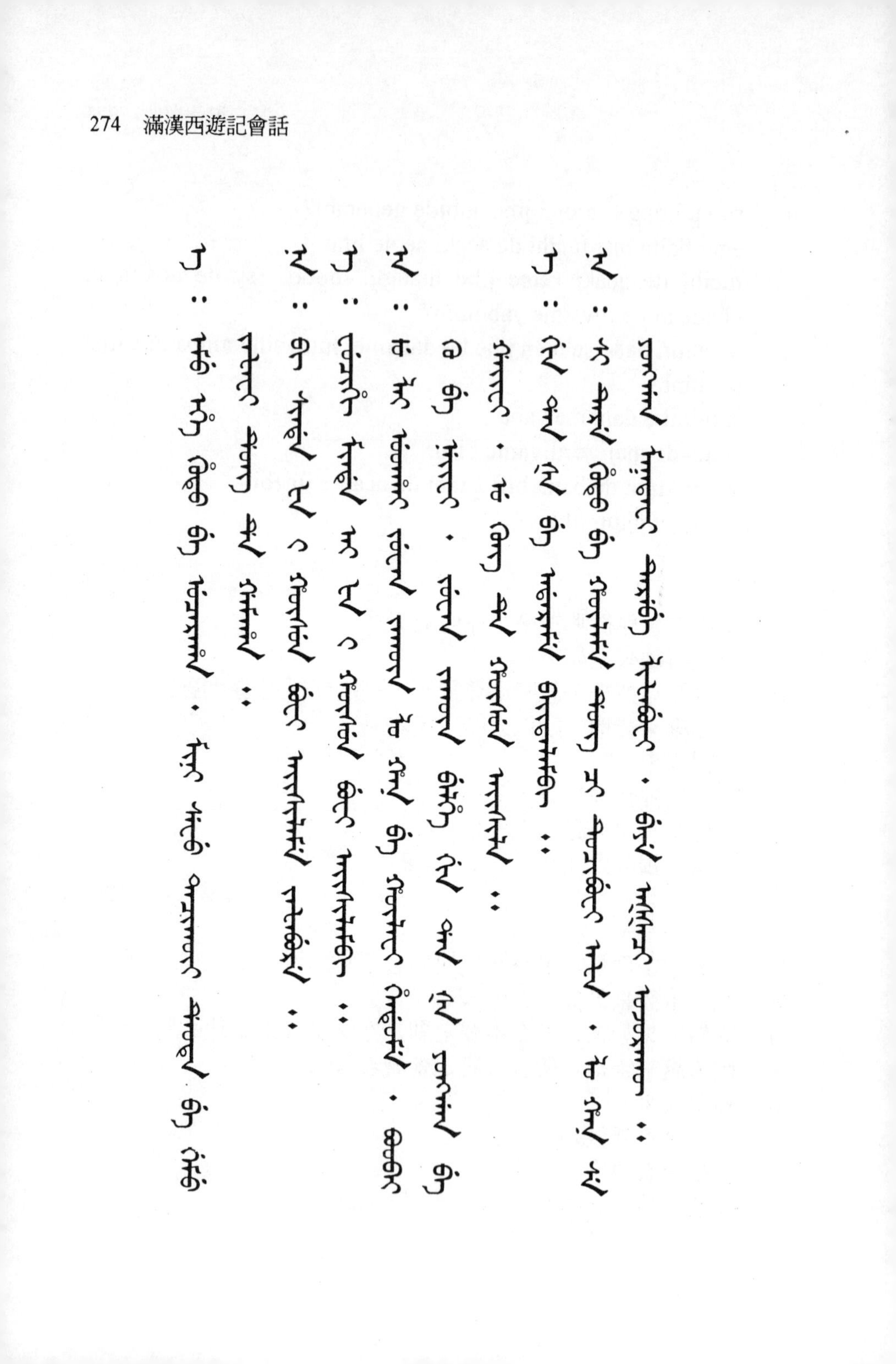

e：emu ehe hutu be ucaraha, mini sefu tacikūi deote be gemu jafafi dung de gamaha.

na：bi sinde fa i hūsun bufi aisilame jafabure.

e：fucihi minde ai fa i hūsun bufi aisilambi?

na：žu lai uthai juwan jakūn lo han be hūlafi hendume, boobai ku be neifi, juwan jakūn belhe gin dan ša yonggan be gaifi, u kung de hūsun aisila.

e：gin dan ša be adarame baitalambi?

na：si tere hutu be hūlame dung ci tucibufi afa, lo han se yonggan maktafi terebe lifabufi, beye aššaci ojorakū.

_____

e：遇着一個惡魔頭，把我師父與師弟等都拿入洞中。

na：我這裡給你法力相助擒拿。

e：如來助我什麼法力？

na：如來即喚十八羅漢開寶庫取十八粒金丹砂與悟空助力。

e：金丹砂卻如何使用？

na：你去洞外，叫那妖魔出戰，卻教羅漢放砂，陷住他，使他動不得身。

_____

e：遇着一个恶魔头，把我师父与师弟等都拿入洞中。

na：我这里给你法力相助擒拿。

e：如来助我什么法力？

na：如来即唤十八罗汉开宝库取十八粒金丹砂与悟空助力。

e：金丹砂却如何使用？

na：你去洞外，叫那妖魔出战，却教罗汉放砂，陷住他，使他动不得身。

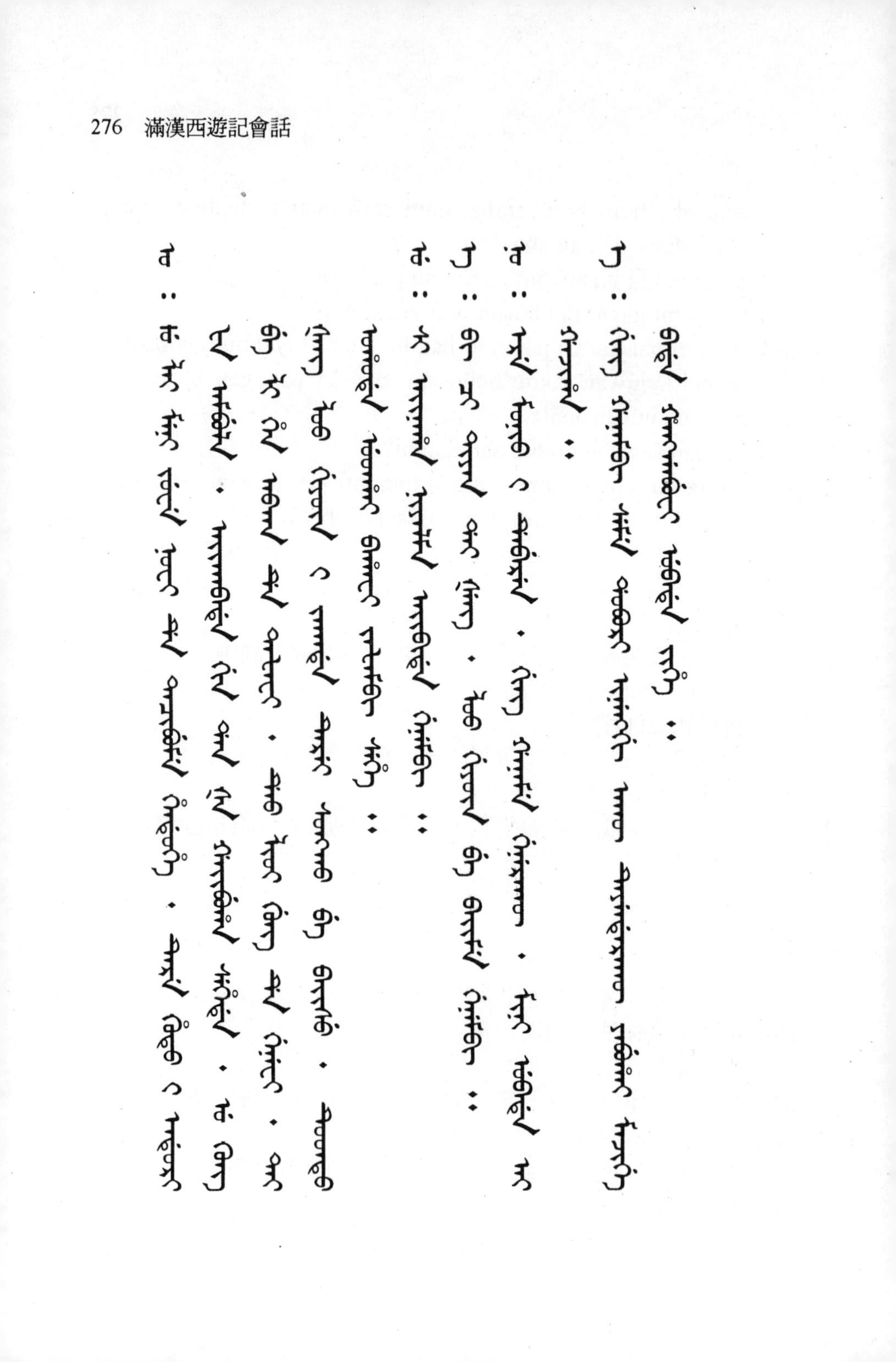

o：žu lai meni juwe nofi de tacibume henduhe, tere hutu i enduri fa ambula, aikabade gin dan ša gaibuha sehede, u kung be li hen abka de tafafi, deo lioi gung de genefi, tai šang loo giyūn i jakade terei songko be baisu, tuttu ohode uthai bahafi jafambi sehe.

u：si ainaha niyalma aibide genembi?

e：bi ci ţiyan dai šeng, loo giyūn be baime genembi.

no：ere monio i deberen, ging ganame generakū, mini ubade ai gajiha?

e：ging ganambi seme dobori inenggi akū teyenderakū yabuhai majige bade hanggabufi ubade jihe.

---

o：如來吩咐我兩個說：那妖魔神通廣大，如金丹砂敵不過，就教悟空上離恨天兜率宮太上老君處尋他的蹤跡，庶幾可擒得。

u：你是何人？往何處去？

e：我是齊天大聖，卻尋老君去。

no：這猴崽子不去取經，卻來我處何幹？

e：為取經晝夜不歇息地行走，遇到些阻礙，故而來此。

---

o：如来吩咐我两个说：那妖魔神通广大，如金丹砂敌不过，就教悟空上离恨天兜率宫太上老君处寻他的踪迹，庶几可擒得。

u：你是何人？往何处去？

e：我是齐天大圣，却寻老君去。

no：这猴崽子不去取经，却来我处何干？

e：为取经昼夜不歇息地行走，遇到些阻碍，故而来此。

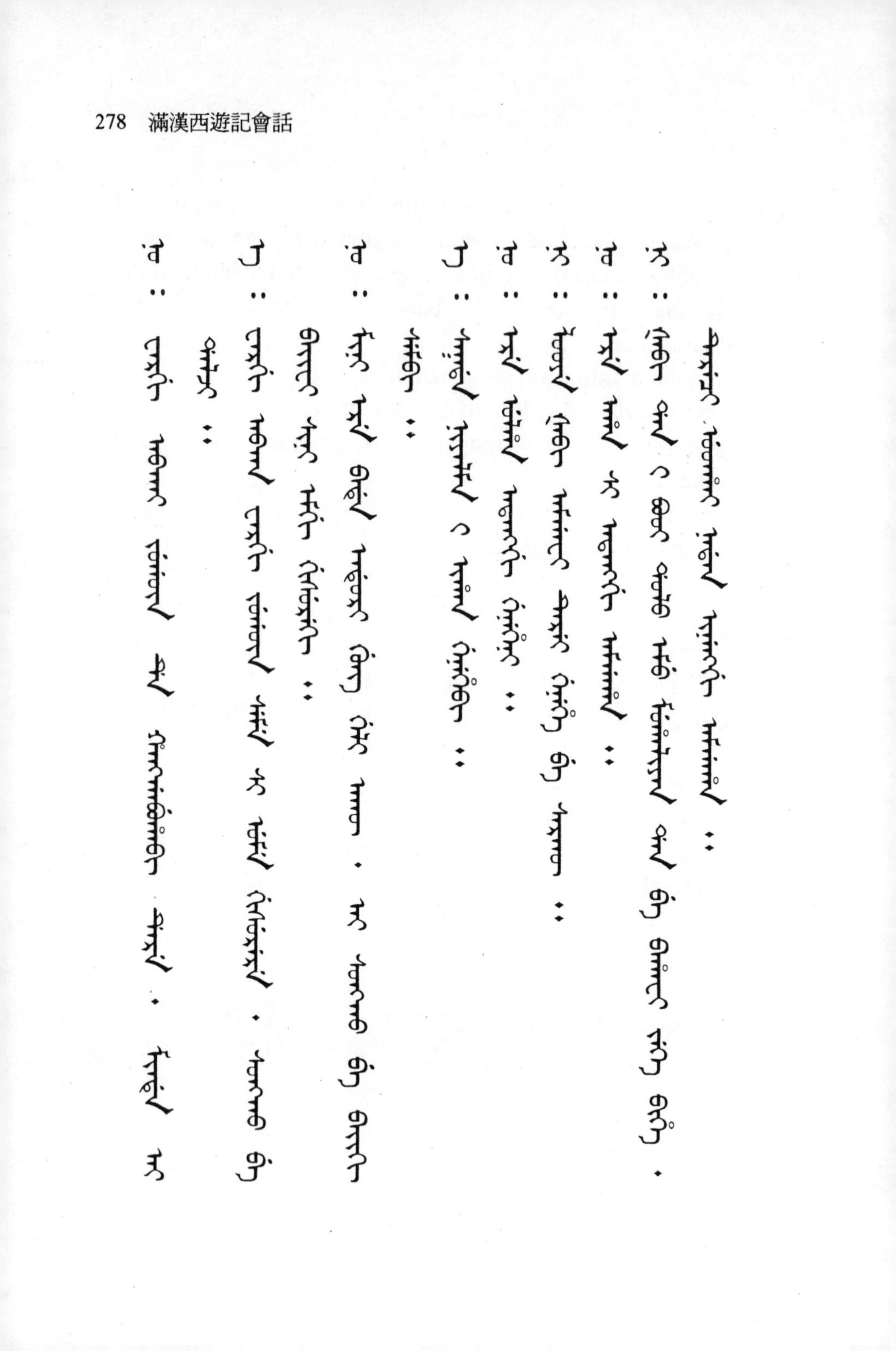

no：wargi abkai jugūn de hanggabuhabi dere, minde ai dalji?

　e：wargi abka wargi jugūn seme si ume gisurere, songko be baifi
　　sini emgi gisureki.

no：mini ere bade enduri gung geli akū, ai songko be baiki sembi?

　e：sakda niyalma i ihan genehebi.

no：ere ulha atanggi geneheni?

　ni：looye šabi amgafi terei genehe be sarkū.

no：ere aha si atanggi amgaha?

　ni：šabi dan i booi dolo emu muhaliyan dan be bahafi jeke bihe,
　　tereci uthai nadan inenggi amgaha.

---

no：西天路阻，與我何干？

　e：你且休言西天西路，尋著蹤跡，再與你理論。

no：我這裡是無上仙宮，要尋什麼蹤跡？

　e：老人家的牛走了。

no：這畜牲幾時走了？

　ni：老爺，弟子睡着，不知他走了。

no：你這廝幾時盹睡了？

　ni：弟子在丹房裡拾得一粒丹，當時吃了，就在此睡了七日。

---

no：西天路阻，与我何干？

　e：你且休言西天西路，寻着踪迹，再与你理论。

no：我这里是无上仙宫，要寻什么踪迹？

　e：老人家的牛走了。

no：这畜牲几时走了？

　ni：老爷，弟子睡着，不知他走了。

no：你这厮几时盹睡了？

　ni：弟子在丹房里拾得一粒丹，当时吃了，就在此睡了七日。

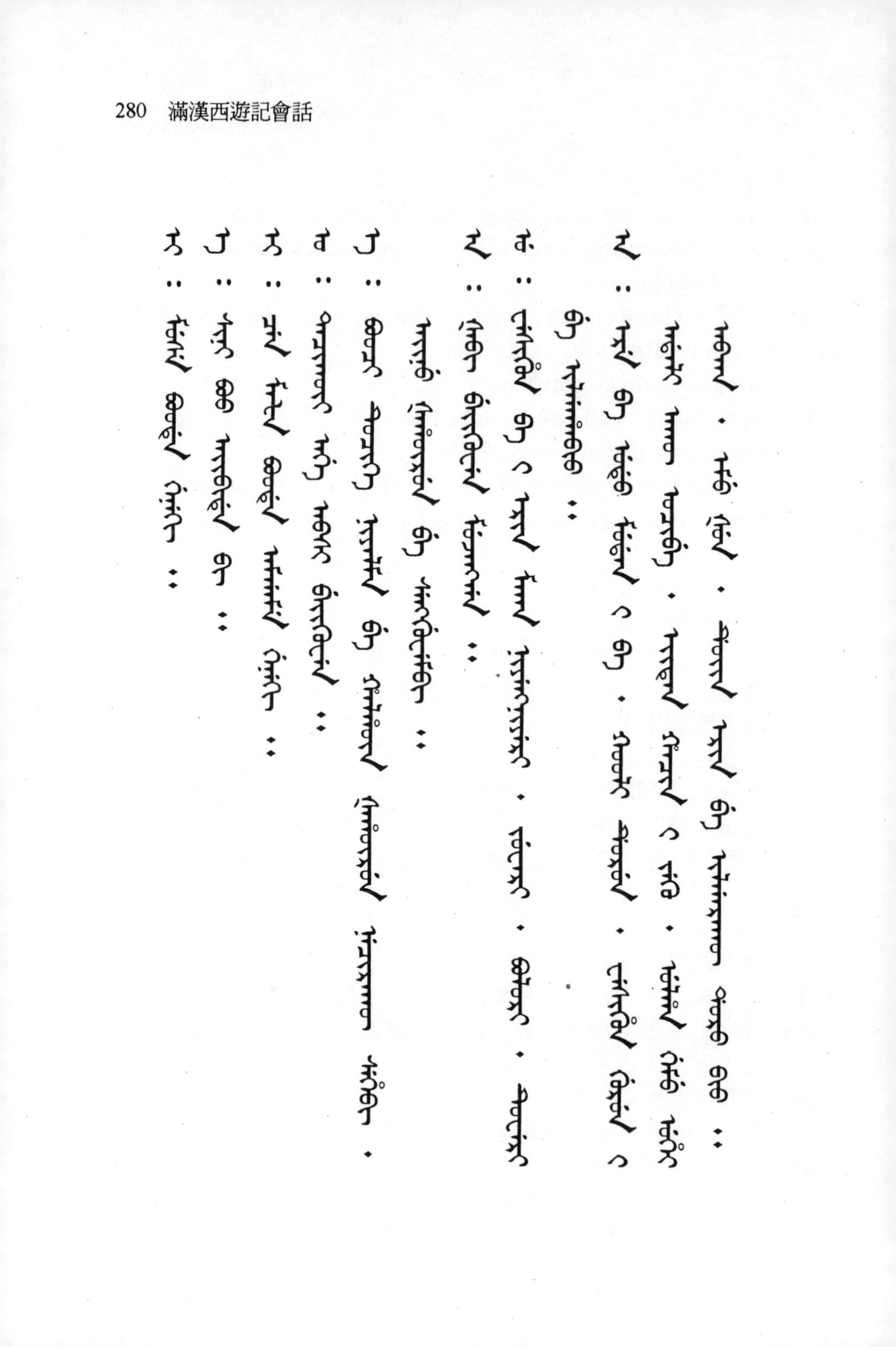

二十四、西梁女國

i：muse boode geneki.
e：sini boo aibide bi?
i：cen mafa boode amgame geneki.
o：tacikūi age absi beikuwen.
e：booci tucike niyalma be halhūn šahūrun necirakū sehebi, ainu šahūrun be sengguwembi?
a：šabi beikuwen mujangga.
u：wesihun ba i erin maka niyengniyeri, juwari bolori tuweri be ilgahabio?
a：ere ba udu mudan i ba, kooli durun, wesihun gurun i adali akū ocibe, eiten hacin i jeku, ulha gemu uhei abka, emu šun, duin erin be ilgarakū doro bio?

---

i：我們回家去吧。
e：你家在哪裡？
i：往陳老爺家睡覺去。
o：師兄，好冷啊！
e：出家人寒暑不侵，怎麼怕冷？
a：徒弟，果然冷。
u：貴處時令，不知可分春夏秋冬？
a：此間雖是僻地，但只風俗與上國不同，至於諸凡穀苗牲畜，都是同天共日，豈有不分四時之理？

---

i：我们回家去吧。
e：你家在哪里？
i：往陈老爷家睡觉去。
o：师兄，好冷啊！
e：出家人寒暑不侵，怎么怕冷？
a：徒弟，果然冷。
u：贵处时令，不知可分春夏秋冬？
a：此间虽是僻地，但只风俗与上国不同，至于诸凡谷苗牲畜，都是同天共日，岂有不分四时之理？

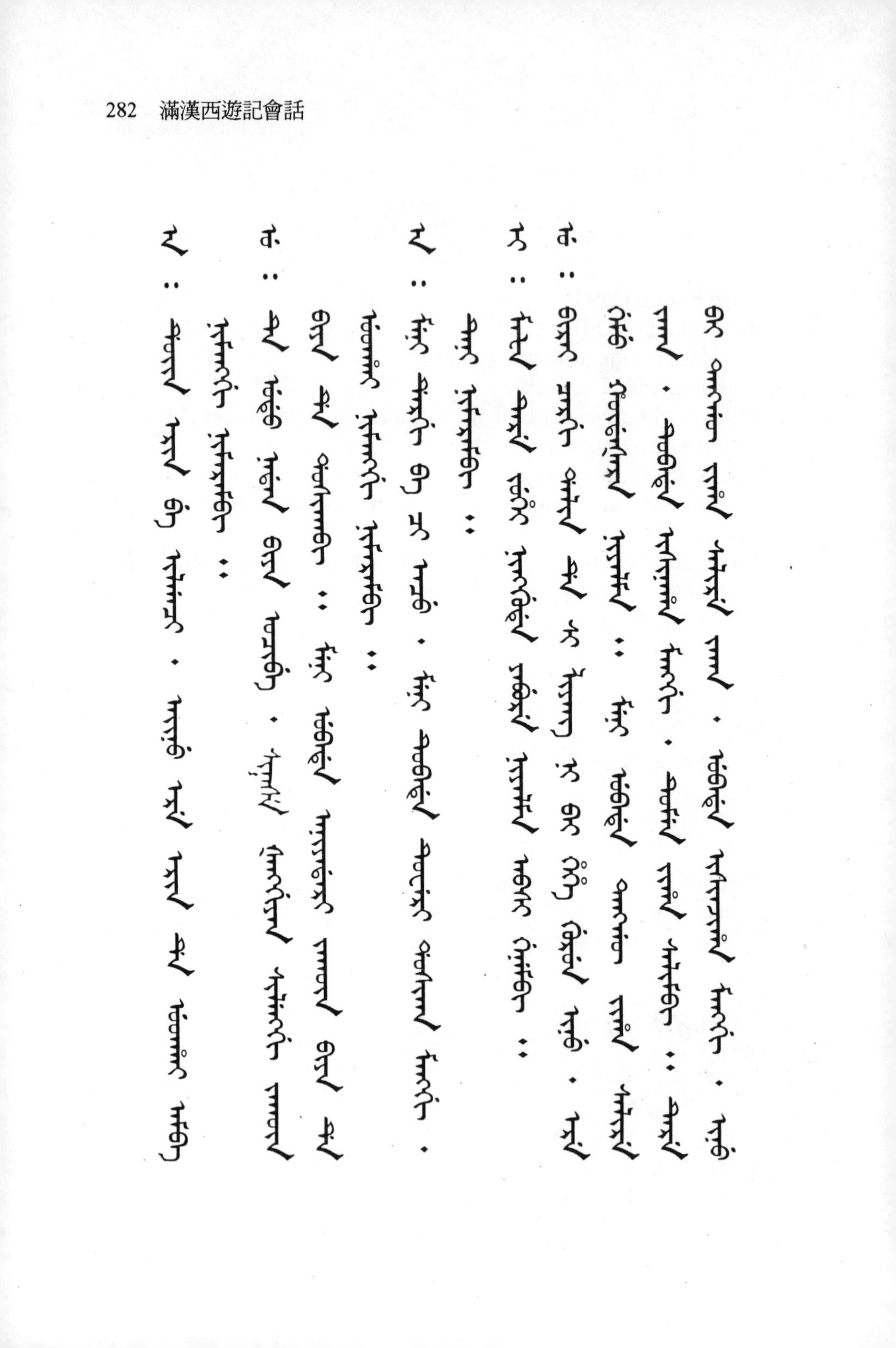

a：duin erin be ilgaci, ainu ere erin de uthai amba nimanggi
　　nimarambi?
u：te udu nadan biya ocibe, sikse šanggiyan silenggi jakūn biya
　　de dosikabi. meni ubade aniyadari jakūn biya de uthai
　　nimanggi nimarambi.
a：meni dergi ba ci encu, meni tubade tuweri dosika manggi, teni
　　nimarambi.
i：mafa tere juhei ninggude yabure niyalma absi genembi?
u：birai cargi dalin de si liyang ni bai hehe gurun inu, ere gemu
　　hūdašara niyalma. meni ubade tanggū jiha salire jaka, tubade
　　isinaha manggi, tumen jiha salimbi. tere bai tanggū jiha salire
　　jaka, ubade isinjiha manggi, inu

---

a：既分四時，怎麼如今就有這般大雪？
u：此時雖是七月，昨日已交白露，就是八月節了，我們這裡常
　　年八月間就有霜雪。
a：比我東土不同，我那裡交冬節後方有霜雪。
i：施主，那些在冰上行走的人往哪裡去。
u：河那邊乃西梁女國，這起人都是做買賣的。我這邊百錢之物，
　　到那邊可值萬錢，那邊值百錢之物，

---

a：既分四时，怎么如今就有这般大雪？
u：此时虽是七月，昨日已交白露，就是八月节了，我们这里常
　　年八月间就有霜雪。
a：比我东土不同，我那里交冬节后方有霜雪。
i：施主，那些在冰上行走的人往哪里去。
u：河那边乃西梁女国，这起人都是做买卖的。我这边百钱之物，
　　到那边可值万钱，那边值百钱之物，

tumen jiha salimbi. pancan komso, aisi ambula ojoro jakade,
niyalma bucere banjire be tuwarakū genembi.

a ： muke emu bo ioi waidame gaifi gaji, bi omiki.

i ： bi inu muke omiki.

a ： mini hefeli ai uttu nimembi?

i ： mini hefeli inu majige nimembi.

o ： ainci šahūrun muke omiha haran dere.

e ：mini sefu bira doore de, kangkame dosorakū tere birai muke be
omire jakade, uthai hefeli nimeme deribuhe.

u ： suwe tere birai muke be omihao?

e ： inu.

到這邊亦可值萬錢；本輕利重，所以人們不顧生死前去。

a ：取一鉢盂，舀些水來我吃。

i ：我也要喝水。

a ：我的肚子為什麼這般痛？

i ：我的肚子也有些痛。

o ：許是吃冷水的緣故？

e ：我師父過河時耐不得口渴，吃了那河水，就開始肚腹疼痛了。

u ：你們吃了那河水嗎？

e ：是。

到这边亦可值万钱；本轻利重，所以人们不顾生死前去。

a ：取一钵盂，舀些水来我吃。

i ：我也要喝水。

a ：我的肚子为什么这般痛？

i ：我的肚子也有些痛。

o ：许是吃冷水的缘故？

e ：我师父过河时耐不得口渴，吃了那河水，就开始肚腹疼痛了。

u ：你们吃了那河水吗？

e ：是。

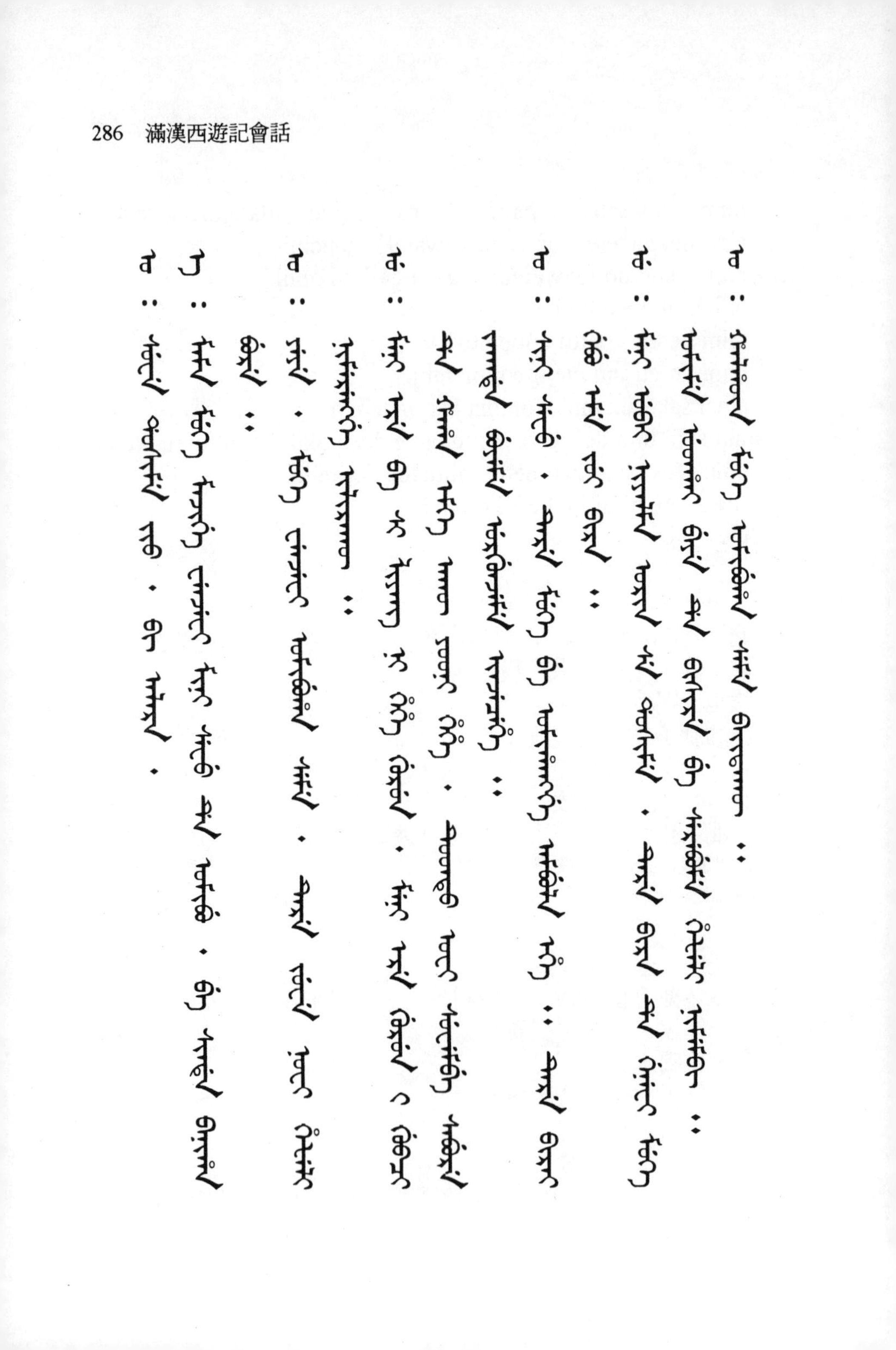

o：suwe dosime jio, bi alara.
e：mama muke majige wenjefi mini sefu de omibu, be sinde baniha bure.
o：yeye, muke wenjefi omibuha seme, tere juwe nofi hefeli nimerengge ilirakū.
u：meni ere ba si liyang ni hehe gurun, meni ere gurun i gubci de haha emke akū yooni hehe, tuttu ofi suwembe sabure jakade buyeme urgunjeme injecehe.
o：sini sefu tere muke be omihangge ambula ehe, tere birai gebu eme jui bira.
u：meni ubai niyalma orin se dosime, tere bira de genefi muke omime uthai beye de bisire be serebume hefeli nimembi.
o：halhūn muke omibuha seme baitakū.

---

o：你們都進來，我與你們說。
e：婆婆燒些熱水給我師父喝，我們謝你。
o：爺爺，燒水喝也止不了他兩個肚子疼。
u：我們這裡乃是西梁女國，我們這一國盡是女人，更無男人，故此見了你們歡喜。
o：你師父喝的那水不好了，那條河喚做子母河。
u：我們這裡人，但得年登二十歲以上，到那河裡去喝水之後，便覺腹痛有胎。
o：喝熱水也沒用。

---

o：你们都进来，我与你们说。
e：婆婆烧些热水给我师父喝，我们谢你。
o：爷爷，烧水喝也止不了他两个肚子疼。
u：我们这里乃是西梁女国，我们这一国尽是女人，更无男人，故此见了你们欢喜。
o：你师父喝的那水不好了，那条河唤做子母河。
u：我们这里人，但得年登二十岁以上，到那河里去喝水之后，便觉腹痛有胎。
o：喝热水也没用。

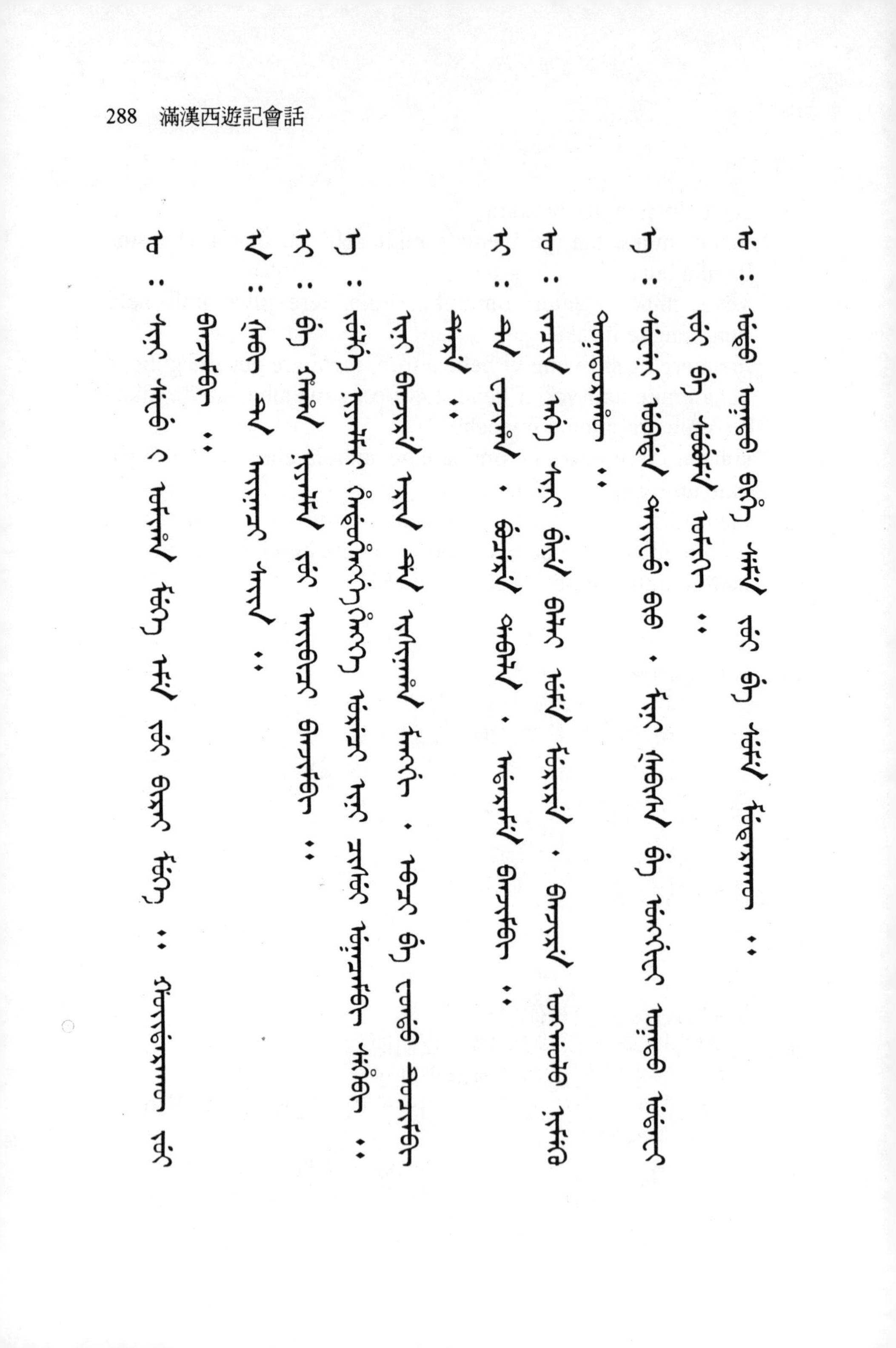

o：sini sefu i omiha muke eme jui birai muke, goidarakū jui banjimbi.

a：šabi te ainaci sain?

i：be haha niyalma jui aibici banjimbi?

e：julge niyalmai henduhengge hengke ureci ini cisui ukcambi sehebi, ini banjire erin de isinaha manggi, ebci be fondo tucimbi dere.

i：te wajiha, bucere dabala, adarame banjimbi?

o：jacin age sini beye balai ume murire, banjire onggolo nimeku toktorahū.

e：suweni ubade daifu bio? mini šabisa be unggifi okto udafi jui be subume omiki.

u：udu okto bihe seme jui be sume muterakū.

---

o：你師父喝的水是子母河水，不日要生孩子。

a：徒弟啊！如今怎麼好？

i：我們是男人從哪裡生孩子？

e：古人云：瓜熟自落，到他生產時節，想是從脅下鑽出來吧！

i：如今完了，死罷了，怎麼生？

o：二哥，不要過於扭動你的身子，只恐弄個產前病。

e：你們這裡可有醫家嗎？教我徒弟去買藥喝了打下胎來吧！

u：雖有藥也不能打下胎來。

---

o：你师父喝的水是子母河水，不日要生孩子。

a：徒弟啊！如今怎么好？

i：我们是男人从哪里生孩子？

e：古人云：瓜熟自落，到他生产时节，想是从胁下钻出来吧！

i：如今完了，死罢了，怎么生？

o：二哥，不要过于扭动你的身子，只恐弄个产前病。

e：你们这里可有医家吗？教我徒弟去买药喝了打下胎来吧！

u：虽有药也不能打下胎来。

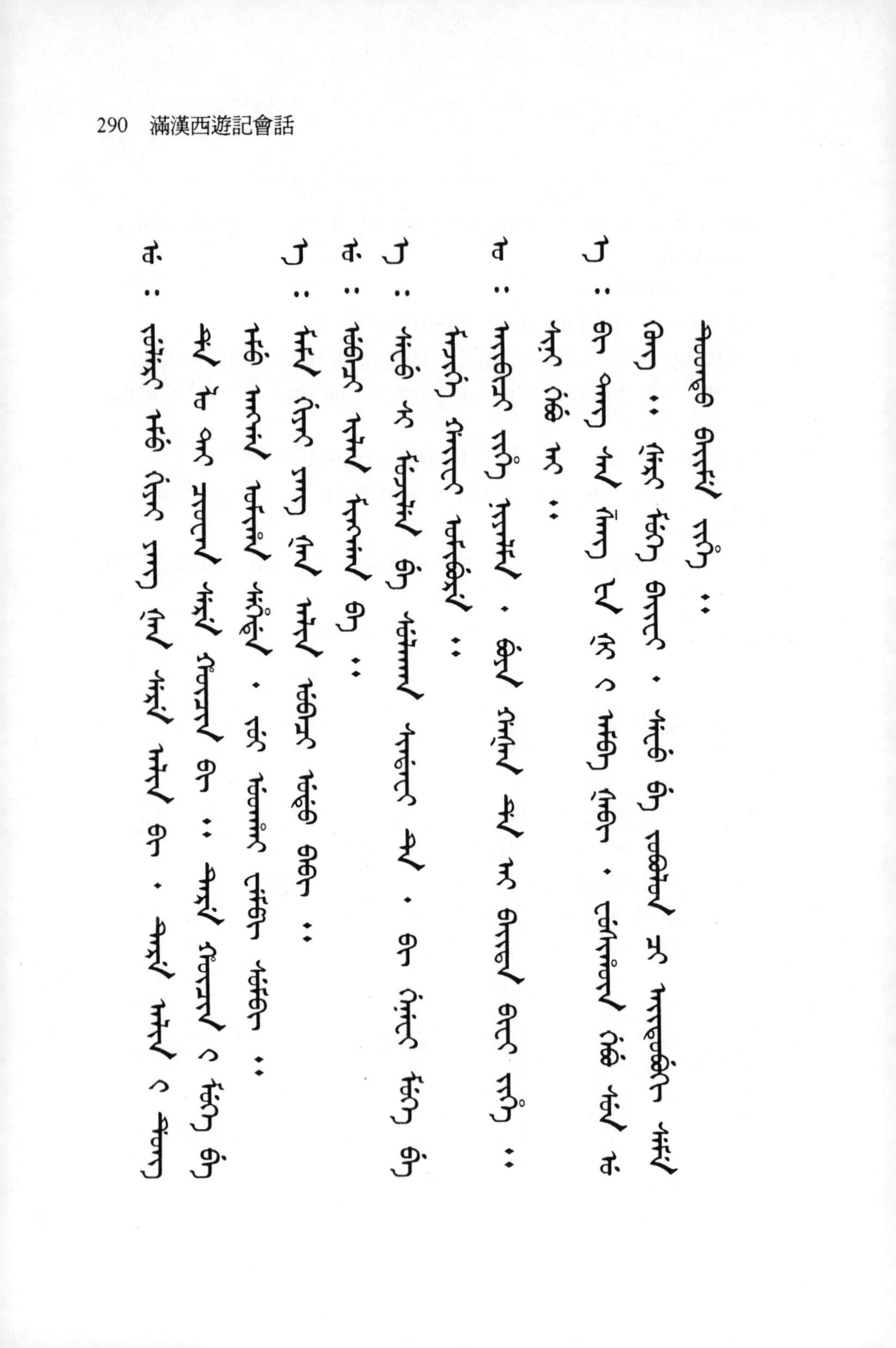

u：juleri emu giyai yang šan sere alin bi, tere alin i dung de lo tai ciowan sere hūcin bi, tere hūcin i muke be emu angga omiha sehede, jui uthai wempi sumbi.

e：mama giyai yang šan alin ubaci udu babi?

u：ubaci ilan minggan ba.

e：sefu si mujilen be sulakan sindafi te, bi genefi muke be majige gaifi omibure.

o：aibici jihe niyalma? buya gašan de ai baita bifi jihe? sini gebu ai?

e：bi tang san dzang fa ši i amba šabi, fusihūn gebu sun u kung, šeri muke baifi, sefu be jobolon ci aitubuki seme tuttu baime jihe.

---

u：南邊有一座解陽山，山中洞裡有一眼落胎泉井，喝一口那井裡的水，解了胎氣。

e：婆婆，解陽山離這裡有幾里路？

u：離這裡有三千里。

e：師父放心，待我取些水來你喝。

o：哪方來的人？至小村有何事？你叫做什麼名字？

e：我是唐三藏法師的大徒弟，賤名孫悟空，來求些泉水，搭救師父。

---

u：南边有一座解阳山，山中洞里有一眼落胎泉井，喝一口那井里的水，解了胎气。

e：婆婆，解阳山离这里有几里路？

u：离这里有三千里。

e：师父放心，待我取些水来你喝。

o：哪方来的人？至小村有何事？你叫做什么名字？

e：我是唐三藏法师的大徒弟，贱名孙悟空，来求些泉水，搭救师父。

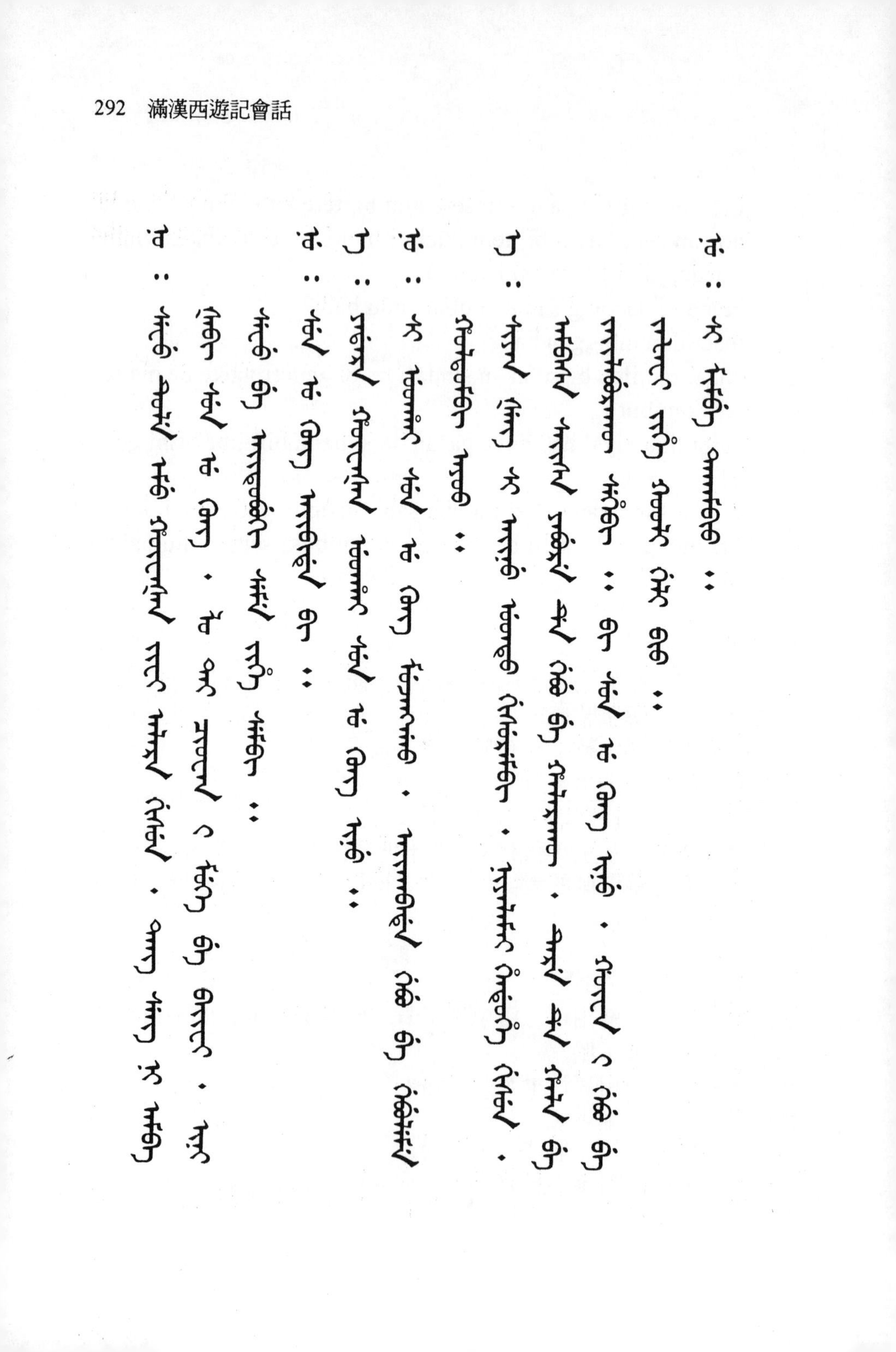

二十五、鐵扇公主

no：sefu tule emu hūwašan jifi alara gisun, tang seng ni amba šabi
　　sun u kung, lo tai ciowan i muke be baifi, ini sefu be aitubuki
　　seme jihe sembi.

nu：sun u kung aibide bi?

e ：yadara hūwašan uthai sun u kung inu.

nu：si uthai sun u kung mujanggao, aikabade gebu be gebuleme
　　holtombi ayoo?

e ：siyan šeng si ainu uttu gisurembi, niyalmai henduhe gisun,
　　ambasa saisa yabure de gebu be halarakū, tere de hala be
　　jailaburakū sehebi, bi sun u kung inu, gūwa i gebu be jafafi
　　jihe kooli geli bio?

nu：si mimbe takambio?

------

no：師父，外面有個和尚來，口稱是唐僧的大徒弟孫悟空，欲求
　　落胎泉水，救他師父。

nu：孫悟空何在？

e ：貧僧便是孫悟空。

nu：你真個是孫悟空，怕是假名託姓吧！

e ：先生你怎麼這樣說，常言道：君子行不更名，坐不改姓，我
　　便是孫悟空，豈有假託他人名字的道理？

nu：你可認得我嗎？

------

no：师父，外面有个和尚来，口称是唐僧的大徒弟孙悟空，欲求
　　落胎泉水，救他师父。

nu：孙悟空何在？

e ：贫僧便是孙悟空。

nu：你真个是孙悟空，怕是假名托姓吧！

e ：先生你怎么这样说，常言道：君子行不更名，坐不改姓，我
　　便是孙悟空，岂有假托他人名字的道理？

nu：你可认得我吗？

ᠪᠣᠯᠠᠮᠪᡳ ᠰᡝᠮᠪᡳ ᠰᡝᠮᠪᡳ ᠪᠣᠯᠠᠮᠪᡳ ᠰᡝᠮᠪᡳ ᠪᠣᠯᠠᠮᠪᡳ ᠪᠣᠯᠠᠮᠪᡳ

ᠪᡳᠴᡳ ᠰᡝᠮᠪᡳ ᠰᡝᠮᠪᡳ

nu：si ainu mimbe baime jihe?

e：mini sefu eme jui birai muke be tašarame omifi uthai jui toktofi hefeli nimembi, tuttu ofi emu moro muke baifi jui be mayambufi, sefu be jobolon ci tucibuki seme jihe.

o：suweni boode tatakū hunio bio? mende gaji gamafi baitalaki.

e：muke bahafi gajiha.

u：tang seng tere muke be emu angga sukiyame omire jakade jui uthai mayame subuhe.

i：beye obofi jai halhūn buda jeki.

o：beye oboci ojorakū, niyarhūlaha niyalma muke de beye oboci nimeku bahambi.

_____

nu：你來訪我怎的？

e：因我師父誤喝了子母河水，腹疼成胎，所以特來拜求一碗落胎泉水，救解師難。

o：你們家可有吊桶？借我們用用。

e：水來了。

u：唐僧，只消喝那水一口，就解了胎氣。

i：洗個澡再吃熱飯。

o：洗不得澡，坐月子的人用了水洗澡將致病。

_____

nu：你来访我怎的？

e：因我师父误喝了子母河水，腹疼成胎，所以特来拜求一碗落胎泉水，救解师难。

o：你们家可有吊桶？借我们用用。

e：水来了。

u：唐僧，只消喝那水一口，就解了胎气。

i：洗个澡再吃热饭。

o：洗不得澡，坐月子的人用了水洗澡将致病。

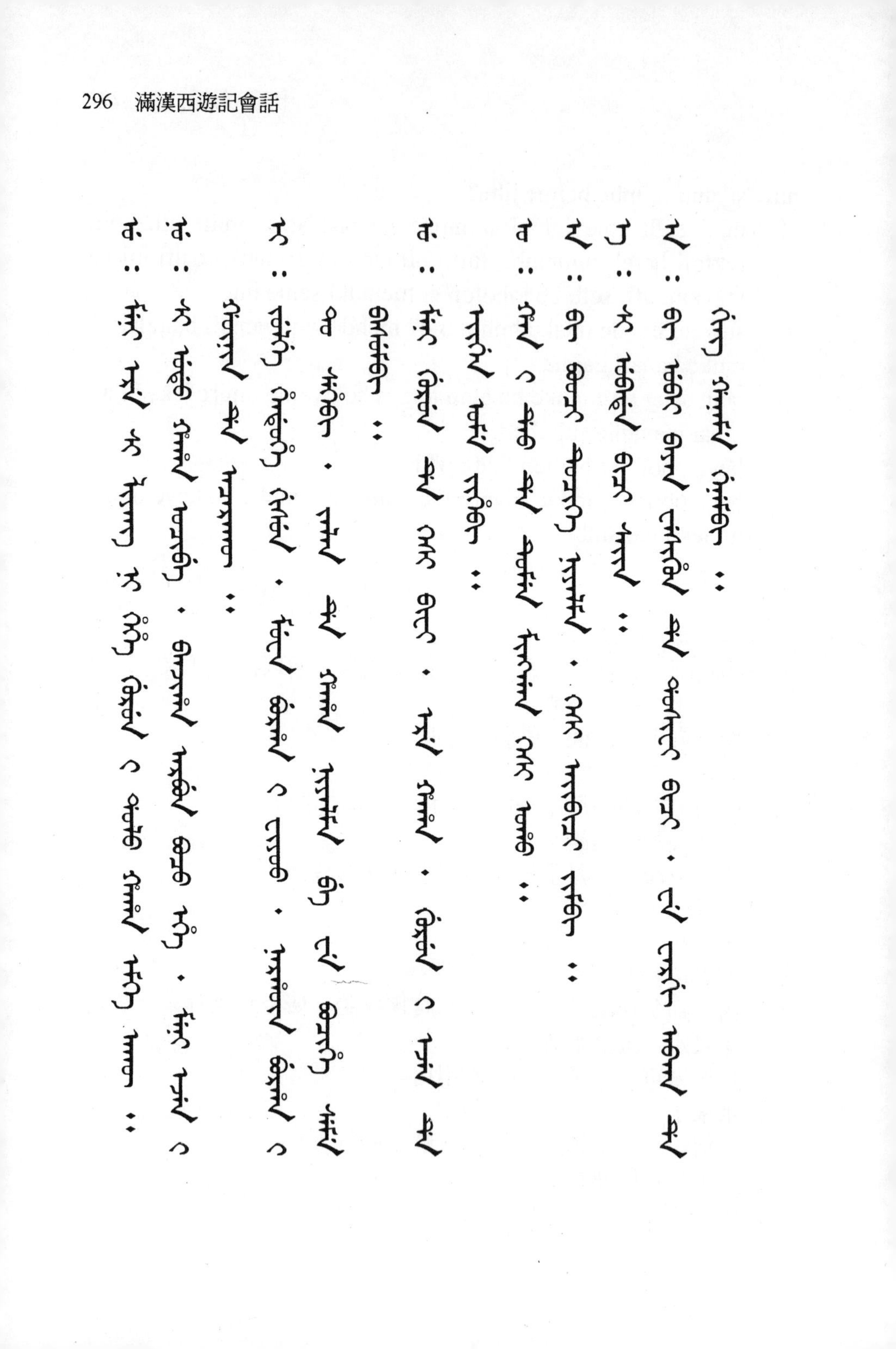

u ： meni ere si liyang ni hehe gurun i dolo haha emke akū.

nu ： si udu haha ocibe, banjiha arbun boco ehe, meni ejen i gūnin de acarakū.

i ： julgei henduhe gisun, muwa burha i fiyoo, narhūn burha i to sehebi, jalan de haha niyalma be we bocihe seme basumbi?

u ： meni gurun de kesi bifi, ere haha, gurun i ejen de eigen ome jihebi.

o ： han i deo de tumen minggan kesi oho.

a ： bi booci tucike niyalma, kesi aibici jimbi?

e ： si ubade bici sain.

a ： bi ubai bayan wesihun de dosifi bici, we wargi abka de ging ganame genembi?

---

u ： 我們這西梁女國中沒個男子。

nu ： 你雖是個男子，但是形容醜陋，不中我王之意。

i ： 常言道：粗柳簸箕細柳斗，世上誰笑男兒醜？

u ： 我國實有造化，這個男子卻來做得我國王之夫。

o ： 御弟萬千之喜了。

a ： 我出家人，喜從何來？

e ： 你留在這裡也好。

a ： 我在這裡貪圖富貴，誰去西天取經？

---

u ： 我们这西梁女国中没个男子。

nu ： 你虽是个男子，但是形容丑陋，不中我王之意。

i ： 常言道：粗柳簸箕细柳斗，世上谁笑男儿丑？

u ： 我国实有造化，这个男子却来做得我国王之夫。

o ： 御弟万千之喜了。

a ： 我出家人，喜从何来？

e ： 你留在这里也好。

a ： 我在这里贪图富贵，谁去西天取经？

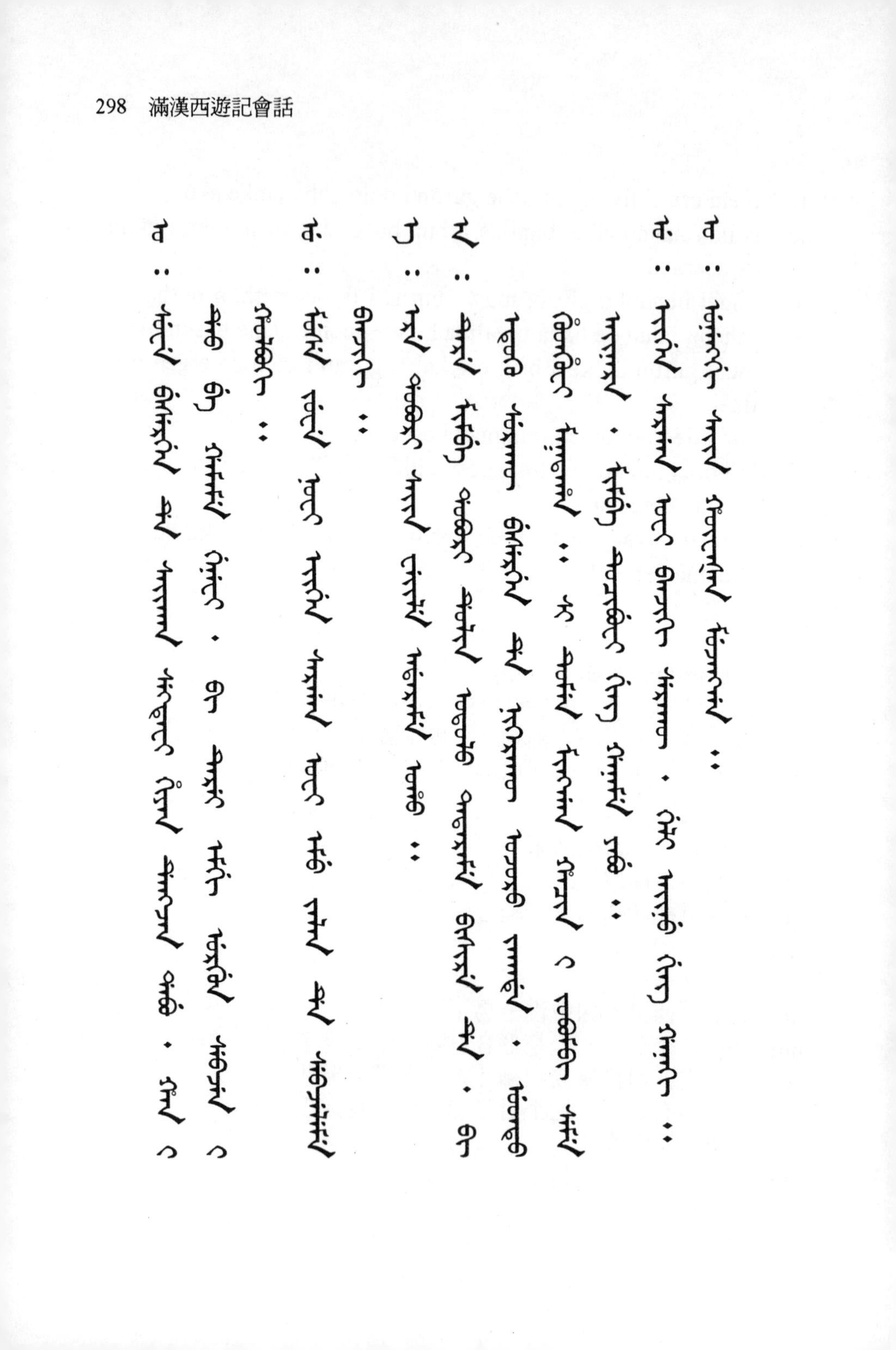

o：suwe besergen de saikan sektefi hiyan dengjan dabu, han i deo be gamame genefi, bi terei emgi urgun sebjen i holboki.

u：muse juwe nofi eigen sargan ofi emu jalan de sebjeleme banjiki.

e：ere dobori sain weile adarame oho?

a：tere mimbe dobori dulin otolo tatarame bisire de, bi etuku surakū besergen de nikerakū ojoro jakade, uttu huthufi maktaha, si tumen minggan hacin i jobombi seme ainara, mimbe tucibufi ging ganame yabu.

u：eigen sargan ofi banjiki serakū, geli ainu ging ganaki?

o：unenggi sain hūwašan mujangga.

---

o：你們將臥房收拾整齊，掌燈焚香，請御弟來，我與他交歡。

u：我們兩人做一回夫妻快樂生活一世。

e：夜來好事如何？

a：她把我纏了半夜，我衣不解帶，身未沾牀，纏綑我在此，你千萬救我取經去吧！

u：夫妻不做，卻取什麼經去？

o：真是個好和尚。

---

o：你们将卧房收拾整齐，掌灯焚香，请御弟来，我与他交欢。

u：我们两人做一回夫妻快乐生活一世。

e：夜来好事如何？

a：她把我缠了半夜，我衣不解带，身未沾床，缠捆我在此，你千万救我取经去吧！

u：夫妻不做，却取什么经去？

o：真是个好和尚。

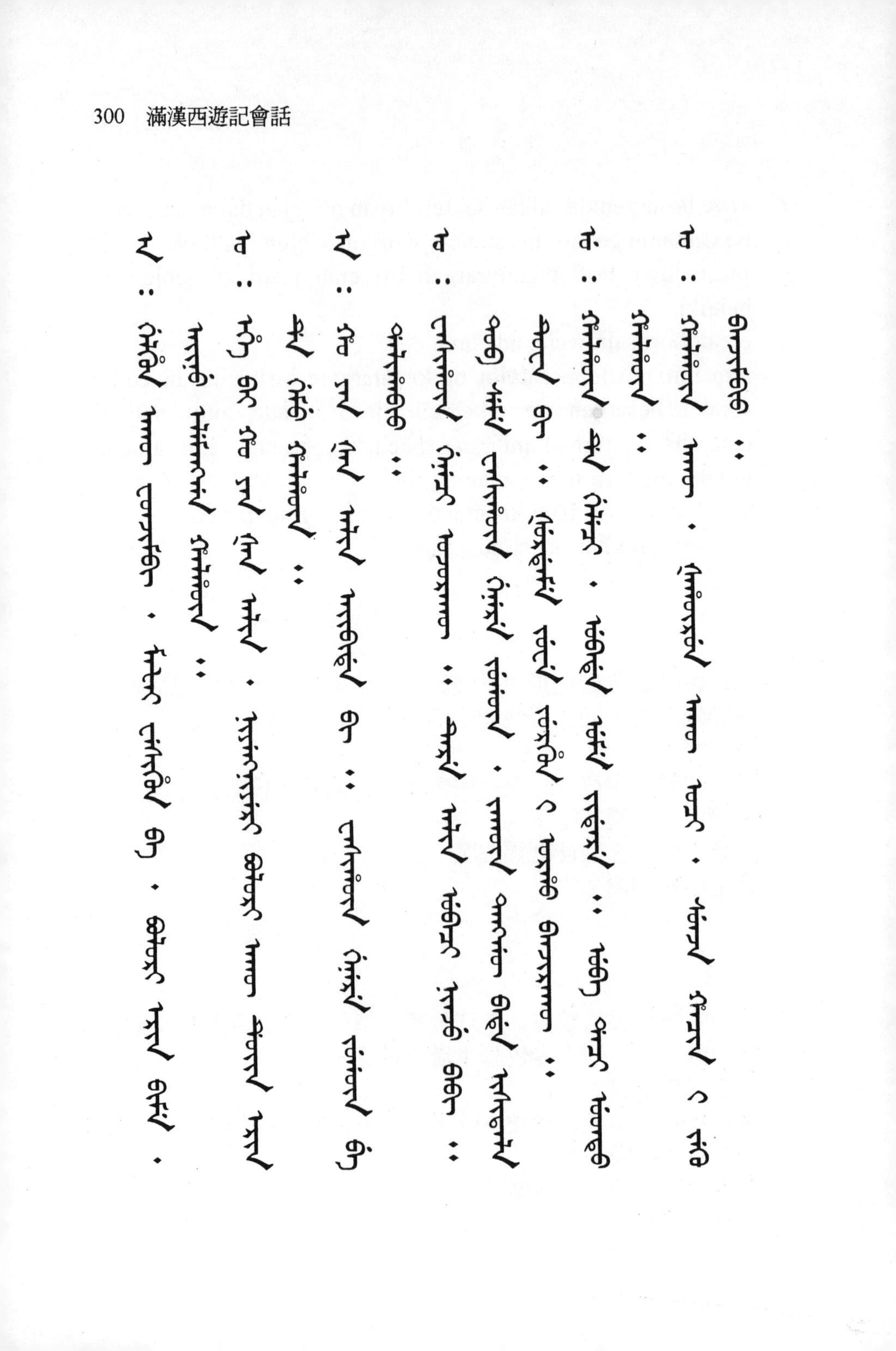

a：gelhun akū fonjimbi, mafai wesihun ba, bolori erin bime, ainu
　　elemangga halhūn?

o：ehe bai ho yan šan alin, niyengniyeri bolori akū duin erin de
　　gemu halhūn.

a：ho yan šan alin aibide bi? wasihūn genere jugūn be dalihabio?

o：wasihūn geneci ojorakū, tere alin ubaci ninju babi, tob seme
　　wasihūn genere jugūn, jakūn tanggū bade isitala tuwa bi,
　　šurdeme juwe jurhun i orho banjirakū.

u：halhūn de geleci, ubade ume jidere, uba daci uttu halhūn.

o：halhūn akū, šahūrun akū oci, sunja hacin i jeku banjimbio?

---

a：敢問公公貴處秋天，卻怎反倒炎熱？

o：敝地喚做火餤山，無春無秋，四季皆熱。

a：火餤山卻在哪裡？可阻西去之路否？

o：西方卻去不得，那山離此有六十里遠，正是西去必由之路，
　　卻有八百里火餤，四周圍寸草不生。

u：怕熱，莫來這裡，這裡原來就這麼熱。

o：不冷不熱，焉能結五穀？

---

a：敢问公公贵处秋天，却怎反倒炎热？

o：敝地唤做火焰山，无春无秋，四季皆热。

a：火焰山却在哪里？可阻西去之路否？

o：西方却去不得，那山离此有六十里远，正是西去必由之路，
　　却有八百里火焰，四周围寸草不生。

u：怕热，莫来这里，这里原来就这么热。

o：不冷不热，焉能结五谷？

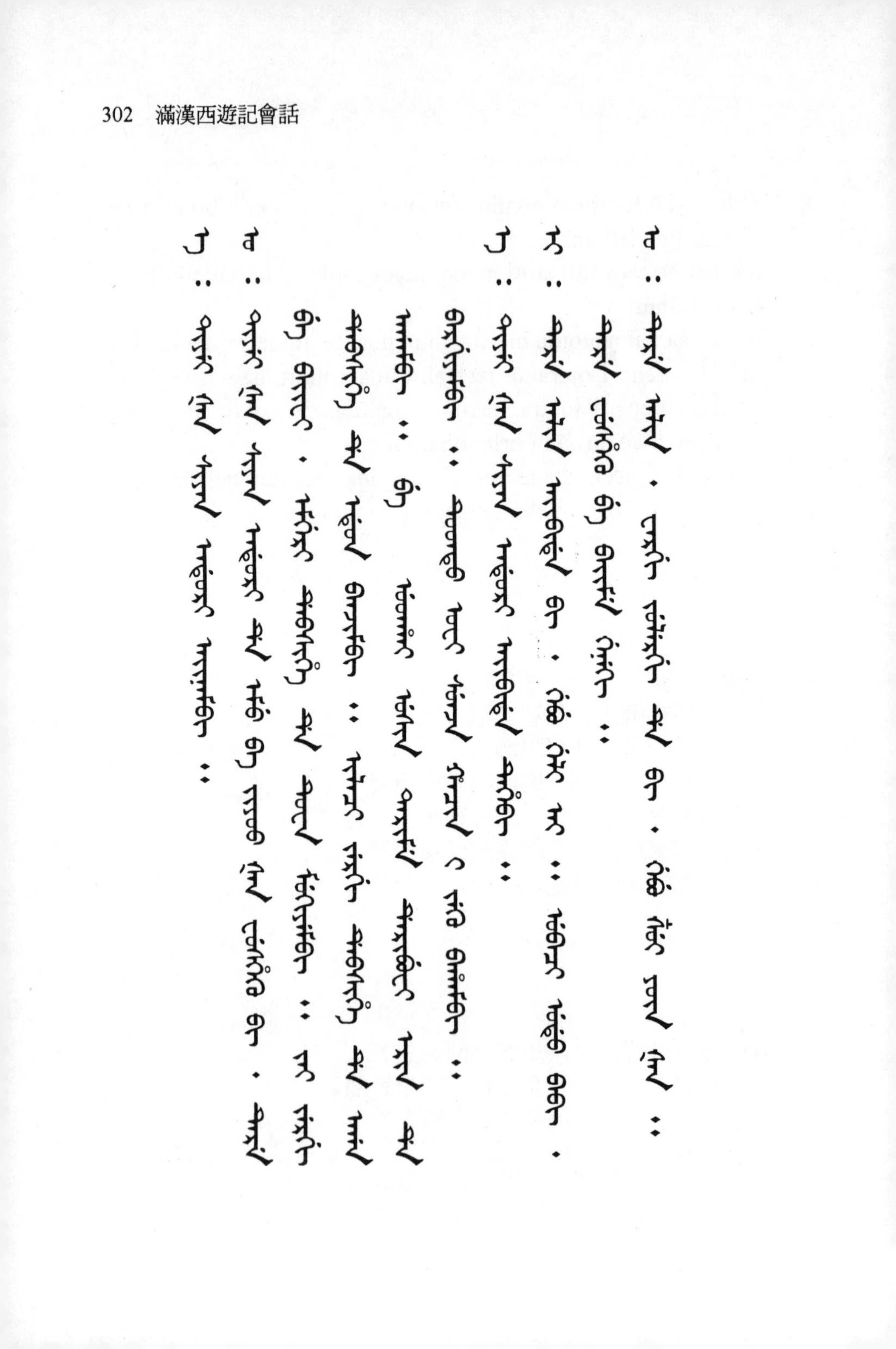

e：tiyei šan siyan enduri ainambi?

o：tiyei šan siyan enduri de emu ba jiyoo šan fusheku bi, tere be baifi, emgeri debsihe de tuwa mukiyembi, jai jergi debsihe de edun banjimbi, ilaci jergi debsihe de aga agambi, be uthai usin tarime deribufi erin de bargiyambi, tuttu ofi sunja hacin i jeku bahambi.

e：tiyei šan siyan enduri aibide tehebi?

i：tere alin aibide bi? gebu geli ai? ubaci udu babi? tere fusheku be baime geneki.

o：tere alin wargi julergi de bi, gebu ts'ui yūn šan.

---

e：鐵扇仙怎的？

o：鐵扇仙有柄芭蕉扇，求得來，一搧熄火，二搧生風，三搧下雨，我們就開始種田，及時收割，故得五穀。

e：鐵扇仙在哪裡住？

i：那山坐落何處？喚甚地名，離此有幾多里數？等我問他要扇子去。

o：那山在西南方，名喚翠雲山。

---

e：铁扇仙怎的？

o：铁扇仙有柄芭蕉扇，求得来，一搧熄火，二搧生风，三搧下雨，我们就开始种田，及时收割，故得五谷。

e：铁扇仙在哪里住？

i：那山坐落何处？喚甚地名，离此有几多里数？等我问他要扇子去。

o：那山在西南方，名喚翠云山。

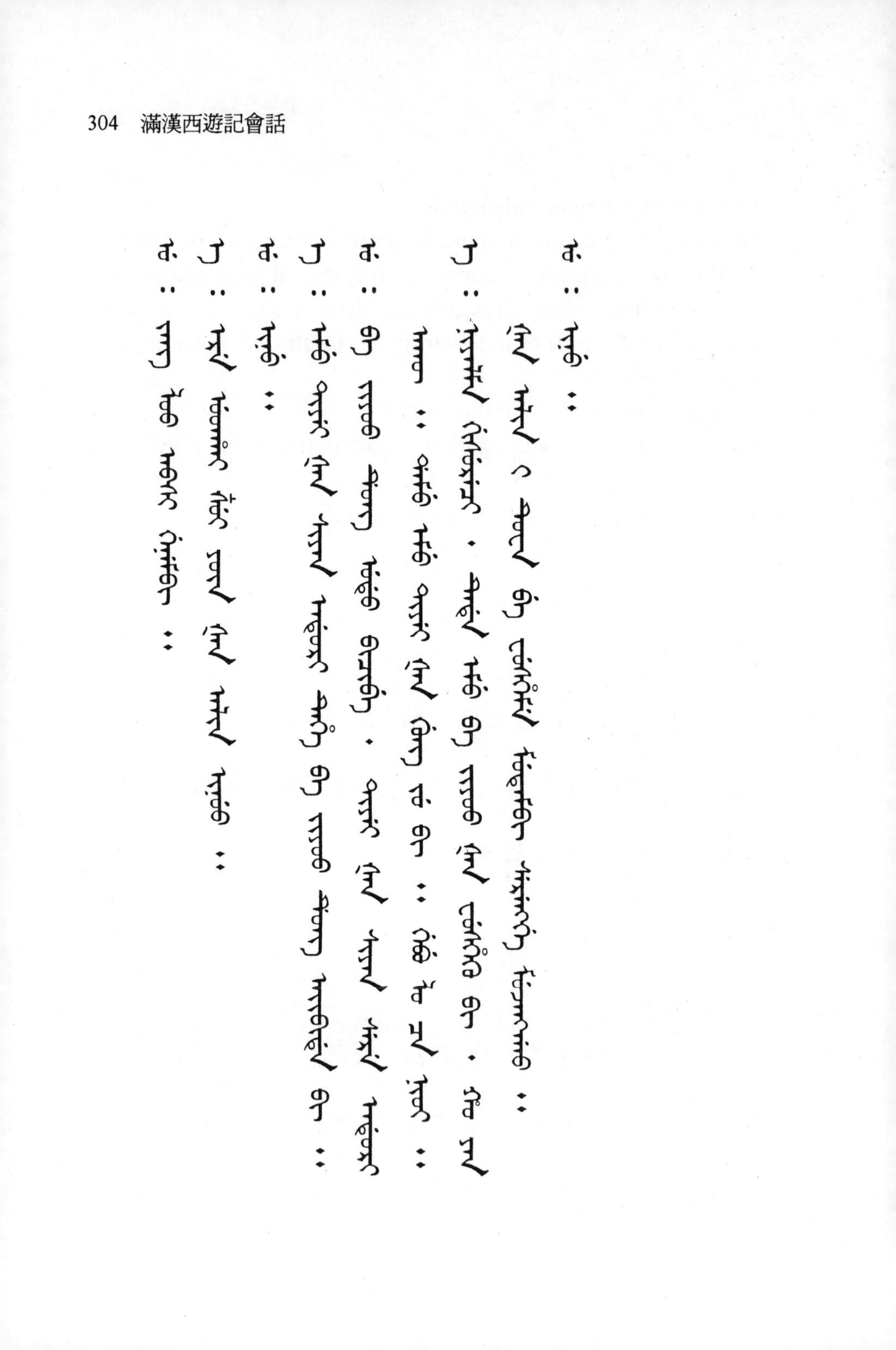

u：jang loo absi genembi?

e：ere uthai ts'ui yūn šan alin inuo?

u：inu.

e：emu tiyei šan siyan enduri tehe ba jiyoo dung aibide bi?

u：ba jiyoo dung udu bicibe, tiyei šan siyan sere enduri akū, damu emu tiyei šan gung ju bi, gebu lo ca nioi.

e：niyalma gisureci, tede emu ba jiyoo šan fusheku bi, ho yan šan alin i tuwa be fusheme mutembi serengge mujanggao?

u：inu.

---

u：長老何往？

e：這可是翠雲山？

u：正是。

e：有個鐵扇仙住的芭蕉洞在何處？

u：芭蕉洞雖有，却無個鐵扇仙，只有個鐵扇公主，又名羅剎女。

e：人言她有一柄芭蕉扇，能搧熄火燄山的火，是真的嗎？

u：正是。

---

u：长老何往？

e：这可是翠云山？

u：正是。

e：有个铁扇仙住的芭蕉洞在何处？

u：芭蕉洞虽有，却无个铁扇仙，只有个铁扇公主，又名罗刹女。

e：人言她有一柄芭蕉扇，能搧熄火焰山的火，是真的吗？

u：正是。

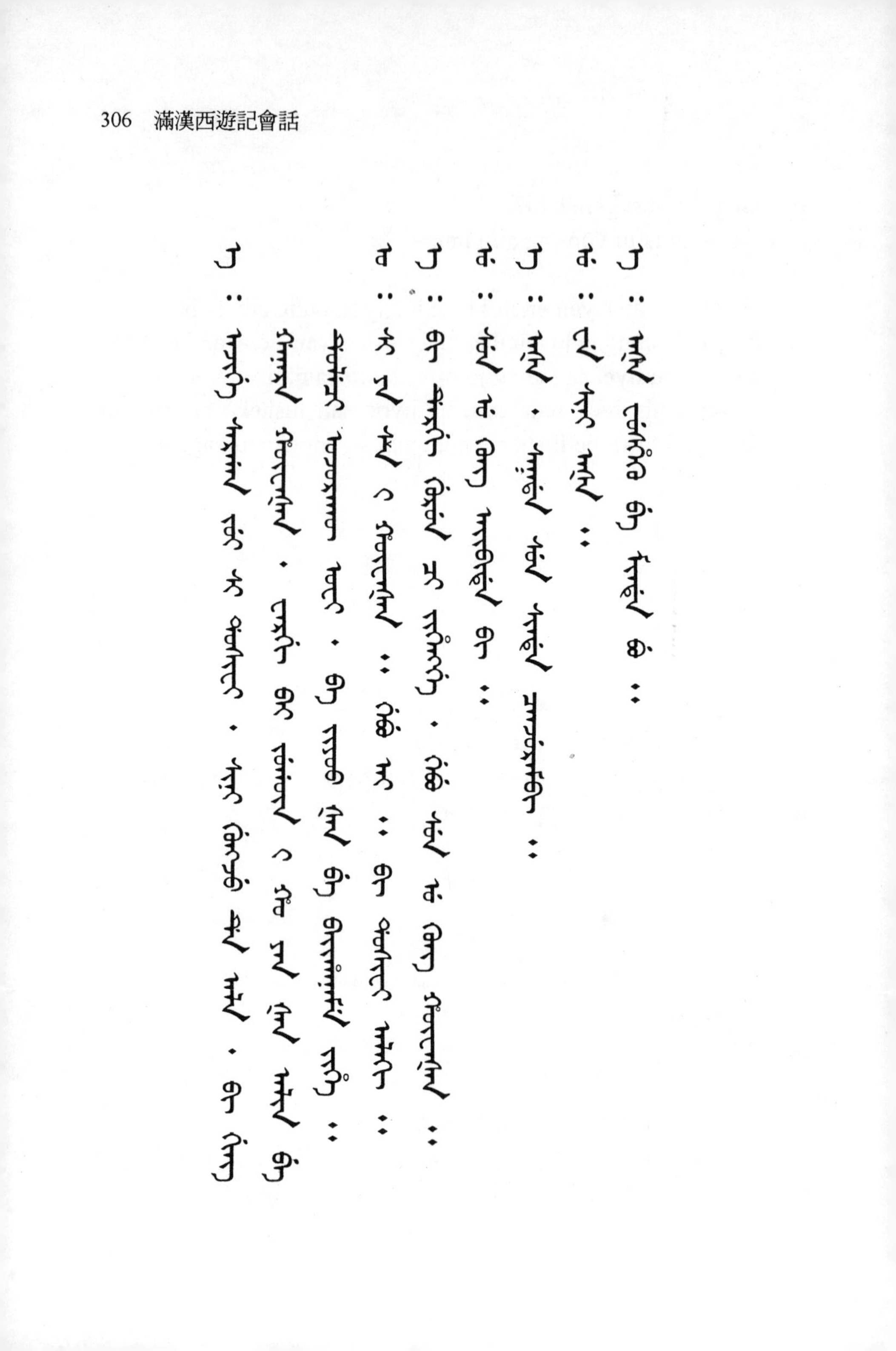

e：ajige sargan jui si dosifi, sini gungju de ala, bi ging ganara hūwašan, wargi bai jugūn i ho yan šan alin be duleci ojorakū ofi, ba jiyoo šan be baihaname jihe.

o：si ya sy i hūwašan, gebu ai? bi dosifi alaki.

e：bi dergi gurun ci jihengge, gebu sun u kung hūwašan.

u：sun u kung aibide bi?

e：aša, sakda sun sinde canjurambi.

u：we sini aša?

e：aša fusheku be minde bu.

---

e：女童，你進去轉報公主，我是取經的和尚，在西方路上，難過火燄山，特來拜借芭蕉扇一用。

o：你是哪寺裡和尚？叫甚名字？我進去通報。

e：我是東土來的，叫做孫悟空和尚。

u：孫悟空何在？

e：嫂嫂，老孫在此奉揖。

u：誰是你的嫂嫂？

e：嫂嫂，扇子借我用用。

---

e：女童，你进去转报公主，我是取经的和尚，在西方路上，难过火焰山，特来拜借芭蕉扇一用。

o：你是哪寺里和尚？叫甚名字？我进去通报。

e：我是东土来的，叫做孙悟空和尚。

u：孙悟空何在？

e：嫂嫂，老孙在此奉揖。

u：谁是你的嫂嫂？

e：嫂嫂，扇子借我用用。

ᠮᡳᠨᡳ ᠪᠠᡳᡨᠠᠯᠠᠮᠪᡳ ᠃

ᠠᠨ ᠊᠊᠊ ᠃ ᠮᡳᠨᡳ ᠊ᠰᠠ᠊᠊᠊᠊ ᠪᡳᠨᠠ ᠪᠠᠮᠪᡳ ᠪᠠᠮᠪᡳᠨᡳ ᠮᠠᠨᡳ ᠮᠠᠨᡳ ᠂ ᠊᠊᠊᠊᠊᠊ ᠊᠊᠊᠊᠊᠊᠊ ᠂

ᠠᠨ ᠊᠊᠊ ᠃ ᠮᡳᠨᡳ ᠊᠊᠊᠊᠊᠊᠊ ᠊᠊᠊᠊᠊᠊᠊᠊ ᠊᠊᠊᠊᠊᠊᠊ ᠃

ᠰᠠᠨ ᠊᠊᠊ ᠃ ᠮᡳᠨᡳ ᠊᠊᠊᠊ ᠊᠊᠊᠊᠊᠊ ᠊᠊᠊ ᠂ ᠊᠊᠊᠊᠊ ᠊᠊᠊᠊ ᠊᠊᠊ ᠊᠊᠊᠊᠊᠊᠊ ᠊᠊᠊᠊᠊᠊᠊᠊ ᠃

ᠰᠠᠨ ᠊᠊᠊ ᠃ ᠮᡳᠨᡳ ᠊᠊᠊᠊ ᠊᠊᠊᠊᠊᠊ ᠊᠊᠊ ᠂ ᠊᠊᠊᠊᠊ ᠊᠊᠊᠊ ᠊᠊᠊ ᠊᠊᠊᠊᠊᠊᠊ ᠊᠊᠊᠊᠊᠊᠊᠊ ᠃

ᠵᠣᠨ ᠊᠊᠊ ᠃ ᠊᠊ ᠊᠊᠊᠊᠊᠊᠊ ᠊᠊᠊᠊᠊᠊᠊ ᠊᠊ ᠊᠊᠊᠊᠊᠊᠊᠊ ᠊᠊᠊᠊᠊᠊᠊᠊᠊ ᠂ ᠊᠊᠊᠊ ᠊᠊᠊᠊᠊ ᠊᠊᠊᠊᠊᠊᠊

ᠵᠣᠨ ᠊᠊᠊ ᠃ ᠊᠊᠊᠊᠊᠊᠊᠊ ᠊᠊᠊ ᠊᠊᠊᠊᠊᠊᠊ ᠊᠊᠊᠊ ᠂ ᠊᠊ ᠊᠊᠊᠊᠊᠊᠊᠊ ᠃

ᠵᠣᠨ ᠊᠊᠊ ᠃ ᠊᠊᠊᠊᠊᠊᠊᠊ ᠊᠊᠊᠊᠊᠊᠊ ᠊᠊᠊᠊᠊᠊᠊᠊ ᠊᠊ ᠃

ᠰᠠᠨ ᠊᠊᠊ ᠃ ᠊᠊᠊ ᠊᠊᠊᠊᠊᠊᠊ ᠊᠊᠊᠊᠊᠊᠊ ᠊᠊᠊᠊᠊᠊᠊᠊ ᠊᠊᠊ ᠃

a：ere unenggi fusheku waka.

e：unenggi fusheku aibide bi?

u：mujilen be sulakan sinda, bi asarahabi.

e：si unenggi fusheku be aibide asarahabi? yamji cimari saikan olhošo.

u：ere boobai wakao?

e：ere emu ajige jaka, tere tuwa be adarame mukiyebuci ombi?

a：ere gese emu ajige jaka jakūn tanggū bai tuwa be adarame mukiyebuci ombi?

u：ere boobai ubaliyara kūbulirengge mohon akū, udu jakūn tumen bai tuwai šanggiyan bihe seme, emgeri debsihe sehede, uthai mukiyembi.

---

a：這扇不是真的。

e：真扇在於何處？

u：放心，我收著哩！

e：真扇子你收在哪裡？早晚仔細。

u：這個不是寶貝嗎？

e：這個小東西，怎生搧得火滅？

a：這般小小之物，如何搧得八百里火滅？

u：這寶貝變化無窮，哪怕他八萬里火燄，可一搧而消也。

---

a：这扇不是真的。

e：真扇在于何处？

u：放心，我收着哩！

e：真扇子你收在哪里？早晚仔细。

u：这个不是宝贝吗？

e：这个小东西，怎生搧得火灭？

a：这般小小之物，如何搧得八百里火灭？

u：这宝贝变化无穷，哪怕他八万里火焰，可一搧而消也。

ᠵᡳ᠄
ᠵᠠ᠄
ᠵᠠ᠄
ᠵᡳ᠄
ᠵᠠ᠄
ᠰᠠ᠄
ᠪᠠ᠄
ᠵᡳ᠄

i：tacikui age bi jihe.

e：deo si absi genembi?

e：bi bahafi gajiha.

i：si adarame baha?

e：sakda sun eiterefi gajiha.

i：lo ca nioi si generakū, ubade ilifi ai be aliyambi?

u：dai šeng daci tuwa be mukiyebuhe manggi, minde bumbi sehe bihe.

e：sakda sun ere fusheku be sinde burakū ohode, niyalma mimbe akdun akū sembi, si ere fusheku be gamame alin de bederefi jai ume balai yabure.

---

i：師兄，我來了。

e：兄弟，你往哪裡去？

e：我已得了手了。

i：你怎麼得的？

e：是老孫騙將來的。

i：羅剎女，你不走路，還站在這裡等什麼？

u：大聖原說搧熄了火還我。

e：老孫若不把這扇給你，恐人說我言而無信。你拿扇子回山，再休生事。

---

i：师兄，我来了。

e：兄弟，你往哪里去？

e：我已得了手了。

i：你怎么得的？

e：是老孙骗将来的。

i：罗刹女，你不走路，还站在这里等什么？

u：大圣原说搧熄了火还我。

e：老孙若不把这扇给你，恐人说我言而无信。你拿扇子回山，再休生事。

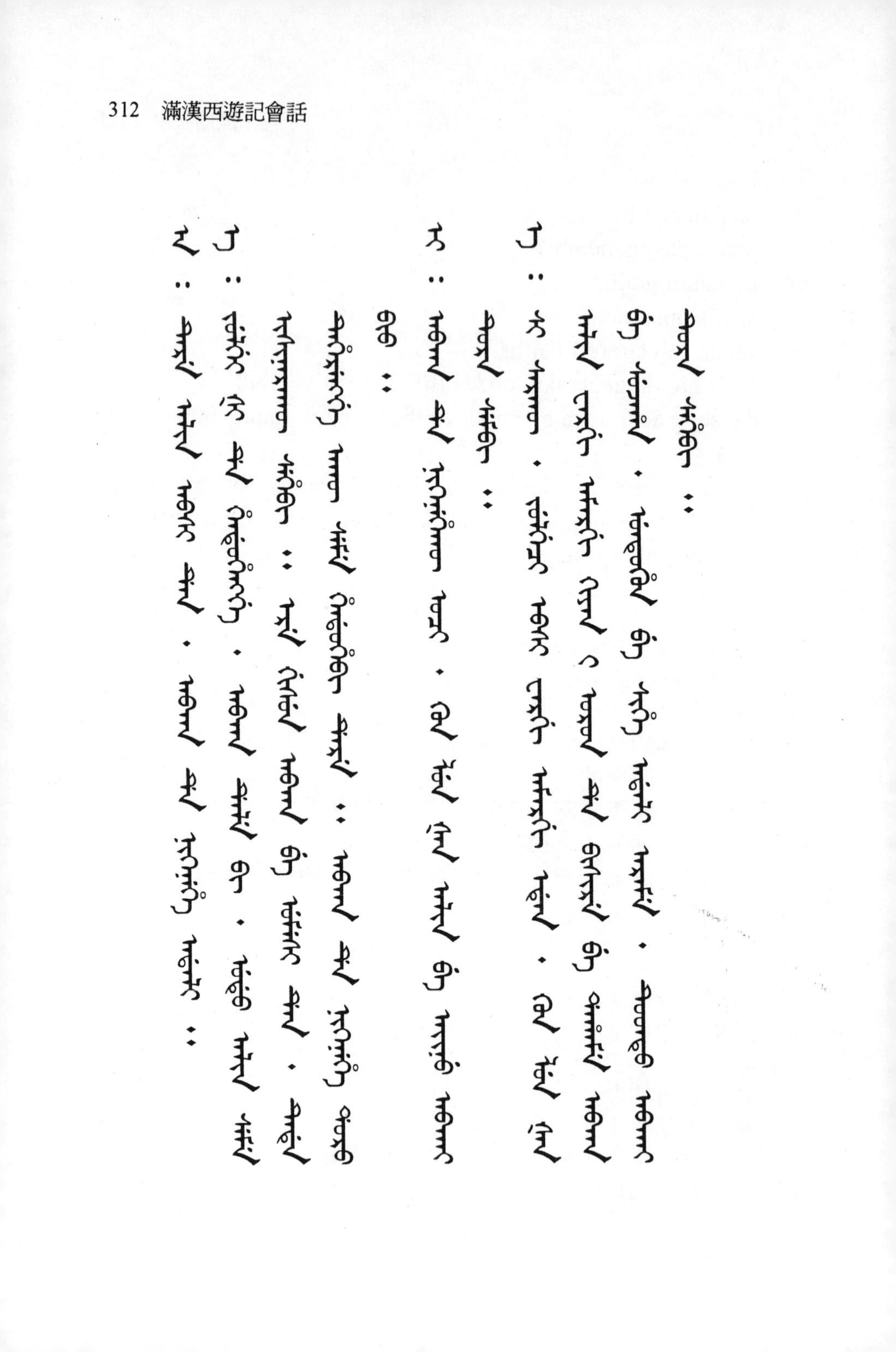

二十六、頂天塞空

a：tere alin absi den, abka de nikenehe adali.

e：julgei ši de henduhengge, abka dele bi, udu alin seme isinarakū sehebi, ere gisun abka be umesi den, tede teherengge akū seme henduhebi dere, abka de nikenehe doro bio?

i：abka de nikenehekū oci, kun lun šan alin be ainu abkai tura sembi?

e：si sarkū, julgeci ebsi wargi amargi eden, kun lun šan alin wargi amargi kiyan i oron de bisire be dahame abka be sujaha, untuhun be sihe adali arame, tuttu abkai tura sehebi.

---

a：那座山好高，可便似接著青天。

e：古詩云：只有天在上，更無山與齊。但言天之極高，無可與它比並，豈有接天之理？

i：若不接天，如何把崑崙山號爲天柱？

e：你不知，自古西北不滿，崑崙山在西北乾位上，故有頂天塞空之意，遂名天柱。

---

a：那座山好高，可便似接着青天。

e：古诗云：只有天在上，更无山与齐。但言天之极高，无可与它比并，岂有接天之理？

i：若不接天，如何把昆仑山号为天柱？

e：你不知，自古西北不满，昆仑山在西北乾位上，故有顶天塞空之意，遂名天柱。

ᠴᡳ᠂ ᠨᡳᠴᡳᠴᡳᠣᡳ ᡶᡳ ᠪᡳᠳᡳᠴᡳ ᡝᠯᡳ ᡶᡳ ᠪᡳᡳᡳᠳᠣᡳ ᠪᡳᡳᠴᡳᠴᡳᠴᡳᠣ᠂ ᠪᡳᡳᠴᡳᡳᠴᡳ ᡳᡳᡳᡶᡳ ᡶᡳ

ᠸᠠ᠂ ᠨᡳᠴᡳᡳᡳᡳᠣᠣᠳᡳ ᠪᡳᡳᠴᡳᡳᠣ ᠪᡳᡳᠴᡳᡳᡳᡳᠴᡳᡳᠣ᠂ ᠪᡳᡳᠴᡳᡳᠣᡳ ᡝᠯᡳ ᠳᡳ
ᡳᡳᡳ᠂ ᠪᡳᡳᡳᡳ ᠪᡳᡳᡳᡳᠴᡳᡳ ᠪᡳᡳᡳᡳᠴᡳᡳᠣᡳ᠂ ᠰᡳᡳᡳᡳᡳᡳᡳ ᠪᡳᡳᡳᡳᠣᡳ ᠳᡳ

ᠴᡳ᠂ ᠪᡳᡳᡳᡳᡳᡳᡳ ᡳᡳᡳᡳ ᠪᡳᡳᡳᡳᡳ ᠪᡳᡳᡳᡳᡳᡳ ᠪᡳᡳᡳᡳ ᡝᠯᡳ ᡳᡳᡳᡳ ᡳᡳᡳ ᠪᡳᡳᡳ ᡝᠯᡳ
ᠪᡳᡳᡳᡳ ᠸᠠ ᡳᡳᡳᡳᡳᡳᡳ ᠪᡳᡳᡳᡳᡳ ᠪᡳᡳ ᡳᡳᡳᡳᡳᡳᡳ᠂ ᠪᡳᡳ ᠨ ᠪᡳᡳᡳᡳ ᡝᠯᡳ ᡳᡳᡳᡳ᠂

ᡳᡳᡳ᠂ ᡳᡳ ᠪᡳᡳᡳᡳᡳ ᡳᡳᡳᡳᡳ ᠪᡳᡳᡳᡳᡳ ᠨᠠ ᠪᡳᡳᡳᡳᡶᡳ ᠪᡳᡳ᠂ ᡳᡳᡳ᠂ ᠪᡳᡳᡳᡳ ᡳᡳᡳ ᡳᡳᡳᡳ ᡳᡳ

ᡳᡳᡳ᠂ ᠪᡳᡳᡳᡳᡳ ᠪᡳᡳᡳᡳᡳ ᡝᠯᡳ ᡳᡳᡳ᠂ ᠪᡳᡳ ᡳ ᠪᡳᡳᡳᡳ ᠪᡳᡳ᠂ ᡳ᠂ ᠪᡳᡳᡳᡳ ᠳᡳ

ᡳᡳᡳ᠂ ᠪᡳᡳᡳᡳ ᠪᡳᡳᡳᡳᡳ ᠨᠠ᠂ ᠪᡳᡳᡳᡳᡳᡶᡳ ᡳᡳᡳ ᠨ ᠪᡳᡳᡳᡳ ᠪᡳᡳ᠂ ᠪᡳᡳᡳᡳ ᠳᡳ ᠪᡳᡳᡳᡳ ᡳᡳ
ᡳᡳᡳ᠂ ᠨ ᠪᡳᡳᡳᡳ ᠪᡳᡳᡳᡳᡳᡳᡳ ᠪᡳᡳᡶᡳ ᡳᡳᡳᡳᡳ ᠪᡳᡳ ᡳᡳᡳᡳᡳ ᠪᡳᡳ᠂

a：si tuwa, tere leose bisirengge emu hecen wakao?

e：tere hecen emu gurun i han i tehe ba.

i：abkai fejergi fu hiyan i hecen bi, han wang ni tehe babe adarame bahafi saha?

e：si sarkū, han wang sei tehe ba, fu hiyan ci encu, si tuwa, tere duin dere de juwan funcere duka bi, šurdeme tanggū ba funcembi, leose taktu den, tugi talman eldengge, han i tehe hecen waka oci, ere gese eldengge yangsangga mujanggao?

o：enduringge hūwašan uttu gincihiyan eldengge, wesihun šabi ai uttu bocihe?

e：niyalma be cira boco be tuwaci ojorakū, mederi muke be hiyasei miyalici ojorakū.

---

a：你看那廂樓閣不是一座城池嗎？

e：那座城池是一國帝王居所。

i：天下有府縣城池，怎麼得知是帝王居所？

e：你不知帝王居所，與府縣不同，你看它四面有十數座門，周圍有百十餘里，樓閣高聳，雲霧繽紛，既非帝京，何以如此壯麗？

o：聖僧如此丰姿，高徒怎麼這樣醜？

e：人不可貌相，海水不可斗量。

---

a：你看那厢楼阁不是一座城池吗？

e：那座城池是一国帝王居所。

i：天下有府县城池，怎么得知是帝王居所？

e：你不知帝王居所，与府县不同，你看它四面有十数座门，周围有百十余里，楼阁高耸，云雾缤纷，既非帝京，何以如此壮丽？

o：圣僧如此丰姿，高徒怎么这样丑？

e：人不可貌相，海水不可斗量。

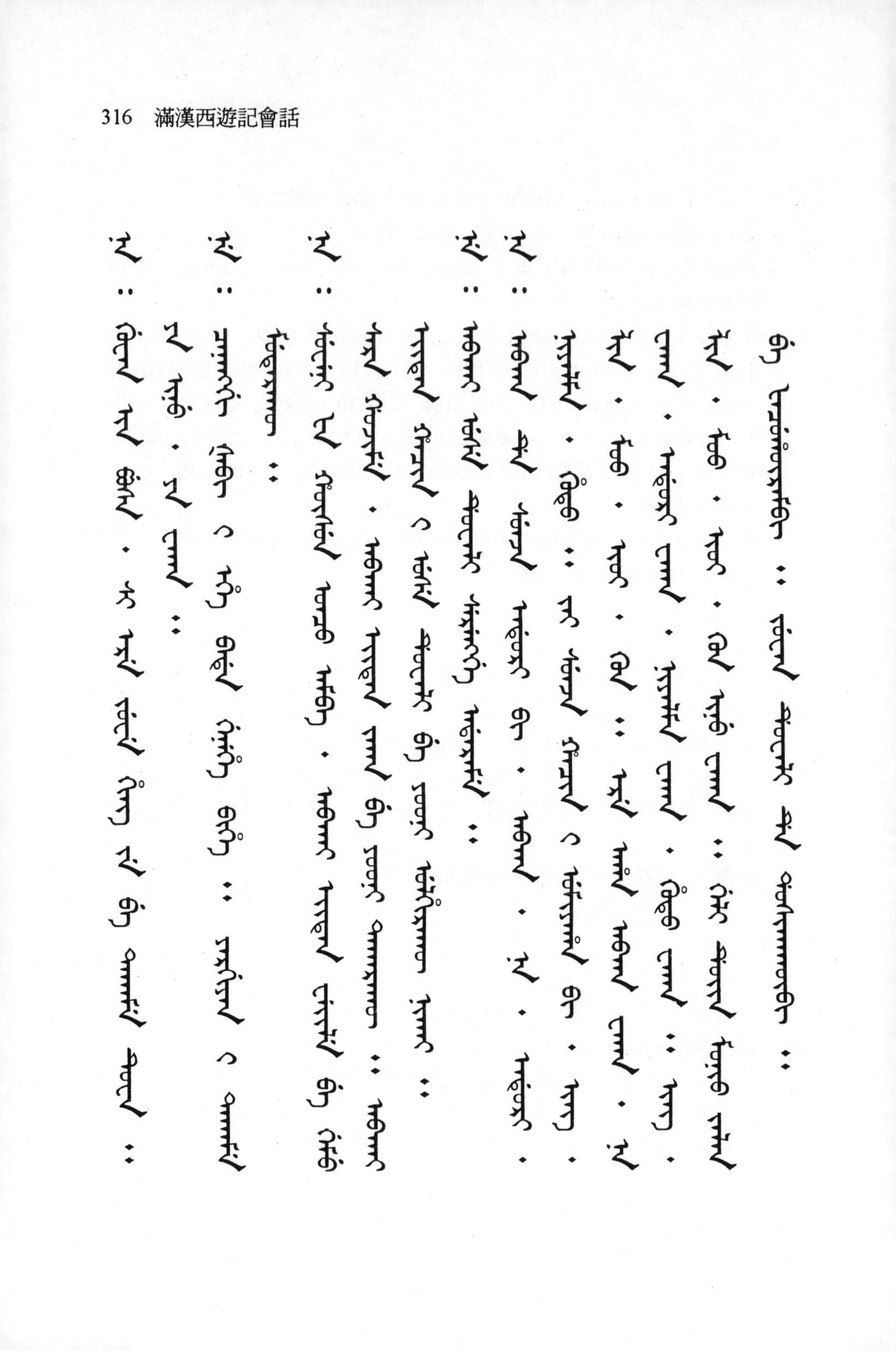

na：guwan in pusa, si ere juwe hing je be takame tuwa, ya inu, ya waka?

ne：cananggi šabi i ehe bade genehe bihe, yargiyan i takame muterakū.

na：suweni fa hūsun onco amba, abkai eiten weile be gemu sara gojime, abkai eiten jaka be yooni takarakū, abkai eiten hacin i use duwali be yooni ulhirakū nikai.

ne：abkai use duwali serengge adarame?

na：abka de sunja enduri bi, abka, na, enduri, niyalma, hutu, jai sunja hacin i umiyaha bi, ing, lin, moo, ioi, kun, ere aha abka waka, na waka, enduri waka, niyalma waka, hutu waka, ing, lin, moo, ioi, kun inu waka, geli duin monio jalan be facuhūrambi, juwan duwali de dosikakūbi.

---

na：觀音菩薩，你看那兩個行者，誰是，誰不是？

ne：前日在弟子荒境，委不能辨。

na：汝等法力廣大，只能普知周天之事，不能徧識周天之物，亦不能廣會周天之種類。

ne：周天種類者如何？

na：周天之內有五仙，乃天、地、神、人、鬼。有五蟲，乃嬴、鱗、毛、羽、昆，這廝非天、非地、非神、非人、非鬼、亦非嬴、非鱗、非毛、非羽、非昆，又有四猴混世，不入十類之種。

---

na：观音菩萨，你看那两个行者，谁是，谁不是？

ne：前日在弟子荒境，委不能辨。

na：汝等法力广大，只能普知周天之事，不能徧识周天之物，亦不能广会周天之种类。

ne：周天种类者如何？

na：周天之内有五仙，乃天、地、神、人、鬼。有五虫，乃嬴、鳞、毛、羽、昆，这厮非天、非地、非神、非人、非鬼、亦非嬴、非鳞、非毛、非羽、非昆，又有四猴混世，不入十类之种。

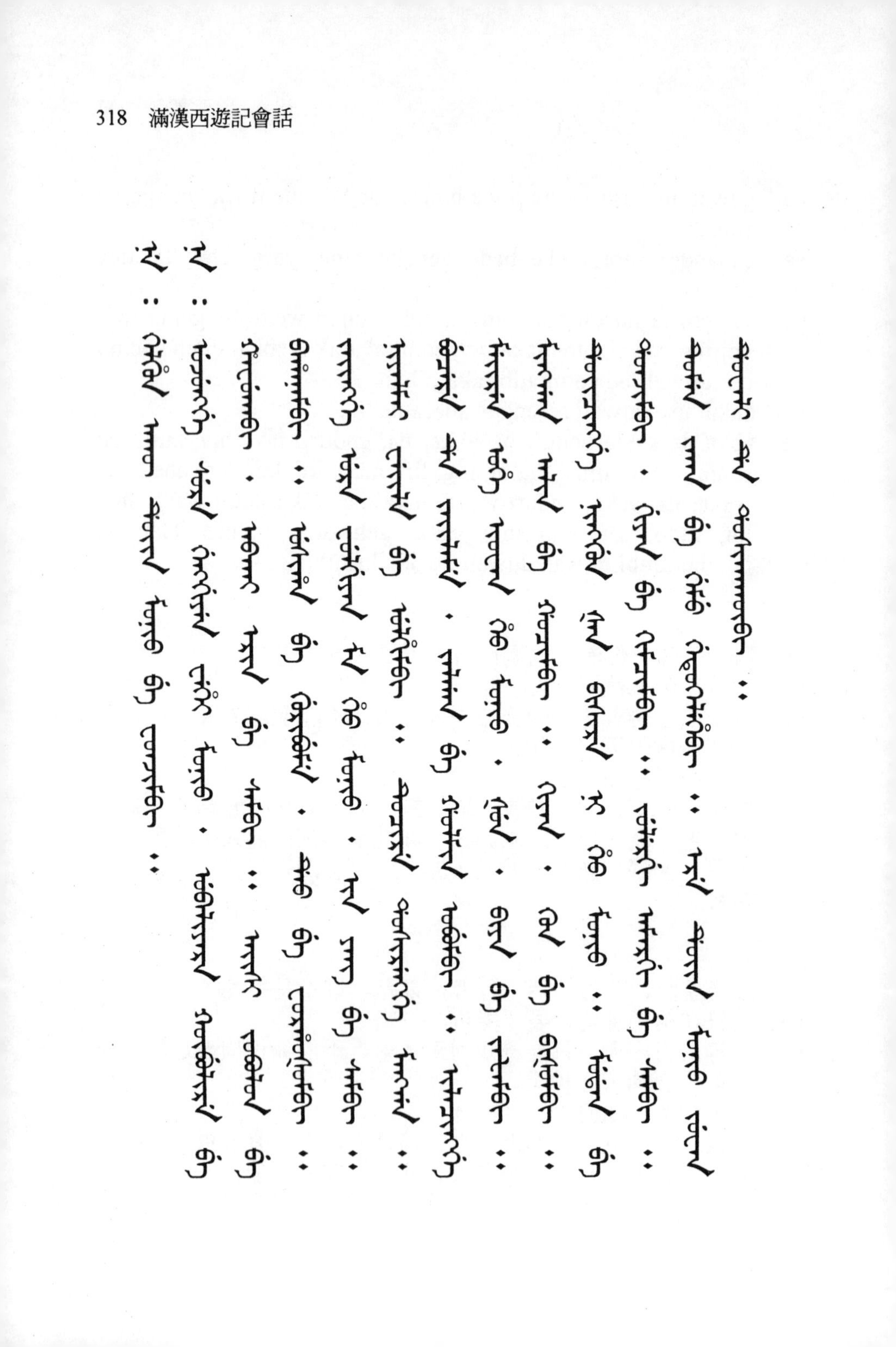

ne：gelhun akū duin monio be fonjimbi?

na：ujungge sure genggiyen wehei monio, ubaliyara kūbulire be hafukabi, abkai erin be sambi, aisi jobolon be bahanambi, usiha be guribume, deo be forhošombi. jaingge ura fulgiyan ma heo monio, in yang be sambi, niyalmai weile be ulhimbi, tucire dosirengge mangga, bucere de jailame, jalgan be golmin obumbi. ilacingge meiren uhe iowan heo monio, šun biya be jafambi, minggan alin be gocimbi, kiyan kun be bišumbi. duicingge ninggun šan bisire ni heo monio, mudan be donjimbi, giyan be kimcimbi, julergi amargi be sambi, tumen jaka be gemu getukelehebi, ere duin monio juwan duwali de dosikakūbi.

---

ne：敢問是哪四猴？

na：第一是靈明石猴，通變化，識天時，知地利，移星換斗。第二是赤尻馬猴，曉陰陽，會人事，善出入，避死延生。第三是通臂猿猴，拿日月，縮千山，轉乾坤。第四是六耳獼猴，善聆音，能察理，知前後，萬物皆明，此四猴是不入十類之種。

---

ne：敢问是哪四猴？

na：第一是灵明石猴，通变化，识天时，知地利，移星换斗。第二是赤尻马猴，晓阴阳，会人事，善出入，避死延生。第三是通臂猿猴，拿日月，缩千山，转乾坤。第四是六耳猕猴，善聆音，能察理，知前后，万物皆明，此四猴是不入十类之种。

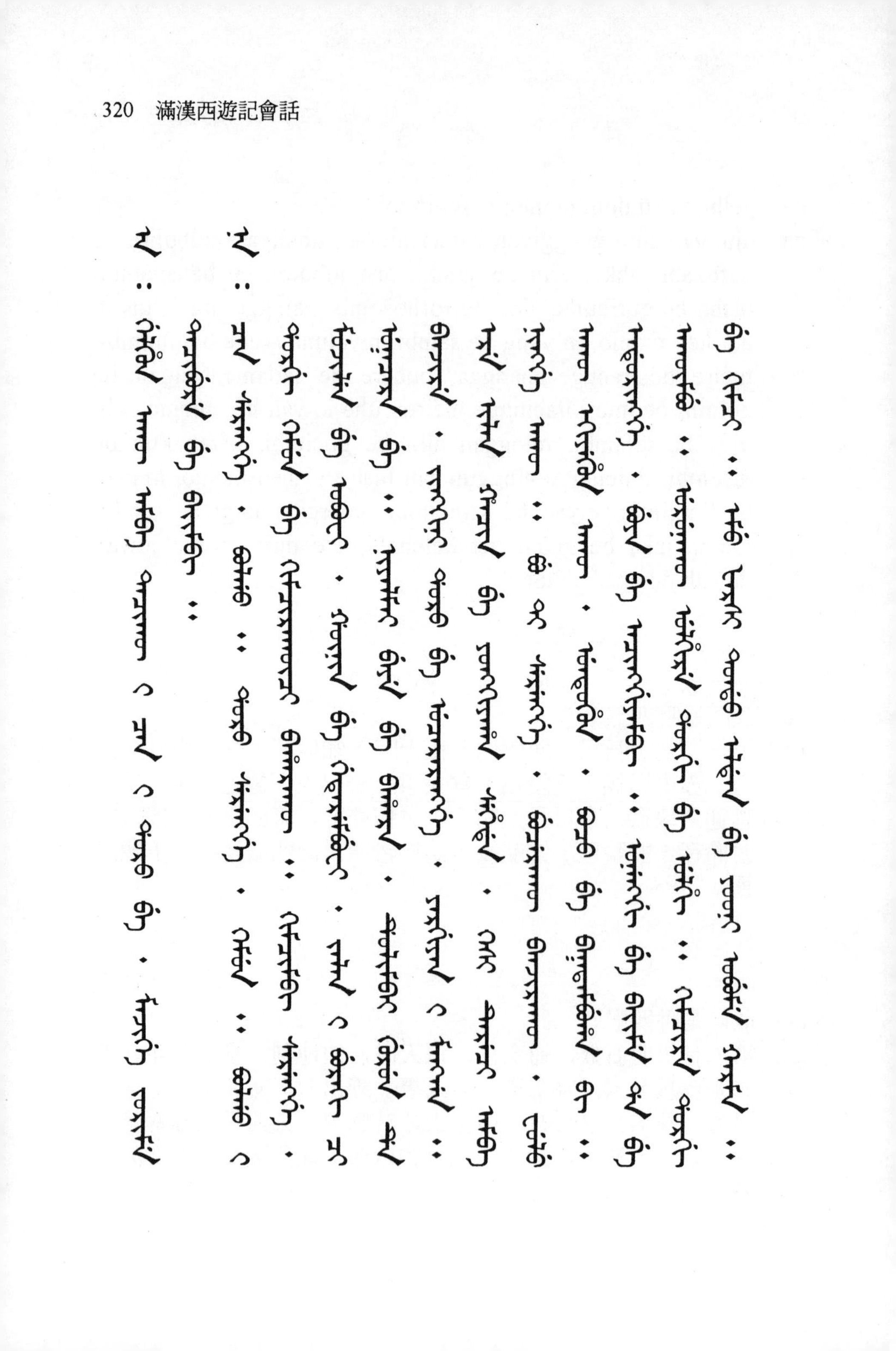

a ： gelhun akū amba tacikū i can i doro be majige jorime tacibure
　　 be baimbi.

na ： can serengge, bolgo, doro serengge, kemun bolgo i dorgi
　　　 kemun be kimcirakūci baharakū. kimcimbi serengge mujilen
　　　 be obofi, gūnin be geterembufi, jalan i buraki ci ukcara be,
　　　 niyalmai beye be bahara, dulimbai gurun de banjire, jingkini
　　　 doro be ucararangge, yargiyan i mangga, ere ilan hacin be
　　　 yongkiyaha sehede, kesi tereci amba ningge akū. pu ti
　　　 serengge, bucerakū banjirakū, fulu akū ekiyehun akū,
　　　 untuhun boco be baktambuha bi, enduringge buya be
　　　 acinggiyambi, unenggi be baime da be akūmbu, urunakū
　　　 ulhire dorgi be ulhi, kimcire dorgi be kimci, emu farsi tondo
　　　 elden be yooni obume karma.

---

a ：敢請以大乘禪法指教一二。

na ：禪者，淨也，法者，度也。淨中之度，非悟不成。悟者，洗
　　　心滌慮，脫俗離塵是也。人身難得，中土難生，正法難遇，
　　　全此三者，幸莫大焉。菩提者，不死不生，無餘無欠，空色
　　　包羅。聖凡俱遣，訪真了元。必須覺中覺了悟中悟，一點靈
　　　光全保護。

---

a ：敢请以大乘禅法指教一二。

na ：禅者，净也，法者，度也。净中之度，非悟不成。悟者，洗
　　　心涤虑，脱俗离尘是也。人身难得，中土难生，正法难遇，
　　　全此三者，幸莫大焉。菩提者，不死不生，无余无欠，空色
　　　包罗。圣凡俱遣，访真了元。必须觉中觉了悟中悟，一点灵
　　　光全保护。

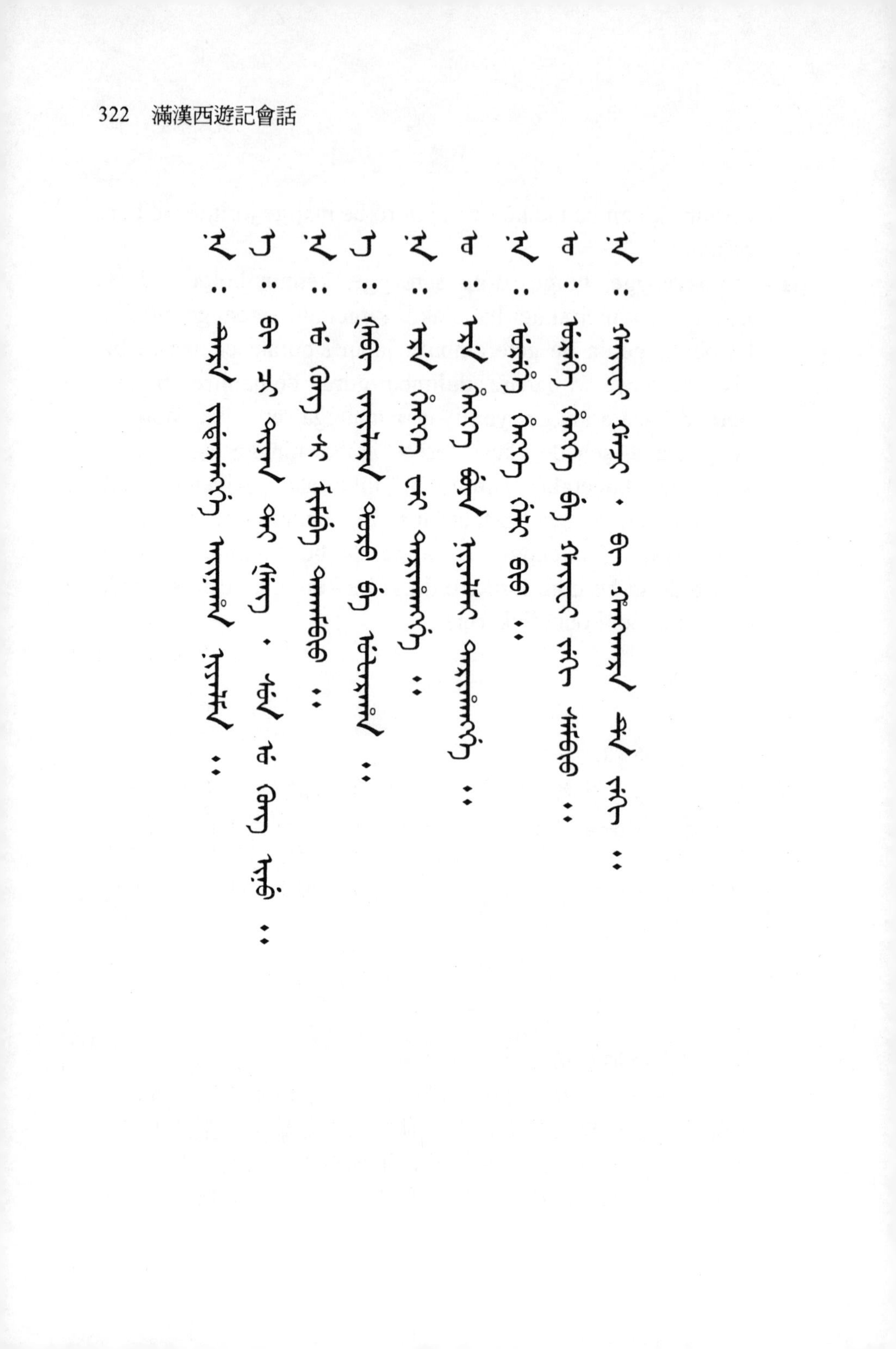

二十七、七絕柿山

na：tere jiderengge ainaha niyalma?
e：bi ci tiyan dai šeng, sun u kung inu.
na：u kung si mimbe takambio?
e：šabi jailara doro be ufaraha.
na：ere hengke wei tarihangge?
o：ere hengke buya niyalmai tarihangge.
na：urehe hengke geli bio?
o：urehe hengke be gaifi jeki sembio?
na：gaifi gaji, bi hangkara de jeki.

---

na：那來的是誰？
e：我乃齊天大聖孫悟空。
na：悟空，認得我嗎？
e：弟子有失廻避了。
na：這瓜是誰人種的？
o：這瓜是小人種的。
na：可有熟瓜嗎？
o：想摘熟瓜吃嗎？
na：摘個來，我要解渴。

---

na：那来的是谁？
e：我乃齐天大圣孙悟空。
na：悟空，认得我吗？
e：弟子有失避回了。
na：这瓜是谁人种的？
o：这瓜是小人种的。
na：可有熟瓜吗？
o：想摘熟瓜吃吗？
na：摘个来，我要解渴。

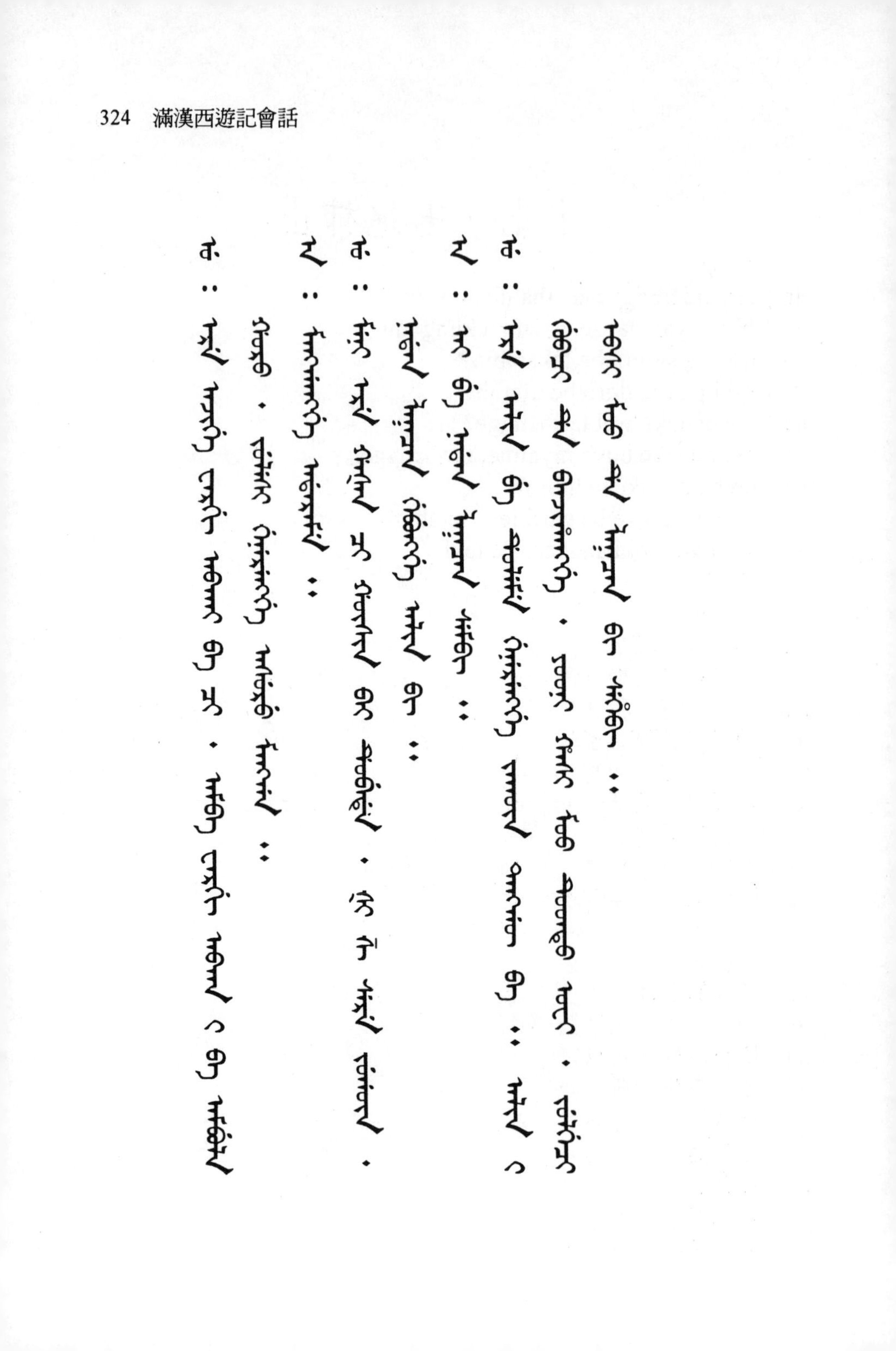

u：ere ajige wargi abkai ba ci amba wargi abka i ba ambula goro, julesi generengge asuru mangga.

a：manggangge adarame?

u：meni ere gašan ci gūsin bai dubede, ši dz sere jugūn, nadan lakcan gebungge alin bi.

a：ai be nadan lakcan sembi?

u：ere alin be duleme generengge jakūn tanggū ba, alin i gubci de banjihangge, yooni hasi moo tuttu ofi, julgeci ebsi moo de lakcan bi sehebi.

---

u：從這小西天到大西天，路途甚遠，前去艱難。

a：怎麼艱難？

u：從我這村莊西去三十餘里，有一條柿子路，山名七絕。

a：何爲七絕？

u：經過這山得八百里，滿山長的盡是柿果，自古以來遂云樹有七絕。

---

u：从这小西天到大西天，路途甚远，前去艰难。

a：怎么艰难？

u：从我这村庄西去三十余里，有一条柿子路，山名七絶。

a：何为七絶？

u：经过这山得八百里，满山长的尽是柿果，自古以来遂云树有七絶。

ᠪᠠ �..

ᠪᠠ ᠪᠠ ᠨᠠ

ᠲᠠᠮᠠᡤᠠ ᠨᠠ ᠂ ᠊ᠠᠰᠠ ᠪᠣᠯᠣᠨᠨ ᠮᠠᠰᠨᠨᠠ ᠪᠠ ᠮᠠᠰᠨᠨᠨᠠ ᠪᠣᠯᠣᠨ ᠂

u：emu de oci jalgan nonggimbi, jai de oci in ambula, ilaci de oci gasha feye ararakū, duici de oci umiyaha akū, sunjaci de oci ufa šatan tucimbi, ningguci de oci dorgi fili, nadaci de oci, gargan abdaha huweki, tuttu ofi, ci jiowei šan seme gebulehebi.

o：meni ere buya gašan i ba onco niyalma seri, alin i dolo genere niyalma akū ofi, aniya dari ureme dabaha hasi jugūn de tuhefi niyame wehei hafirhūn yūn i jugūn de fiheme jalufi, aga muke nimanggi gecen de ibeme bihei.

---

u：一是益壽，二是多陰，三是無鳥巢，四是無蟲，五是麵糖，六是嘉實，七是枝葉肥大，故名七絕山。

o：敝處地闊人稀，無人去到山裡，每年熟爛柿子落在路上，將一條夾石衚衕，盡皆填滿，至雨露雪霜。

---

u：一是益寿，二是多阴，三是无鸟巢，四是无虫，五是面糖，六是嘉实，七是枝叶肥大，故名七绝山。

o：敝处地阔人稀，无人去到山里，每年熟烂柿子落在路上，将一条夹石胡衕，尽皆填满，至雨露雪霜。

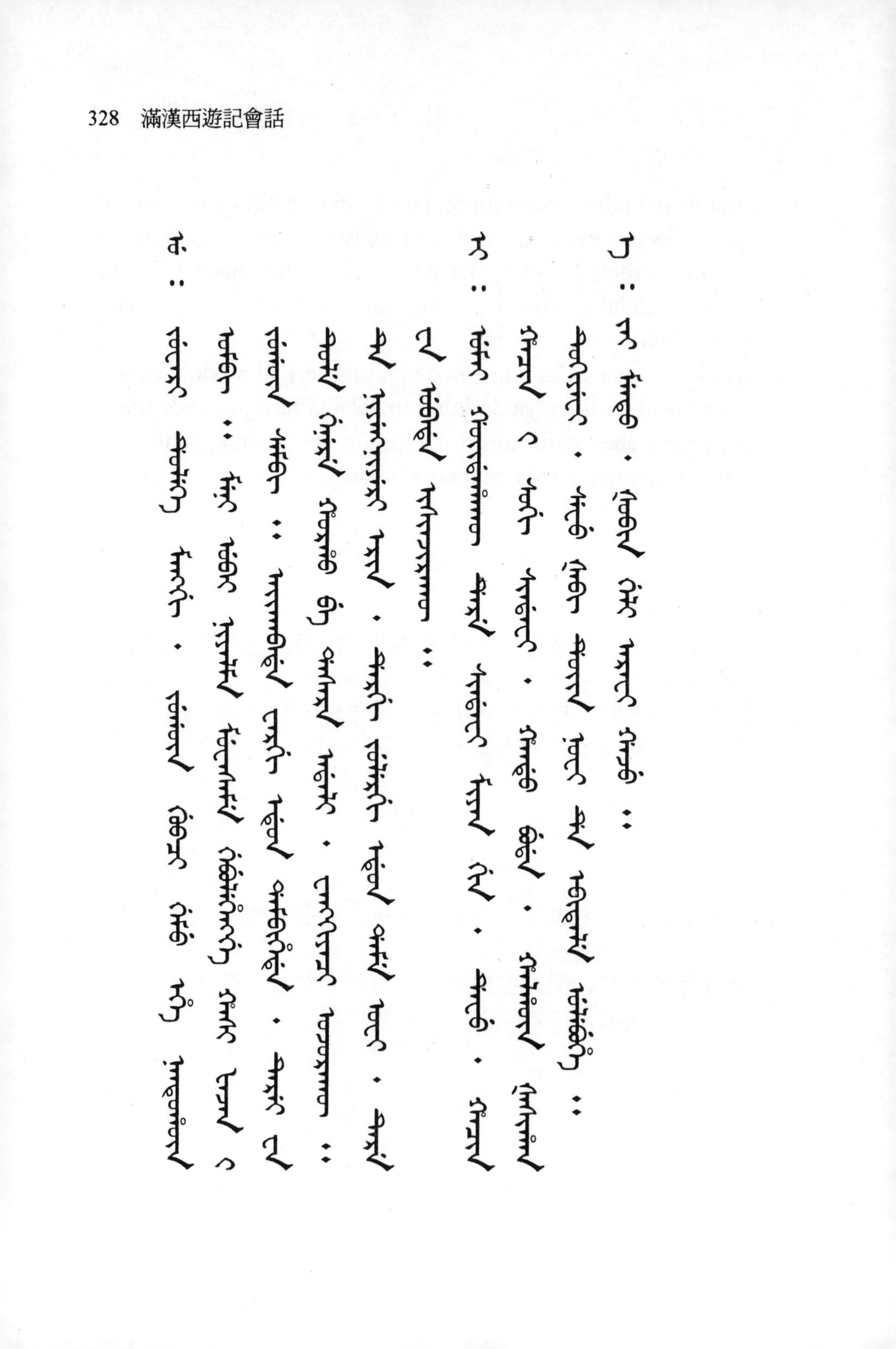

u：juwari duleke manggi, jugūn gubci gemu ehe nantuhūn ombi, meni ubai niyalma muwasame gebulehengge hasi fajan i jugūn sembi. aikabade wargi edun dambihede, terei wa tule genere horho be dasara adali, wangkiyaci ojorakū, te niyengniyeri erin, dergi julergi edun dame ofi, tere wa ubade isinjirakū.

i：umai goidahakū dere sindafi miyan gin, defu, hacin hacin i sogi sindafi, handu buda, halhūn šasihan tukiyefi, sefu šabi duin nofi de ebitele ulebuhe.

e：jai mentu, šobin geli arafi gaju.

---

u：過了夏天，一路全都污穢。我們這裡人家，俗呼爲柿屎路。若刮西風，那味道就像修厠圈那般惡臭難聞，如今正值春天，刮東南風，所以其味道這裡還聞不到。

i：少頃，移過桌子，擺著許多麵筋，豆腐，各種菜蔬，米飯，熱羹，師徒四人盡飽一餐。

e：再做些饅頭、燒餅來。

---

u：过了夏天，一路全都污秽。我们这里人家，俗呼为柿屎路。若刮西风，那味道就像修厕圈那般恶臭难闻，如今正值春天，刮东南风，所以其味道这里还闻不到。

i：少顷，移过桌子，摆着许多面筋，豆腐，各种菜蔬，米饭，热羹，师徒四人尽饱一餐。

e：再做些馒头、烧饼来。

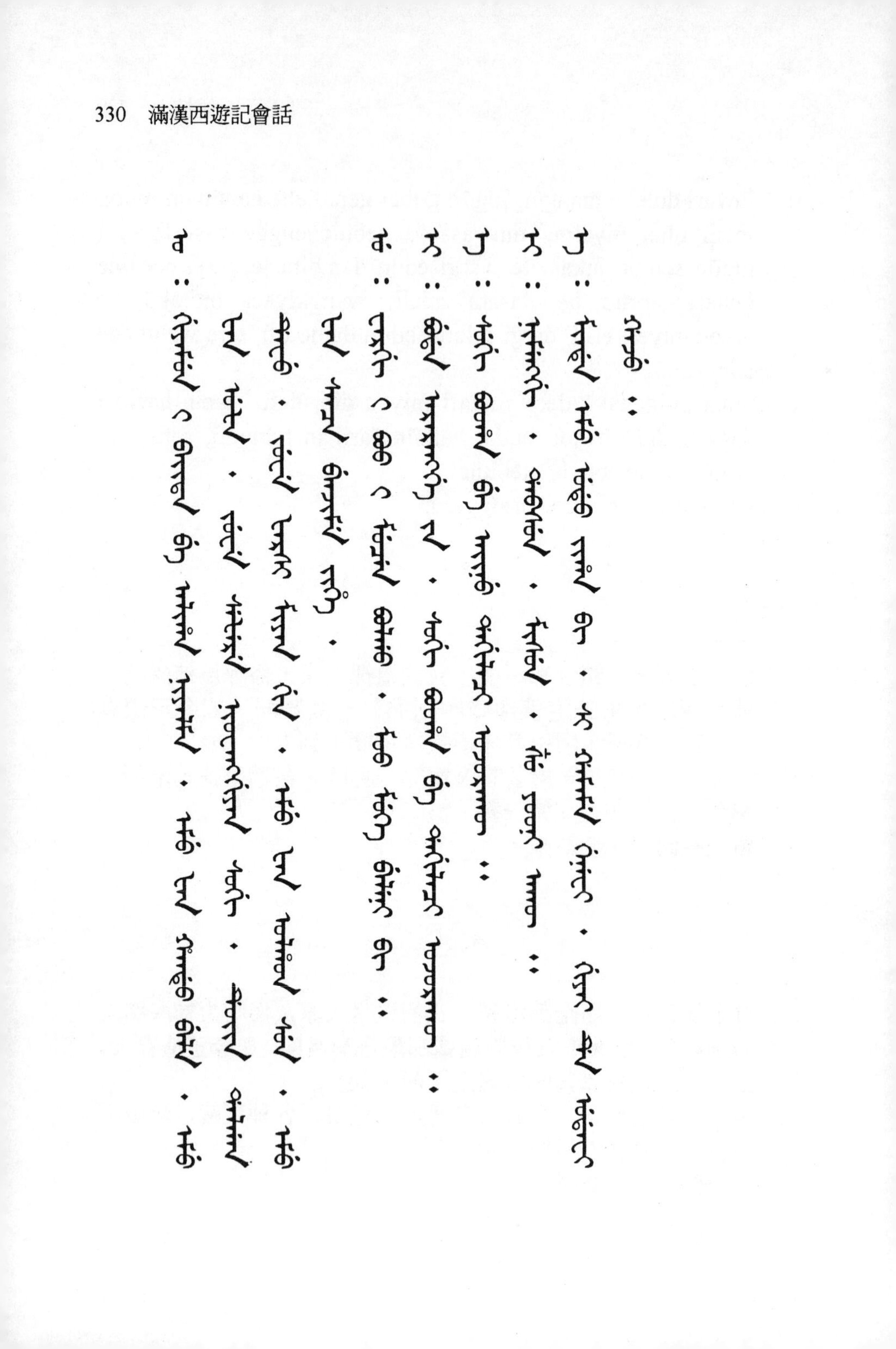

o：giyamun i baita be aliha niyalma, emu fan handu bele, emu fan ufa, juwe sefere niowanggiyan sogi, duin dalgan defu, juwe farsi miyan gin, emu fan olhon sun, emu fan sanca benjime jihe.

u：wargi i boo i mucen bolgo, moo muke beleni bi.

i：buda ararangge ja, sogi booha be dagilaci ojorakū.

e：sogi booha be ainu dagilaci ojorakū.

i：nimenggi, dabsun, misun, ts'u yooni akū.

e：minde emu udu jiha bi, si gamame genefi, giyai de udafi gaju.

---

o：管理館事的人送來了一盤白米、一盤白麵、兩把青菜、四團豆腐、兩塊麵筋、一盤乾笋、一盤木耳。

u：西房的鍋竈乾淨，柴水現成。

i：茶飯易煮，菜蔬不好安排。

e：菜蔬如何不好安排？

i：油、鹽、醬、醋俱無。

e：我這裡有幾文錢，你拿去上街買來。

---

o：管理馆事的人送来了一盘白米、一盘白面、两把青菜、四团豆腐、两块面筋、一盘干笋、一盘木耳。

u：西房的锅灶干净，柴水现成。

i：茶饭易煮，菜蔬不好安排。

e：菜蔬如何不好安排？

i：油、盐、酱、醋俱无。

e：我这里有几文钱，你拿去上街买来。

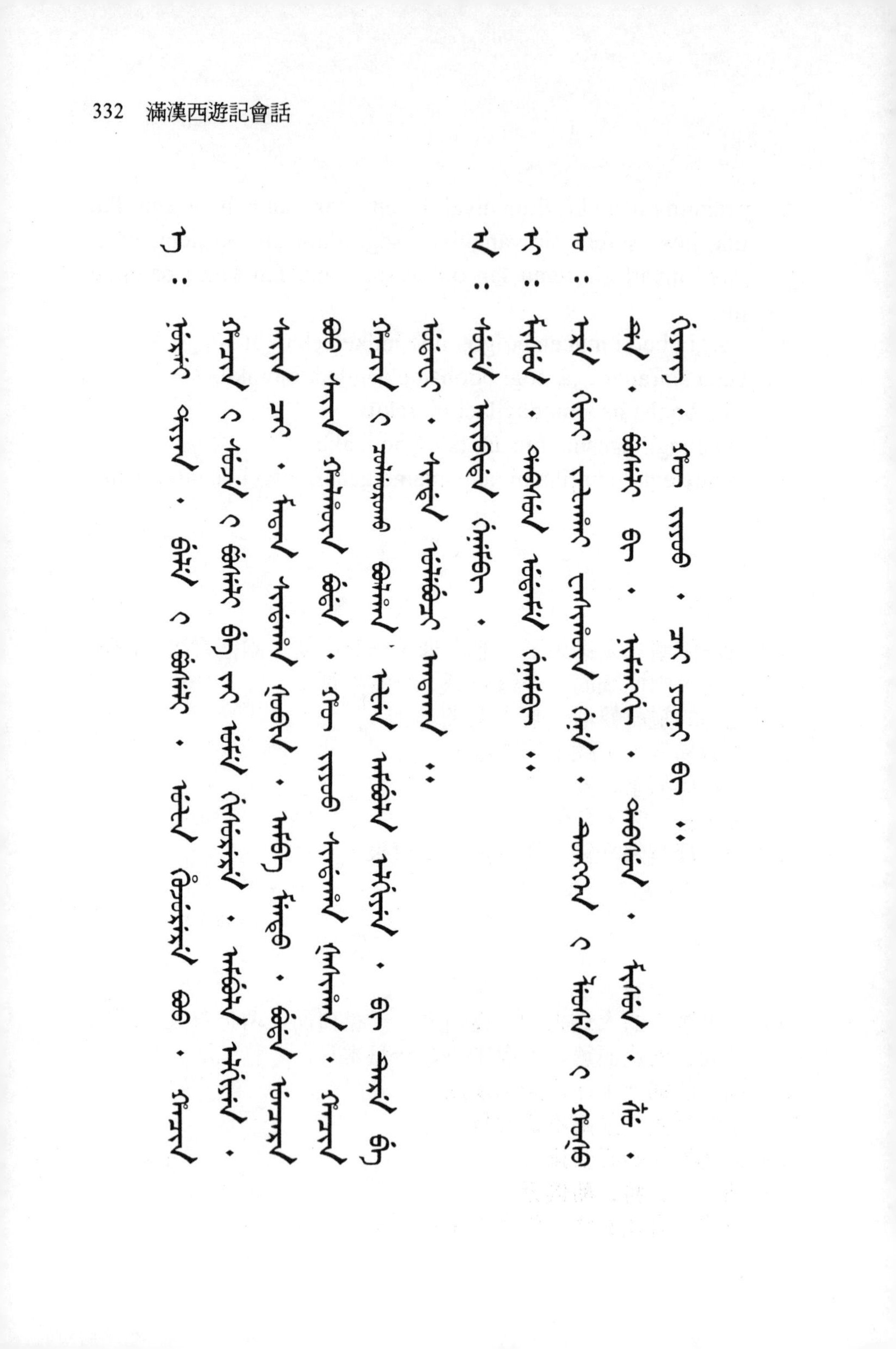

e：nurei diyan, bele i puseli, ufa hujurere boo. hacin hacin i suje i puseli be jai ume gisurere, ambula elgiyen, sain cai, matan sindaha šobin, amba mentu, buda uncara boo sain halhūn buda, hū jiyoo sindaha šasihan, hacin hacin i colgoroko bolaha efen ambula elgiyen, bi tere be udafi, sinde ulebuci antaka?

a：suwe aibide genembi?

i：misun, dabsun udame genembi.

o：ere giyai jafahai wasihūn gene, tungken i leose i hošo de puseli bi, nimenggi, dabsun, misun, ts'u, giyang, hū jiyoo, cai yooni bi.

---

e：酒店、米舖、磨坊，不消說種種綾羅綢緞舖貨非常豐富，又有好茶，放麻糖的燒餅、大饅頭、飯店好湯飯、放胡椒的羹湯，種種超凡的糖糕，非常豐富，我去買些給你吃如何？

a：你們哪裡去？

i：去買醬鹽。

o：這條街一直往西去，鼓樓角有店舖，油、鹽、醬、醋、薑、胡椒、茶葉俱全。

---

e：酒店、米铺、磨坊，不消说种种绫罗绸缎铺货非常丰富，又有好茶，放麻糖的烧饼、大馒头、饭店好汤饭、放胡椒的羹汤，种种超凡的糖糕，非常丰富，我去买些给你吃如何？

a：你们哪里去？

i：去买酱盐。

o：这条街一直往西去，鼓楼角有店铺，油、盐、酱、醋、姜、胡椒、茶叶俱全。

二十八、懸絲診脈

e：suweni han ainu jihekū?

o：han i beye kumdu.

e：suweni han i nimeku minggan aniya seme dulenderakū.

o：ere hūwašan ai uttu doro sarkū, gelhun akū angga i jalu balai gisurembi.

e：bi balai gisurerengge waka.

u：ere hūwašan i gisun inu giyan, udu enduri se jifi, nimeku be tuwacibe, tuwara donjire fonjire kimcire ci dulenderakū, erei gisun, enduringge daifu sa i gisun de acanaha bi.

---

e：你們國王如何不來？

o：國王身虛。

e：你們國王的病，就是一千年也不得好。

o：這和尙，怎麼這樣不知禮！敢滿口胡說。

e：我不是胡說。

u：這和尙也說得有理，就是神仙來看病，也須望、聞、問、切，這話甚合神醫之言。

---

e：你们国王如何不来？

o：国王身虚。

e：你们国王的病，就是一千年也不得好。

o：这和尚，怎么这样不知礼！敢满口胡说。

e：我不是胡说。

u：这和尚也说得有理，就是神仙来看病，也须望、闻、问、切，这话甚合神医之言。

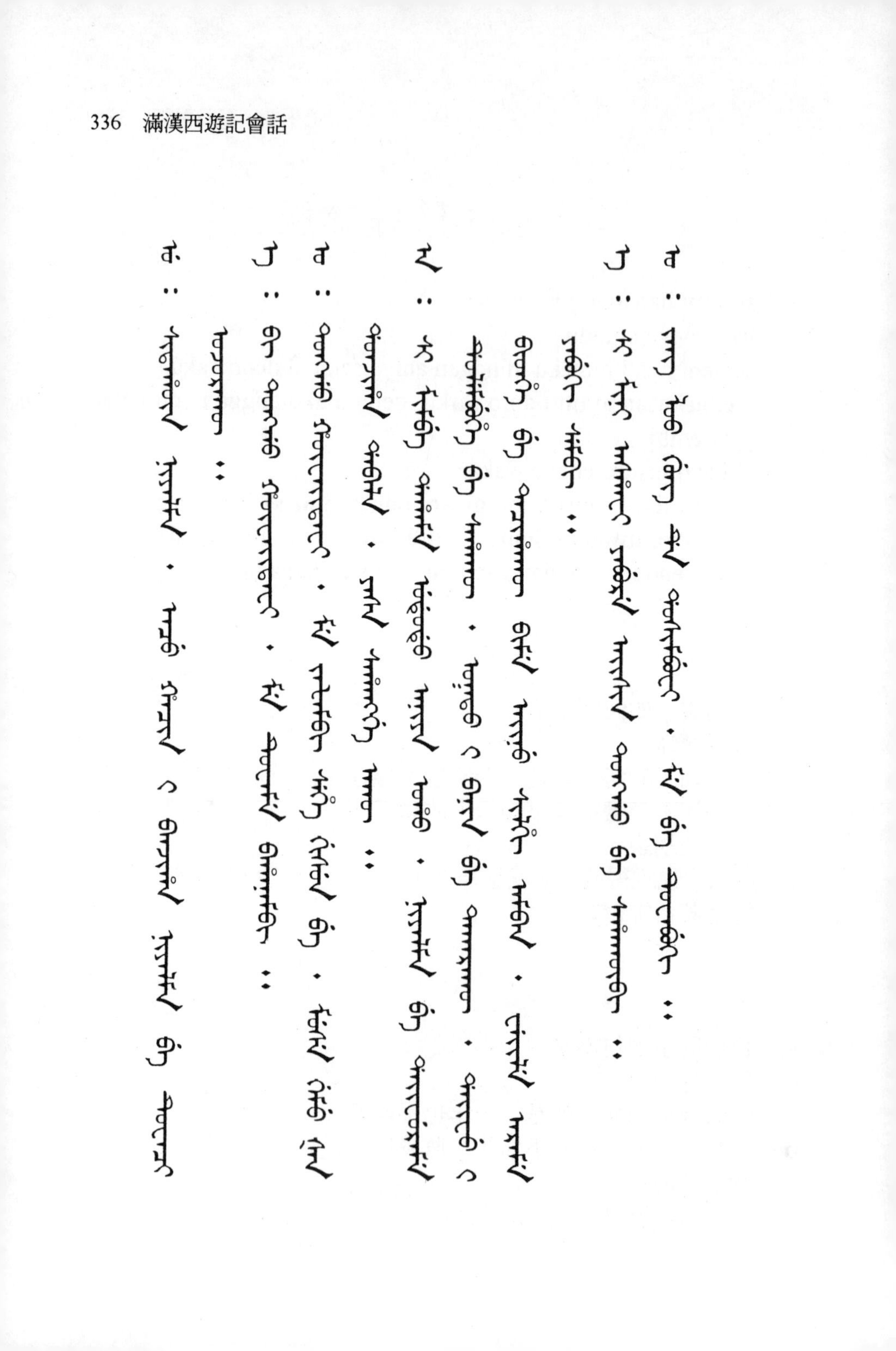

u：sitahūn niyalma, encu hacin i banjiha niyalma be tuwaci ojorakū.

e：bi tonggo hūwaitafi, me tuwame bahanambi.

o：tonggo hūwaitafi, me jafambi sehe gisun be muse gemu šan donjiha dabala, yasa sahangge akū.

a：si mimbe dahame ududu aniya oho, niyalma be daifurame dulembuhe be sahakū, okto i banin be takarakū, daifu i bithe be tacihakū bime ainu silhi amban, weile arame yabuki sembi.

e：si mini ashafi yabure aisin tonggo be sahakūbi.

o：jang loo gung de dosimbufi, me be tuwabuki.

———————

u：寡人見不得異樣生人哩！

e：我會懸絲診脈。

o：懸絲診脈，我等皆耳聞而已，不曾眼見。

a：你跟我這幾年，不曾見你醫好人來！連藥性也不知，醫書也未讀，怎麼大膽闖禍！

e：我有金線在身，你不曾見哩！

o：長老請入宮診脈去來。

———————

u：寡人见不得异样生人哩！

e：我会悬丝诊脉。

o：悬丝诊脉，我等皆耳闻而已，不曾眼见。

a：你跟我这几年，不曾见你医好人来！连药性也不知，医书也未读，怎么大胆闯祸！

e：我有金线在身，你不曾见哩！

o：长老请入宫诊脉去来。

e　：suwe dosifi heo fei ocibe, hanciki taijiyansa ocibe neneme han
　　i hashū galai ts'un, guwan, c'yi i oron de hūwaita, geli emu
　　ujan be fa i duthe i fondo minde alibu.

e　：han i hashū ergi ts'un i me etuhun bime cira, guwan i me
　　cirgashūn bime mandan, c'yi i me šungkutu bime irushūn,
　　hashū ergi ts'un i me etuhun bime cirangge dolo kumdu
　　niyaman jaka nimembi, guwan i me cirgashūn bime
　　mandangge, nei tucime yali madambi c'yi me šungkutu bime
　　irushūn ningge, narhūn edun ci fulgiyan tucimbi, muwa edun
　　ci senggi suwaliyame tucimbi.

---

e　：你們進去教后妃，或近侍太監，先繫在國王左手腕下按寸、
　　關、尺三部上，却將線頭從窗櫺兒穿出給我。

e　：陛下左手寸脈強而緊，關脈濇而緩，尺脈凹且沉。左手寸脈
　　強而緊者，中虛心痛也，關脈濇而緩者，汗出肌麻也，尺脈
　　凹且沉者，小便赤而大便帶血也。

---

e　：你们进去教后妃，或近侍太监，先系在国王左手腕下按寸、
　　关、尺三部上，却将线头从窗棂儿穿出给我。

e　：陛下左手寸脉强而紧，关脉濇而缓，尺脉凹且沉。左手寸脉
　　强而紧者，中虚心痛也，关脉濇而缓者，汗出肌麻也，尺脉
　　凹且沉者，小便赤而大便带血也。

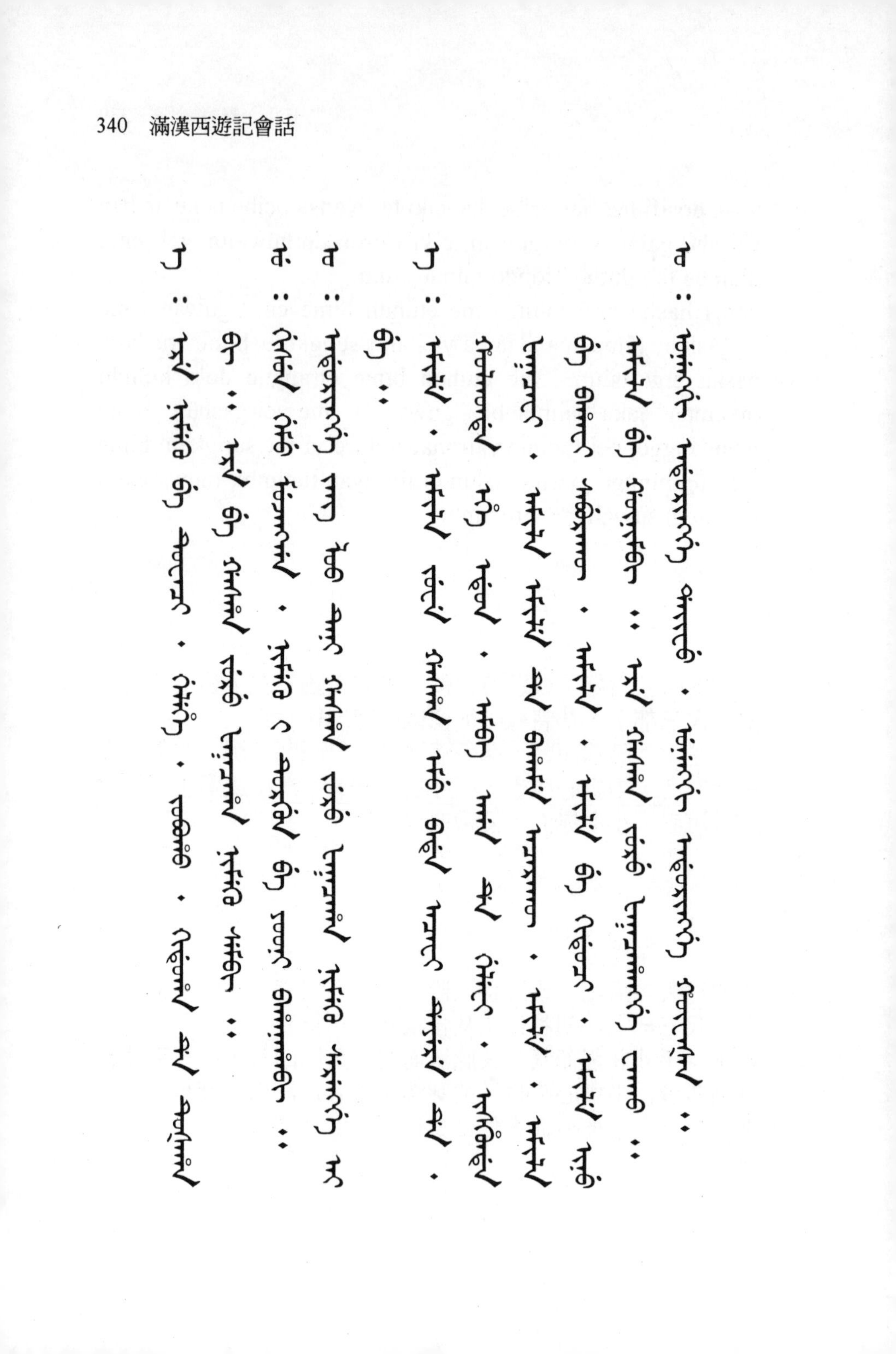

e：ere nimeku be tuwaci, gelehe joboho kiduha de tušaha bi, ere be gasha juru fakcaha nimeku sembi.

u：gisun gemu mujangga, nimeku i turgun be yooni bahanahabi.

o：enduringge jang loo teni gasha juru fakcaha nimeku serengge ai be?

e：emile amila juwe gasha emu bade acafi deyere de, holkonde ehe edun amba aga de gelefi, ishunde fakcafi, amila emile de bahame acarakū, emile amila be bahafi saburakū, amila emile be kiduci, emile inu amila be gūnimbi, ere gasha juru fakcahangge wakao?

o：unenggi enduringge daifu, unenggi enduringge hūwašan.

---

e：診看此病，是遭遇驚恐憂思，號爲雙鳥失群之症。

u：所言皆是，病情俱準。

o：神僧長老，適纔說雙鳥失群之症者何也？

e：有雌雄二鳥，原在一處同飛，忽然被暴風驟雨驚散，雄不能見雌，雌不能見雄，雄乃想雌，雌亦想雄，這不是雙鳥失群嗎？

o：真是神醫，真是神僧！

---

e：诊看此病，是遭遇惊恐忧思，号为双鸟失群之症。

u：所言皆是，病情俱准。

o：神僧长老，适纔说双鸟失群之症者何也？

e：有雌雄二鸟，原在一处同飞，忽然被暴风骤雨惊散，雄不能见雌，雌不能见雄，雄乃想雌，雌亦想雄，这不是双鸟失群吗？

o：真是神医，真是神僧！

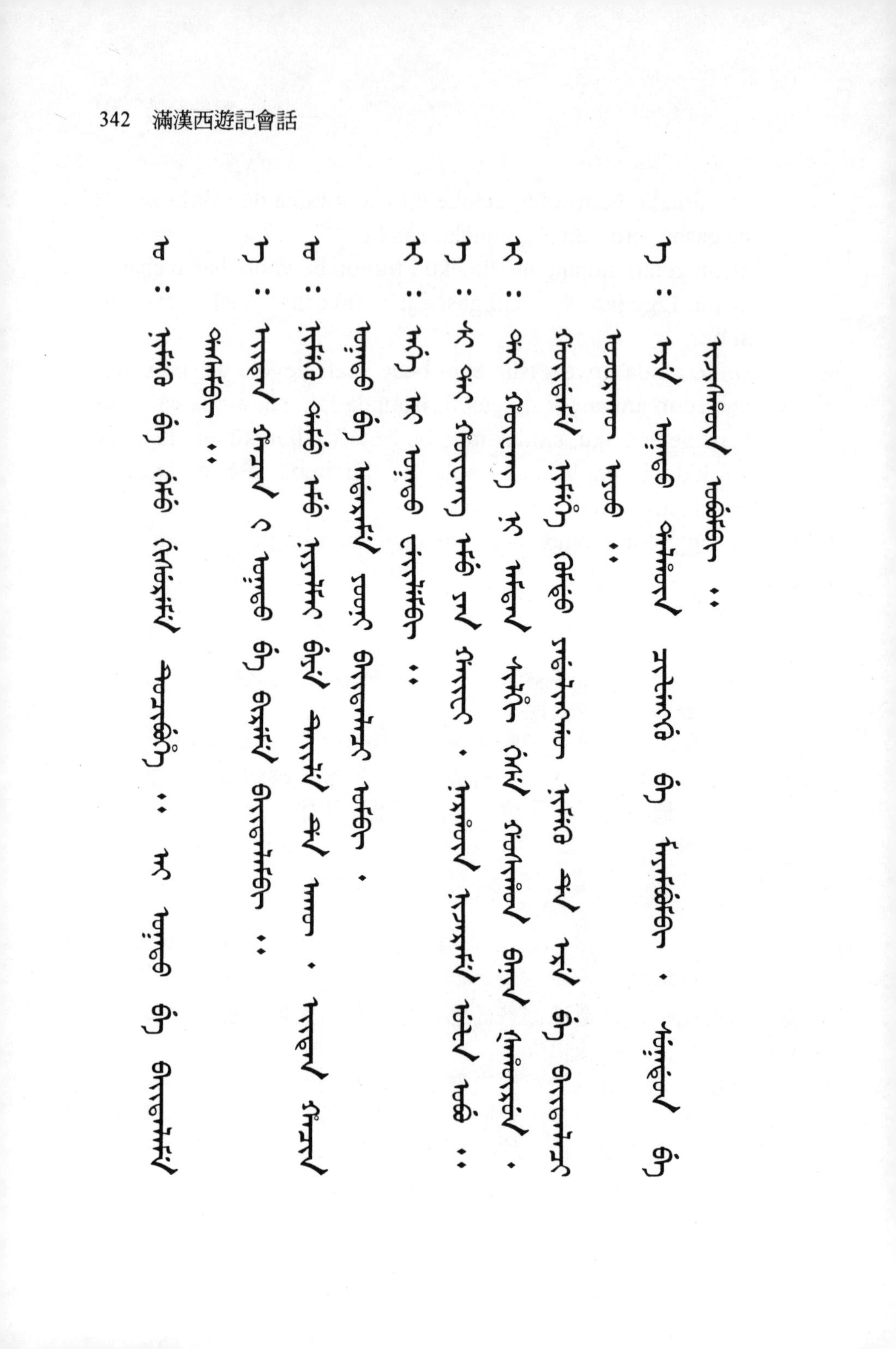

o：nimeku be gemu gisureme tucibuhe, ai okto be baitalame dasambi?

e：eiten hacin i okto be bireme baitalambi.

o：nimeku damu emu niyalmai beye teile de akū, eiten hacin okto be adarame yooni baitalaci ombi.

i：age ai okto weilembi?

e：si dai hūwang emu yan gaifi, narhūn nijarame ufa obu.

i：dai hūwang ni amtan silhi gese gosihon banin šahūrun, goidame nimehe kumdu yadalinggū nimeku de ere be baitalaci ojorakū ayoo?

e：ere okto dalhūn cifenggu be mayambumbi, sukdun be ijishūn obumbi.

---

o：病情都已說出了，要用什麼藥治療？

e：見藥就要用。

o：病不只在一人之身，如何見藥就要用？

i：哥哥製什麼藥？

e：你將大黃取一兩來，研爲細粉。

i：大黃味如膽苦，性寒，但恐久病虛弱，不可用此。

e：此藥利痰順氣。

---

o：病情都已说出了，要用什么药治疗？

e：见药就要用。

o：病不只在一人之身，如何见药就要用？

i：哥哥制什么药？

e：你将大黄取一两来，研为细粉。

i：大黄味如胆苦，性寒，但恐久病虚弱，不可用此。

e：此药利痰顺气。

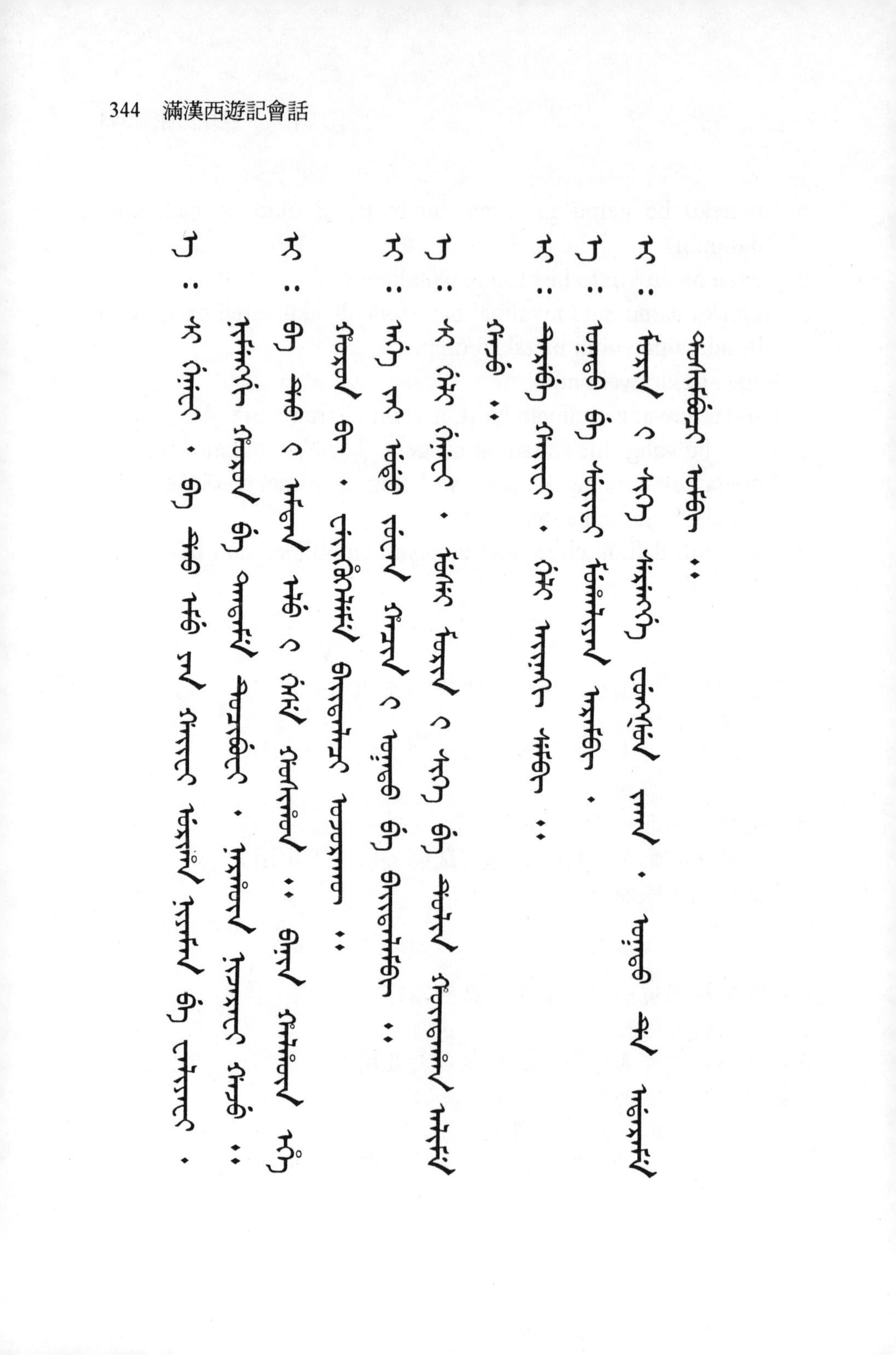

e：si genefi, ba deo emu yan gaifi uriha niyaman be waliyafi, nimenggi horon be tantame tucibufi, narhūn nijarafi gaju.

i：ba deo i amtan elu i gese gosihon, banin halhūn ehe horon bi, weihukeleme baitalaci ojorakū.

i：age jai udu juwan hacin i okto be baitalambi?

e：si geli genefi, musei morin i sike be dulin hūntahan alime gaju!

i：terebe gaifi, geli ainaki sembi?

e：okto be suifi muhaliyan arambi.

i：morin i sike serengge fungšun jaka, okto de adarame dosimbuci ombi?

---

e：你去取一兩巴豆，去殼去膜，搥去油毒，碾爲細末來。

i：巴豆味辛，性熱有毒，不可輕用。

i：哥哥，還用哪幾十種藥？

e：你再去把我們的馬尿取半盞來。

i：要它怎的？

e：要和藥做藥丸。

i：馬尿是腥臊之物，如何可以入藥？

---

e：你去取一两巴豆，去壳去膜，搥去油毒，碾为细末来。

i：巴豆味辛，性热有毒，不可轻用。

i：哥哥，还用哪几十种药？

e：你再去把我们的马尿取半盏来。

i：要它怎的？

e：要和药做药丸。

i：马尿是腥臊之物，如何可以入药？

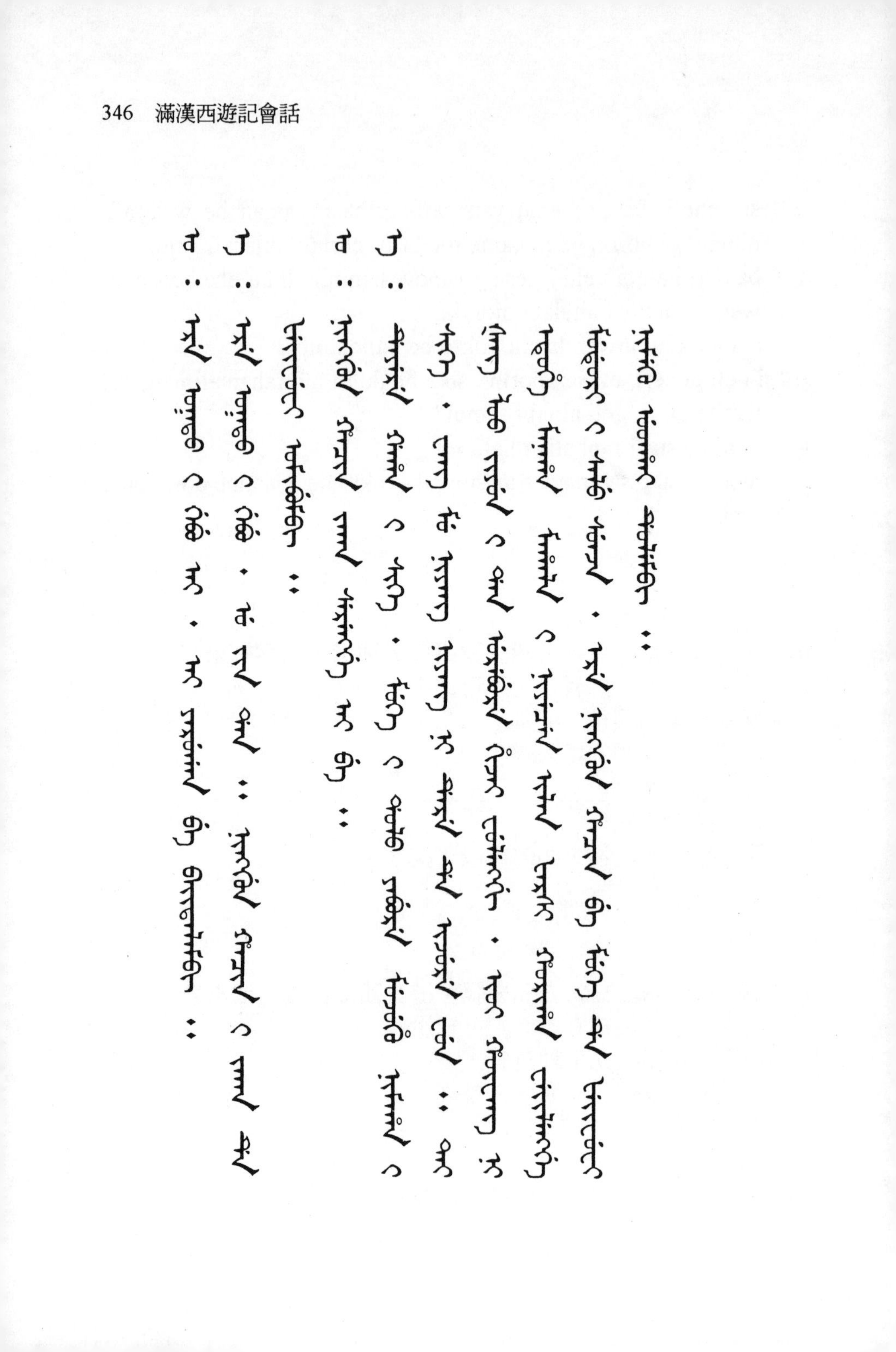

o：ere okto i gebu ai? ai yarugan be baitalambi?

e：ere okto i gebu u jin dan, ninggun hacin i jaka de feifufi omibumbi.

o：ninggun hacin jaka serengge ai be?

e：deyere gaha i sike, muke i dolo yabure mujuhu nimaha i sike, wang mu niyang niyang ni dere de ijure fun, tai šang loo jiyun i dan urebure hijai fulenggi, ioi hūwang ni etuhe manaha mahala i niyecen ilan farsi, horiha weilengge muduri i salu sunja, ere ninggun hacin be muke de feifufi nimeku uthai dulembi.

---

o：此藥何名？用何引子？

e：此藥名烏金丹，用六物煎湯送下。

o：是何六物？

e：半空飛的鴉尿，水中游的鯉魚尿，王母娘娘的擦臉粉，太上老君煉丹的爐灰，玉皇戴破的帽子補丁三塊，困龍鬚五根，此六物煎湯送下，病即除。

---

o：此药何名？用何引子？

e：此药名乌金丹，用六物煎汤送下。

o：是何六物？

e：半空飞的鸦尿，水中游的鲤鱼尿，王母娘娘的擦脸粉，太上老君炼丹的炉灰，玉皇戴破的帽子补丁三块，困龙须五根，此六物煎汤送下，病即除。

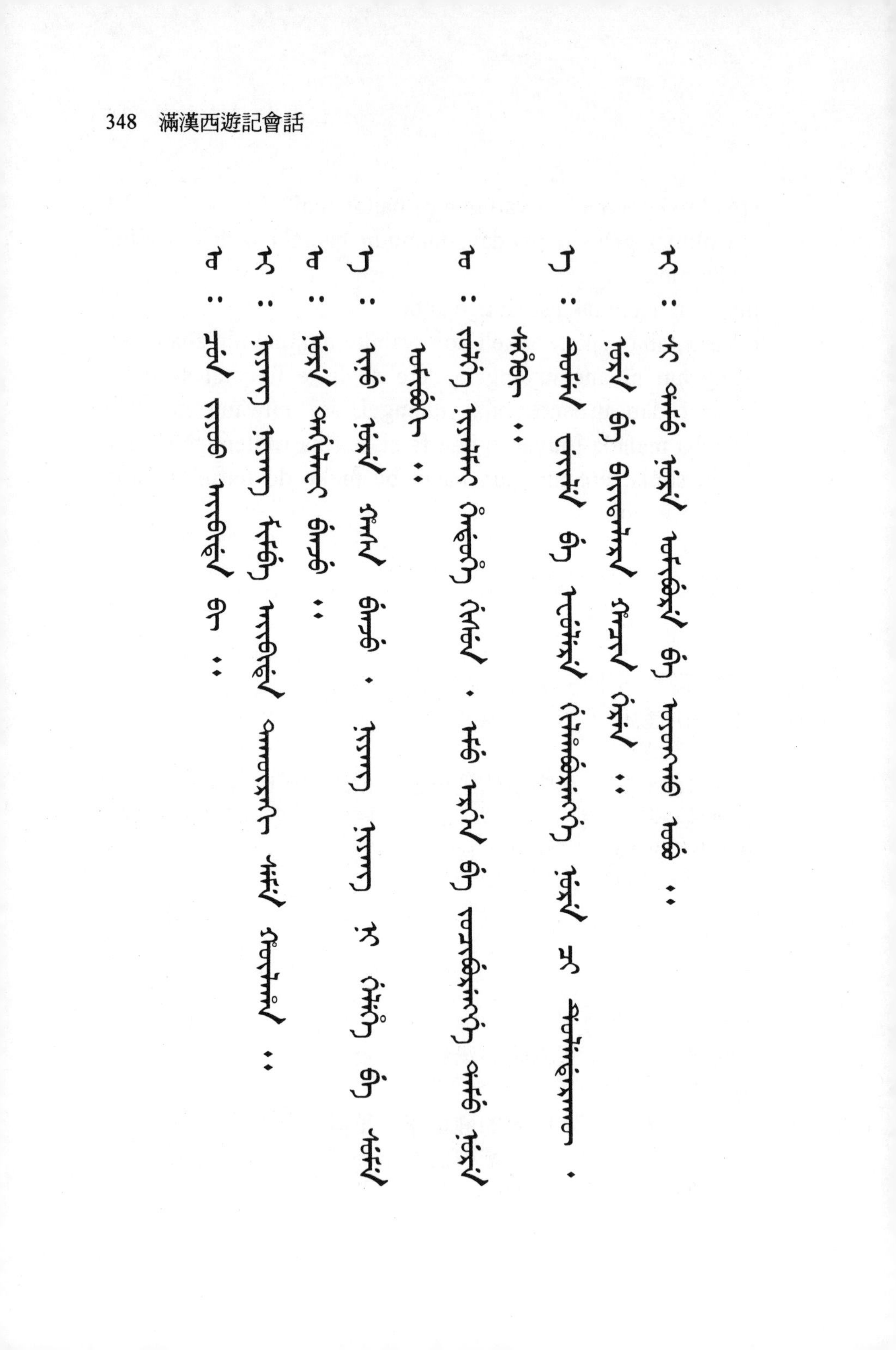

二十九、色欲少貪

o：cun jiyoo aibide bi?

i：niyang niyang mimbe aibide takūraki seme hūlaha?

o：nure dagilafi benju.

e：inu nure hasa benju, niyang niyang ni gelehe be sume omibuki.

o：julge niyalmai henduhe gisun, emu ergen be jociburengge damu nure sehebi.

e：tumen weile be efulere gilhaburengge nure ci dulenderakū nure be baitalara hacin geren.

i：si damu nure omibure be oyonggo obu.

————————

o：春嬌何在？

i：娘娘叫我有何差使？

o：備酒來。

e：正是，快拿酒來，與娘娘壓驚。

o：古人云：斷送一生惟有酒。

e：毀萬事無過酒，酒之用處多矣。

i：你只以飲酒爲要。

————————

o：春娇何在？

i：娘娘叫我有何差使？

o：备酒来。

e：正是，快拿酒来，与娘娘压惊。

o：古人云：断送一生惟有酒。

e：毁万事无过酒，酒之用处多矣。

i：你只以饮酒为要。

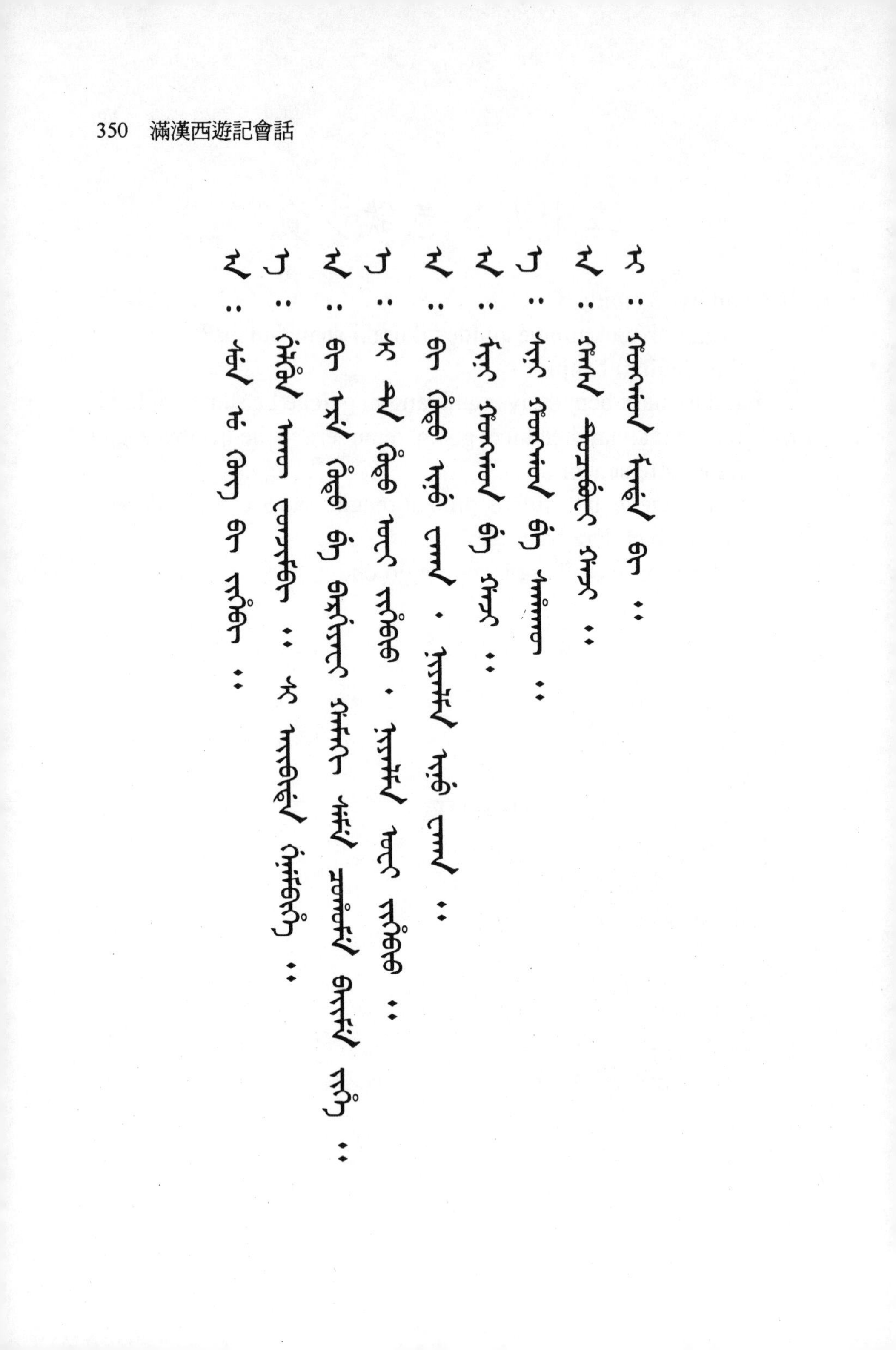

a：sun u kung bi jihebi.

e：gelhun akū fonjimbi, si aibide genembihe?

a：bi ere hutu be bargiyafi gamaki seme cohome baime jihe.

e：si te hutu ofi jihebio? niyalma ofi jihebio?

a：bi hutu inu waka, niyalma inu waka.

a：mini honggon be gaji.

e：sini honggon be sahakū.

a：hasa tucibufi gaji.

i：honggon minde bi.

---

a：孫悟空我來也。

e：敢問你去了哪裡？

a：我特來收尋這個妖怪。

e：你此來是人是鬼？

a：我既不是鬼，也不是人。

a：還我鈴來。

e：不曾見你的鈴。

a：快拿出來。

i：鈴兒在我這裡。

---

a：孙悟空我来也。

e：敢问你去了哪里？

a：我特来收寻这个妖怪。

e：你此来是人是鬼？

a：我既不是鬼，也不是人。

a：还我铃来。

e：不曾见你的铃。

a：快拿出来。

i：铃儿在我这里。

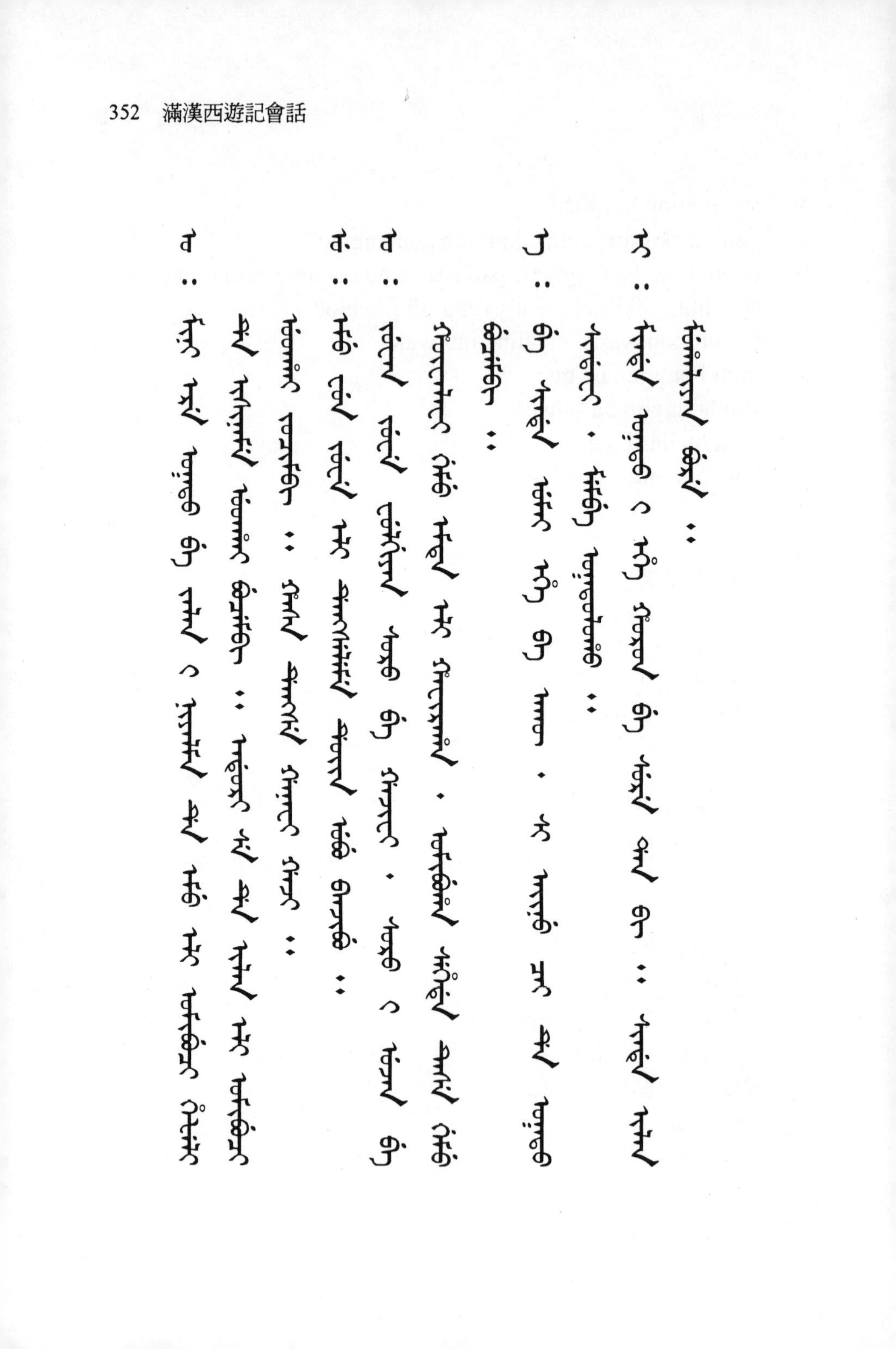

o：mini ere okto be jalan i niyalma de emu eli omibuci hefeli de isiname uthai bucembi, enduri se de ilan eli omibuci uthai jocimbi, hasa dengse ganafi gaji.

u：emu fun juwe eli dengseleme duin ubu banjibu.

o：juwan juwe fulgiyan soro be gajifi, soro i ujan be hūwalafi gemu emte eli hafiraha, omibuha sehede tese gemu bucembi.

e：be sinde umai ehe ba akū, si ainu cai de okto sindafi, membe oktoloho?

i：minde okto i ehe horon be sure dan bi, sinde ilan muhaliyan bure.

---

o：我這藥，若與凡人吃，只消一釐，入腹就死；若與神仙吃，也只消三釐就絕，快取戥子來。

u：稱出一分二釐，分作四分。

o：拿十二個紅棗兒來，將棗摺破些兒，都各夾上一釐，一旦吃了，他們個個都身亡。

e：我們與你並無相干，你爲什麼將藥放進茶裡藥倒我們？

i：我這裡有解毒丹，送你三丸。

---

o：我这药，若与凡人吃，只消一厘，入腹就死；若与神仙吃，也只消三厘就絕，快取戥子来。

u：称出一分二厘，分作四分。

o：拿十二个红枣儿来，将枣摺破些儿，都各夹上一厘，一旦吃了，他们个个都身亡。

e：我们与你并无相干，你为什么将药放进茶里药倒我们？

i：我这里有解毒丹，送你三丸。

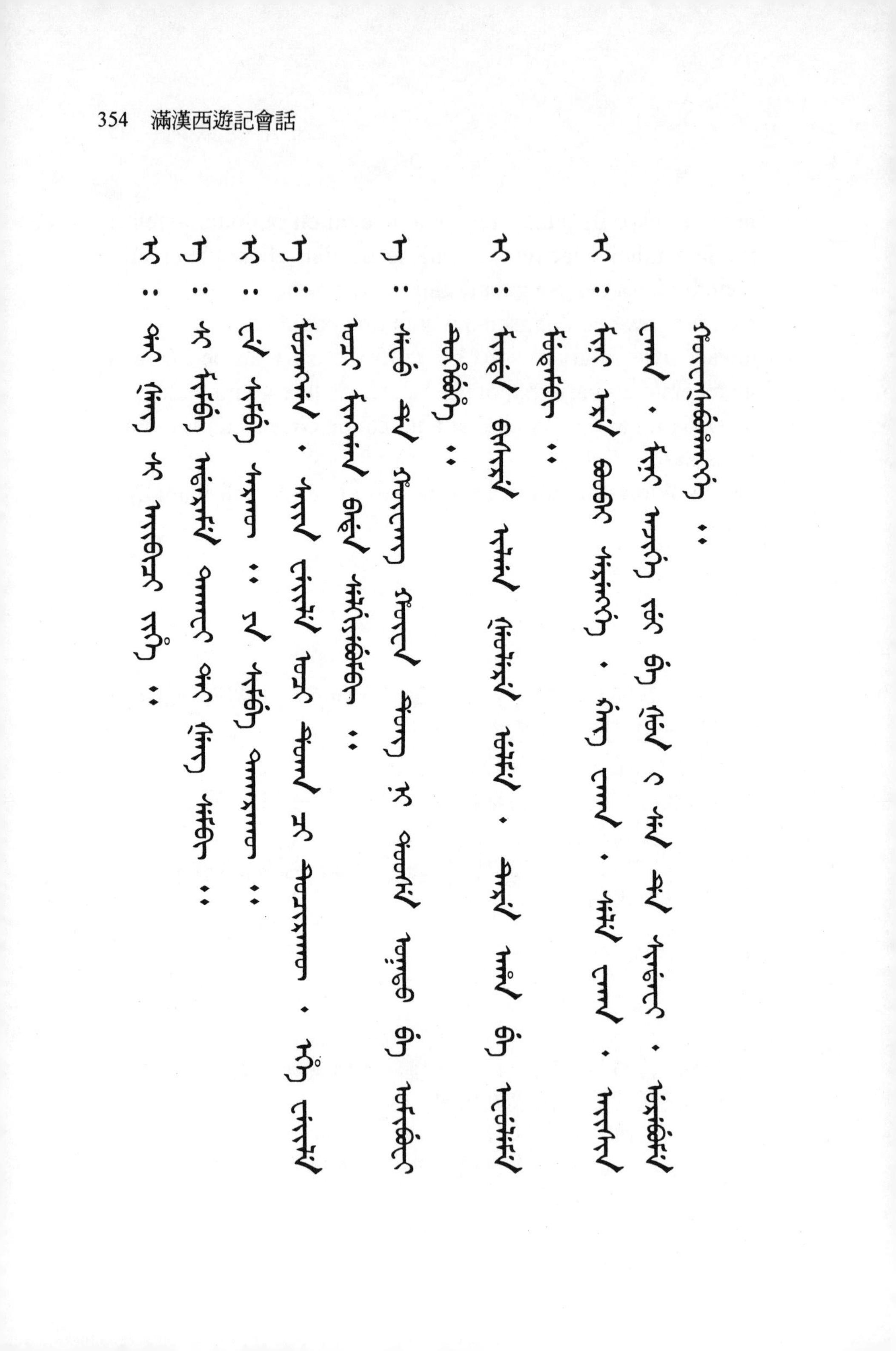

i ：dai šeng si aibici jihe?

e ：si mimbe adarame takafi dai šeng sembi?

i ：we simbe sarkū? ya simbe takarakū?

e ：mujangga, sain weile oci duka ci tucirakū, ehe weile oci minggan bade selgiyebumbi.

e ：sefu de hūwang hūwa dung ni doose okto be omibufi tuhebuhe.

i ：minde bisire ilga šeolere ulme, tere aha be efuleme mutembi.

i ：mini ere boobai serengge, g'ang waka, sele waka, aisin waka, mini ajige jui be šun i sen de sindafi, urebume hūwašabuhangge.

---

i ：大聖你從哪裡來的？

e ：你怎麼認得我是大聖？

i ：誰人不知？哪個不識？

e ：正是好事不出門，惡事傳千里。

e ：師父被黃花洞道士藥倒了。

i ：我有個綉花針兒，能破那廝。

i ：我這寶貝非鋼非鐵非金，乃將我那小兒放進日眼裡煉成的。

---

i ：大圣你从哪里来的？

e ：你怎么认得我是大圣？

i ：谁人不知？哪个不识？

e ：正是好事不出门，恶事传千里。

e ：师父被黄花洞道士药倒了。

i ：我有个绣花针儿，能破那厮。

i ：我这宝贝非钢非铁非金，乃将我那小儿放进日眼里炼成的。

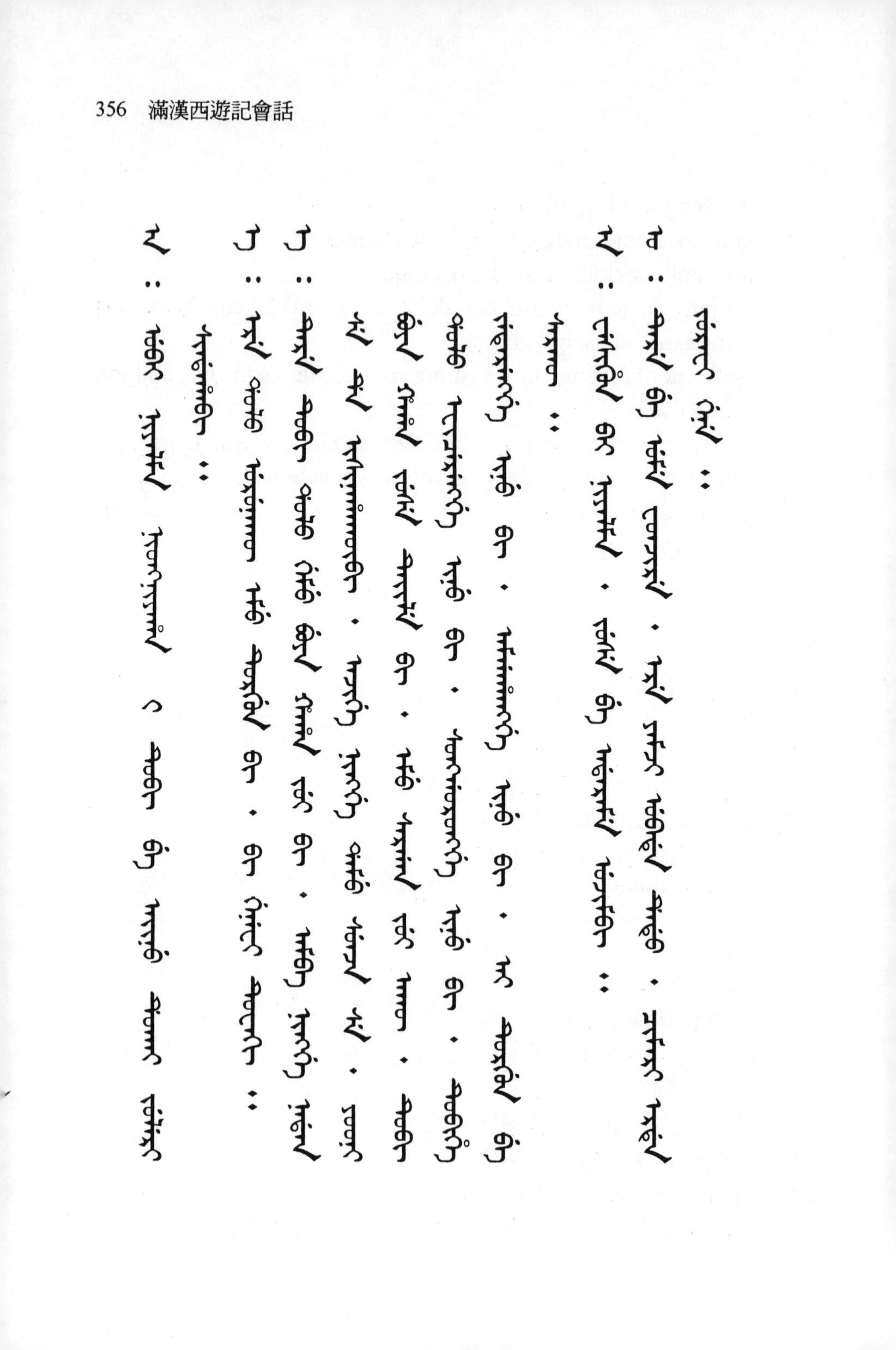

a：ubai niyalma niongniyaha i tubi be ainu dukai juleri sindahabi?

e：ere dolo urunakū emu turgun bi, bi genefi tuwaki.

e：tere tubi dolo gemu buya haha jui bi, amba ningge nadan se de isinahakūbi, ajige ningge damu sunja se, yooni buya haha juse teile bi, emu sargan jui akū, tubi dolo eficerengge inu bi, songgorongge inu bi, tubihe jeterengge inu bi, amgahangge inu bi, ai turgun be sarkū?

a：wesihun bai niyalma, juse be adarame ujimbi?

o：tere be ume fonjire, ere yamji ubade dedu, cimari erde jurafi gene!

―――――――

a：此處人家，都將鵝籠放在門首何也？

e：其間必有緣故，我上前看看。

e：那籠裡是些小男孩，大者不滿七歲，小者只有五歲，全都是小男孩，沒有一個女孩，籠裡有玩耍的，有啼哭的，有吃果子的，有睡覺的，不知是何故？

a：貴處人怎麼養孩兒？

o：莫問其故，今晚在此住宿，明早啓程去吧！

―――――――

a：此处人家，都将鹅笼放在门首何也？

e：其间必有缘故，我上前看看。

e：那笼里是些小男孩，大者不满七岁，小者只有五岁，全都是小男孩，没有一个女孩，笼里有玩耍的，有啼哭的，有吃果子的，有睡觉的，不知是何故？

a：贵处人怎么养孩儿？

o：莫问其故，今晚在此住宿，明早启程去吧！

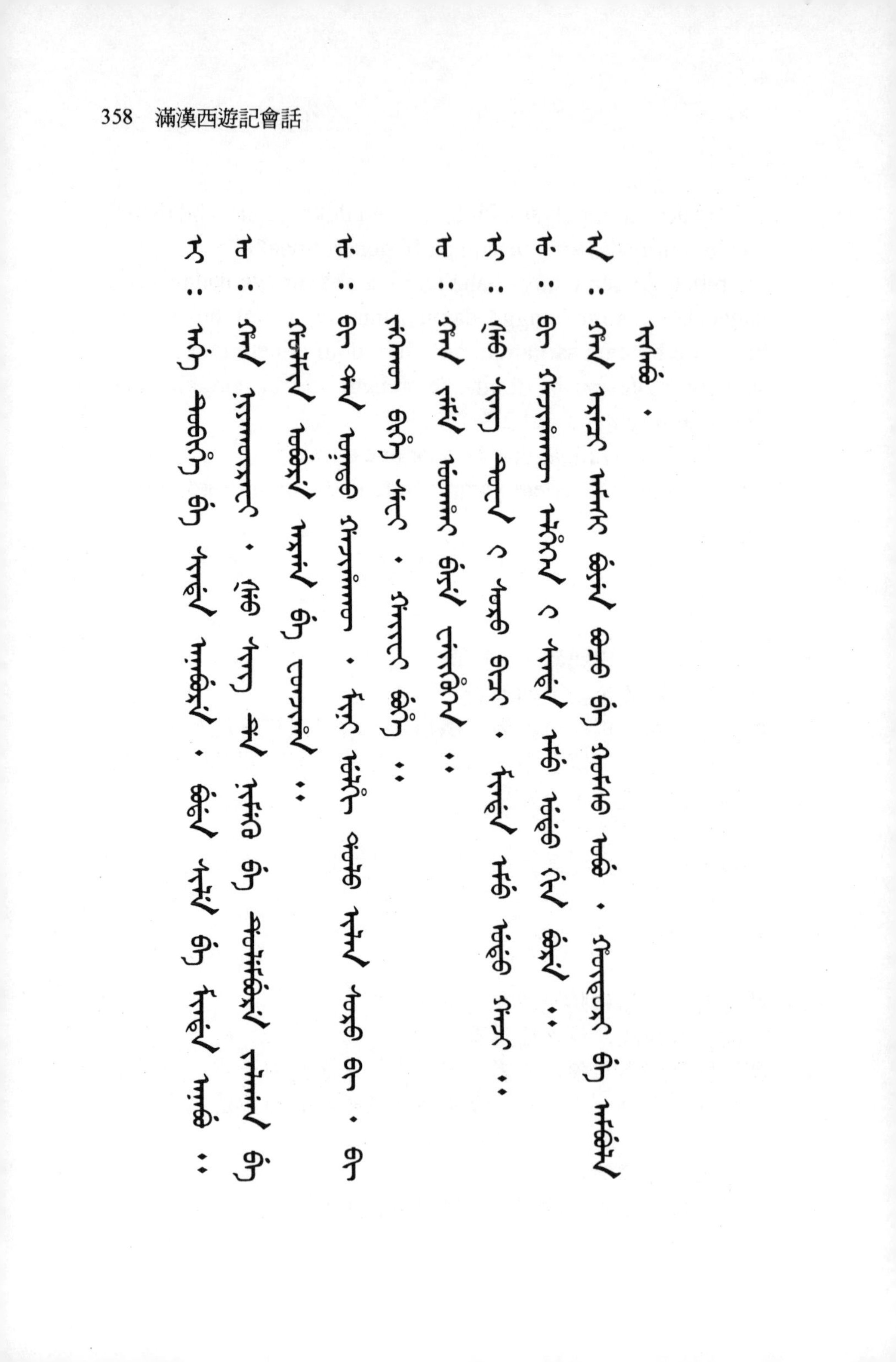

i ： age tubihe be sinde anabure buda sile be minde anabu.

o ： han niyakūrafi, šeo sing de nimeku be dulembure jalagan be golmin obure arga be fonjiha.

u ： bi dan okto gajihakū, mini ulhi dolo ilan soro bi, bi jekekū bihe sefi gaifi buhe.

o ： han jeme uthai beye weihuken.

i ： šeo sing tuwa i soro bici, minde emu udu gaji.

u ： bi gajihakū elheken i sinde emu udu gin bure.

a ： han ereci amasi buyen boco be komso obu, hūturi be ambula isabu.

---

i ：哥哥，果子讓你，湯飯讓我。

o ：國王跪拜，向壽星求問祛病延年之法。

u ：我未帶丹藥，我這衣袖中，有三個棗兒，我未曾吃，送你吧！

o ：國王吃了就覺身輕。

i ：壽星若有火棗，送我幾個吧！

u ：我未曾帶來，改日送你幾斤。

a ：國王從此以後色欲少貪，陰功多積。

---

i ：哥哥，果子让你，汤饭让我。

o ：国王跪拜，向寿星求问祛病延年之法。

u ：我未带丹药，我这衣袖中，有三个枣儿，我未曾吃，送你吧！

o ：国王吃了就觉身轻。

i ：寿星若有火枣，送我几个吧！

u ：我未曾带来，改日送你几斤。

a ：国王从此以后色欲少贪，阴功多积。

� ᠊ᠠᠠᡳ ᠊ᠠᠠᡳ ᠊ᠠᠠᡳ

ᠮᠠᠨᠵᡠ ᠪᡳᡨᡥᡝ

三十、天地陰陽

a ：šabi julergi den alin de jugūn bisire akū be sarkū, saikan seremše.

e ：sefu sini ere gisun goro jugūn de yabure niyalma waka, gung ni jui wang ni omolo, hūcin i fere de tefi, abka be tuwara adali.

i ：suwe mujilen be sulakan sinda, uba umesi sebjen i baci goro akū.

e ：sefu si kemuni boo be kidurengge, boo ci tucike niyalmai adali akū. mujilen be sulakan sindafi yabu, ambula ume joboro.

a ：hehe pusa, sinde ai weile bifi, ubade huthufi sindahabi.

o ：emu niyalma i ergen be tucibuci, nadan jergi subargan sahahaci

---

a ：徒弟，前面高山，不知有無路徑，好生小心！

e ：師父這話，也不像走遠道的，卻似個公子王孫，坐井觀天之類。

i ：你們放心，這裡離極樂世界不遠。

e ：師父你常以思家爲念，不像個出家人。放心且走，莫要多憂。

a ：女菩薩，你有什麼事，綁在此間？

o ：救人一命，勝造七級浮屠。

---

a ：徒弟，前面高山，不知有无路径，好生小心！

e ：师父这话，也不像走远道的，却似个公子王孙，坐井观天之类。

i ：你们放心，这里离极乐世界不远。

e ：师父你常以思家为念，不像个出家人。放心且走，莫要多忧。

a ：女菩萨，你有什么事，绑在此间？

o ：救人一命，胜造七级浮屠。

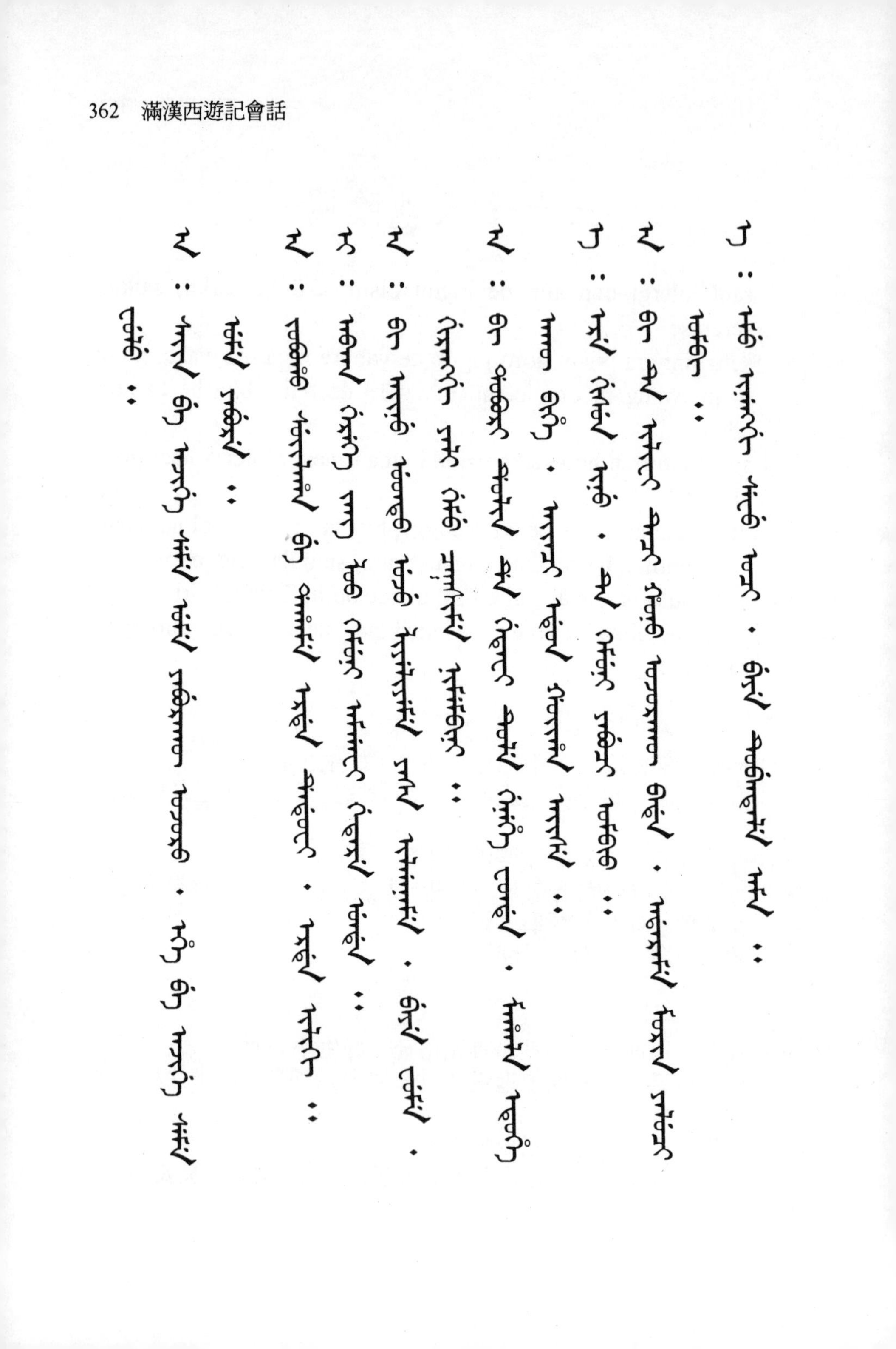

fulu.

a：sain be ajige seme ume yaburakū ojoro, ehe be ajige seme ume yabure.

a：joboho suilaha be dahame erde dedufi erde iliki.

i：abka gereke jang loo kemuni amgafi getere unde.

a：bi ainu uttu uju liyeliyeme yasa ilganame beye fume giranggi yali gemu caksime nimembini?

a：bi dobori dulin de getefi tule genehe fonde, mahala etuhe akū bihe, ainci edun goiha aise.

e：ere gisun inu, te kemuni yabuci ombio?

a：bi te ilifi teci hono ojorakū bade, adarame morin yaluci ombi.

e：emu inenggi sefu oci, beye dubentele ama.

---

a：勿以善小而不爲，勿以惡小而爲之。

a：辛苦了，早睡早起。

i：天明了，長老還未睡醒。

a：我怎麼這般頭昏眼花，渾身骨肉酸疼？

a：我半夜睡醒，起來解手，不曾戴得帽子，想是吹風了。

e：這話說得是，如今可走得路嗎？

a：我如今起坐不得，怎麼騎馬？

e：一日爲師，終身爲父。

---

a：勿以善小而不为，勿以恶小而为之。

a：辛苦了，早睡早起。

i：天明了，长老还未睡醒。

a：我怎么这般头昏眼花，浑身骨肉酸疼？

a：我半夜睡醒，起来解手，不曾戴得帽子，想是吹风了。

e：这话说得是，如今可走得路吗？

a：我如今起坐不得，怎么骑马？

e：一日为师，终身为父。

a ： šabi mini nimeku ujen oho.

e ： si niyalmai gisurere be donjihakūn, inenggi dulin de jeku be
yangsara de nei sabdame usin i boihon be usihibuhe moro de
tebuhe buda i belge tome, jobome suilame bahangge be we
sambi sehebi, sefu enenggi be dulefi cimari uthai yebe ombi.

a ： bi enenggi sikse i adali akū, dolo asuru kangkambi, si šahūrun
muke be majige baifi gaju, bi omiki.

e ： sefu šahūrun muke omi.

a ： yala kangkaha erin de emu sabdan muke jancuhūn silenggi
adali.

---

a ： 徒弟呀！我病重了。

e ： 你沒聽人說，鋤禾日當午，汗滴禾下土，誰知盤中飧，粒粒
皆辛苦，師父過了今日，明日就好了。

a ： 我今日與昨日不同，內裡十分作渴，你尋些涼水來我喝。

e ： 師父，喝涼水哩。

a ： 真個渴時一滴如甘露。

---

a ： 徒弟呀！我病重了。

e ： 你没听人说，锄禾日当午，汗滴禾下土，谁知盘中飧，粒粒
皆辛苦，师父过了今日，明日就好了。

a ： 我今日与昨日不同，内里十分作渴，你寻些凉水来我喝。

e ： 师父，喝凉水哩。

a ： 真个渴时一滴如甘露。

e：uhuken nesuken oci, abkai fejergi be cihai yabuci ombi, etenggi etuhun ohode, emu okson inu feliyeci ojorakū.

i：si ajigen ci alin i dolo niyalma be jeme banjimbihe, juwe hacin i moo be si sambio?

e：emken fulha moo, emken mangga moo, fulha moo i banin uhuken ofi, faksisa terebe gaifi folome enduri oren fucihi i beye arafi aisin i yangselame gu i miyamifi tumen niyalma hiyan dabufi dorolome hengkilembi. mangga mooi banin etuhun mangga ofi, nimenggi gaijara niyalma tere be gaifi sibiya arafi, sele weren i tebeliyefi geli sele langtu i tantambi.

---

e：溫柔任游天下，剛強寸步難行。

i：你自幼在山中吃人，你曉得有兩樣木嗎？

e：一樣是楊木，一樣是檀木。楊木性軟，巧匠取它來，或雕聖像，或刻佛身，裝金嵌玉，萬人燒香禮拜。檀木剛硬，油房裡取了去，做柞撒，使鐵箍箍了頭，又用鐵鎚往下打。

---

e：温柔任游天下，刚强寸步难行。

i：你自幼在山中吃人，你晓得有两样木吗？

e：一样是杨木，一样是檀木。杨木性软，巧匠取它来，或雕圣像，或刻佛身，装金嵌玉，万人烧香礼拜。檀木刚硬，油房里取了去，做柞撒，使铁箍箍了头，又用铁锤往下打。

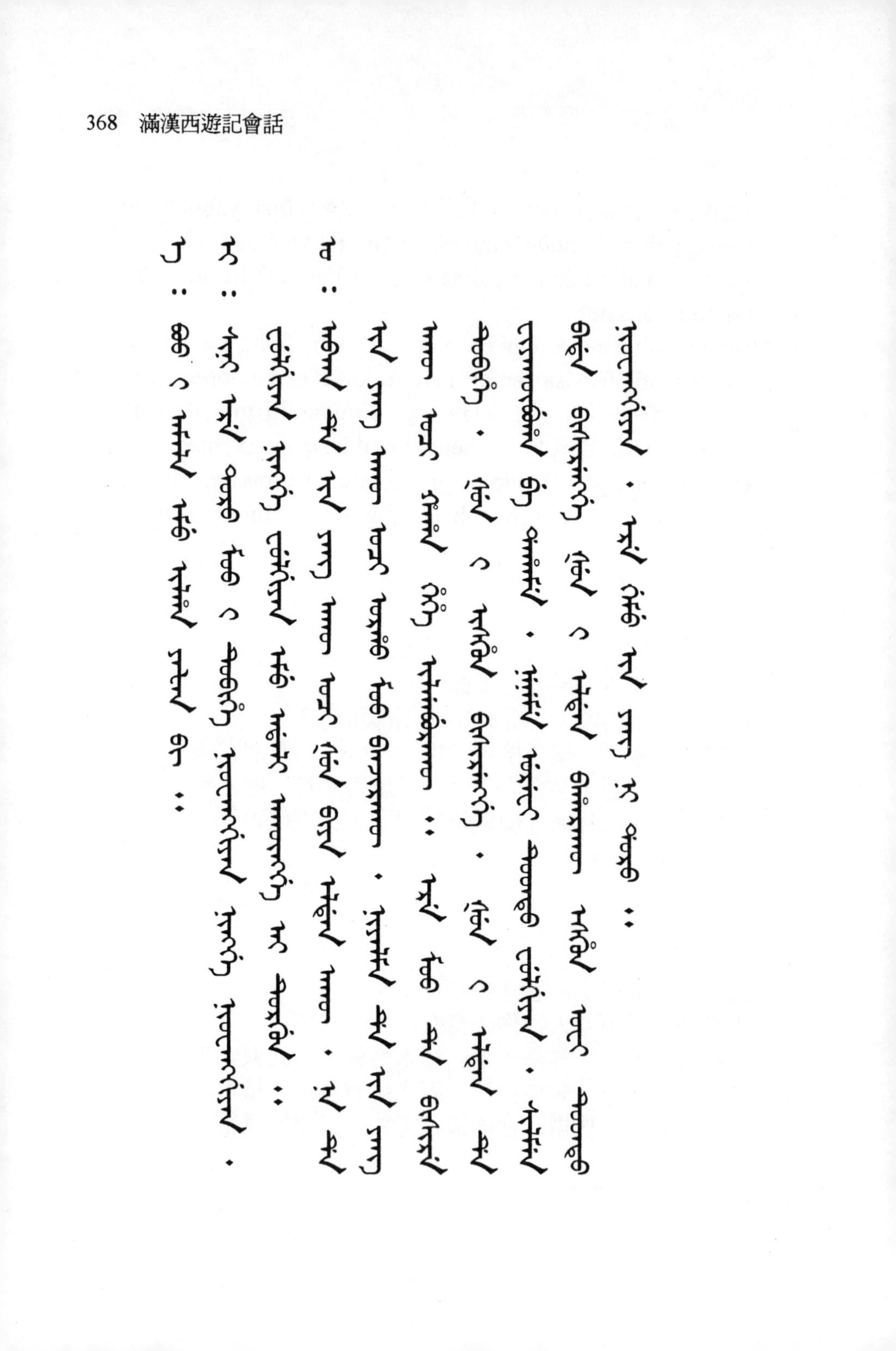

e：boo i amala emu ilha yafan bi.

i：sini ere toro moo i tubihe niowanggiyan ningge niowanggiyan, fulgiyan ningge fulgiyan emu adali akūngge ai turgun?

o：abka de in yang akū oci šun biya elden akū, na de in yang akū oci orho moo banjirakū, niyalma de in yang akū oci, haha hehe ilgaburakū. ere moo de bisire tubihe, šun i ishun bisirengge, šun i elden de fiyakūbuha be dahame, neneme urefi tuttu fulgiyan, silmen bade bisirengge šun i elden baharakū eshun ofi tuttu niowanggiyan, ere gemu in yang ni doro.

---

e：房子後邊有個花園。

i：你這桃樹上果子青紅不一，是何緣故？

o：天無陰陽，日月不明；地無陰陽，草木不生；人無陰陽，不分男女。這桃樹上果子，向陽處，有陽光相烘者先熟，故紅；背陰處無陽光者仍生，故青，這都是陰陽的道理。

---

e：房子后边有个花园。

i：你这桃树上果子青红不一，是何缘故？

o：天无阴阳，日月不明；地无阴阳，草木不生；人无阴阳，不分男女。这桃树上果子，向阳处，有阳光相烘者先熟，故红；背阴处无阳光者仍生，故青，这都是阴阳的道理。

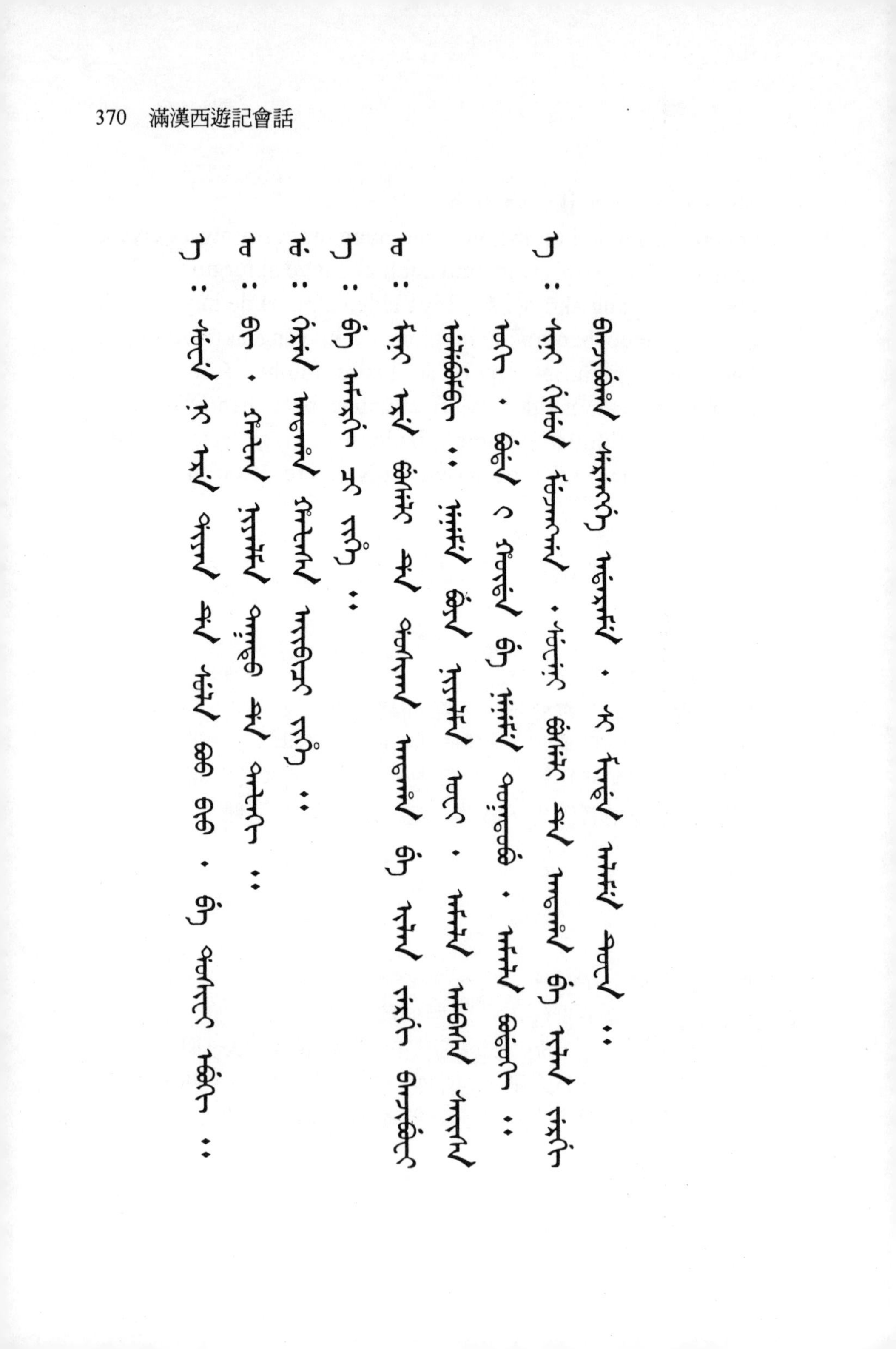

三十一、庚申齋戒

e ： suwe ni ere diyan de sula boo bio? be dosifi ebuki.

o ： bi, hafan niyalma taktu de tafaki.

u ： geren antaha hafasa aibici jihe?

e ： be amargi ci jihe.

o ： mini ere puseli de dosika antaha be ilan jergi banjibufi ulebumbi. neneme buya niyalma ofi, amala ambasa saisa oki, buda i hūda be neneme toktobu, amala bodoki.

e ： sini gisun mujangga, suweni puseli de antaha be ilan jergi banjibuha serengge adarame, si minde alame tuwa.

---

e ：你們這店可有閑房兒嗎？我們進來安歇。

o ：有，請官人們上樓。

u ：列位客官，哪裡來的？

e ：我們是北方來的。

o ：進我這店裡的客，分三等款待，先小人，後君子，先把飯錢講定，然後算帳。

e ：你說得是，你店裡如何分三等待客，你說說我聽。

---

e ：你们这店可有闲房儿吗？我们进来安歇。

o ：有，请官人们上楼。

u ：列位客官，哪里来的？

e ：我们是北方来的。

o ：进我这店里的客，分三等款待，先小人，后君子，先把饭钱讲定，然后算帐。

e ：你说得是，你店里如何分三等待客，你说说我听。

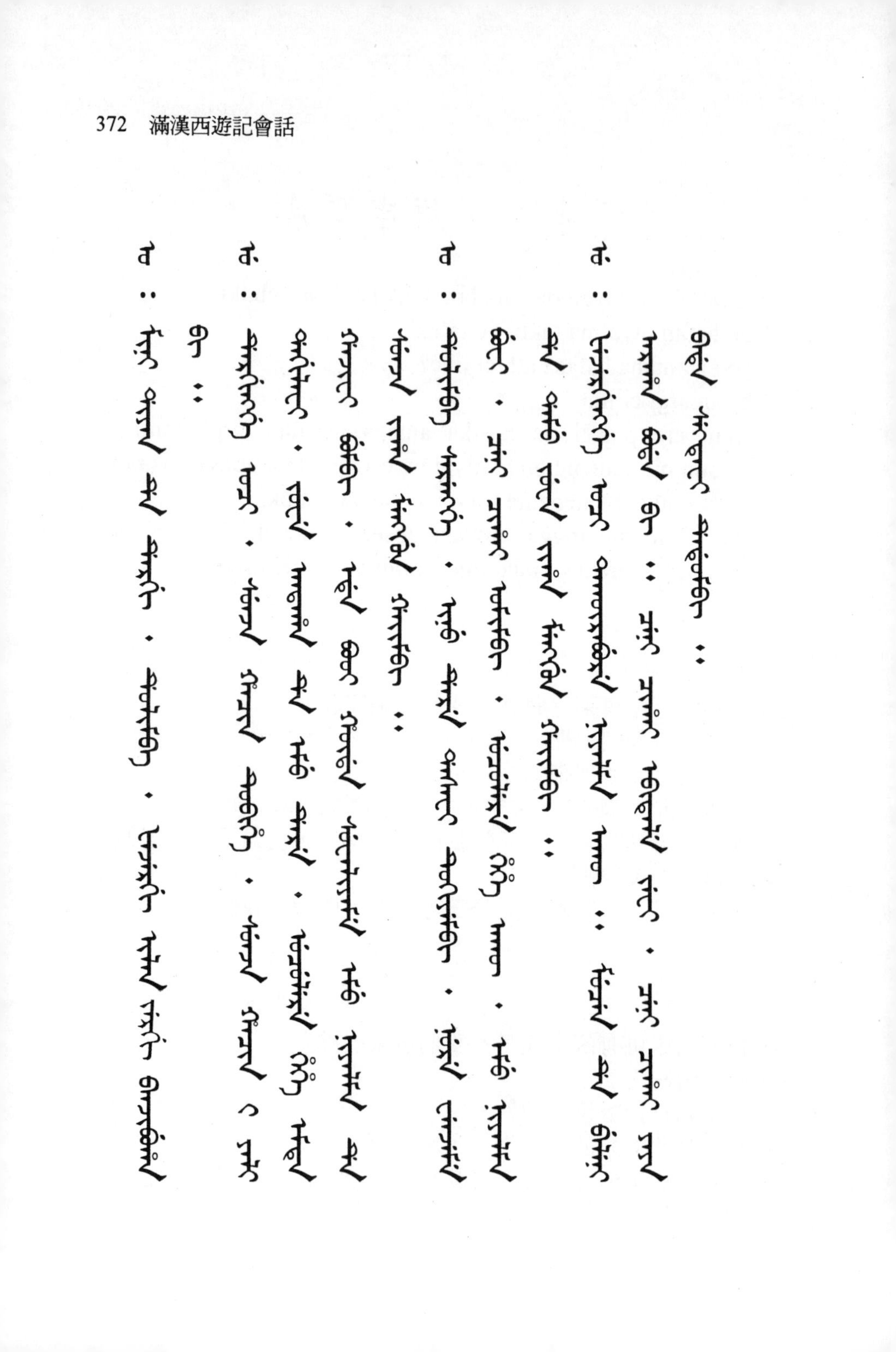

o：mini diyan de dergi dulimba fejergi ilan jergi banjibuha bi.

u：dergingge oci sunja hacin tubihe, sunja hacin i yali dagilafi, juwe antaha de emu dere, uculere hehe emte gajifi bumbi, ede booi hūda suwaliyame emu niyalma de sunja jiha menggun gaimbi.

o：dulimba serengge inu dere dasafi tukiyembi, nure wenjeme bufi, ceni cihai omimbi, uculere hehe akū, emu niyalma de damu juwe jiha menggun gaimbi.

u：fejergingge oci takūrabure niyalma akū, mucen de beleni araha buda bi, ceni cihai ebitele jefi, ceni cihai yaya bade sektefi dedumbi.

---

o：我這店裡分上中下三等。

u：上等是五果五肉的筵席，二位一桌，給歌女各一人，每位連房錢取銀五錢。

o：中等也給備桌，給熱酒，任其自飲，沒有歌女，每位只取二錢銀子。

u：下等是沒人服侍，鍋裡有現成的飯，任由他吃飽，打個地鋪，隨處睡覺。

---

o：我这店里分上中下三等。

u：上等是五果五肉的筵席，二位一桌，给歌女各一人，每位连房钱取银五钱。

o：中等也给备桌，给热酒，任其自饮，没有歌女，每位只取二钱银子。

u：下等是没人服侍，锅里有现成的饭，任由他吃饱，打个地铺，随处睡觉。

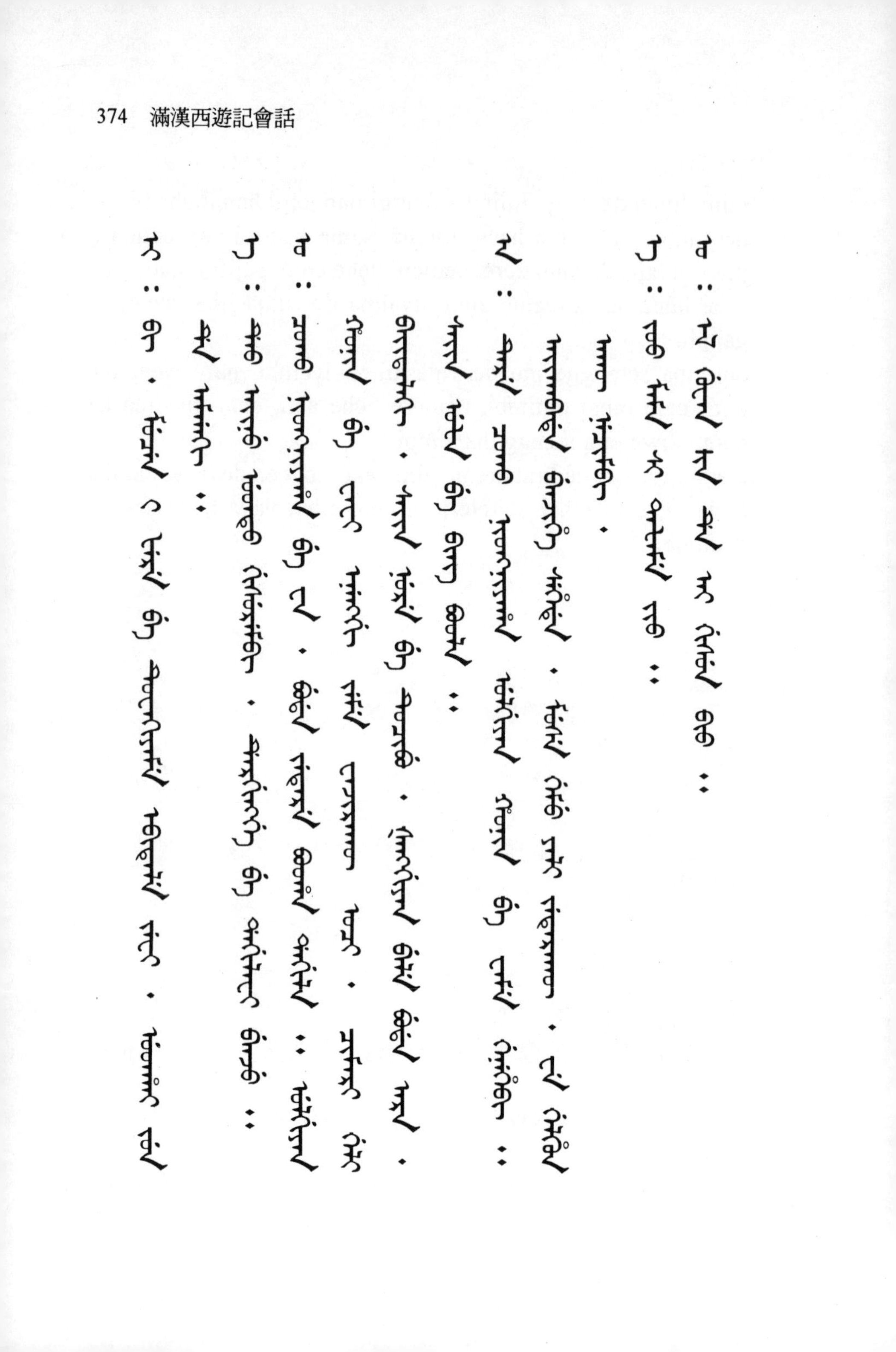

i ： bi mucen i fere be tuwakiyame ebitele jefi, uthai jun de amgaki.

e ： deo ainu uttu gisurembi? dergingge be dagilafi benju.

o ： coko niongniyaha be wa, buda jetere booha dagila, ulgiyan honin be wafi enenggi jeme wajirakū oci, cimari geli baitalaki, sain nure be tucibu, šanggiyan bele buda ara, sain ufa be bing bola.

a ： tere coko niongniyaha ulgiyan honin be wame genehebi, aikabade benjihe sehede, muse gemu yali jeterakū, we gelhun akū necimbi.

e ： joo mama si tafame jio!

o ： el guwan žin de ai gisun bio?

---

i ：我守著鍋底吃飽了飯，就在竈門前睡吧！

e ：兄弟說哪裡的話？把上等的備好端來。

o ：宰鷄宰鵝，煮醃下飯，殺豬殺羊，今日用不了明日也可用。拿出好酒來，做白米飯，好麵烙餅。

a ：她去宰鷄鵝，殺豬羊，倘若送來，我們都不吃肉，哪個敢犯戒？

e ：趙媽媽，你上來。

o ：二官人有什麼話嗎？

---

i ：我守着锅底吃饱了饭，就在灶门前睡吧！

e ：兄弟说哪里的话？把上等的备好端来。

o ：宰鸡宰鹅，煮腌下饭，杀猪杀羊，今日用不了明日也可用。拿出好酒来，做白米饭，好面烙饼。

a ：她去宰鸡鹅，杀猪羊，倘若送来，我们都不吃肉，哪个敢犯戒？

e ：赵妈妈，你上来。

o ：二官人有什么话吗？

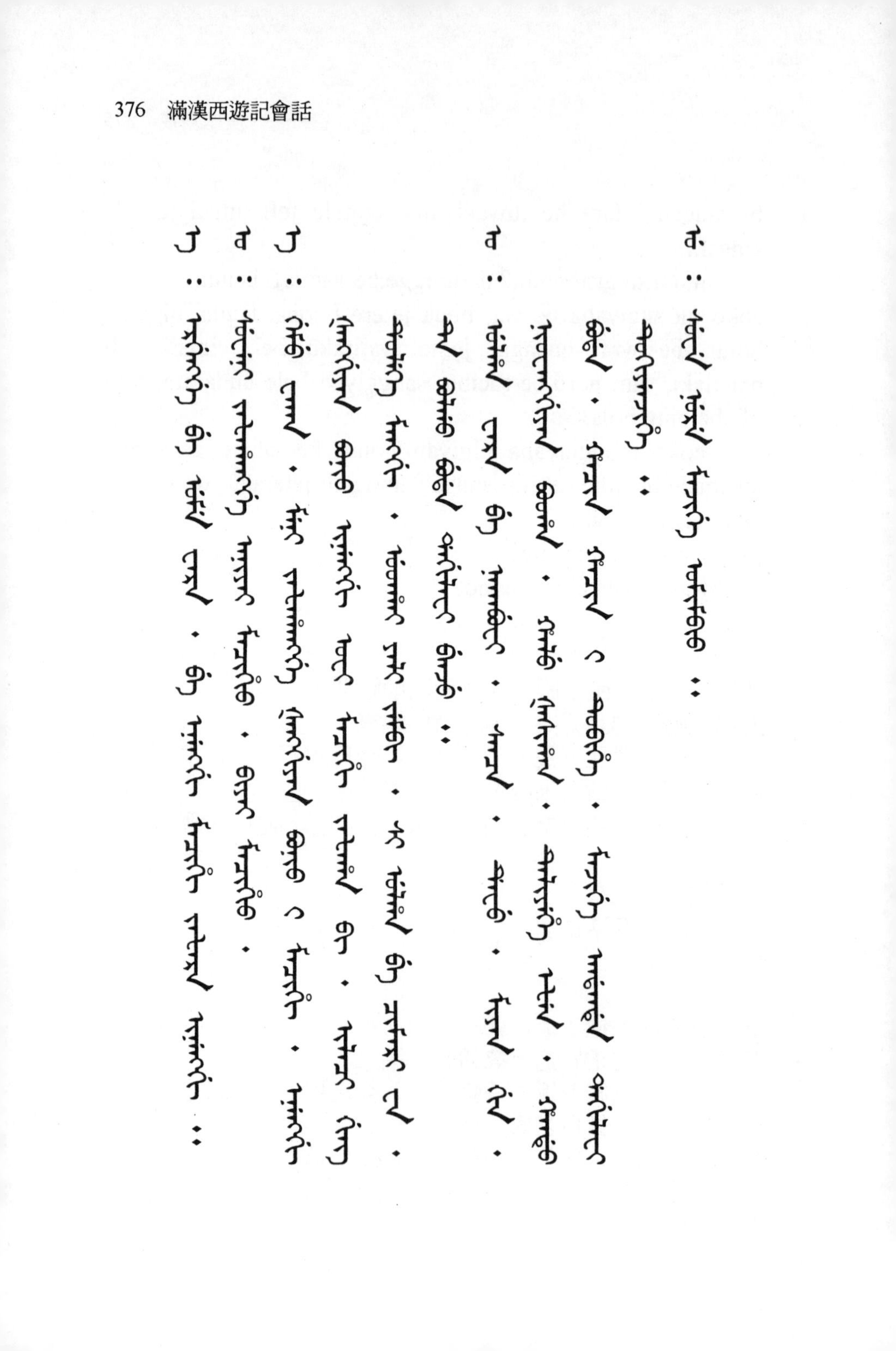

e：ergengge be ume wara, be enenggi macihi jafara inenggi.

o：suweni jafahangge aniyai macihio? biyai macihio?

e：gemu waka, meni jafahangge šanggiyan bonio i macihi, enenggi šanggiyan bonio inenggi ofi macihi jafaha bi, ilaci ging duleke manggi, uthai yali jembi, si ulha be cimari wa, te bolgo buda dagilafi benju.

o：ulha wara be nakabufi, sanca, defu, miyan gin, niowanggiyan booha, halu šasihan, teliyehe efen, handu buda, hacin hacin i tubihe, majige andande dagilafi tukiyenjihe.

u：suwe nure majige omimbio?

---

e：且莫殺生，我們今日是齋戒日。

o：你們是年齋？是月齋？

e：都不是，我們持的是庚申齋，今天是庚申日，當齋戒，只過三更後，便開齋了。你明天殺牲吧，如今安排素飯來。

o：莫宰牲，取些木耳、豆腐、麵筋、青菜、粉湯、蒸餃、白米飯、各種水果，霎間便安排停當擺上來了。

u：你們可喝些酒嗎？

---

e：且莫杀生，我们今日是斋戒日。

o：你们是年斋？是月斋？

e：都不是，我们持的是庚申斋，今天是庚申日，当斋戒，只过三更后，便开斋了。你明天杀牲吧，如今安排素饭来。

o：莫宰牲，取些木耳、豆腐、面筋、青菜、粉汤、蒸饺、白米饭、各种水果，霎间便安排停当摆上来了。

u：你们可喝些酒吗？

a ：muse aibide dedumbi?

e ：uthai ere taktu de deduki.

a ：adarame elhe be bahambi?

e ：sefu i gisun mujangga.

o ：sun el guwan de geli ai gisun bifi hūlambi?

e ：be aibide dedumbi?

o ：uthai taktu i dele dedu, galman akū, julergi edun dara erin fa be
　　 mila neifi amgaci ambula sain.

e ：amgaci ojorakū.

---

a ：我們在哪裡睡？

e ：就在樓上睡吧！

a ：怎麼睡得安穩？

e ：師父說的是。

o ：孫二官人又有什麼話吩咐？

e ：我們在哪裡睡？

o ：就在樓上睡，又沒蚊子，又是刮南風時節，大開牎子，特好
　　 睡覺。

e ：睡不得。

---

a ：我们在哪里睡？

e ：就在楼上睡吧！

a ：怎么睡得安稳？

e ：师父说的是。

o ：孙二官人又有什么话吩咐？

e ：我们在哪里睡？

o ：就在楼上睡，又没蚊子，又是刮南风时节，大开牎子，特好
　　 睡觉。

e ：睡不得。

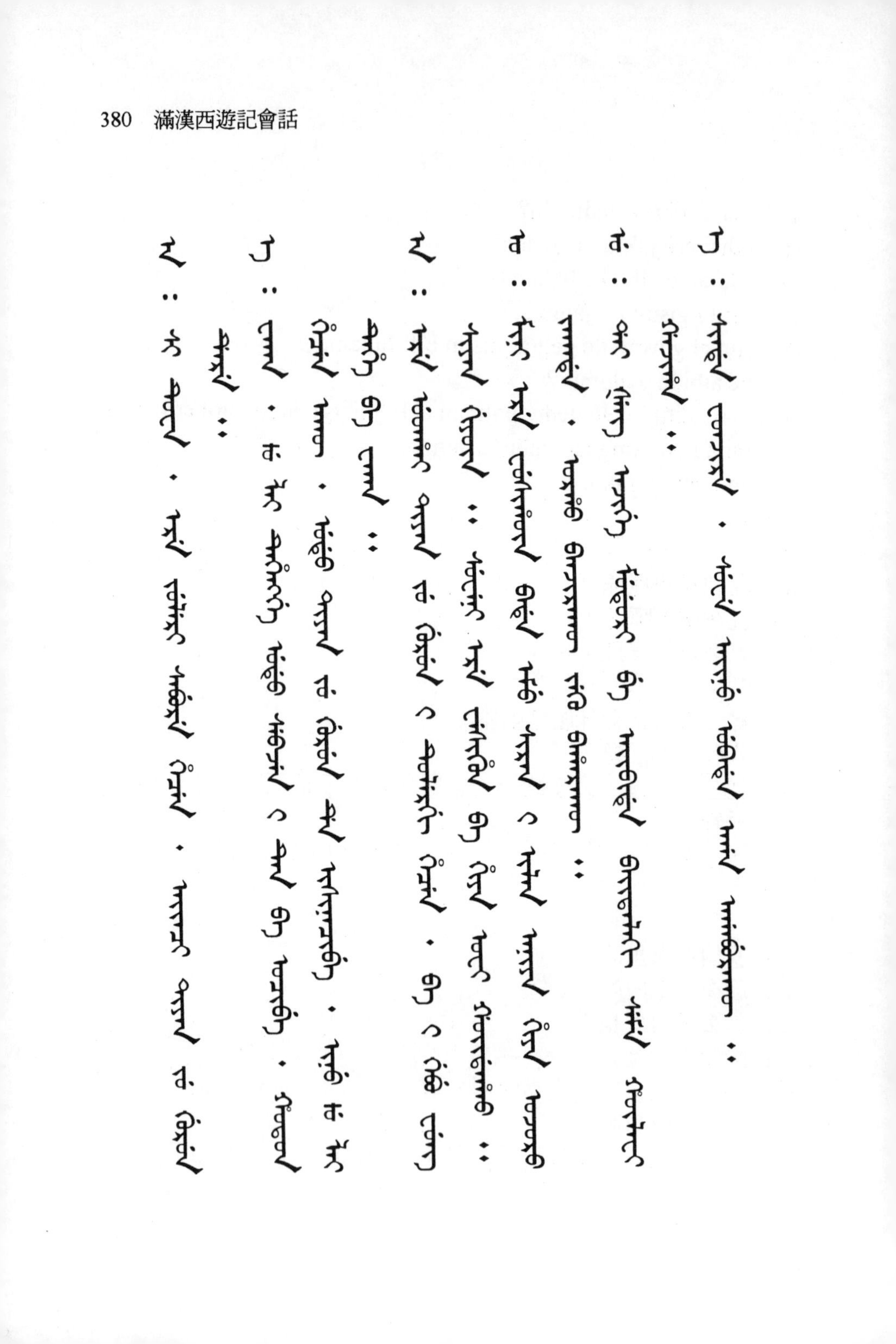

三十二、勸善施霖

a : si tuwa, ere juleri sabure hecen, ainci tiyan ju gurun dere?

e : waka, žu lai tehengge udu sebjen i ten ba ocibe, hoton hecen akū, udu tiyan ju gurun de isinacibe, inu žu lai tehe ba waka.

a : ere uthai tiyan ju gurun i tulergi hecen, ba i gebu fung siyan giyūn, suweni ere wesihun ba hiya ofi goidahao?

o : mini ere fusihūn bade emu siran i ilan aniya hiya ojoro jakade, orho banjirakū, jeku baharakū.

u : dai šeng ajige muduri be aibide baitalaki seme hūlafi gajiha?

e : sinde fonjire, suwe ainu ubade aga agaburakū?

---

a : 你看，那前面城池，想是天竺國了？

e : 不是，如來住處雖是極樂世界，卻沒有城池，就是到了天竺國，也不是如來住處。

a : 此處乃天竺國外城，地名鳳仙郡。貴處乾旱幾時了？

o : 敝地因一連三載遭遇乾旱，因此草木不長，五穀不收。

u : 大聖喚小龍來，哪方使用？

e : 問你如何不在此處下雨？

---

a : 你看，那前面城池，想是天竺国了？

e : 不是，如来住处虽是极乐世界，却没有城池，就是到了天竺国，也不是如来住处。

a : 此处乃天竺国外城，地名鳳仙郡。贵处干旱几时了？

o : 敝地因一连三载遭遇干旱，因此草木不长，五穀不收。

u : 大圣唤小龙来，哪方使用？

e : 问你如何不在此处下雨？

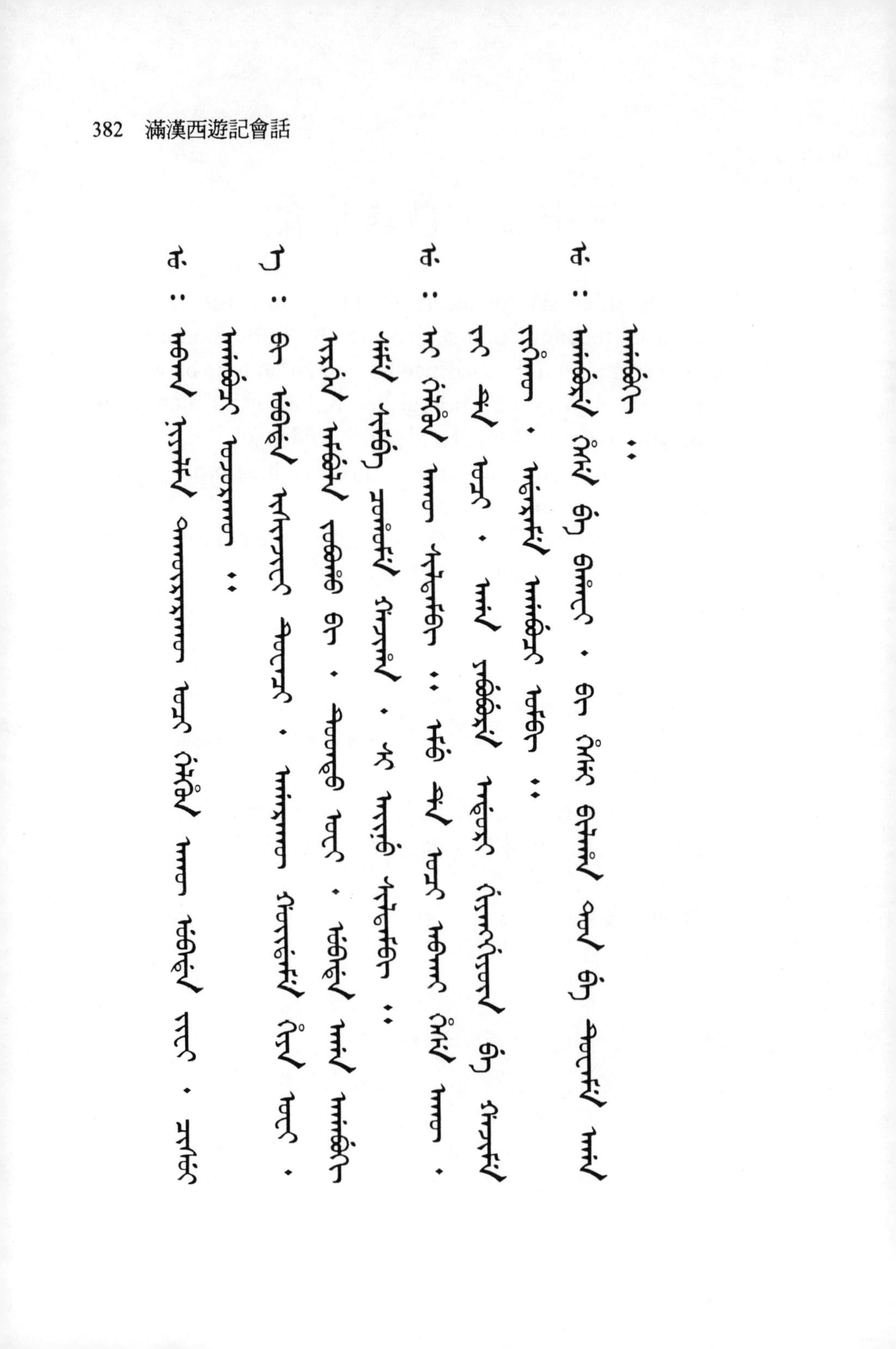

u：abka niyalma takūrarakū oci gelhun akū ubade jifi, cisui agabuci ojorakū.

e：bi ubade isinjifi tuwaci, agarakū goidame hiya ofi, irgen ambula joboho bi, tuttu ofi, ubade aga agabuki seme simbe cohome gajiha, si ainu siltambi?

u：ai gelhun akū siltambi, emu de oci abkai hese akū, jai de oci, aga yabubure enduri giyanggiyūn be gajime jihekū, adarame agabuci ombi?

o：agabure hese be bahafi, bi hesei bilaha ton be tuwame aga agabuki.

---

u：上天不差人，豈敢擅自來此行雨？

e：我路過此地，見久旱民苦，所以特著你來此施雨，你爲何推託？

u：豈敢推託？一則沒有上天聖旨，二則未曾帶來行雨神將，怎可行雨？

o：奉到行雨的聖旨，我照旨中期限下雨。

---

u：上天不差人，岂敢擅自来此行雨？

e：我路过此地，见久旱民苦，所以特着你来此施雨，你为何推托？

u：岂敢推托？一则没有上天圣旨，二则未曾带来行雨神将，怎可行雨？

o：奉到行雨的圣旨，我照旨中期限下雨。

ᠪᡳ ᠩ ᠨ ᠪᡳ
᠄᠄ ᠪᡳᠮᠪᡳ
ᠨᠠ ᠰᠠᠨ ᠪᡳ ᠨᠠ
ᠰᡝ ᠶᠠ ᠪᡳᠮᠪᡳ
ᠰᠠᡳ ᠨᠠ ᠪᡳ ᠪᠠᡳᠮᠪᡳ
ᠰᠠᡳ ᠪᠠᡳ

o：dai šeng ubade ai baita bifi jihe?

e：tang seng be karmame tiyan ju gurun i jecen i fung siyan giyūn de isinaha manggi, aga akū ofi, sakda sun muduri han be hūlafi, aga agabu seci, terei gisun ioi di hese akū seme gelhun akū ini cisui yabuburakū sembi, tuttu cohome hese be baifi, mohoho irgen be aitubuki seme jihe.

o：tubade agarakūngge giyan.

i：tere hecen i heo ilan aniyai onggolo abka de doboho jaka be aname tuhebufi, indahūn de ulebuhe, geli angga ci ehe gisun tucike.

---

o：大聖有何事來此？

e：因保唐僧路至天竺國界鳳仙郡無雨，老孫呼得龍王，意命降雨，他說未奉玉帝旨令，不敢擅行，所以特來求旨，以紓民困。

o：那方不下雨是應該。

i：那郡侯三年前將齋天素供推倒餵狗，還口出穢言。

---

o：大圣有何事来此？

e：因保唐僧路至天竺国界凤仙郡无雨，老孙呼得龙王，意命降雨，他说未奉玉帝旨令，不敢擅行，所以特来求旨，以纾民困。

o：那方不下雨是应该。

i：那郡侯三年前将斋天素供推倒喂狗，还口出秽言。

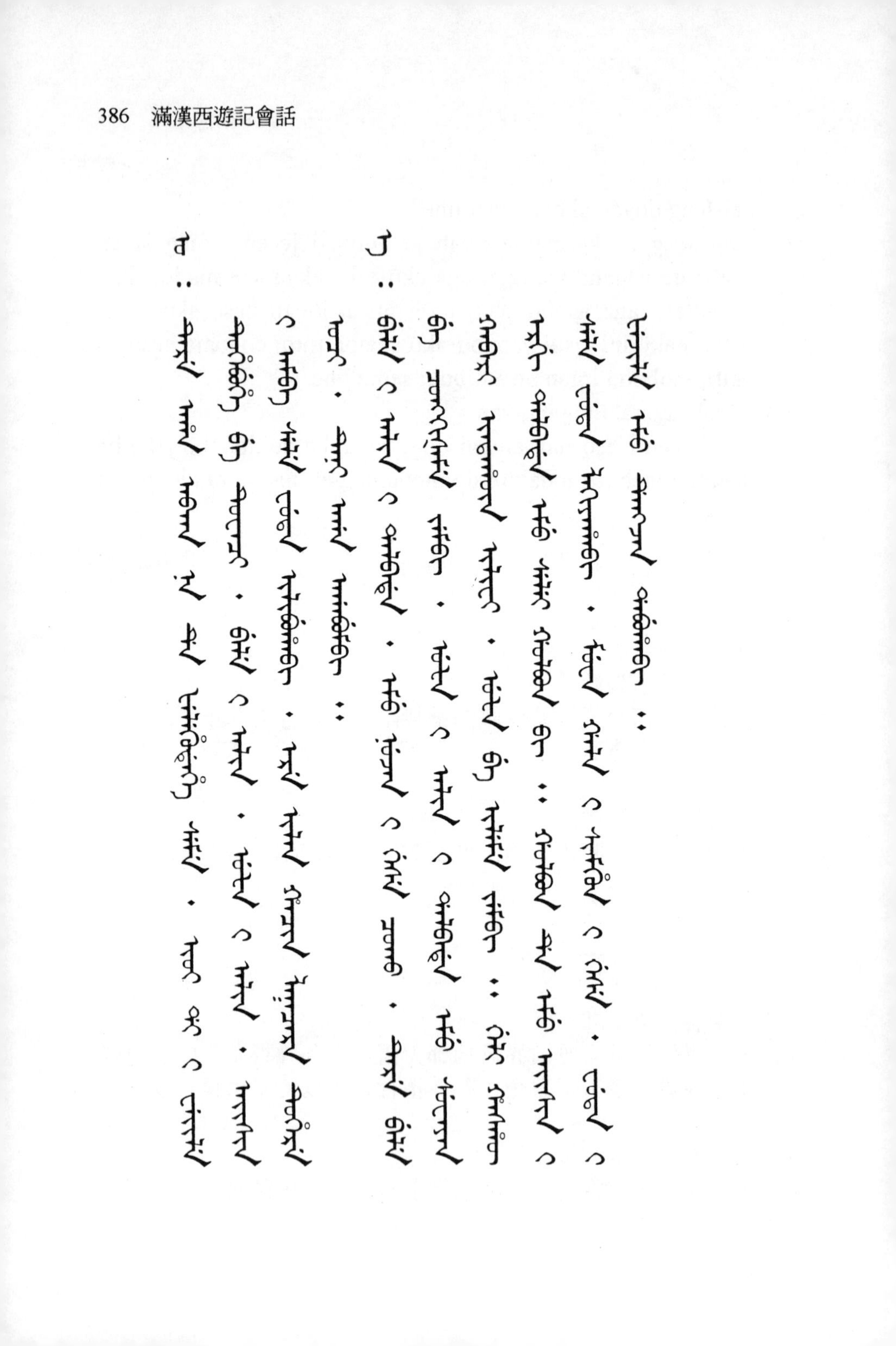

o ： tere aha abka na de felehudehe seme, ioi di i weile tuhebuhe be tuwaci, bele i alin, ufa i alin, aisin i amba sele futa ilibuhabi, ere ilan hacin lakcara tuhere oci, teni aga agabumbi.

e ： bele i alin i dalbade, emu nujan i gese coko, tere bele be congkišame jembi, ufa i alin i dalbade emu suwayan kabari indahūn ilifi, ufa be ileme jembi, geli hashū ergi dalbade emu selei golbon bi, golbon de emu aisin i sele futa lakiyahabi, muwa gala i simhun i gese, futa i fejile emu dengjan dabuhabi.

---

o ：那厮冒犯天地，玉帝見罪，立有米山、麵山、黄金大鐵索，此三項斷裂倒地，纔該下雨。

e ：米山邊有一隻拳大的小鷄，啄那米吃；麵山邊有一隻金毛哈巴狗兒，站在那裡餂那麵吃；左邊又有一座鐵架子，架上掛一把黃金鐵索，有手指粗細，索下面點有一盞燈。

---

o ：那厮冒犯天地，玉帝见罪，立有米山、面山、黄金大铁索，此三项断裂倒地，纔该下雨。

e ：米山边有一只拳大的小鸡，啄那米吃；面山边有一只金毛哈巴狗儿，站在那里餂那面吃；左边又有一座铁架子，架上挂一把黄金铁索，有手指粗细，索下面点有一盏灯。

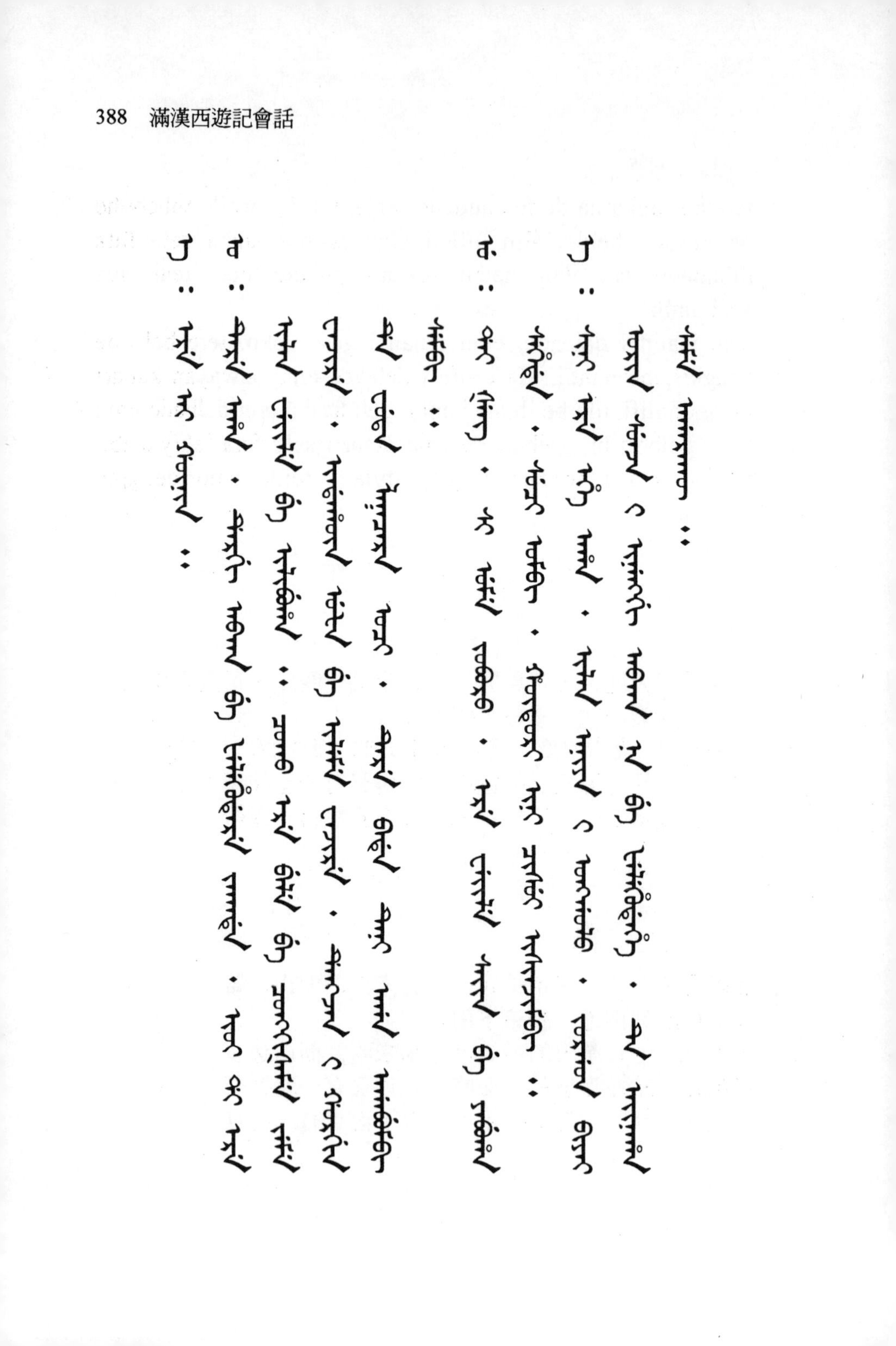

e ： ere ai gūnin?

o ： tere aha dergi abka be felehudere jakade, ioi di ere ilan weile be ilibuha, coko ere bele be congkišame jeme wajire, indahūn ufa be ileme wajire, dengjan i gorgin de futa lakcara oci, tere bade teni aga agabumbi sembi.

u ： dai šeng, si ume joboro, ere weile sain be yabuha sehede, suci ombi, hūturi ini cisui isinjimbi.

e ： sini ere ehe aha, ilan aniya i onggolo, jorgon biyai orin sunja i inenggi abka na be felehudehe, te ainaha seme agarakū.

---

e ： 此何意也？

o ： 那廝觸犯了上天，玉帝立此三事，直等雞啄這米吃盡，狗餂得麵盡，燈燄燎斷鐵索，那方纔下雨哩！

u ： 大聖不必煩惱，這事行善可解，福自來矣。

e ：你這廝三年前十二月二十五日冒犯了天地，如今斷不肯降雨！

---

e ： 此何意也？

o ： 那廝触犯了上天，玉帝立此三事，直等鸡啄这米吃尽，狗餂得面尽，灯焰燎断铁索，那方纔下雨哩！

u ： 大圣不必烦恼，这事行善可解，福自来矣。

e ：你这廝三年前十二月二十五日冒犯了天地，如今断不肯降雨！

ᠵᠠᠰᠠᠵᠠ ᠪᠣᠵᠣ ᠪᠠᠵᠠ ᠵᠠᠵᠠ ᠪᠠᠵᠠ ᠪᠠᠵᠠ ᠪᠠᠵᠠ᠂

ᠮᠣᠩᠭᠣᠯ ᠤᠨ ᠪᠢᠴᠢᠭ ᠂

a：uttu oci adarame ohode sain?

e：damu sain be deribure ohode, teni suci ombi.

a：si unenggi sain de foroki seci, te uthai fucihi be hūla, ging be tuwa.

i：si geli ai baita bifi jihe?

e：tere hecen i heo yargiyan i sain de dosika.

i：ere gemu dai šeng ni sain be huwekiyebuhe gung.

a：niyalma tome sain yabure oci, abka urunakū aisilambi.

e：ereci amasi sunja inenggi emgeri edun, juwan inenggi emgeri aga agabume, irgen be aitubu.

---

a：似這等說，怎生是好？

e：唯但興善方可解。

a：你若誠心向善，如今就念佛看經吧！

i：你又爲何事而來？

e：那郡侯實已歸善矣。

i：此皆大聖勸善之功。

a：人若行善，天必助之。

e：從此以後，五日一風，十日一雨，拯救人民。

---

a：似这等说，怎生是好？

e：唯但兴善方可解。

a：你若诚心向善，如今就念佛看经吧！

i：你又为何事而来？

e：那郡侯实已归善矣。

i：此皆大圣劝善之功。

a：人若行善，天必助之。

e：从此以后，五日一风，十日一雨，拯救人民。

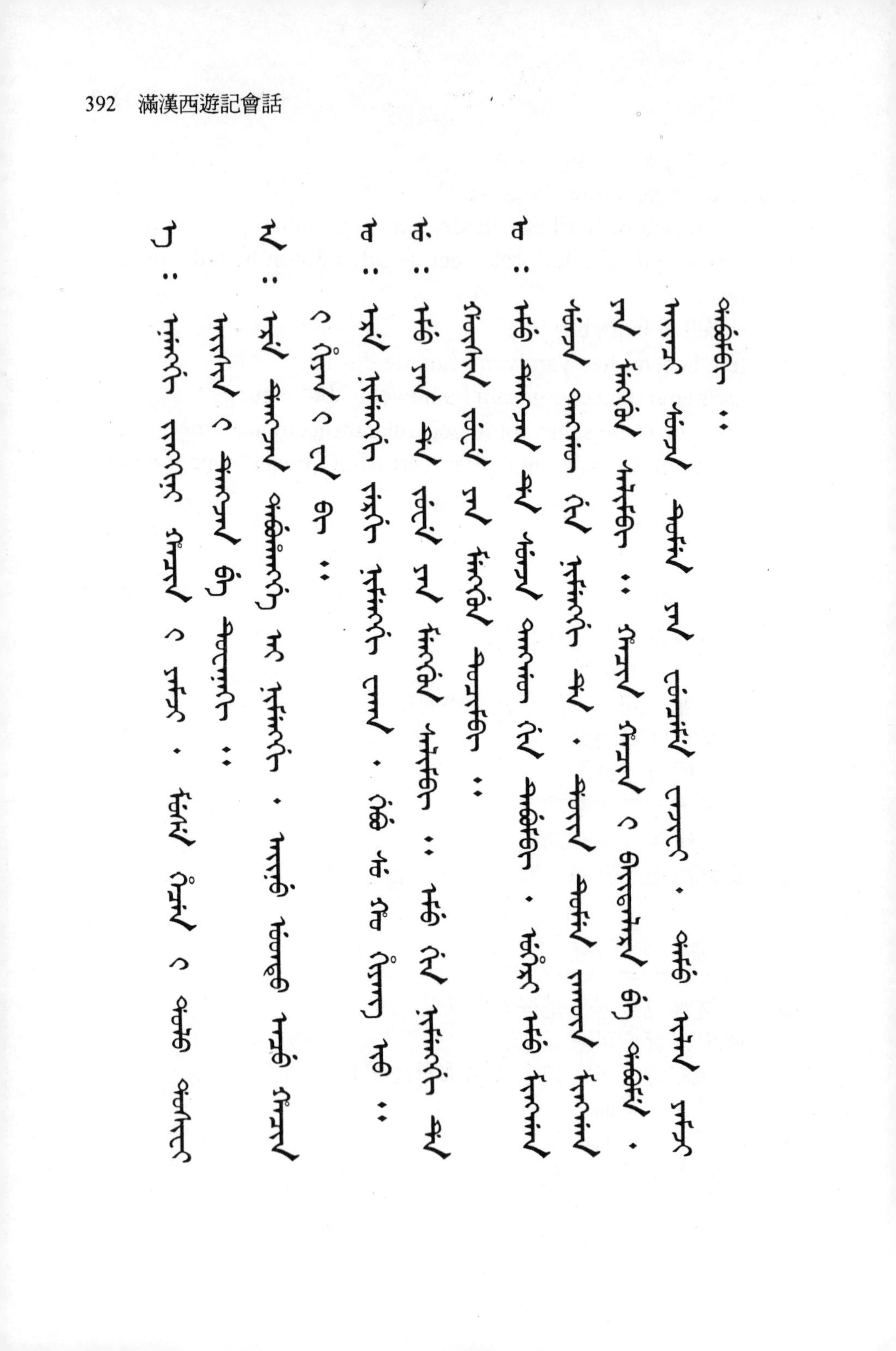

三十三、給孤獨園

e　：enenggi jingkini hacin i yamji, muse hecen i dolo dosifi aisin i dengjan be tuwanaki.

a　：ere dengjan dabuhangge ai nimenggi, ainu uttu encu hacin i hiyan i wa bi?

o　：ere nimenggi jergi nimenggi waka, gebu su ho hiyang io.

u　：emu yan de juwe yan menggun salimbi, emu gin nimenggi de gūsin juwe yan menggun tucimbi.

o　：emu dengjan de sunja tanggū gin tebumbi, uheri emu minggan sunja tanggū gin nimenggi de, duin tumen jakūn minggan yan menggun salimbi, hacin hacin i baitalara be dabume ainci sunja tumen yan funceme wajifi, damu ilan yamji dabumbi.

---

e　：今日元宵正節夜晚，我們進城裡看看金燈吧！

a　：這燈點的是什麼油？怎麼有這樣異香味道？

o　：此油不是尋常之油，乃是酥合香油。

u　：這油每一兩值銀二兩，每斤值三十二兩銀子。

o　：每盞燈裝油五百斤，總共一千五百斤油，值銀四萬八千兩，計各項雜費在內，約費五萬餘兩，只點得三夜。

---

e　：今日元宵正节夜晚，我们进城里看看金灯吧！

a　：这灯点的是什么油？怎么有这样异香味道？

o　：此油不是寻常之油，乃是酥合香油。

u　：这油每一两值银二两，每斤值三十二两银子。

o　：每盏灯装油五百斤，总共一千五百斤油，值银四万八千两，计各项杂费在内，约费五万余两，只点得三夜。

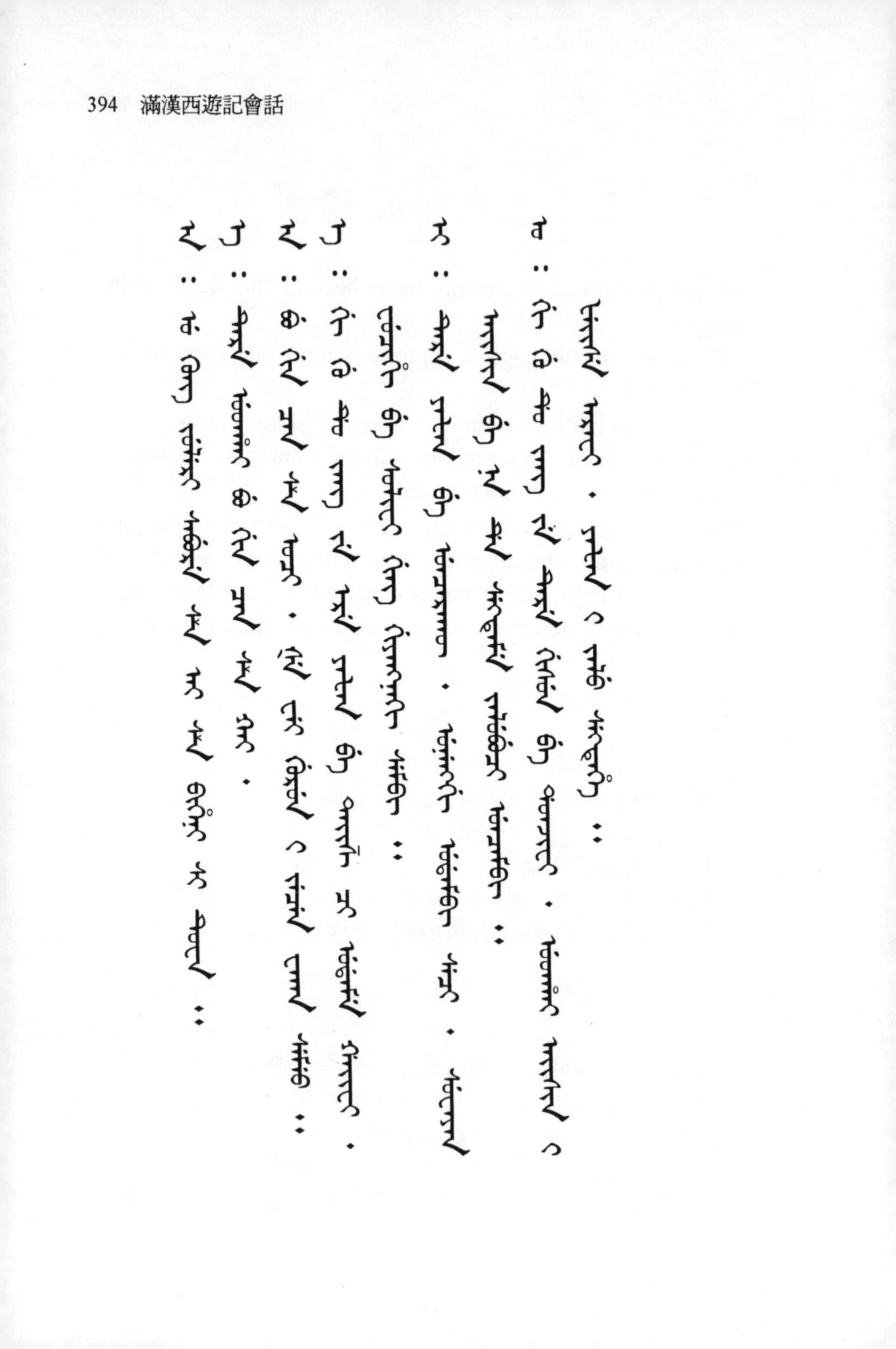

a：u kung juleri sabure sy ai sy biheni si tuwa?

e：tere uthai bu gin can sy kai.

a：bu gin can sy oci, še wei gurun i jecen waka semeo?

e：gi gu du jang je ere yafan be taidz ci udame gaifi, fucihi be solifi ging giyangnaki sembi.

i：tere yafan be uncarakū, unenggi udambi seci, suwayan aisin be na de sekteme jalubuci uncambi.

o：gi gu du jang je tere gisun be donjifi, uthai aisin i feise arafi, yafan i jalu sektehe.

------

a：悟空，前面看見的寺是座什麼寺呢？你看看。

e：那就是布金禪寺啊！

a：既是布金禪寺，莫不是舍衛國界了嗎？

e：給孤獨長者想要向太子買來這園請佛講經。

i：那園不賣，若是真要買時，除非黃金鋪滿地上纔賣。

o：給孤獨長者聽了這話，就做了金磚，鋪滿了園地。

------

a：悟空，前面看见的寺是座什么寺呢？你看看。

e：那就是布金禅寺啊！

a：既是布金禅寺，莫不是舍卫国界了吗？

e：给孤独长者想要向太子买来这园请佛讲经。

i：那园不卖，若是真要买时，除非黄金铺满地上纔卖。

o：给孤独长者听了这话，就做了金砖，铺满了园地。

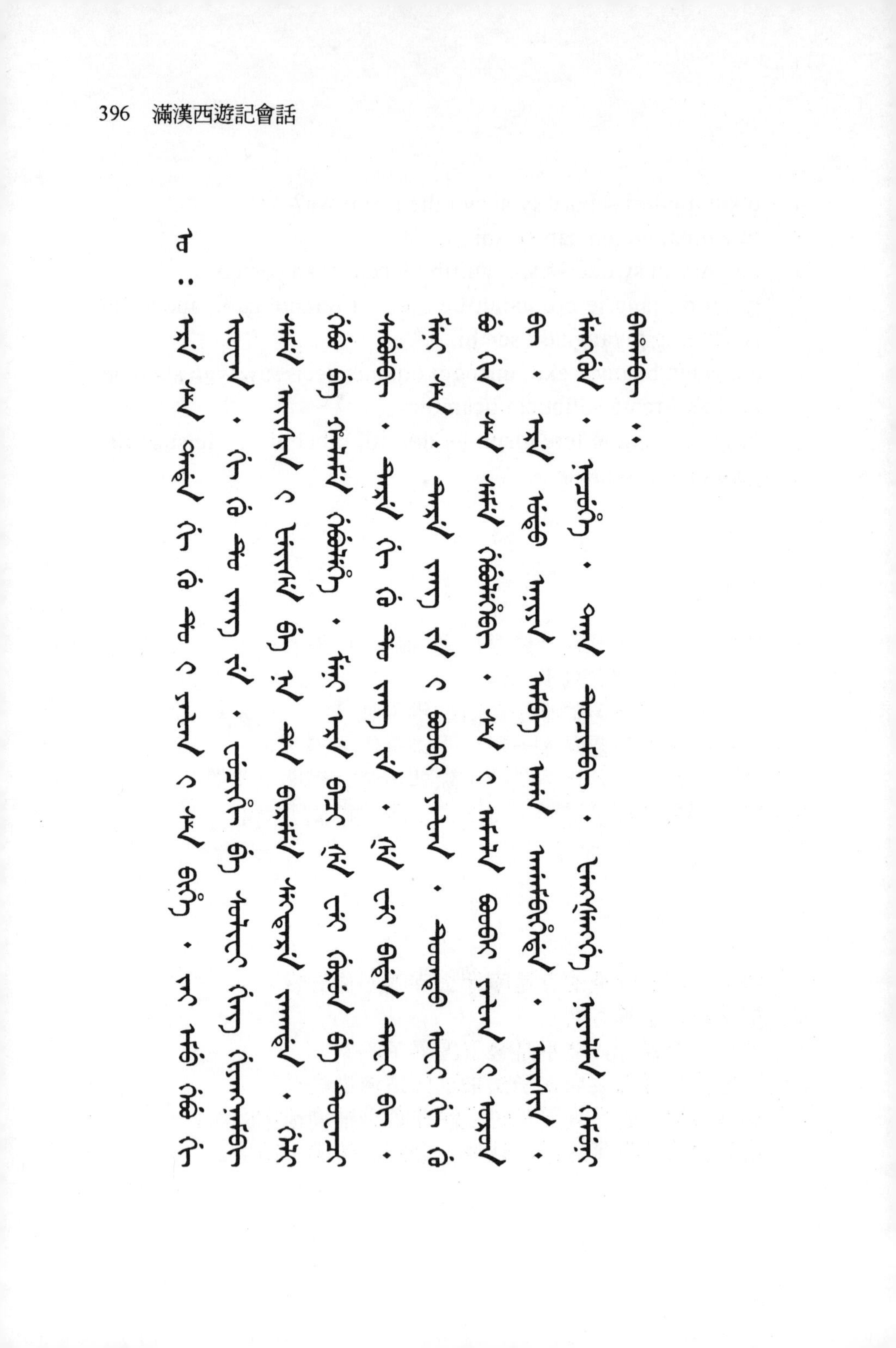

o：ere sy dade gi gu du i yafan i sy bihe, jai emu gebu gi iowan, gi gu du jang je, fucihi be solifi ging giyangnambi seme aisin i feise be na de bireme sektere jakade, geli gebu be halame gebulehe, meni ere baci še wei gurun be tuwaci sabumbi, tere gi gu du jang je, še wei bade tefi bi, meni sy, tere jang je i boobai yafan, tuttu ofi gi gu bu gin sy seme gebulehebi, sy i amala boobai yafan i oron bi, ere udu aniya amba aga agambihede, aisin, menggun, nicuhe, tana tucimbi, fengšengge niyalma kemuni bahambi.

---

o：這寺原是給孤獨園寺，又一名祇園，給孤獨長者爲請佛講經，金磚墁地，故又易名。從我們這裡望得見舍衛國。那給孤獨長者在舍衛地方居住，我們這寺原是長者祇園，故名給孤布金寺。寺後邊有祇園基址。近年間，若遇滂沱大雨時，還淋出金銀真珠東珠，有造化的人還拾著。

---

o：这寺原是给孤独园寺，又一名祇园，给孤独长者为请佛讲经，金砖墁地，故又易名。从我们这里望得见舍卫国。那给孤独长者在舍卫地方居住，我们这寺原是长者祇园，故名给孤布金寺。寺后边有祇园基址。近年间，若遇滂沱大雨时，还淋出金银真珠东珠，有造化的人还拾着。

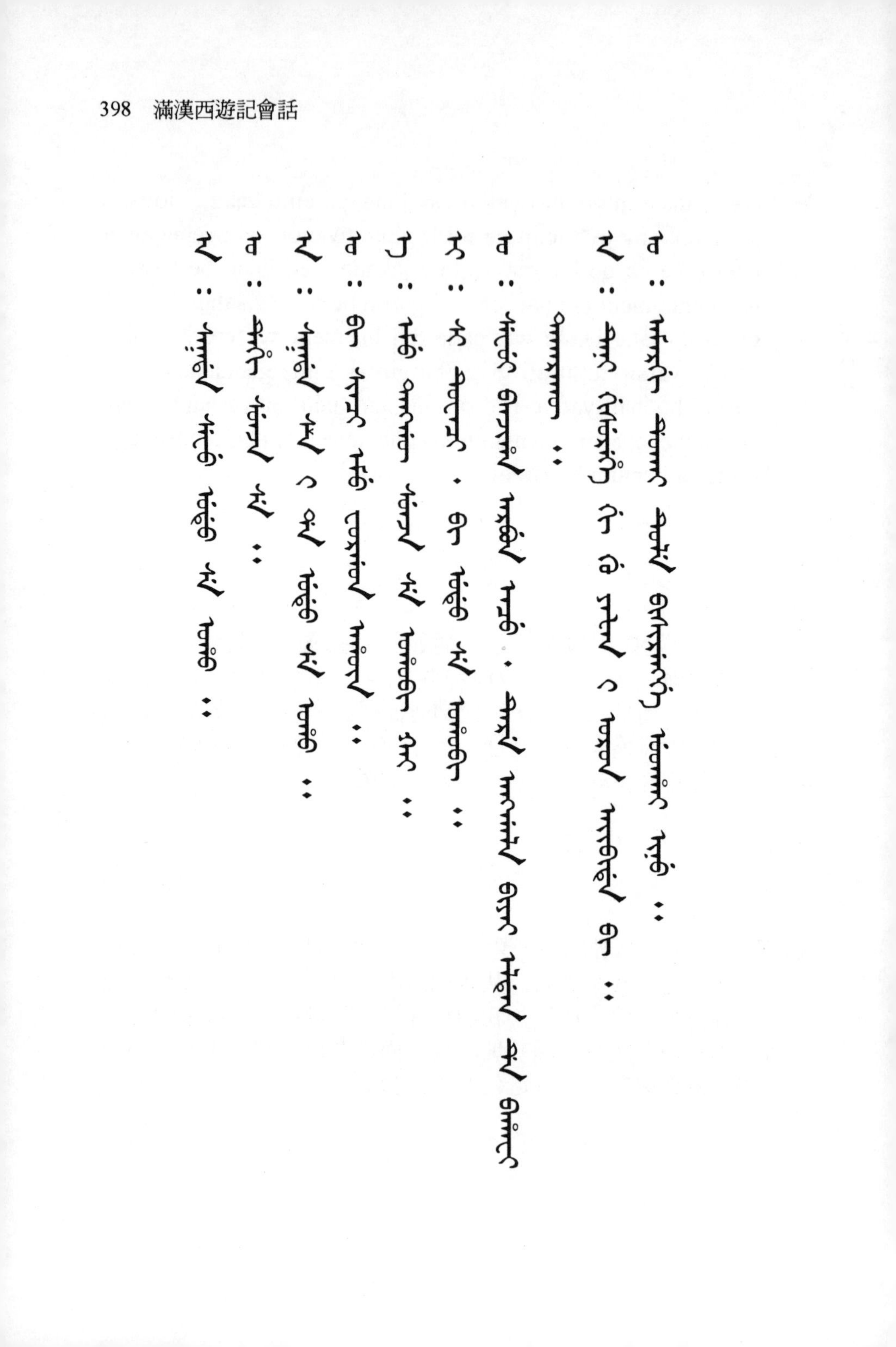

a ： sakda sefu udu se oho?

o ： dehi sunja se.

a ： sakda sy i da udu se oho?

o ： bi sinci emu forgon ahūn.

e ： emu tanggū sunja se ohobi kai.

i ： si tuwaci, bi udu se ohobi?

o ： sefui banjiha arbun encu, tere anggala biyai elden de bahafi takarakū.

a ： teni gisurehe gi gu yafan i oron aibide bi?

o ： amargi dukai tule bisirengge uthai inu.

---

a ：老師父高壽？

o ：四十五歲。

a ：老寺主尊壽？

o ：我比你長一花甲。

e ：今年是一百零五歲了。

i ：你看我有多少年紀了？

o ：師父的長相異樣，況且月光下看不出來。

a ：纔說的給孤園的基址是在何處？

o ：在後門外的就是。

---

a ：老师父高寿？

o ：四十五岁。

a ：老寺主尊寿？

o ：我比你长一花甲。

e ：今年是一百零五岁了。

i ：你看我有多少年纪了？

o ：师父的长相异样，况且月光下看不出来。

a ：纔说的给孤园的基址是在何处？

o ：在后门外的就是。

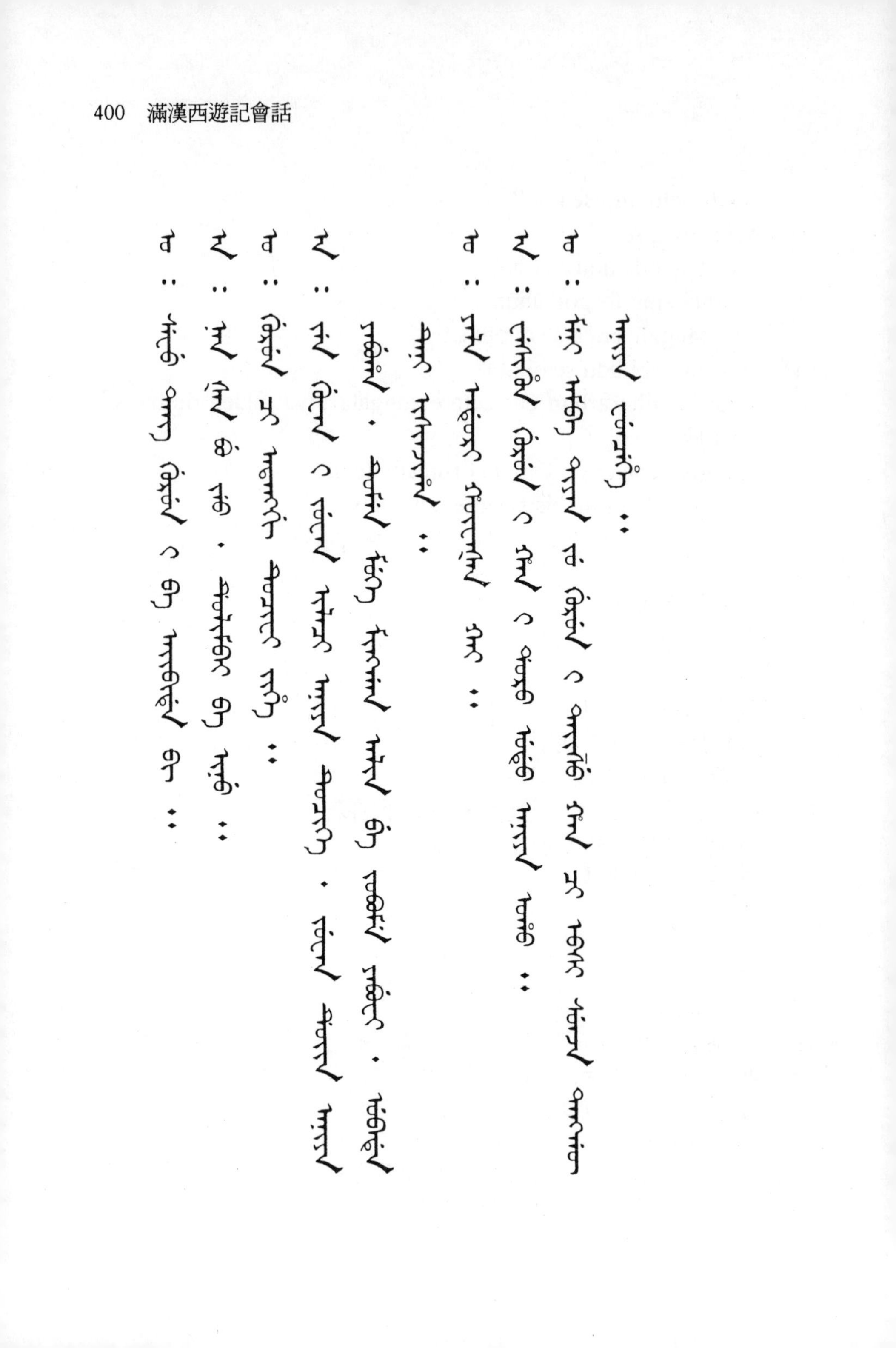

三十四、繡球駙馬

o：sefu tang gurun i ba aibide bi?
a：nan šan bu jeo, dulimbai ba inu.
o：gurun ci atanggi tucifi jihe?
a：jen guwan i juwan ilaci aniya tucike, juwan duin aniya yabuha, tumen muke minggan alin be jobome yabufi,ubade teni isinjiha.
o：yala enduri hūwašan kai.
a：wesihun gurun i han i doro udu aniya oho?
o：meni amba tiyan ju gurun i taidzu han ci ebsi sunja tanggū aniya funcehe.

———————

o：師父唐朝地方在於何方？
a：在南贍部洲中華之地。
o：幾時離國出行？
a：貞觀十三年出行，已走十四年，遠涉千山萬水，方到此處。
o：果是神僧。
a：上國天年幾何？
o：我們大天竺國自太祖國王以來已五百餘年了。

———————

o：师父唐朝地方在于何方？
a：在南赡部洲中华之地。
o：几时离国出行？
a：贞观十三年出行，已走十四年，远涉千山万水，方到此处。
o：果是神僧。
a：上国天年几何？
o：我们大天竺国自太祖国王以来已五百余年了。

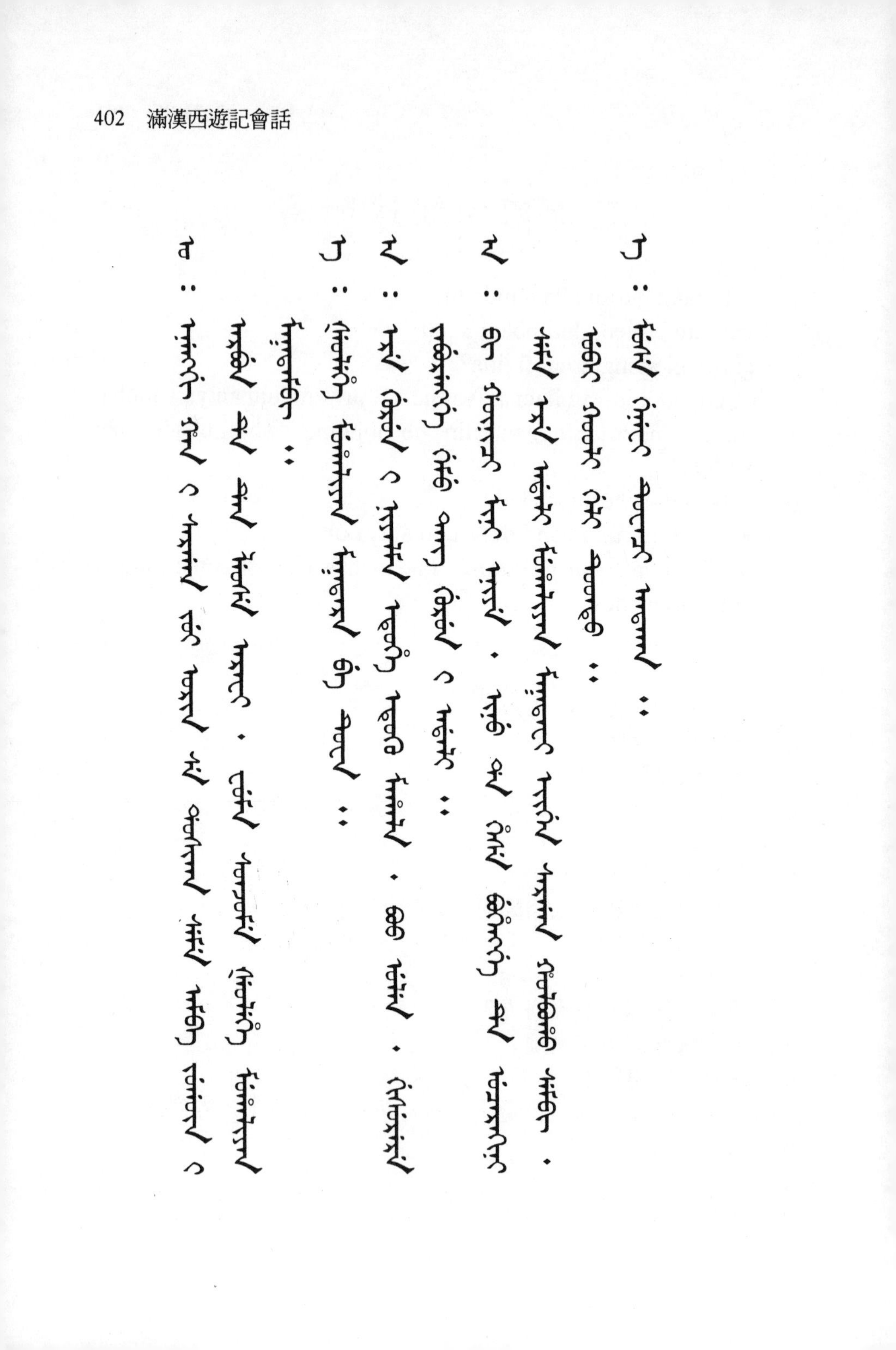

o ： enenggi han i sargan jui orin se dosika seme amba jugūn i arbun de den leose arafi, fuma sonjome šeolehe muhaliyan maktambi.

e ： šeolehe muhaliyan maktara be tuwa.

a ： ere gurun i niyalma etuhe etuku mahala, boo ulen, gisurere jaburengge gemu tang gurun i adali.

a ： bi gūnici mini eniye, inu da hese buhengge de ucarakini seme ere adali muhaliyan maktafi eigen sargan holboho sembi, ubai kooli geli tuttu.

e ： muse genefi tuwaci antaka?

---

o ： 今天因國王的公主年登二十，在十字街頭高結綵樓，拋繡球招駙馬。

e ： 看拋繡球去吧。

a ： 這個國家的衣著宮室，言語談吐，都與大唐一般。

a ： 我想我母親也是拋繡球遇著舊緣，結了夫婦，此處風俗也是那樣。

e ： 我們去看看如何？

---

o ： 今天因国王的公主年登二十，在十字街头高结彩楼，拋绣球招驸马。

e ： 看拋绣球去吧。

a ： 这个国家的衣着宫室，言语谈吐，都与大唐一般。

a ： 我想我母亲也是拋绣球遇着旧缘，结了夫妇，此处风俗也是那样。

e ： 我们去看看如何？

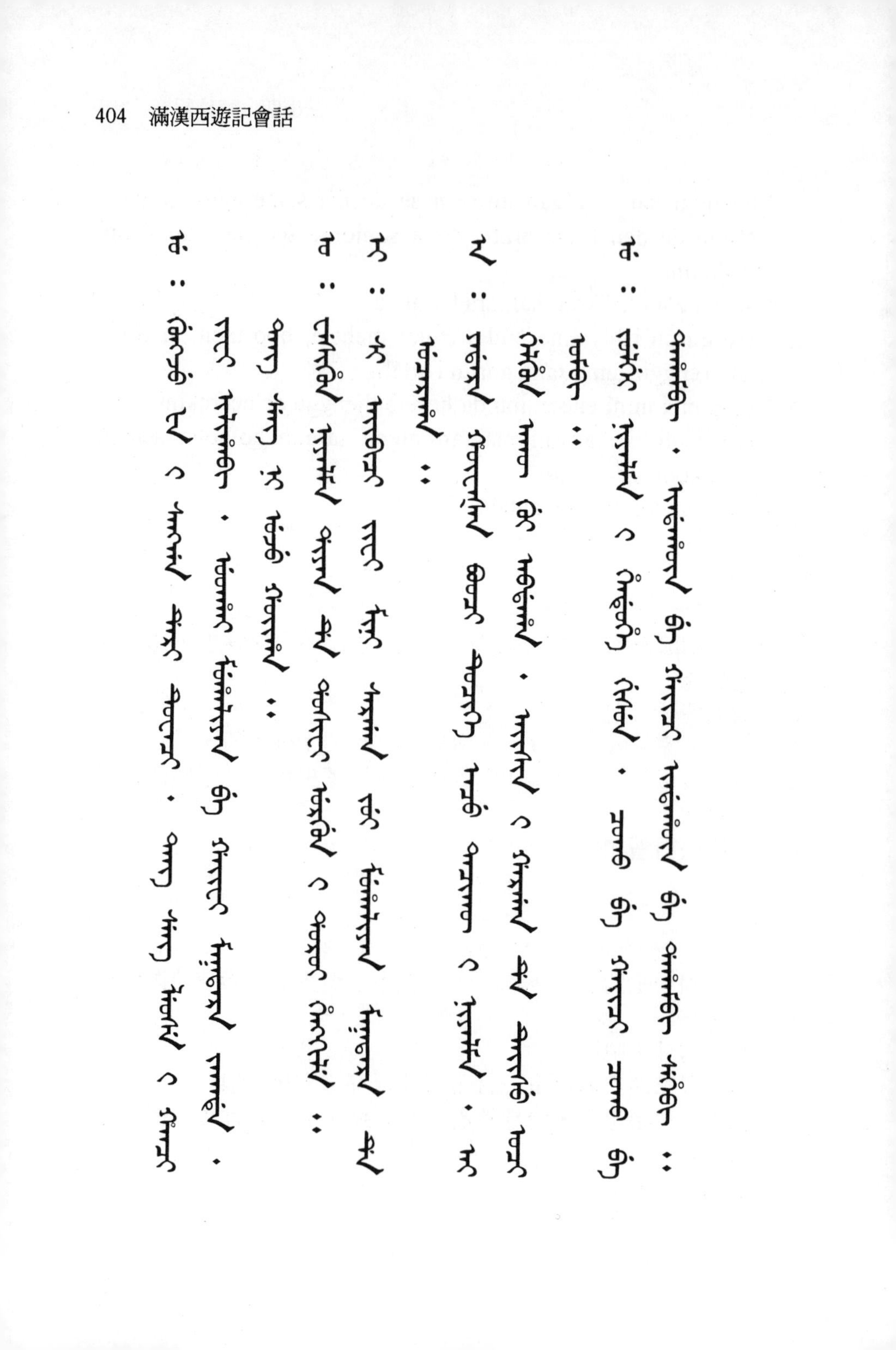

u：gungju fa i sangga deri tuwaci, tang seng leose i hanci jifi ilihabi,
　　uthai muhaliyan be gaifi maktara jakade, tang seng ni uju goiha.

o：wesihun niyalma diyan de dosifi urgun i doroi hengkile.

i：si aibici jifi mini sargan jui muhaliyan maktara de ucaraha?

a：yadara hūwašan booci tucike encu tacikū i niyalma, ai gelhun
　　akū gui abdaha, aisin i gargan de teisu oci ombi.

u：julgei niyalma i henduhe gisun, coko be gaici coko be dahambi,
　　indahūn be gaici indahūn be dahambi sehebi.

---

u：公主從窗口觀看，見唐僧來到樓前站著，就將球拋下，打著
　　唐僧頭上。

o：貴人，請入殿賀喜。

i：你從哪裡來，遇到我女兒拋繡球？

a：貧僧是出家異教之人，怎敢與玉葉金枝爲偶！

u：常言道：嫁鷄隨鷄，嫁犬隨犬。

---

u：公主从窗口观看，见唐僧来到楼前站着，就将球抛下，打着
　　唐僧头上。

o：贵人，请入殿贺喜。

i：你从哪里来，遇到我女儿抛绣球？

a：贫僧是出家异教之人，怎敢与玉叶金枝为偶！

u：常言道：嫁鸡随鸡，嫁犬随犬。

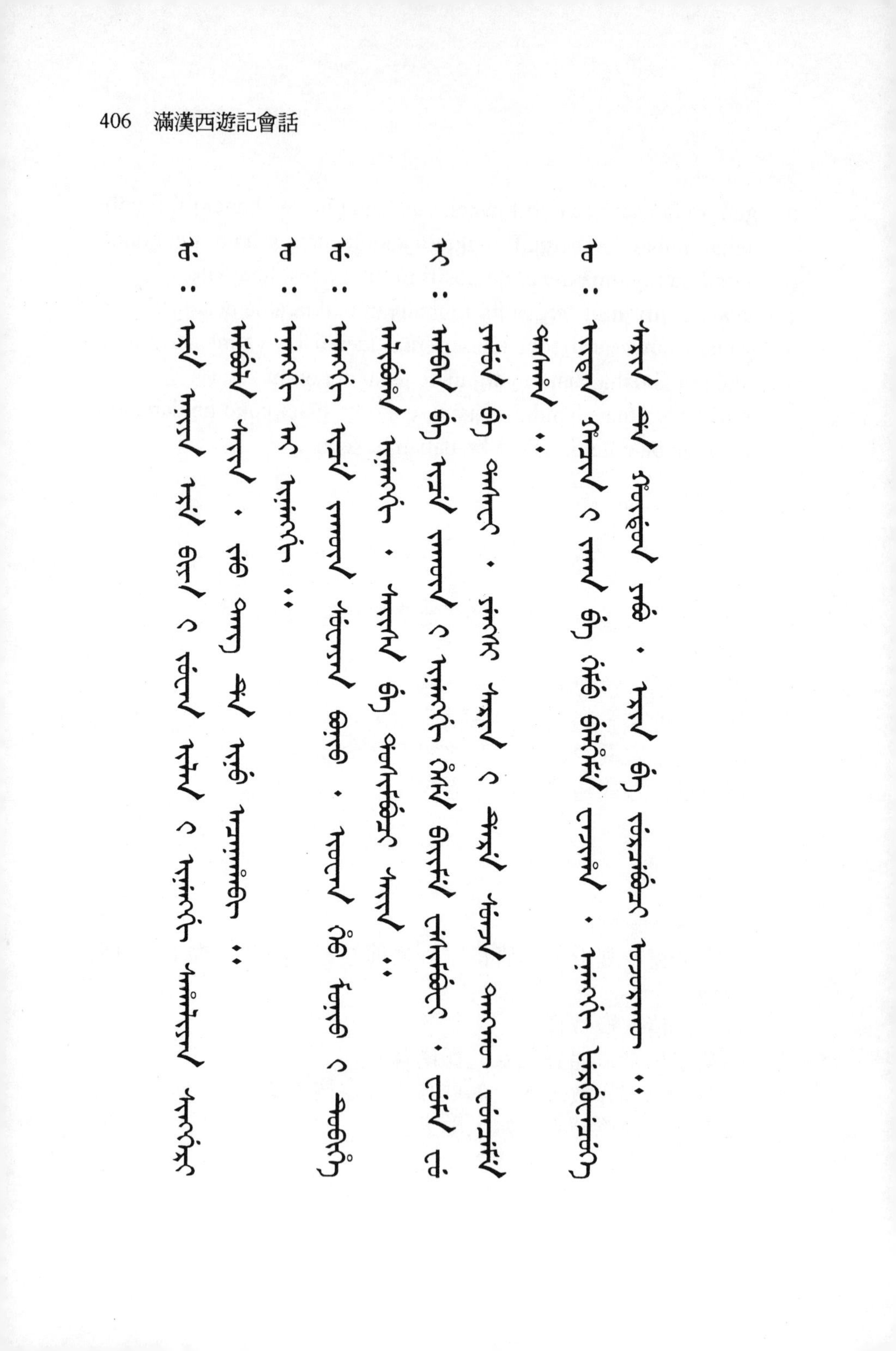

u ： ere aniya ere biya i juwan ilan i inenggi sahaliyan singgeri ambula sain, jeo tang de inu acanahabi.

o ： enenggi ai inenggi?.

u ： enenggi ice jakūn suwayan bonio, iowan heo monio i tubihe alibuha inenggi, saisa be dosimbuci sain.

i ： amban be ice jakūn i inenggi hese baime wesimbufi, fuma fu yamun be dasafi, yengsi sarin i dere sunja tanggū funceme dasaha.

o ： eiten hacin i jaka be gemu belheme wajiha, enenggi ferguwecuke sarin de hūdun yabu, erin be jurcebuci ojorakū.

---

u ：本年本月十三日壬子甚佳，周堂亦合。

o ：今日是何日辰？

u ：今日初八戊申猿猴獻果之日，正宜招賢。

i ：臣等於初八日奏請聖旨，整修駙馬府，備辦宴席五百餘桌。

o ：各項東西皆已備齊，今日佳期，可早赴宴席，不要錯過時辰。

---

u ：本年本月十三日壬子甚佳，周堂亦合。

o ：今日是何日辰？

u ：今日初八戊申猿猴献果之日，正宜招贤。

i ：臣等于初八日奏请圣旨，整修驸马府，备办宴席五百余桌。

o ：各项东西皆已备齐，今日佳期，可早赴宴席，不要错过时辰。

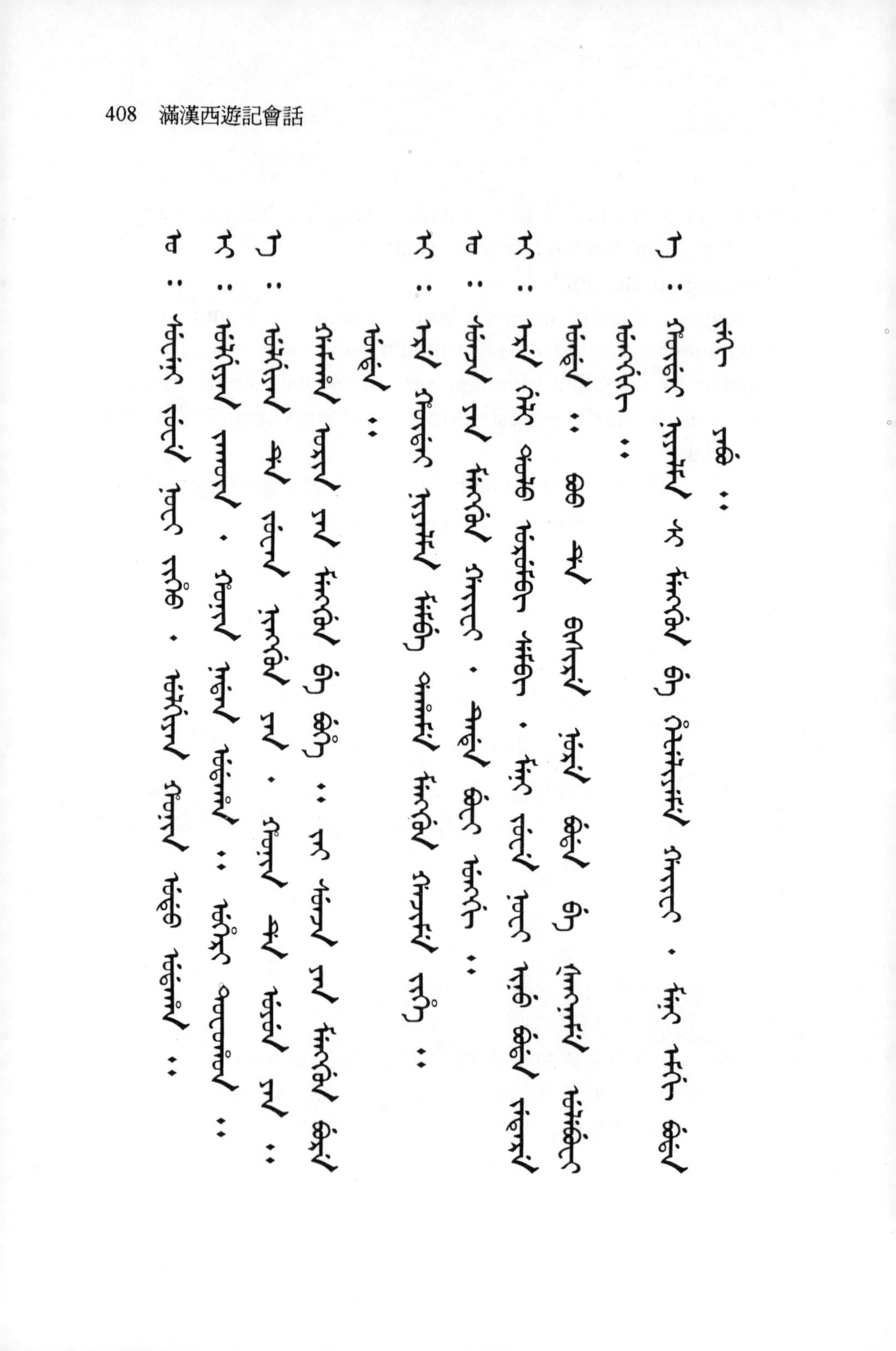

o：suweni juwe nofi jiheo? ulgiyan honin udu udaha?

i：ulgiyan jakūn, honin nadan udaha, uheri tofohon.

e：ulgiyan de juwan ninggun yan, honin de uyun yan, gamaha orin yan menggun be buhe, jai sunja yan menggun bure unde.

i：ere hūdai niyalma membe dahame menggun gajime jihe.

o：sunja yan menggun gaifi, tede bufi unggi.

i：ere geli dolo urumbi sembi, meni juwe nofi inu buda jetere unde, boo de bisire nure buda be šangname ulebufi unggiki.

e：hūdai niyalma si menggun be hefeliyeme gaifi, meni emgi buda jeki yabu.

---

o：你們兩個可來了，買了多少豬羊？

i：買了八口豬、七隻羊，共十五口。

e：豬銀該十六兩，羊銀該九兩，所帶銀二十兩已給他，仍欠銀五兩未給。

i：這個商人跟我來取銀子。

o：取五兩銀子給他，打發他去。

i：這個商人說餓了，我們兩個也未曾吃飯，家中有現成酒飯，賞他些吃了，打發他去吧！

e：商人你收好銀子，我們一起去吃些飯，走吧！

---

o：你们两个可来了，买了多少猪羊？

i：买了八口猪、七只羊，共十五口。

e：猪银该十六两，羊银该九两，所带银二十两已给他，仍欠银五两未给。

i：这个商人跟我来取银子。

o：取五两银子给他，打发他去。

i：这个商人说饿了，我们两个也未曾吃饭，家中有现成酒饭，赏他些吃了，打发他去吧！

e：商人你收好银子，我们一起去吃些饭，走吧！

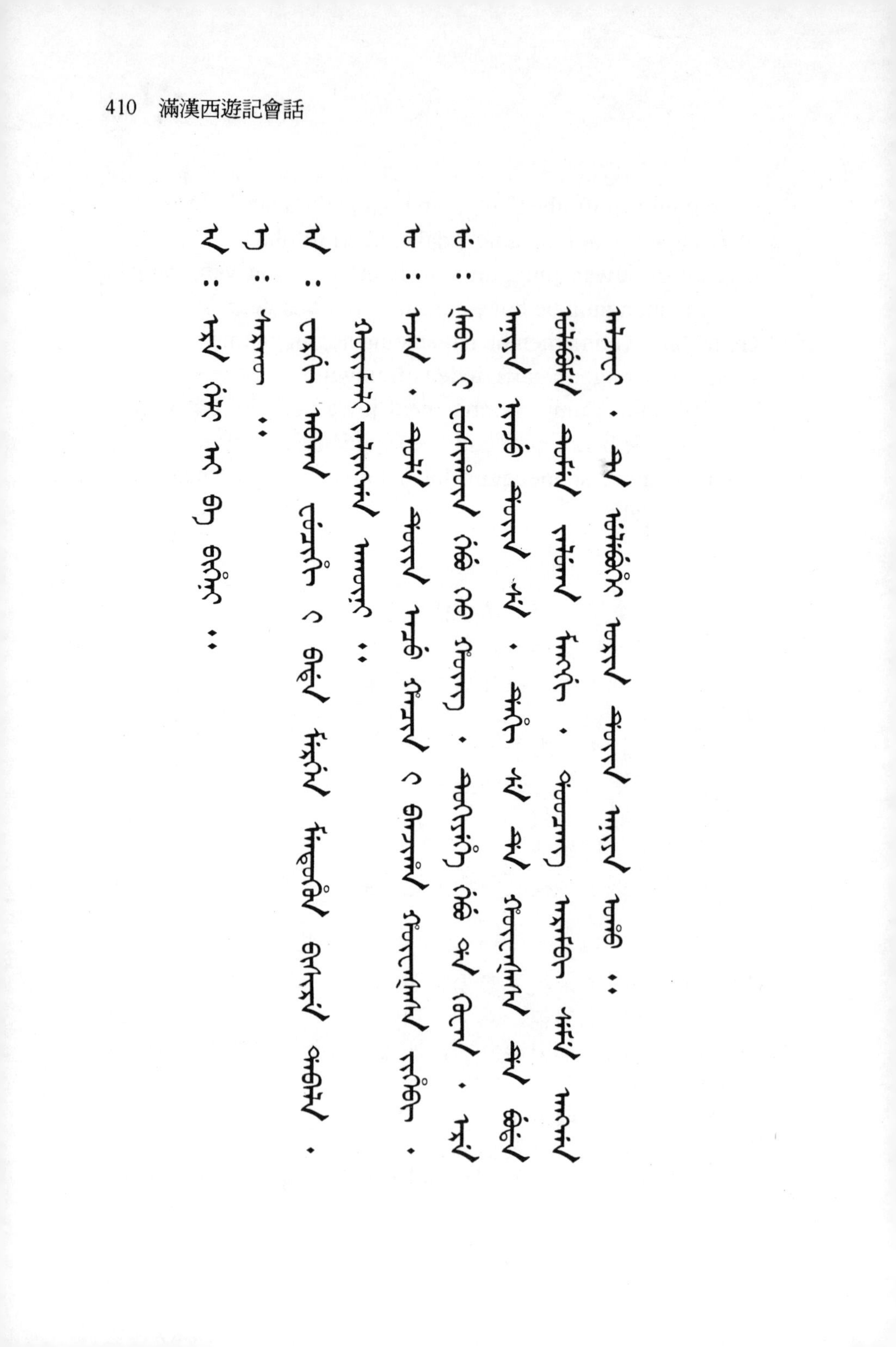

三十五、西牛賀洲

a：ere geli ai ba biheni?

e：sarkū.

a：wargi abka fucihi i bade mergen mentuhun bisire dabala, koimali jalingga akūni.

o：ejen, tule duin encu hacin i banjiha hūwašasa jihebi.

u：šabi i fusihūn gebu keo hūng, tukiyehe gebu da kuwan, ere aniya ninju duin se, dehi se de hūwašasa de buda ulebume tumen jaluka manggi, doocang arambi seme angga aljafi, te ulebuhei orin duin aniya oho.

---

a：這又是什麼地方呢？

e：不知道。

a：西天佛地有賢者、愚者，但無詐偽。

o：主公！外面來了四個神形異樣的僧家。

u：弟子賤名寇洪，字大寬，今年六十四歲，自四十歲上，許齋萬僧後纔做道場，如今已齋了二十四年。

---

a：这又是什么地方呢？

e：不知道。

a：西天佛地有贤者、愚者，但无诈伪。

o：主公！外面来了四个神形异样的僧家。

u：弟子贱名寇洪，字大宽，今年六十四岁，自四十岁上，许斋万僧后纔做道场，如今已斋了二十四年。

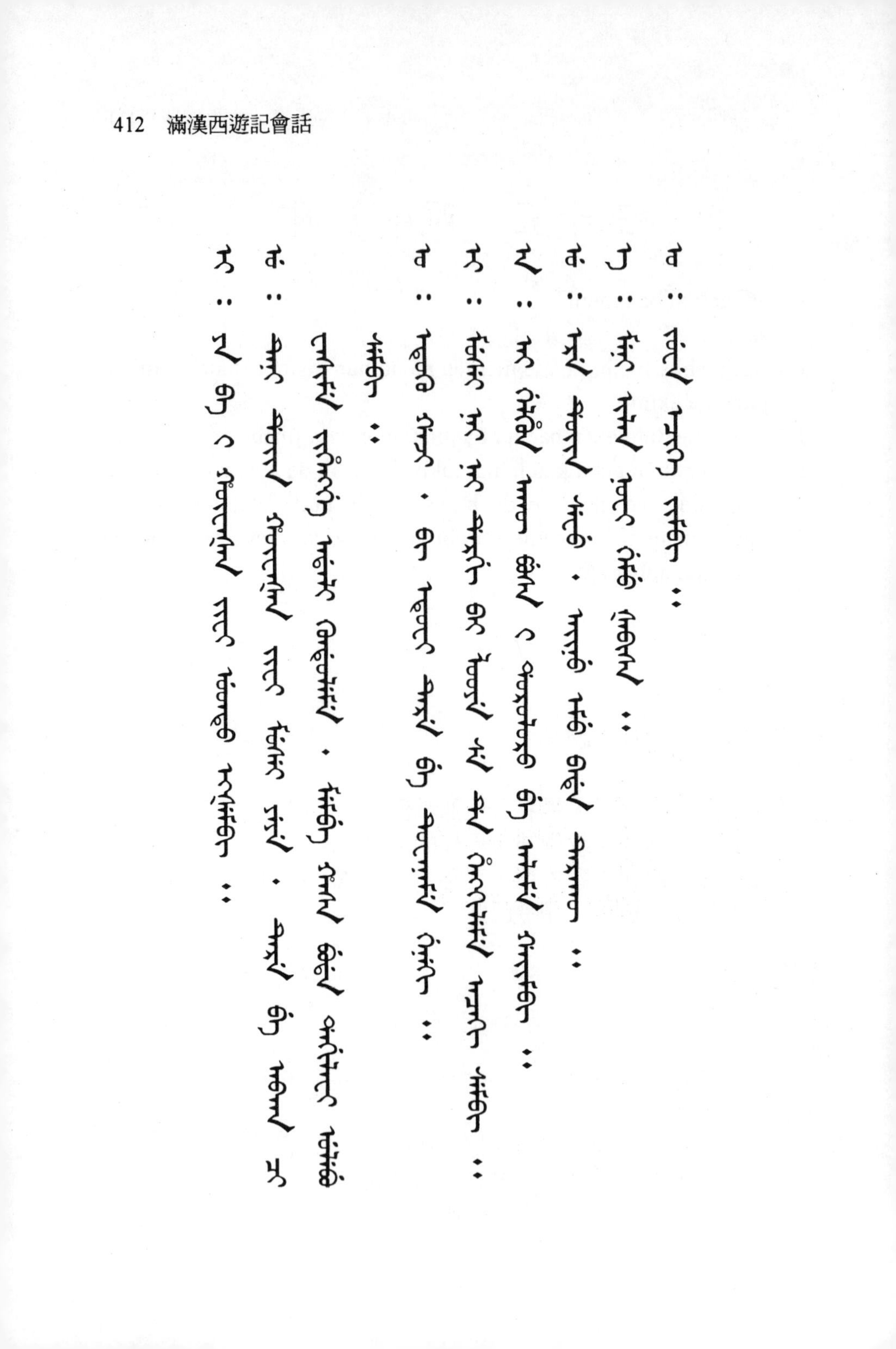

ｉ：ya ba i hūwašan jifi uttu ekšembi?

ｕ：teni duin hūwašan jifi musei yeye, tere be abka ci wasime jihengge adali kunduleme, membe hasa buda dagilafi ulebu sembi.

ｏ：etuku gaji, bi etufi tere be tuwaname geneki.

ｉ：musei nai nai dergi bai looye se de hengkileme acaki sembi.

ａ：ai gelhun akū pusa i doroloro be alime gaimbi.

ｕ：ere duin sefu, ainu emu bade terakū?

ｅ：meni ilan nofi gemu šabisa.

ｏ：juwe ecike jimbi.

―――――――

ｉ：是哪裡來的高僧，這樣匆忙？

ｕ：纔有四位高僧來，我們爺爺敬他如天降的，吩咐我們快備齋供養。

ｏ：取衣服來我穿，去看看他。

ｉ：我們奶奶要拜見東土老爺。

ａ：怎敢承受菩薩之禮？

ｕ：這四位師父怎麼不並坐？

ｅ：我們三個都是徒弟。

ｏ：兩個叔叔也來了。

―――――――

ｉ：是哪里来的高僧，这样匆忙？

ｕ：纔有四位高僧来，我们爷爷敬他如天降的，吩咐我们快备斋供养。

ｏ：取衣服来我穿，去看看他。

ｉ：我们奶奶要拜见东土老爷。

ａ：怎敢承受菩萨之礼？

ｕ：这四位师父怎么不并坐？

ｅ：我们三个都是徒弟。

ｏ：两个叔叔也来了。

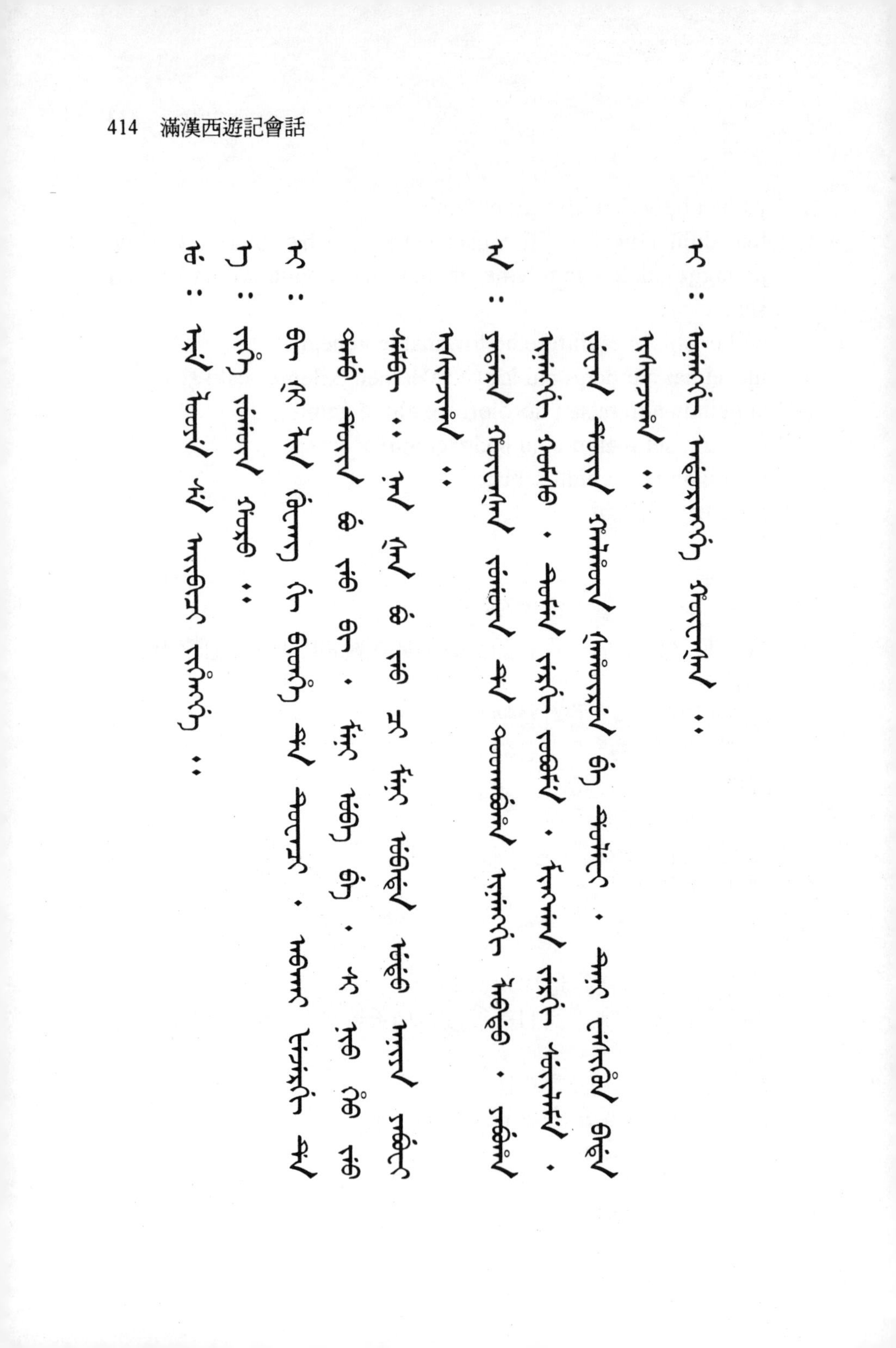

u：ere looye se aibici jihengge?

e：jihe jugūn goro.

i：bi ši lin guwang gi bithe de tuwaci, abkai fejergi de damu duin bu jeo bi, meni uba be, si nio heo jeo sembi, nan šan bu jeo ci meni ubade udu aniya yabufi isinjiha?

a：yadara hūwašan jugūn de tookabuha inenggi labdu, yabuha inenggi komso, tumen jergi jobome, minggan jergi suilame juwan duin halhūn šahūrun be dulefi, teni wesihun bade isinjiha.

i：unenggi enduringge hūwašan.

---

u：這老爺們是哪裡來的？

e：來路遠哩。

i：我看《事林廣記》上，天下只有四部洲，我們這裡叫做西牛賀洲，從南贍部洲到我們這裡不知走了幾年？

a：貧僧在路上，耽擱的日子多，行的日子少，歷經千辛萬苦，共渡過一十四個寒暑，方到寶地。

i：真是神僧！

---

u：这老爷们是哪里来的？

e：来路远哩。

i：我看《事林广记》上，天下只有四部洲，我们这里叫做西牛贺洲，从南赡部洲到我们这里不知走了几年？

a：贫僧在路上，耽搁的日子多，行的日子少，历经千辛万苦，共渡过一十四个寒暑，方到宝地。

i：真是神僧！

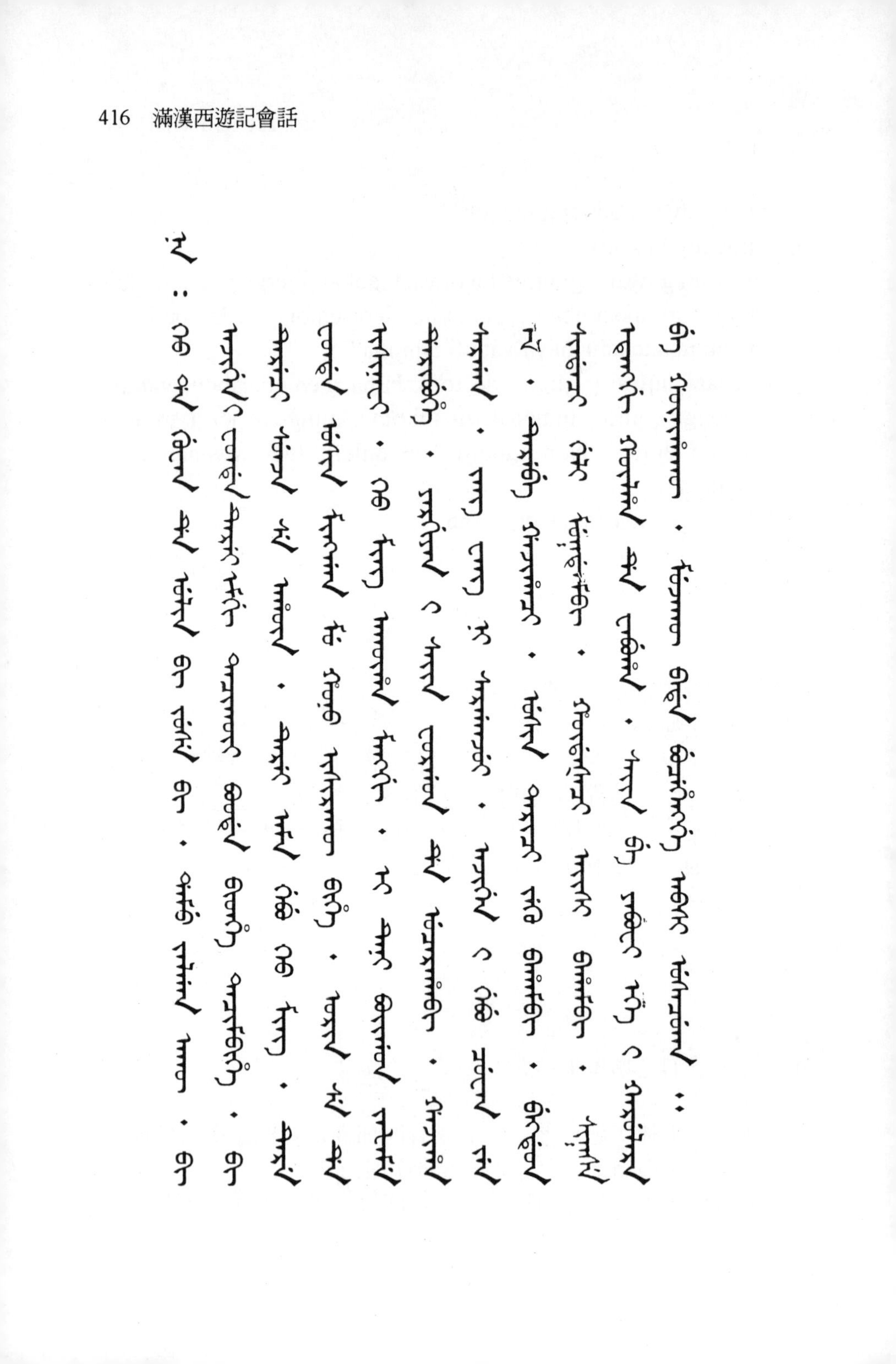

na：keo da guwan de ulin bi juse bi, damu jalgan akū, bi ajigen i fonde terei emgi tacikūi boode bithe tacimbihe, bi tereci sunja se ahūn, terei ama gebu keo ming, tere fonde usin minggan mu hono isirakū bihe, orin se de isinafi, keo ming akūha manggi, i teni boigon jafame deribuhe, yargiyan i sain forgon de ucarahabi, gajiha sargan jang wang ni sarganjui, ajigen i gebu cuwan jen el, terebe gajihaci, usin tarici jeku bahambi, bekdun sindaci geli mukdembi, hūdašaci aisi bahambi, sikse etenggi hūlha de wabuha, sain be yabufi ehe i karulara be gūnihakū, mujakū bade bucehengge absi usacuka.

na：寇大官有財有子，只是沒壽。我小時候，和他同學讀書，我還大他五歲。他的父親叫做寇銘，當時不足千畝田地。二十歲上，寇銘死後，他纔開始掌家，實是遇到好運，娶的妻是張旺之女，小名叫做穿針兒。自從娶了她，種田有收，放貨獲息，買賣有利。不期昨日被強盜殺死，行善不得好報，仍死於非命，可歎！

na：寇大官有财有子，只是没寿。我小时候，和他同学读书，我还大他五岁。他的父亲叫做寇铭，当时不足千亩田地。二十岁上，寇铭死后，他纔开始掌家，实是遇到好运，娶的妻是张旺之女，小名叫做穿针儿。自从娶了她，种田有收，放货获息，买卖有利。不期昨日被强盗杀死，行善不得好报，仍死于非命，可叹！

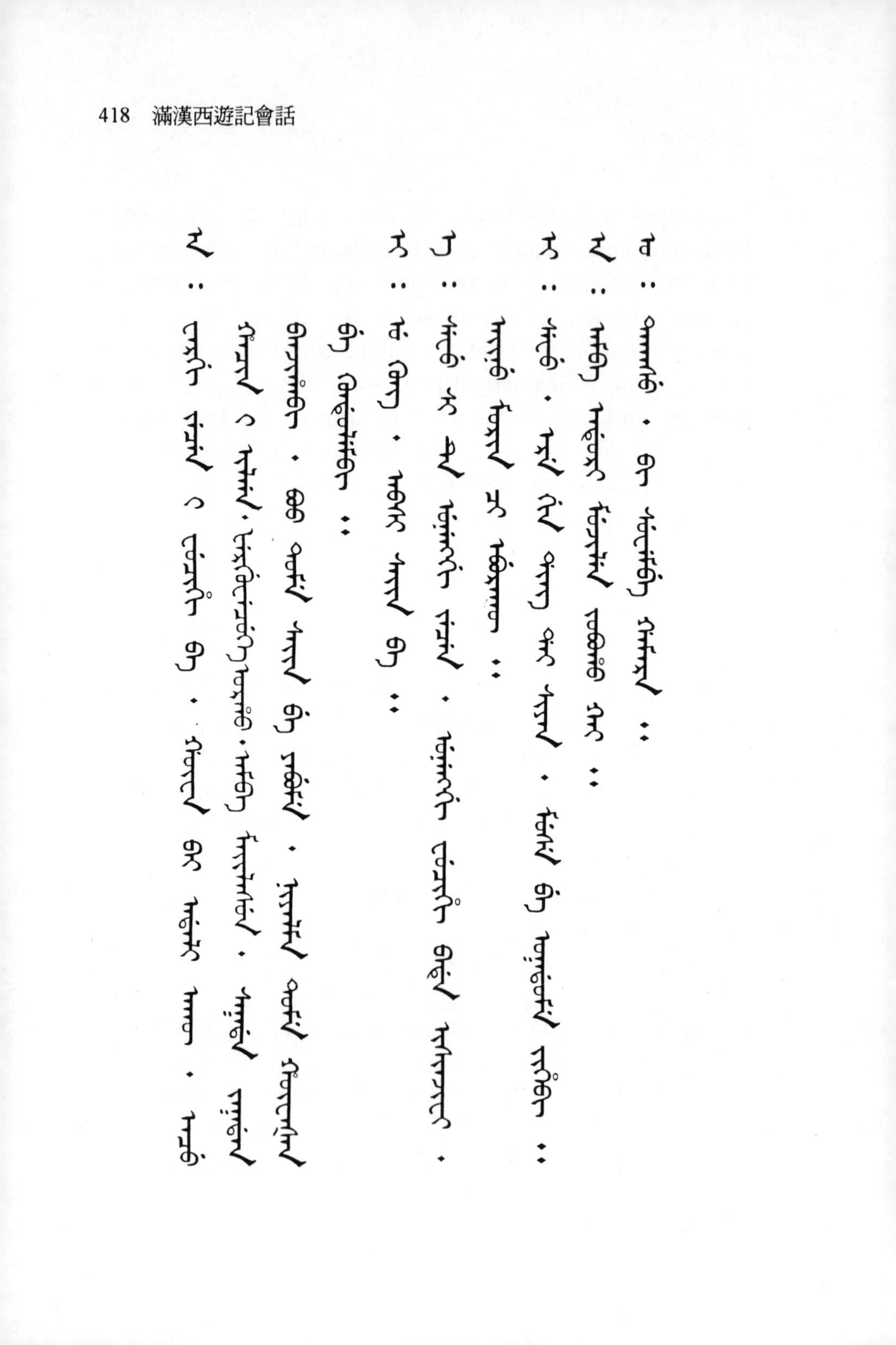

三十六、解脫凡胎

a：wargi jecen i fucihi ba, gūwa bai adali akū, encu hacin i ilga, ferguwecuke orho, amba mailasun, sakda jakdan banjihabi. boo tome sain be yabume, niyalma tome hūwašan be kundulembi.

i：u kung, absi sain ba.

e：sefu si te unenggi jecen, unenggi fucihi bade isinjifi, ainu morin ci eburakū.

i：sefu, ere gin ding dai siyan, muse be okdome jihebi.

a：amba enduri mujilen joboho kai.

o：takasu, bi suwembe gamara.

---

a：西方佛地，與他處不同，生長異樣的花，奇妙的草，巨柏，老松。家家行善，人人敬僧。

i：悟空，好地方。

e：師父你今日到了真境，真佛之處，怎麼還不下馬？

i：師父，這是金頂大仙，他來迎接我們了。

a：有勞大仙盛情。

o：且慢，我送你們。

---

a：西方佛地，与他处不同，生长异样的花，奇妙的草，巨柏，老松。家家行善，人人敬僧。

i：悟空，好地方。

e：师父你今日到了真境，真佛之处，怎么还不下马？

i：师父，这是金顶大仙，他来迎接我们了。

a：有劳大仙盛情。

o：且慢，我送你们。

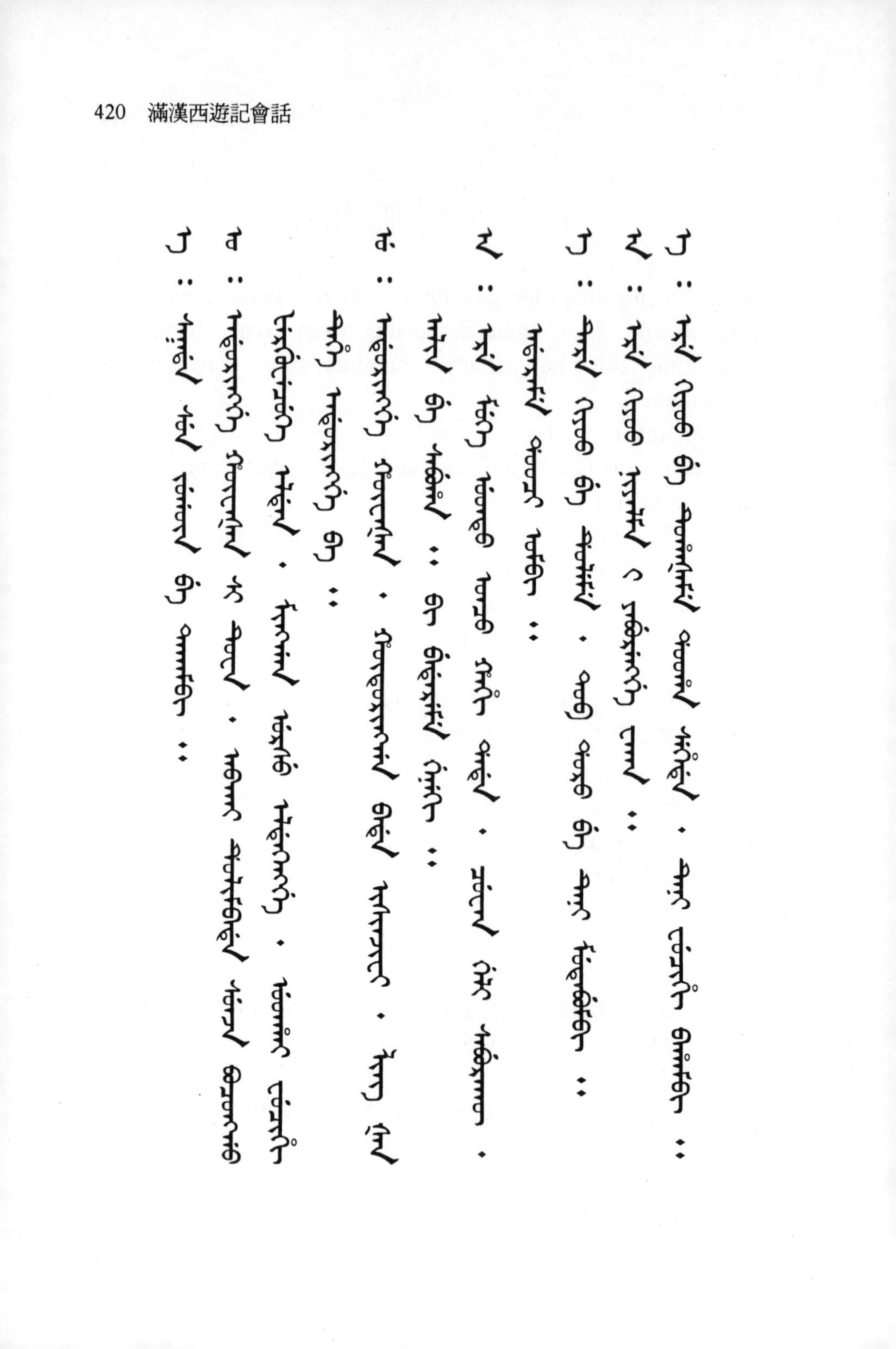

e：sakda sun jugūn be takambi.

o：enduringge hūwašan si tuwa, abkai dulimbade sunja boconggo
　ferguwecuke elden, minggan ursu eldekengge, uthai fucihi
　tehe enduringge ba.

u：enduringge hūwašan, hūturingga bade isinjifi, ling šan alin be
　sabuha, bi bedereme geneki.

a：ere muke uttu onco hahi dade, cuwan geli saburakū, adarame
　dooci ombi?

e：tere kiyoo be duleme, tob doro be teni mutebumbi.

a：ere kiyoo niyalma i yaburengge waka.

e：ere kiyoo be tuhašame dooha sehede, teni fucihi bahambi.

———————

e：老孫認得路。

o：聖僧，你看那半天中有五色祥光，千重瑞靄的，就是佛祖居
　住的聖境。

u：聖僧，已到福地，望見靈山了，我回去了。

a：這水這般寬闊湍急，又看不見船隻，如何可渡？

e：從那橋上過去，方成正果。

a：這橋不是人走的。

e：走過這橋，方可成佛。

———————

e：老孙认得路。

o：圣僧，你看那半天中有五色祥光，千重瑞霭的，就是佛祖居
　住的圣境。

u：圣僧，已到福地，望见灵山了，我回去了。

a：这水这般宽阔湍急，又看不见船只，如何可渡？

e：从那桥上过去，方成正果。

a：这桥不是人走的。

e：走过这桥，方可成佛。

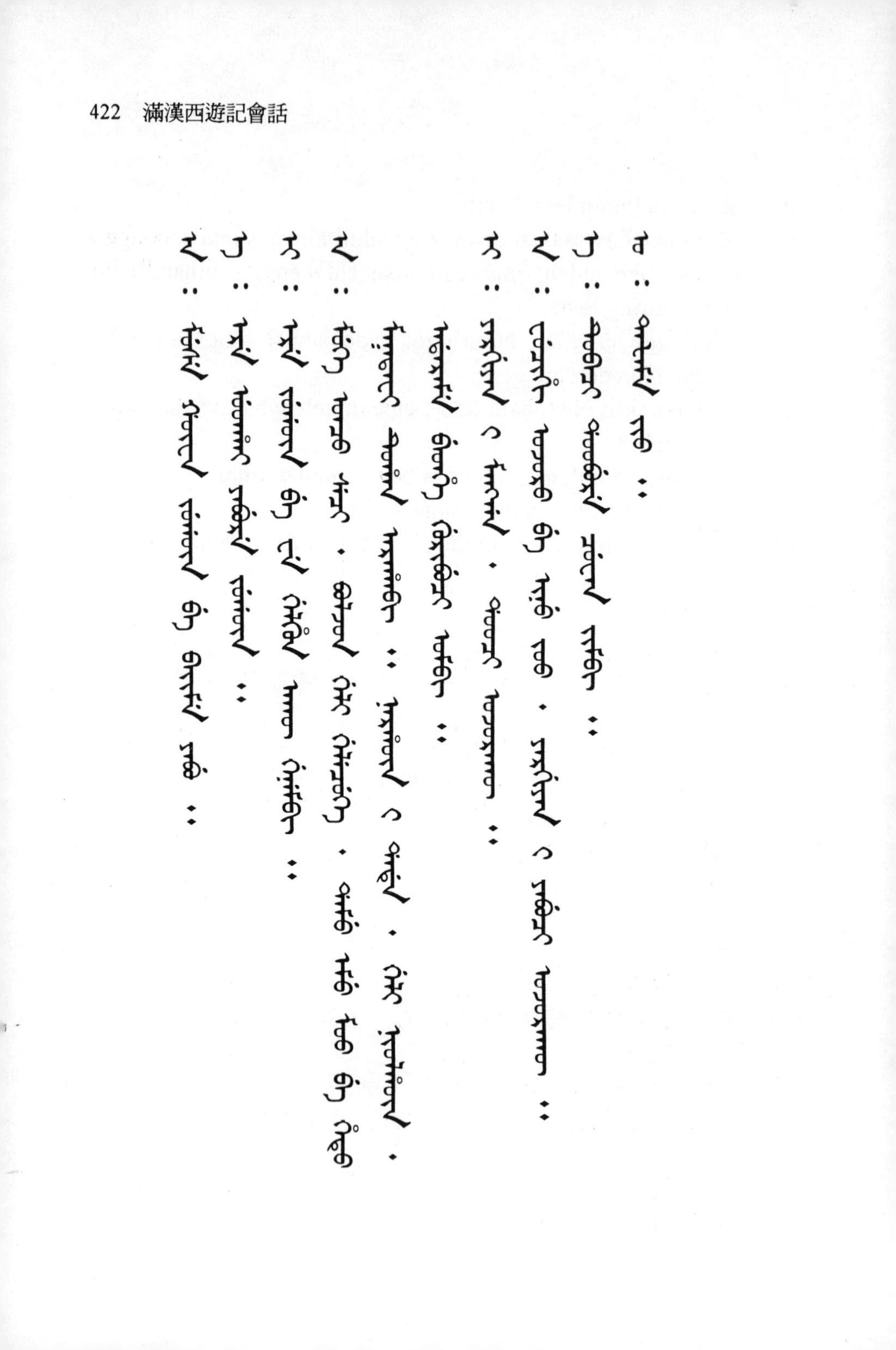

a ： muse gūwa jugūn be baime yabu.

e ： ere uthai yabure jugūn.

i ： ere jugūn be we gelhun akū genembi?

a ： muke onco seci, boljon geli gelecuke, damu emu moo be hetu
maktafi tuhan arahabi, narhūn i dade, geli niolhūn, adarame
bethe guribuci ombi?

i ： yargiyan i mangga, dooci ojorakū.

a ： fucihi ojoro be inu joo, yargiyan i yabuci ojorakū.

e ： tubaci doobure cuwan jimbi.

o ： tafame jio!

---

a ：我們尋別的路徑走吧！

e ：這就是人走的路。

i ：這路誰敢走？

a ：水面又寬，浪又可怖，唯獨橫放一根木頭做獨木橋，又細又
滑，怎能挪動腳步？

i ：實在難，渡不得。

a ：佛做不成也罷，實在走不成。

e ：那裡有隻渡船來了。

o ：登上船來吧。

---

a ：我们寻别的路径走吧！

e ：这就是人走的路。

i ：这路谁敢走？

a ：水面又宽，浪又可怖，唯独横放一根木头做独木桥，又细又
滑，怎能挪动脚步？

i ：实在难，渡不得。

a ：佛做不成也罢，实在走不成。

e ：那里有只渡船来了。

o ：登上船来吧。

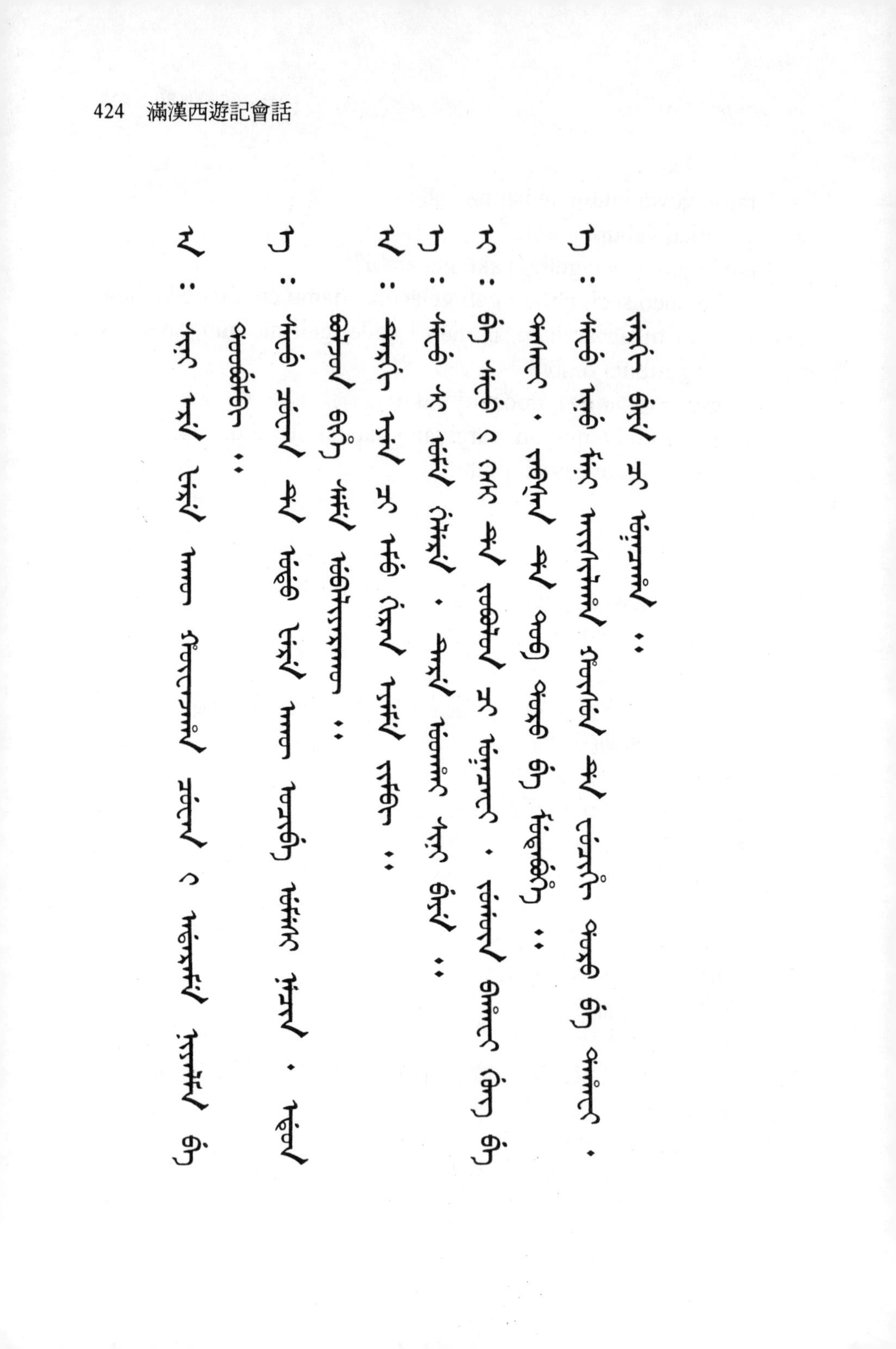

a : sini ere fere akū hūwajaha cuwan i adarame niyalma be doobumbi?

e : sefu, cuwan de udu fere akū ocibe umesi necin, edun boljon bihe seme ubaliyarakū.

a : dergi eyen ci emu giran eyeme jimbi.

e : sefu si ume gelere, tere uthai sini beye.

i : be sefu i kesi de jobolon ci ukcafi, jugūn bahafi gung be dasafi, jabšan de tob doro be mutebuhe.

e : sefu inu meni aisilaha hūsun de fucihi doro be dahafi, jergi beye ci ukcaha.

---

a ：你這無底的破船兒，如何渡人？

e ：師父，船雖是無底，卻很平穩，縱有風浪，也不致翻船。

a ：上游流下來一個死屍。

e ：師父你莫怕，那個就是你的身體。

i ：我們虧師父解脫，借路修功，幸成了正果。

e ：師父也賴我們出力相助，秉教加持，解脫了凡胎。

---

a ：你这无底的破船儿，如何渡人？

e ：师父，船虽是无底，却很平稳，纵有风浪，也不致翻船。

a ：上游流下来一个死尸。

e ：师父你莫怕，那个就是你的身体。

i ：我们亏师父解脱，借路修功，幸成了正果。

e ：师父也赖我们出力相助，秉教加持，解脱了凡胎。

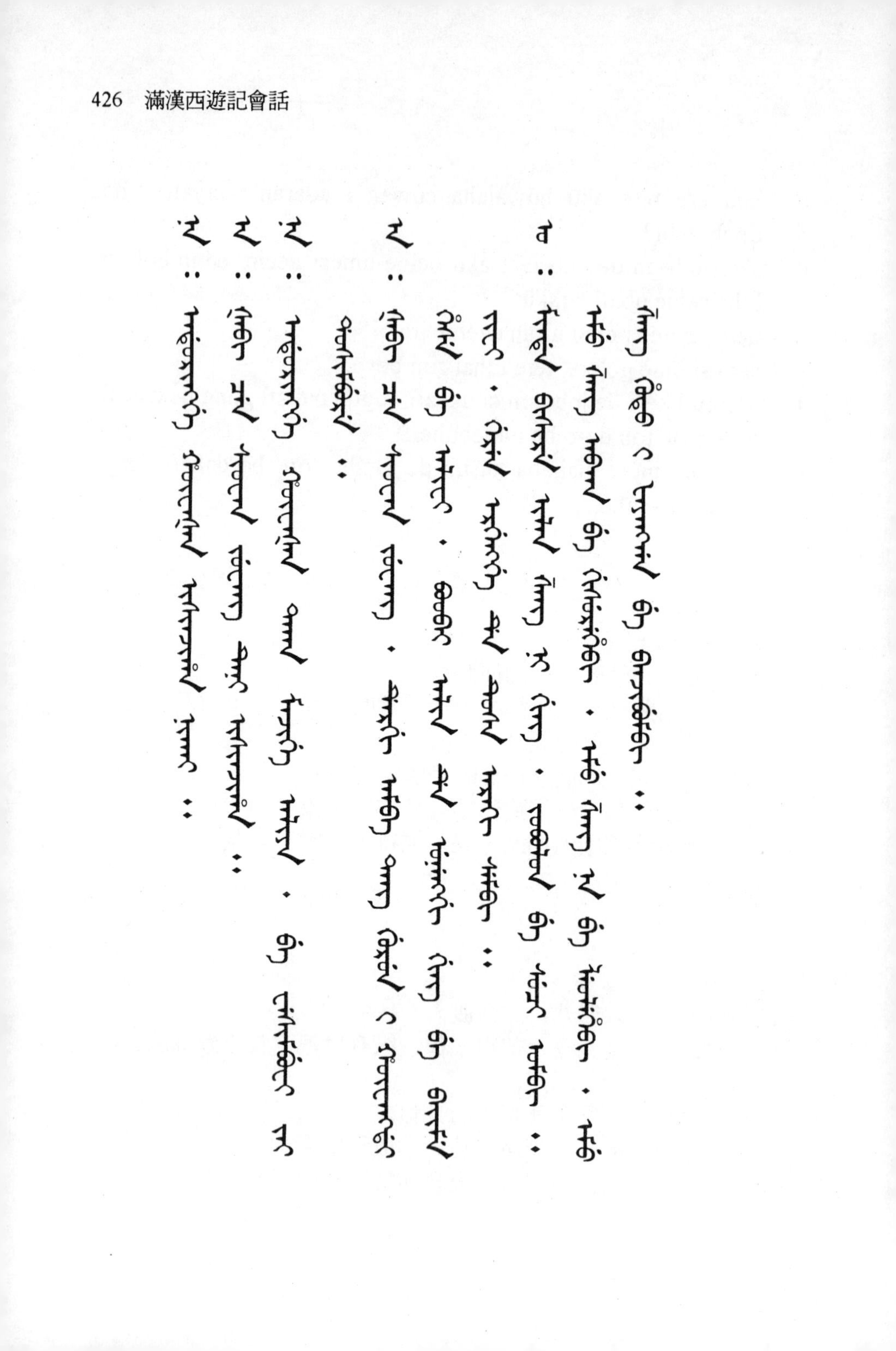

三十七、傳授真經

na：enduringge hūwašan isinjiha nikai.

a：šabi cen siowan juwang teni isinjiha.

na：enduringge hūwašan taka majige aliya, be wesimbufi jai dosimbure.

a：šabi cen siowan juwang, dergi amba tang gurun i hūwangdi hese be alifi, boobai alin de unenggi ging be baime jifi, geren ergengge de tusa araki sembi.

o：minde bisire ilan dzang ni ging, jobolon be suci ombi, emu dzang abka be gisurehebi, emu dzang na be leolehebi, emu dzang hutu i fayangga be banjibumbi.

---

na：聖僧來了啊！

a：弟子陳玄奘纔到了。

na：聖僧少待，容稟過再進來。

a：弟子陳玄奘奉東土大唐皇帝旨意，詣寶山，求真經，以濟眾生。

o：我有經三藏，可解災愆。一藏談天，一藏說地，一藏度鬼。

---

na：圣僧来了啊！

a：弟子陈玄奘纔到了。

na：圣僧少待，容禀过再进来。

a：弟子陈玄奘奉东土大唐皇帝旨意，诣宝山，求真经，以济众生。

o：我有经三藏，可解灾愆。一藏谈天，一藏说地，一藏度鬼。

ᠸᡝ ᠊᠊

ᡩᠠᠩᠰᡝ ᡩᡝ ᡥᠠᠯᠠᡴᠠᠨ ᠰᡝᠮᠪᡳ᠂ ᠮᠠᠨ ᡳ ᠰᡳᡤᡳᠰᡳᡴ ᠊᠊
ᡨᡝᡵᡝ ᡳᠨᡠ ᠪᡝ ᠊᠊

ᠸᠠ ᠊᠊

ᡝᠯᡝ ᡴᠠᠨ ᠪᡝ ᡥᠠᠯᠠᡴᠠᠨ ᠂ ᠮᡝᠨᡳ ᡥᡝᠰᡝ ᡤᡳᡥᠠ ᠪᡝ ᠂
ᠯᠠᡴᠴᠠᡥᠠ ᠪᡝ ᡝᠮᡝ ᠸᡝᡳᠯᡝᡥᡝ ᠂ ᡝᠮᡝ ᡝᠯᡝ ᠊᠊
ᡨᡝᡵᡝᠪᡠᡴᡝ ᠪᡝᡳ ᠪᡝ ᠂ ᡠᡨᡥᠠᡳ ᡴᠠᠨ ᠰᡝᠮᠪᡳ ᠂
ᡝᠮᡝ ᡤᠠᡵᠠᡥᠠ ᠪᡝ ᠂ ᡝᠮᡝ ᡤᠠᠮᠠᡥᠠ ᠂
ᡝᠮᡝ ᡥᠠᠯᠠᡴᠠᠨ ᡝᠯᡝ ᠊᠊
ᠸᡝ ᠊᠊

ᡥᠠᡤᠠᡥᠠ ᠂ ᡝᠮᡝ ᠮᡝᠨᡝ ᠊᠊
ᡝᠮᡝ ᡩᡝᠯᡝᡵᡳ ᠪᡝ ᡩᠠᠩᠰᡝ ᡥᠠᠯᠠᡴᠠᠨ ᠂ ᠮᡝ ᡳ ᠰᡳᡤᡳ᠂
ᡝᠮᡝ ᡨᡝᡵᡝ ᡳᠨᡠ ᠪᡝ ᠊᠊

o：uheri gūsin sunja dobton, emu tumen sunja minggan emu tanggū dehi duin debtelin.

u：abkai fejergi duin amba bu jeo i abkai šu, na i giyan, niyalmai banin, gurgu gasha orho moo, tetun agūra, niyalmai weile akūngge akū, suwe goro baci jihe be dahame, gemu bufi unggiki sehe bihe, damu suweni tubai niyalma mentuhun farhūn doksin oshon, unenggi gisun be wakašame mini ša men dukai šumin ferguwecuke be sarkū.

o：ere ging ni gung erdemu be gisurehe seme wajirakū, ume weihukelere, beye be bolgomime targahakū oci, debtelin be ume neire.

---

o：共計三十五部，一萬五千一百四十四卷。

u：凡天下四大部洲之天文，地理、人性、鳥獸、草木、器用、人事，無所不載。你們遠來，待要全付與你們取去，但你們那裡的人，愚蠢暴虐，毀謗真言，不識我沙門的深奧。

o：此經功德，說也說不完，不可輕慢，非沐浴齋戒，不可開卷。

---

o：共计三十五部，一万五千一百四十四卷。

u：凡天下四大部洲之天文，地理、人性、鸟兽、草木、器用、人事，无所不载。你们远来，待要全付与你们取去，但你们那里的人，愚蠢暴虐，毁谤真言，不识我沙门的深奥。

o：此经功德，说也说不完，不可轻慢，非沐浴斋戒，不可开卷。

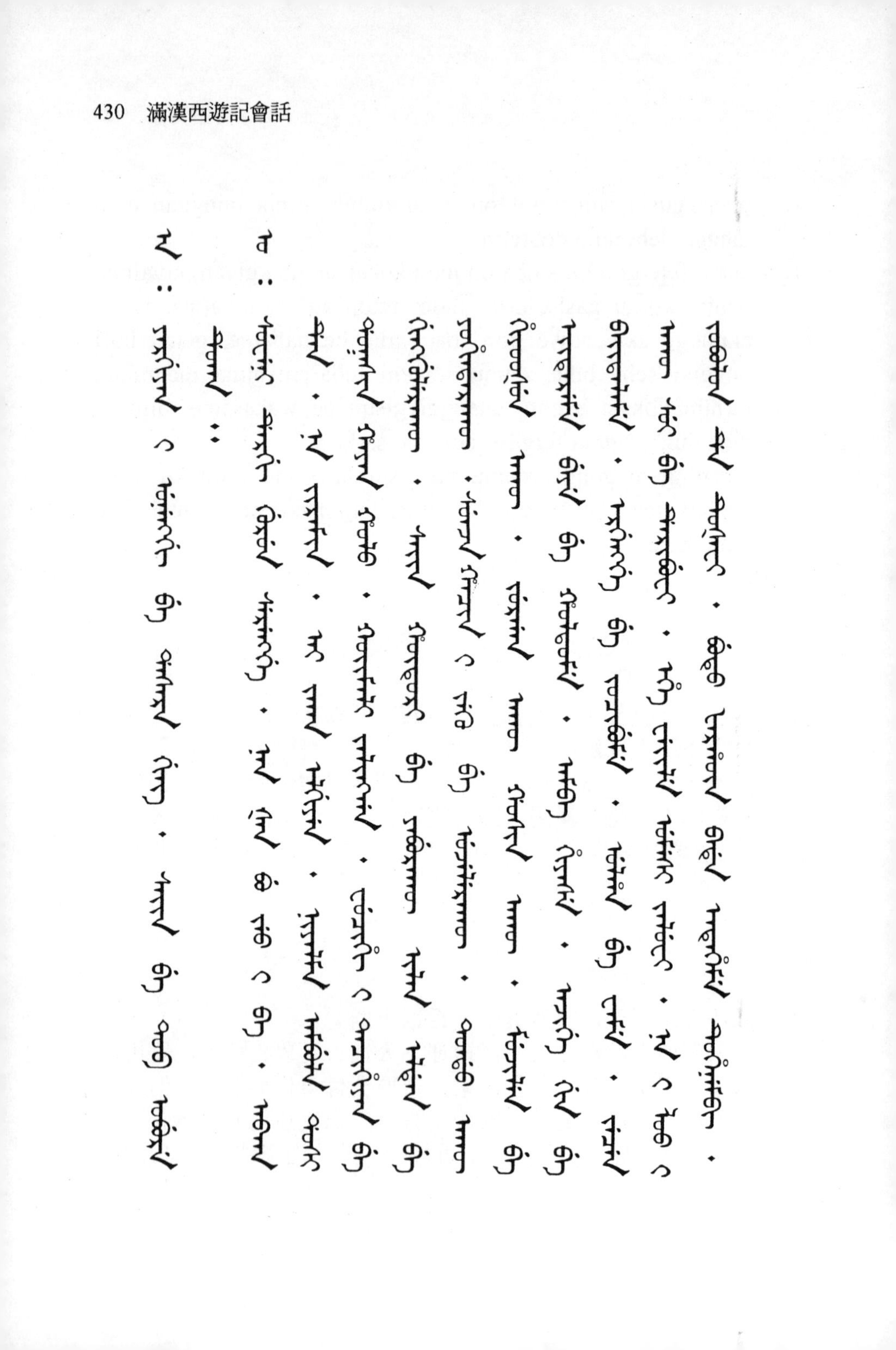

a ：yargiyan i unenggi be dasara ging, sain be tob obure duka.
o ：suweni dergi gurun serengge, nan šan bu jeo i ba, abka den, na jiramin, ai jaka elgiyen, niyalma ambula dosi doksin hayan holo, koimali jalingga, fucihi i tacihiyan be ginggulerakū, sain hūturi be yaburakū ilan elden be yohindarakū, sunja hacin i jeku be ujelerakū, tondo akū hiyoošun akū, jurgan akū, gosin akū mujilen be eitereme beye be holtome, amba hiyase, ajige gin be baitalame, ergengge be jocibume, ulha be wame, jecen akū sui be deribufi, ehe weile umesi jalufi, na i loo i jobolon de tušafi, butu farhūn bade enteheme tuhenembi.

a ：真是修真之徑，正善之門。
o ：你們那東土乃南贍部洲地方，只因天高地厚物廣，人便多貪多暴，多淫多誑，多欺多詐，不尊佛教，不向善緣，藐視三光，不重五穀，不忠不孝，不義不仁，欺心昧己，大斗用小秤，害命殺牲，造下無邊之孽，罪盈惡滿，致有地獄之災，所以永墮幽冥。

a ：真是修真之径，正善之门。
o ：你们那东土乃南赡部洲地方，只因天高地厚物广，人便多贪多暴，多淫多诳，多欺多诈，不尊佛教，不向善缘，藐视三光，不重五谷，不忠不孝，不义不仁，欺心昧己，大斗用小秤，害命杀牲，造下无边之孽，罪盈恶满，致有地狱之灾，所以永堕幽冥。

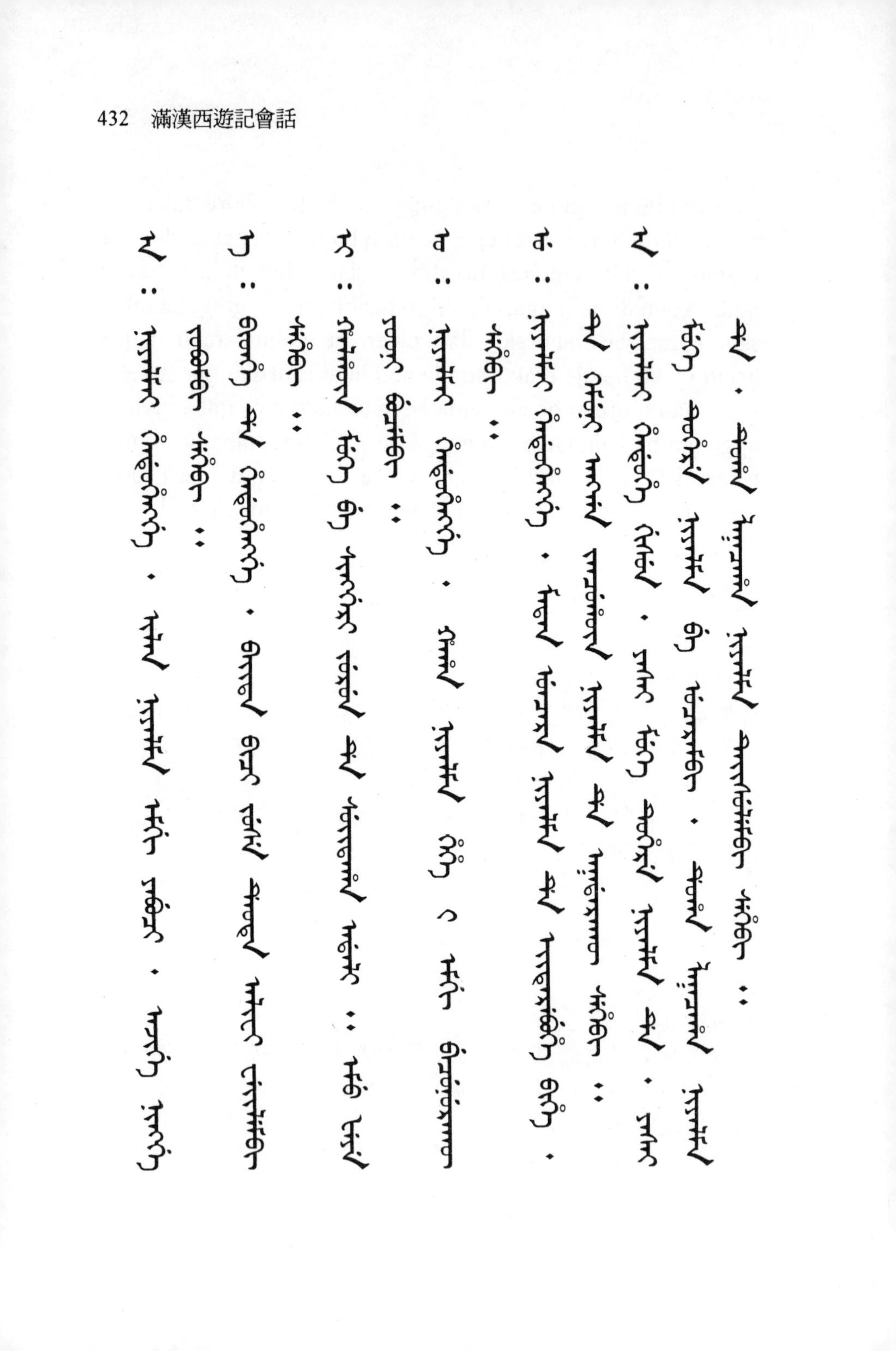

三十八、俚諺俗語

a：niyalmai henduhengge, ilan niyalma emgi yabuci, ajige ningge jobombi sehebi.

e：bithe de henduhengge, baita bici juse deote alifi weilembi sehebi.

i：halhūn muke be singgeri jurun de suitaha adali, emu feye yooni bucembi.

o：niyalmai henduhengge, haha niyalma hehe i emgi becunurakū sehebi.

u：niyalmai henduhengge, matan uncara niyalma de eiterebuhe bihe, te kemuni angga jancuhūn niyalma de akdarakū sehebi.

a：niyalmai henduhe gisun, yasai muke tuhere niyalma de, yasai muke tuhere niyalma be ucarambi, duha lakcaha niyalma de, duha lakcaha niyalma teisulembi sehebi.

---

a：常言道：三人出外，小的勞苦。
e：古書云：有事弟子服其勞。
i：滾湯潑老鼠，一窩兒都是死。
o：常言道：男不與女鬥。
u：俗語說：曾著賣糖人哄，到今不信口甜人。
a：常言道：流淚人逢流淚人，斷腸人遇斷腸人。

---

a：常言道：三人出外，小的劳苦。
e：古书云：有事弟子服其劳。
i：滚汤泼老鼠，一窝儿都是死。
o：常言道：男不与女斗。
u：俗语说：曾着卖糖人哄，到今不信口甜人。
a：常言道：流泪人逢流泪人，断肠人遇断肠人。

a：julgei henduhengge, alin den ocibe antaha yabure jugūn bi, muke šumin ocibe, cuwan šurure niyalma bi sehebi.

e：edun daci boljon mukdembi, boljon akū oci muke necin ombi.

i：niyalma henduhengge, fiyotoho fiyoo edun de tusa sehebi.

o：julgei niyalmai henduhengge, emu sirge tonggo banjinarakū, emu falanggū jilgan tucirakū sehebi.

u：sain haha minggan bade antaha ofi, tumen bade gebu be werimbi.

a：niyalmai henduhe gisun, holtombihede, emu gašan i niyalma be daldarakū sehebi.

---

a：自古道：山高自有客行路，水深自有渡船人。

e：有風起浪，無潮水平。

i：俗云：放屁添風。

o：常言道：單絲不線，孤掌難鳴。

u：好漢千里客，萬里去留名。

a：常言道：說謊不瞞當鄉人。

---

a：自古道：山高自有客行路，水深自有渡船人。

e：有风起浪，无潮水平。

i：俗云：放屁添风。

o：常言道：单丝不线，孤掌难鸣。

u：好汉千里客，万里去留名。

a：常言道：说谎不瞒当乡人。

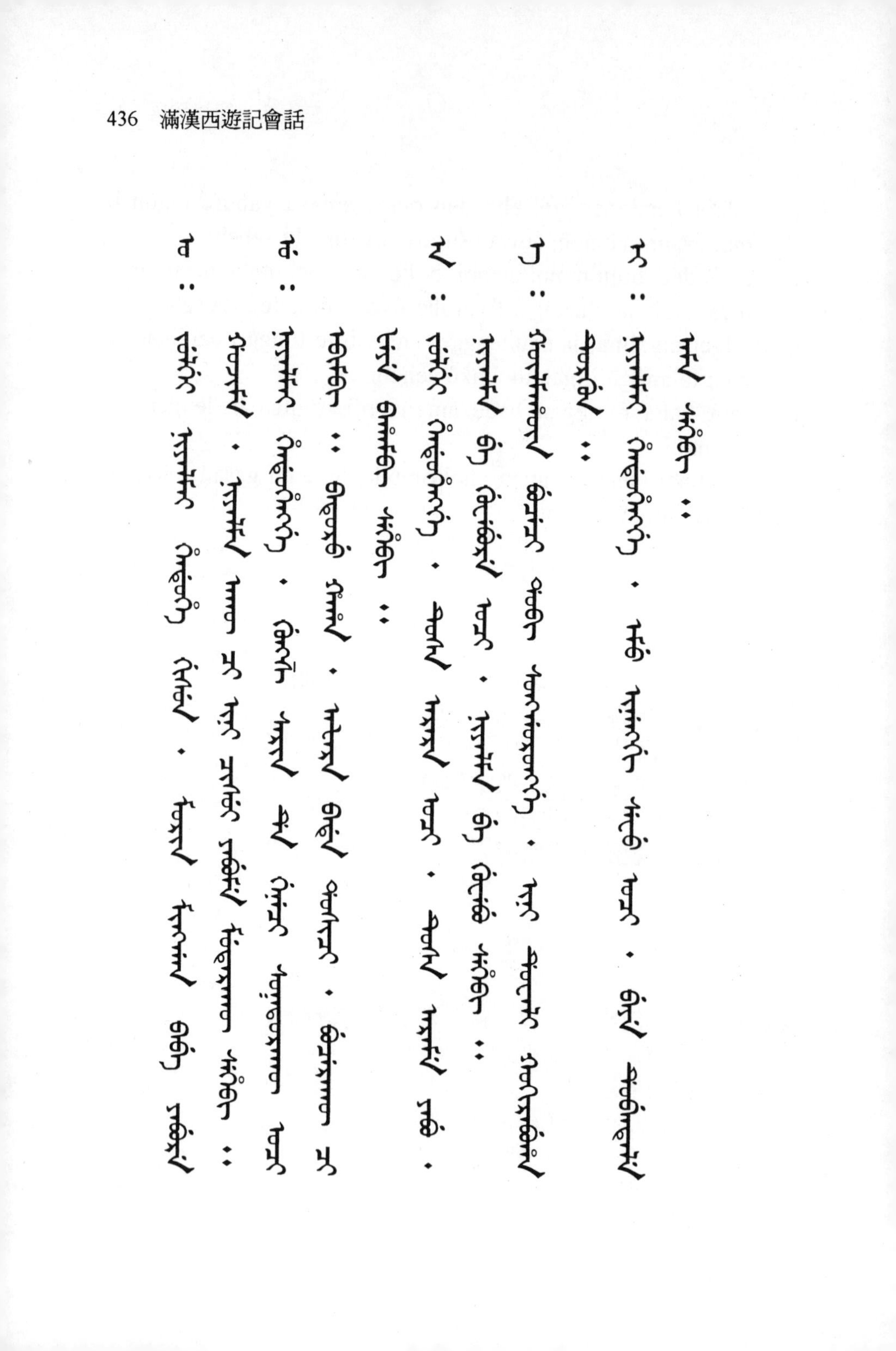

o ：julgei niyalmai henduhe gisun, morin minggan babe yabure gojime, niyalma akū ci ini cisui yabume muterakū sehebi.

u ：niyalmai henduhengge, gungdz sarin de geneci soktorakū oci ebimbi, baturu haha afara bade dosici, bucerakū ci feye bahambi sehebi.

a ：julgei henduhengge, tusa arara oci, tusa arame yabu, niyalma be guwebure oci, niyalma be guwebu sehebi.

e ：gūlmahūn buceci dobi songgorongge ini duwali kokirabuha turgun.

i ：niyalmai henduhengge, emu inenggi sefu oci, beye dubentele ama sehebi.

---

o：古人云：馬行千里，無人不能獨往。
u：俗語道：公子登筵，不醉便飽；壯士臨陣，不死即傷。
a：常言道：遇方便時行方便，得饒人處且饒人。
e：兔死狐悲，物傷其類。
i：俗語說：一日爲師，終身爲父。

---

o：古人云：马行千里，无人不能独往。
u：俗语道：公子登筵，不醉便饱；壮士临阵，不死即伤。
a：常言道：遇方便时行方便，得饶人处且饶人。
e：兔死狐悲，物伤其类。
i：俗语说：一日为师，终身为父。

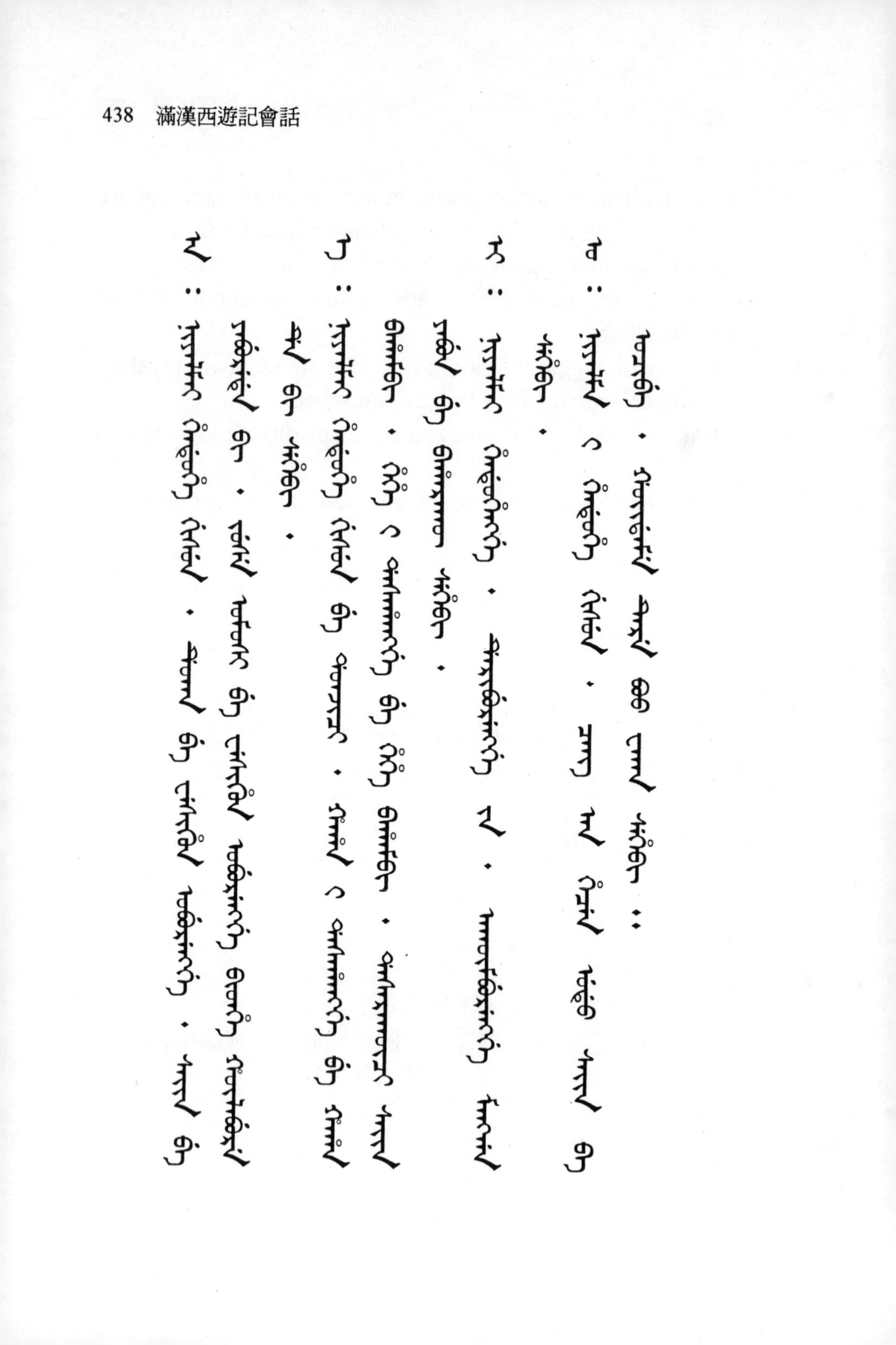

a ： niyalmai henduhe gisun, duka be weṣihun oburengge, sain be yaburede bi, juse omosi be wesihun oburengge bithe hūlabure de bi sehebi.

e ： niyalmai henduhe gisun be donjici, haha i dasahangge be haha bahambi, hehe i dasahangge be hehe bahambi, dasarakūci sain yabun be baharakū sehebi.

i ： niyalmai henduhengge, deriburengge ja, akūmburengge mangga sehebi.

o ： niyalma i henduhe gisun, cang an hecen udu sain ba ocibe, goidame tere boo waka sehebi.

---

a ：常言道：欲高門第須爲善，要好兒孫在讀書。

e ：常聞得有云：公修公得，婆修婆得，不修不得善行。

i ：常言道：起頭容易，結梢難。

o ：常言道：長安雖好，不是久戀之家。

---

a ：常言道：欲高门第须为善，要好儿孙在读书。

e ：常闻得有云：公修公得，婆修婆得，不修不得善行。

i ：常言道：起头容易，结梢难。

o ：常言道：长安虽好，不是久恋之家。

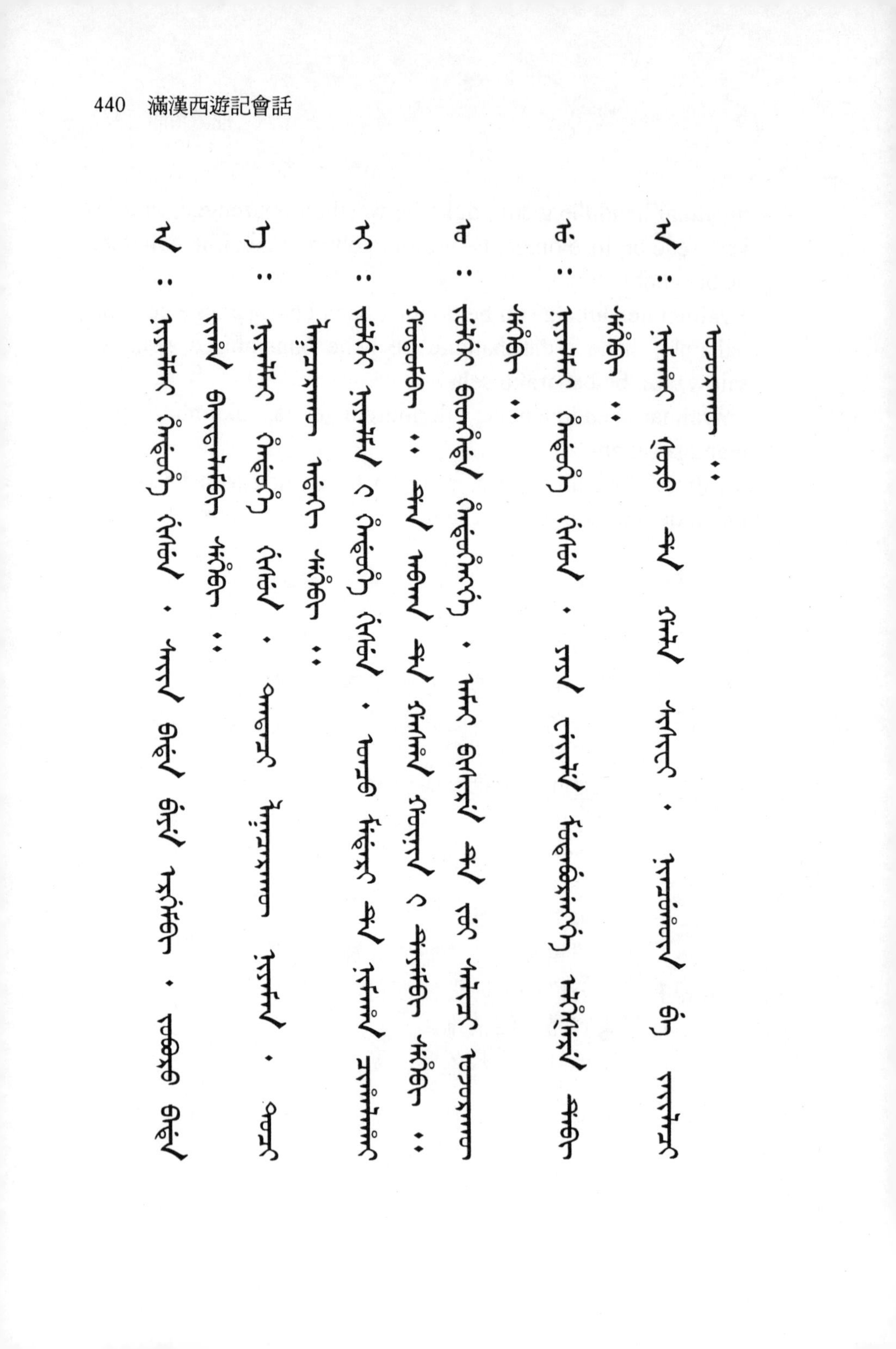

a：niyalmai henduhe gisun, sain bade beye ergembi, joboro bade jiha baitalambi sehebi.

e：niyalmai henduhe gisun, tantaci lakcarakū niyaman, toci lakcarakū adaki sehebi.

i：julgei niyalma i henduhe gisun, onco mederi de nimaha cihalahai godombi, den abka de gasha gūnin i deyembi sehebi.

o：julgei bithede henduhengge, amai bisire de jui salici ojorakū sehebi.

u：niyalmai henduhe gisun, yaya weile muteburengge elhešere debi sehebi.

a：nimahai šoro de gala sisifi, nincuhūn be jailaci ojorakū.

---

a：常言道：好處安身，苦處用錢。
e：常言道：打不斷的親，罵不斷的鄰。
i：古人云：海闊從魚躍，天高任鳥飛。
o：古書云：父在，子不得自專。
u：常言道：成事在緩。
a：手插魚籃，避不得腥。

---

a：常言道：好处安身，苦处用钱。
e：常言道：打不断的亲，骂不断的邻。
i：古人云：海阔从鱼跃，天高任鸟飞。
o：古书云：父在，子不得自专。
u：常言道：成事在缓。
a：手插鱼篮，避不得腥。

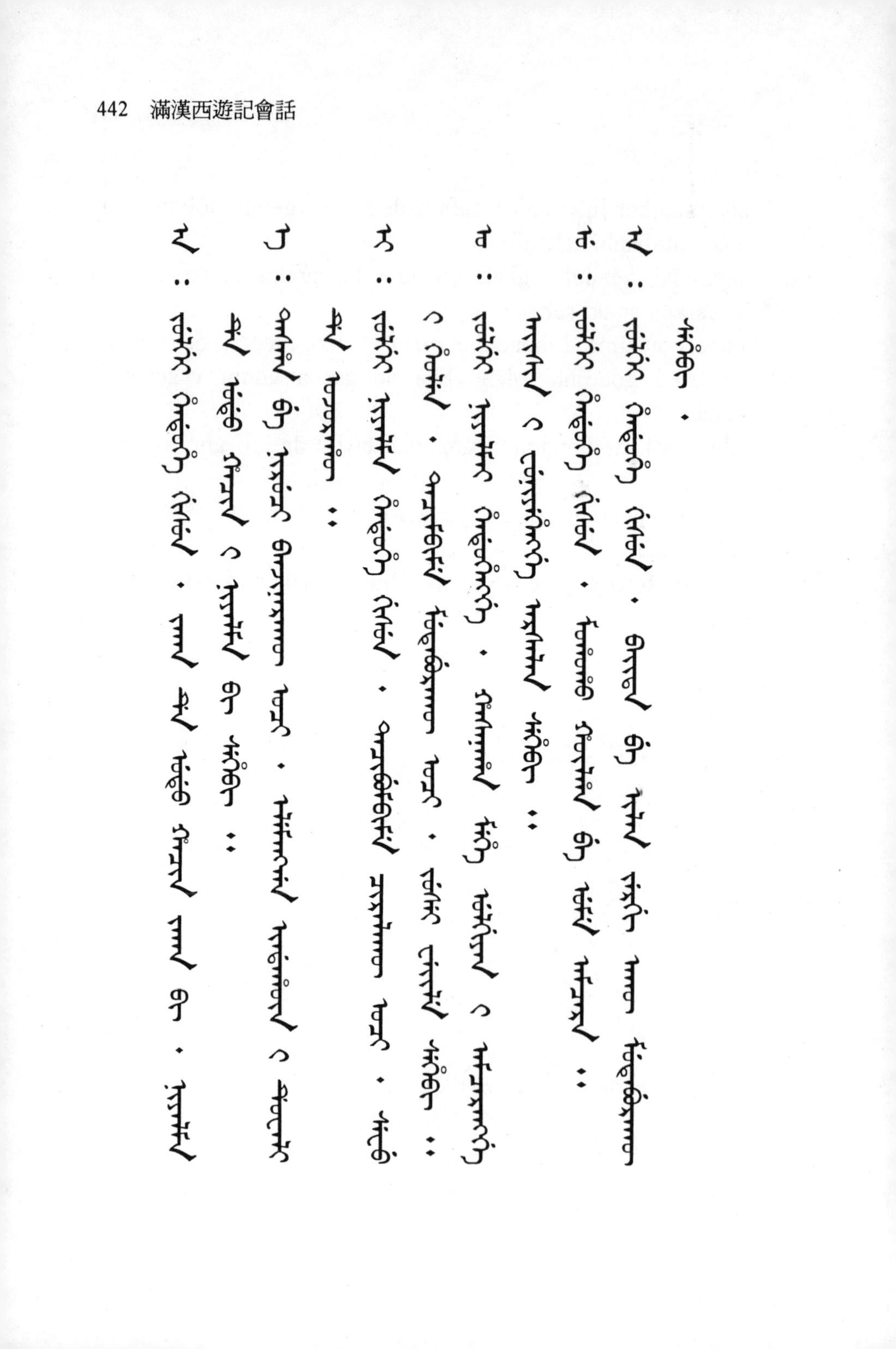

a：julgei henduhe gisun, jaka de udu hacin jaka bi, niyalma de udu hacin i niyalma bi sehebi.

e：tasha be niruci banjinarakū oci, elemangga indahūn i duwali de ojorahū.

i：julgei niyalma henduhe gisun, tacibumbime ciralakū oci, sefu i heolen, tacimbime muteburakū oci, jusei weile sehebi.

o：julgei niyalmai henduhengge, hasanaha mehe ulgiyan i amcarangge aisin i funiyehengge arsalan sehebi.

u：julgei henduhe gisun, mohoho hūlha be ume amcara.

a：julgei henduhe gisun, baita be ilan jergi akū muteburakū sehebi.

---

a：常言道：物有幾等物，人有幾等人。

e：畫虎不成反類狗。

i：古人云：訓教不嚴師之惰，學問無成子之罪。

o：古人云：癩母豬專趕金毛獅子。

u：自古道：窮寇勿追。

a：常言道：事無三不成。

---

a：常言道：物有几等物，人有几等人。

e：画虎不成反类狗。

i：古人云：训教不严师之惰，学问无成子之罪。

o：古人云：癩母猪专赶金毛狮子。

u：自古道：穷寇勿追。

a：常言道：事无三不成。

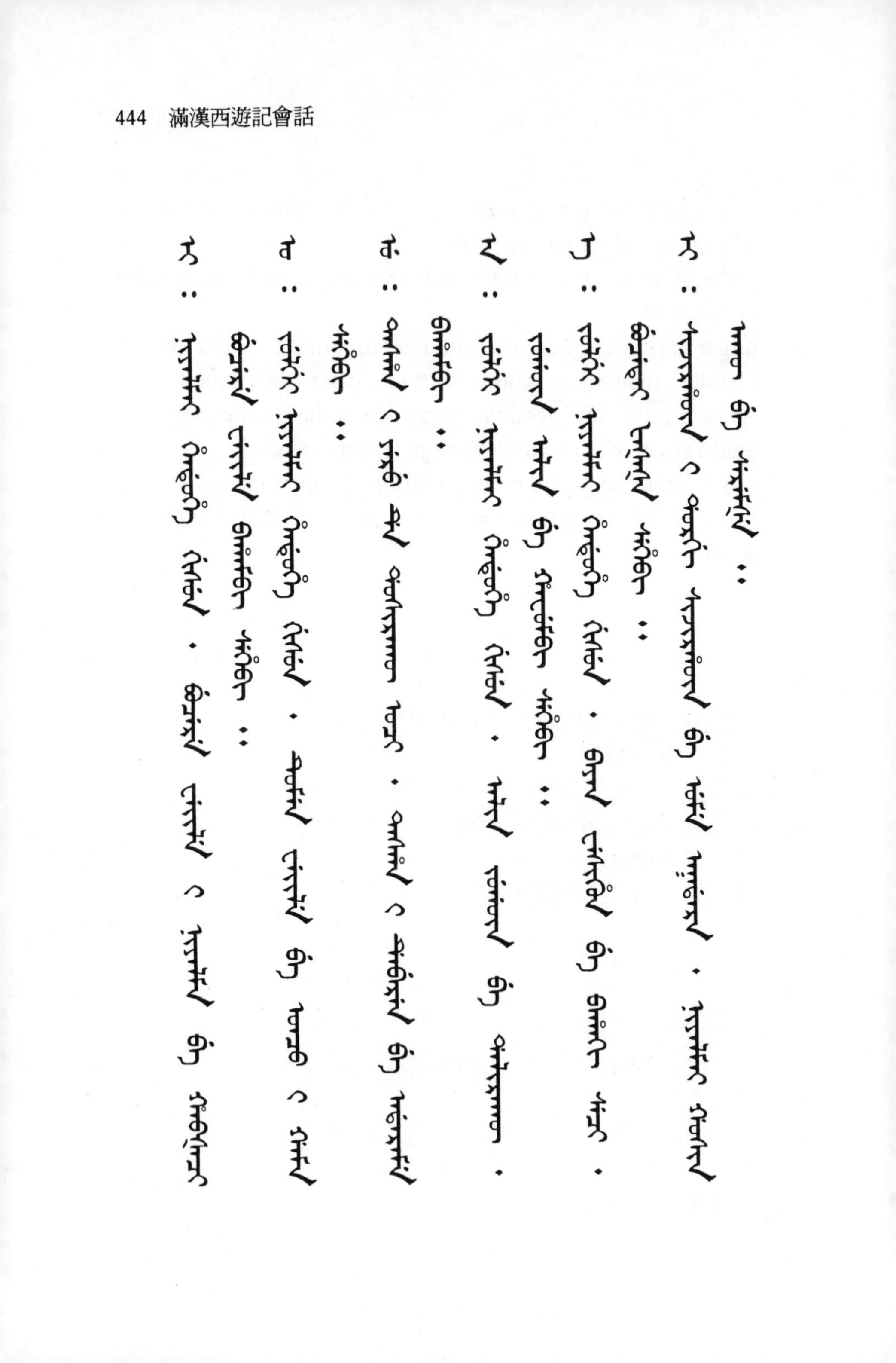

i：niyalmai henduhe gisun bucere weile i niyalma be habšaci
　　bucere weile bahambi sehebi.
o：julgei niyalmai henduhe gisun, tumen weile be onco i gama
　　sehebi.
u：tasha i yeru de dosirakū oci, tasha i deberen be adarame
　　bahambi.
a：julgei niyalmai henduhe gisun, alin jugūn be dalirakū, jugūn
　　alin be hafumbi sehebi.
e：julgei niyalmai henduhe gisun, bayan wesihun be bahaki seci,
　　bucetei fašaša sehebi.
i：sijirhūn i dorgi sijirhūn be ume akdara, niyalmai gosin akū be
　　seremše.

---

i：常言道：告死罪之人得死罪。
o：古人云：萬事從寬。
u：不入虎穴，焉得虎子！
a：自古道：山不礙路，路自通山。
e：古人云：欲求得富貴，須下死工夫。
i：不信直中直，須防人不仁。

---

i：常言道：告死罪之人得死罪。
o：古人云：万事从宽。
u：不入虎穴，焉得虎子！
a：自古道：山不碍路，路自通山。
e：古人云：欲求得富贵，须下死工夫。
i：不信直中直，须防人不仁。

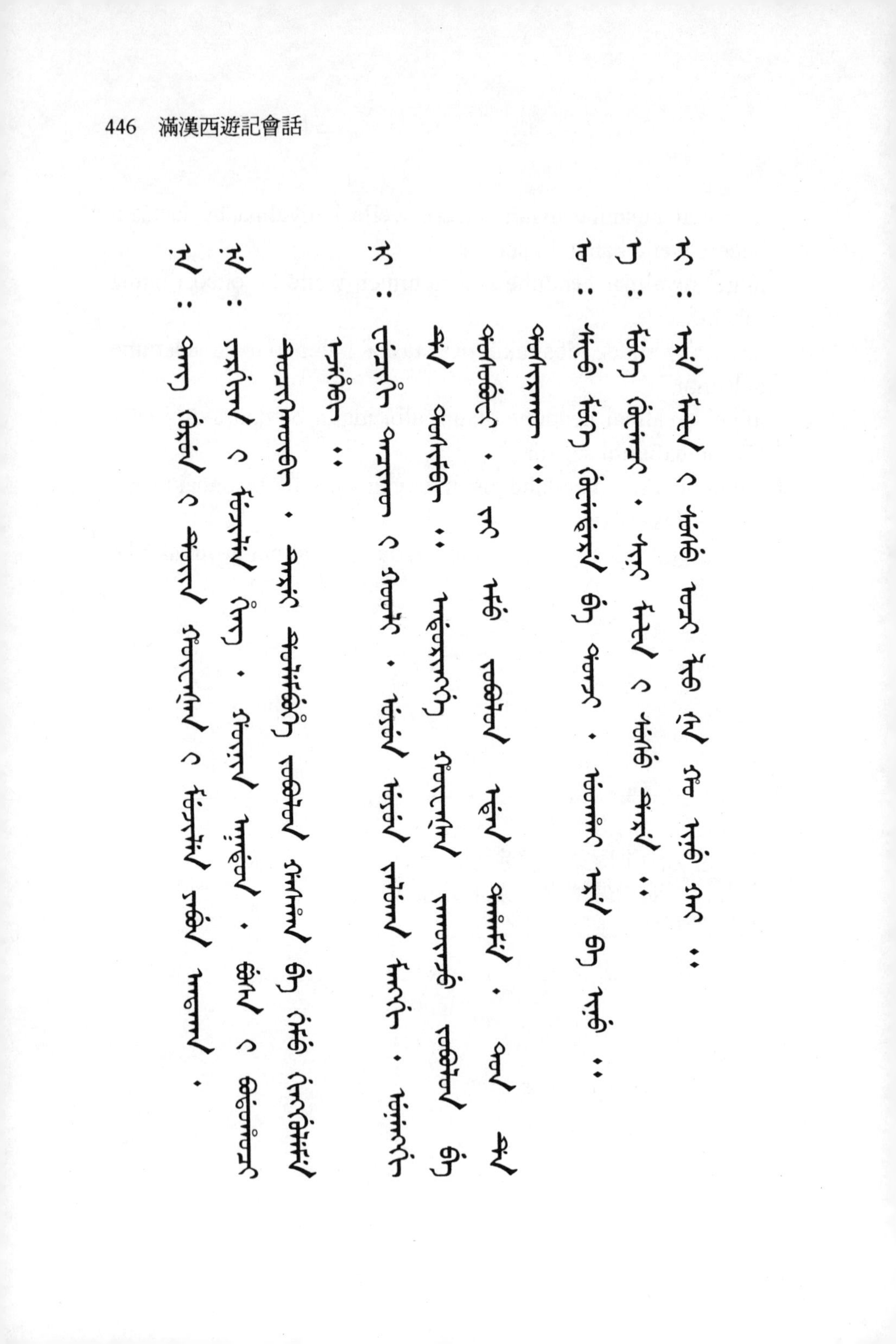

三十九、九九歸真

na：tang gurun i duin hūwašan i mujilen yabun antaka?

ne：yargiyan i mujilen hing, gūnin akdun, pusa i bodohoci tucikekūbi, terei dulembuhe jobolon gashan be gemu gingguleme ejehebi.

ni：fucihi tacikū i kooli, uyun uyun jaluka manggi, unenggi de dosimbi, enduringge hūwašan jakūnju jobolon be dosobufi, jai emu jobolon eden dahame, ton de dosirakū.

o：sefu muke guwendere be donji, uthai ere ba inu.

e：muke guwenci, sini mafa i susu dere?

i：ere mafa i susu oci lio ša ho inu kai.

---

na：唐朝四位和尚的心行何如？

ne：委實心誠志篤，不出菩薩所料，他經歷過的災難，都已謹記。

ni：佛門中規矩滿九九後歸真，聖僧受過八十難，還少一難，不足此數。

o：師父聽聽水響，就是這裡。

e：水響想是你的祖籍了。

i：他祖籍乃是流沙河。

---

na：唐朝四位和尚的心行何如？

ne：委实心诚志笃，不出菩萨所料，他经历过的灾难，都已谨记。

ni：佛门中规矩满九九后归真，圣僧受过八十难，还少一难，不足此数。

o：师父听听水响，就是这里。

e：水响想是你的祖籍了。

i：他祖籍乃是流沙河。

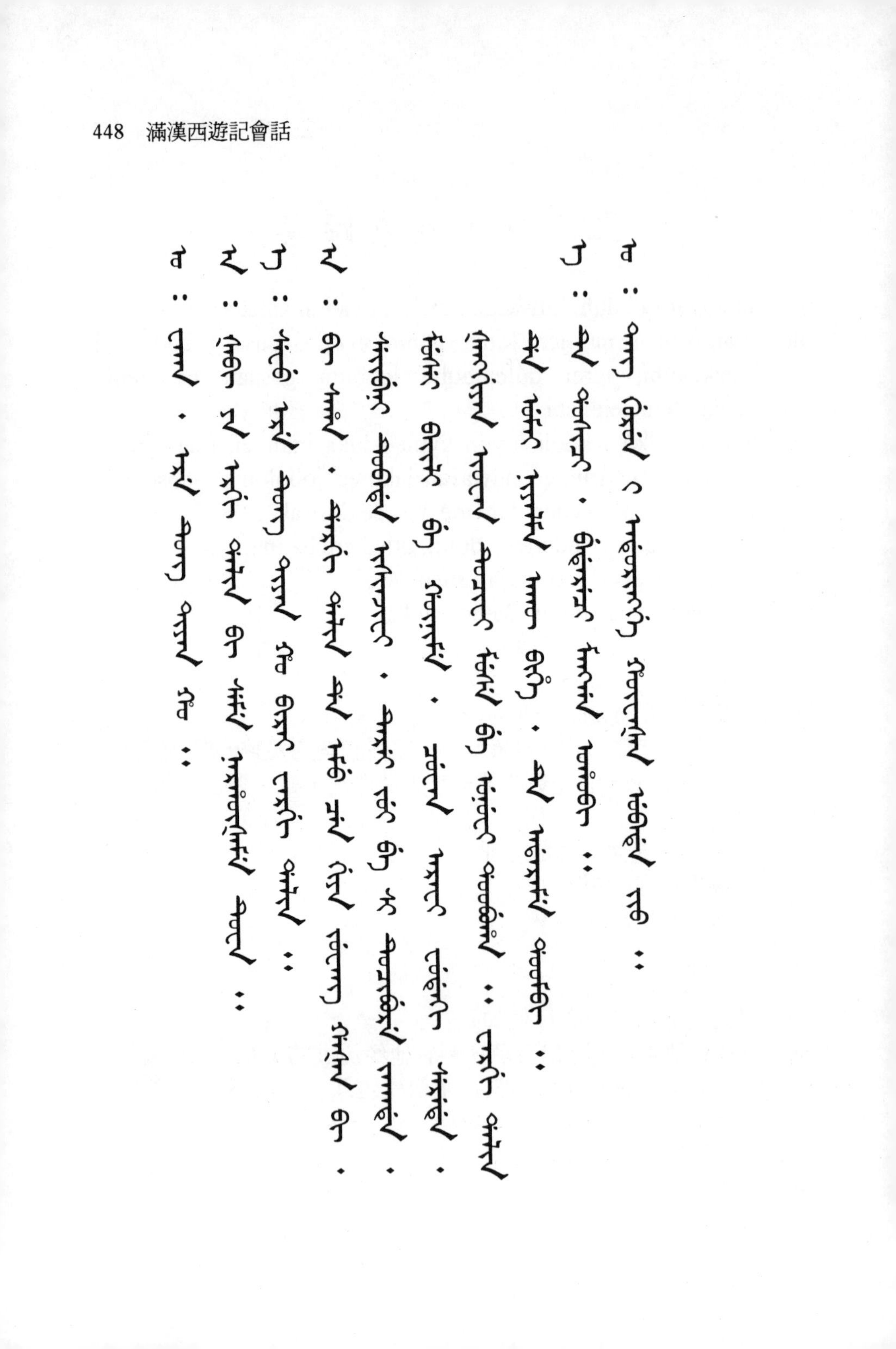

o：waka, ere tung tiyan ho.

a：šabi ya ergi dalin bi seme narhūšame tuwa?

e：sefu ere tung tiyan ho birai wargi dalin.

a：bi saha, dergi dalin de emu cen giya juwang gašan bi, seibeni tubade isinjifi, terei jui be si tucibure jakade, musei baili be gūnime, cuwan arafi fudeki serede, šanggiyan iowan tucifi muse be unufi doobuha wargi dalin de umai niyalma akū bihe te adarame doombi.

e：te dosici, bedereci mangga ohobi.

o：tang gurun i enduringge hūwašan ubade jio!

---

o：不是，這是通天河。

a：徒弟仔細看在哪岸？

e：師父，這是通天河西岸。

a：我知道了，東岸邊原有個陳家莊，向年到那裡，因爲你救了他的兒女，感念我們的恩情，要造船相送，幸白黿背著我們渡過。在西岸上並無人煙，如今如何得渡？

e：如今豈不是進退兩難了。

o：唐朝聖僧，這裡來吧！

---

o：不是，这是通天河。

a：徒弟仔细看在哪岸？

e：师父，这是通天河西岸。

a：我知道了，东岸边原有个陈家庄，向年到那里，因为你救了他的儿女，感念我们的恩情，要造船相送，幸白鼋背着我们渡过。在西岸上并无人烟，如今如何得渡？

e：如今岂不是进退两难了。

o：唐朝圣僧，这里来吧！

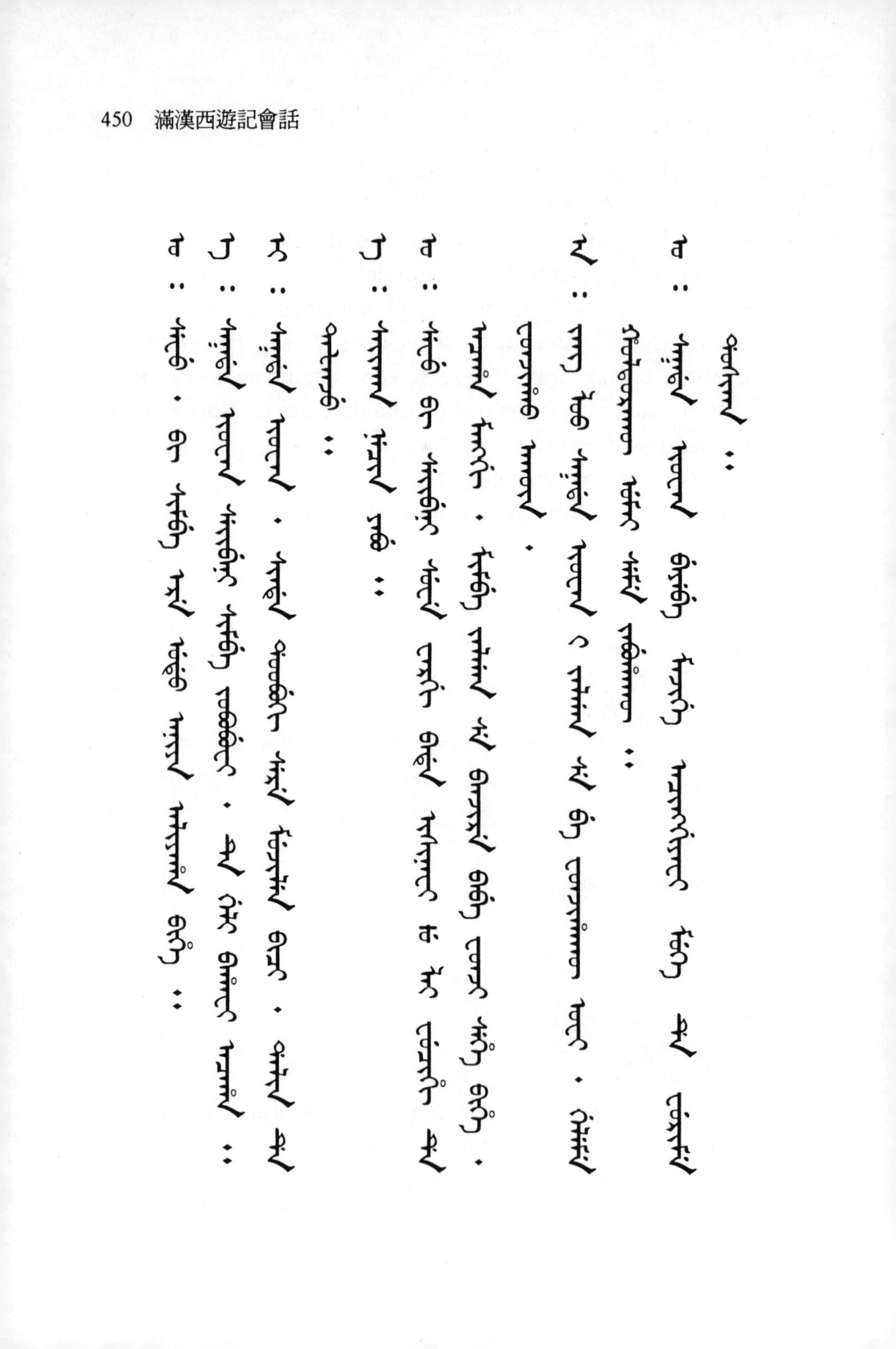

o：sefu, bi simbe ere udu aniya aliyaha bihe.

e：sakda iowan seibeni simbe jobobufi, te geli bahafi acaha.

i：sakda iowan, sinde doobuki sere mujilen bici, dalin de tafanju.

e：saikan necin yabu.

o：sefu bi seibeni suwe wargi bade isinafi žu lai fucihi de acaha manggi, mimbe jalgan se banjire babe fonji sehe bihe, fonjihao akūn?

a：jang loo sakda iowan i jalgan se be fonjihakū ofi, geleme holtorakū umai seme jabuhakū.

o：sakda iowan beyebe majige acinggiyafi muke de furime dosika.

----

o：師父，我等了你這幾年了。

e：老黿，向年煩勞你，如今又得相見了。

i：老黿，你果有馱渡之心，可上岸來。

e：好生走穩。

o：師父，我向年曾央請你們到西方見如來佛後，替我問還有多少年壽？果曾問否？

a：長老因不曾問得老黿年壽，又怕打誑語，並未答應。

o：老黿將身體一幌，潛下水去了。

----

o：师父，我等了你这几年了。

e：老黿，向年烦劳你，如今又得相见了。

i：老黿，你果有驮渡之心，可上岸来。

e：好生走稳。

o：师父，我向年曾央请你们到西方见如来佛后，替我问还有多少年寿？果曾问否？

a：长老因不曾问得老黿年寿，又怕打诳语，并未答应。

o：老黿将身体一幌，潜下水去了。

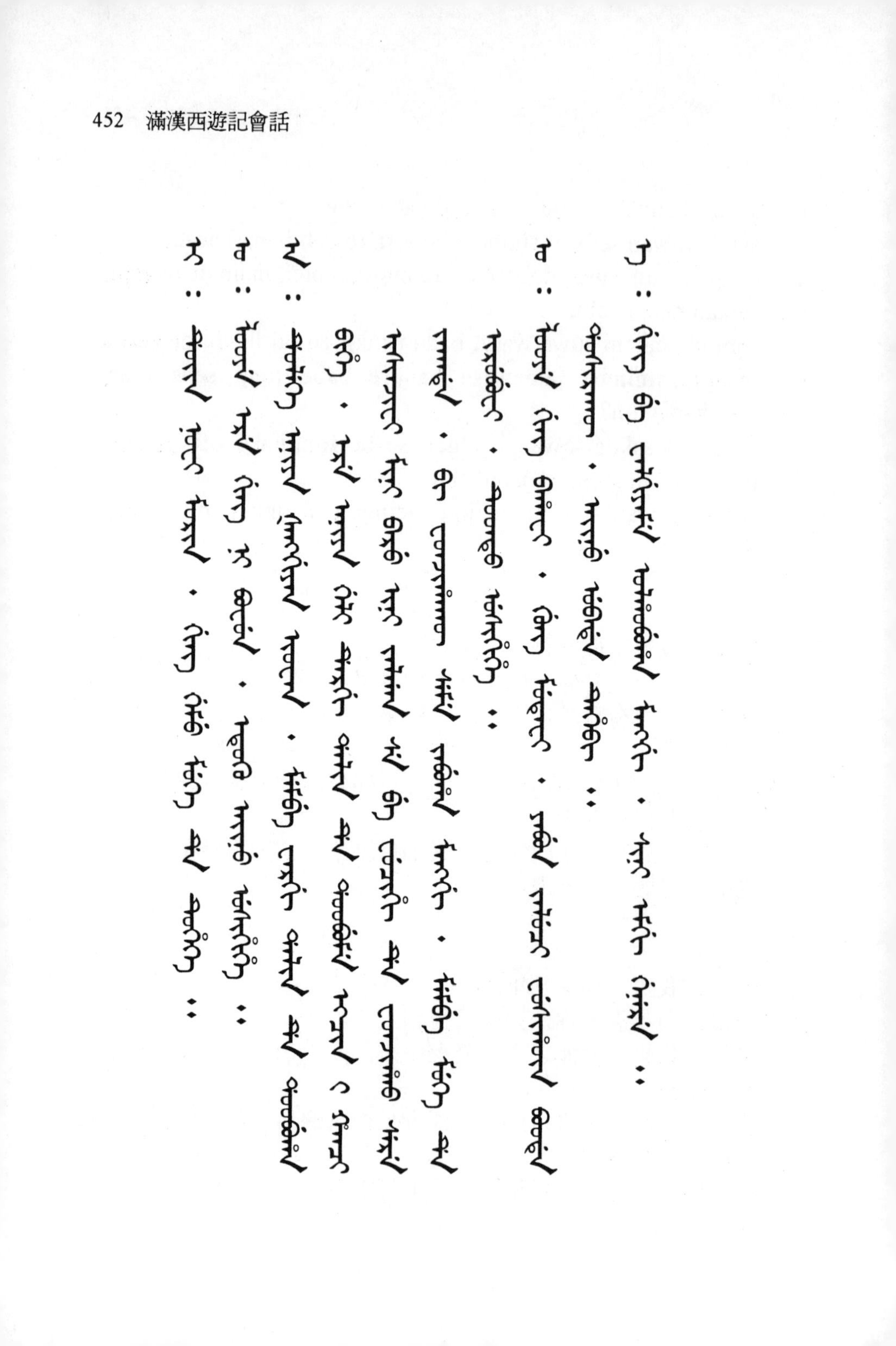

i ： duin nofi morin, ging gemu muke de tuheke.

o ： looye ere ging ni bofun, etuku ainu usihihe?

a ： duleke aniya šanggiyan iowan, membe wargi dalin de doobuha bihe, ere aniya geli dergi dalin de doobume ekcin i hanci isinjifi mini baru ini jalgan se be fucihi de fonjihao sere jakade, bi fonjihakū seme jabuha manggi, membe muke de irubufi, tuttu usihihe.

o ： looye ging bahafi, gung mutefi, yabun jaluci fusihūn boode dosirakū, ainu ubade tehebi?

e ： ging be walgiyame olhobuha manggi, sini emgi genere.

---

i ：四人連馬並經，通皆落水。

o ：老爺這經典、衣物如何濕了？

a ：去年虧白黿把我們馱渡河西，今年又蒙他馱渡河東，已將近岸，他問我託問佛祖壽年之事，因答稱未問，將我等沉入水中，故此濕了。

o ：老爺取經回來，功成行滿，怎麼不到舍下，卻坐在這裡？

e ：等曬乾了經，和你去。

---

i ：四人连马并经，通皆落水。

o ：老爷这经典、衣物如何湿了？

a ：去年亏白黿把我们驮渡河西，今年又蒙他驮渡河东，已将近岸，他问我托问佛祖寿年之事，因答称未问，将我等沉入水中，故此湿了。

o ：老爷取经回来，功成行满，怎么不到舍下，却坐在这里？

e ：等晒干了经，和你去。

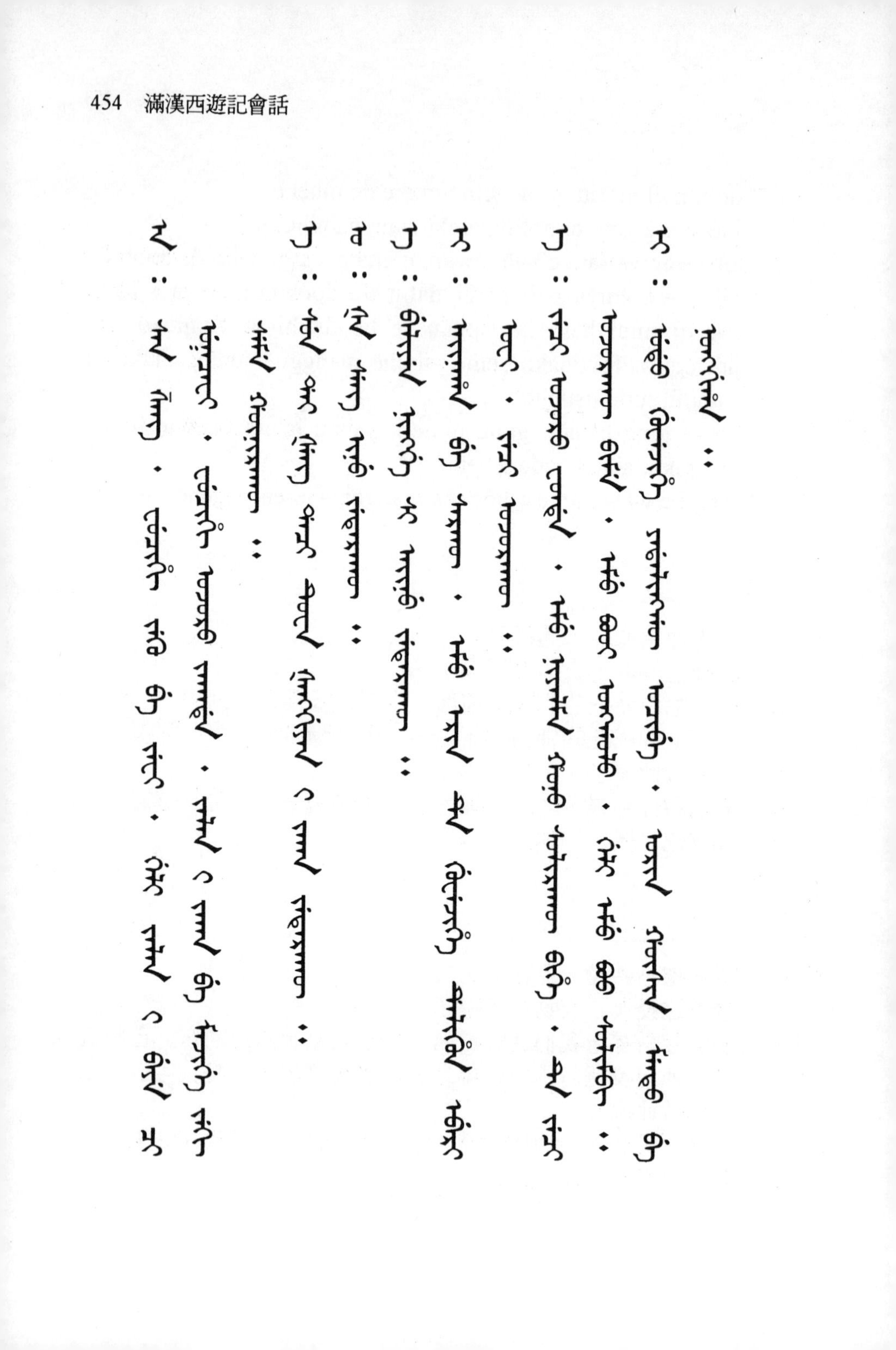

a：san dzang fucihi jeku be jefi, geli jalan i beye ci ukcafi, fucihi
　　ojoro jakade, jalan i jaka be majige jeki seme gūnirakū.

e：sun dai šeng daci tuwa šanggiyan i jaka jeterakū.

o：ša seng inu jeterakū.

e：beliyen ningge si ainu jeterakū?

i：ainaha be sarkū, emu erin de guwejihe delihun eberi ofi, jeci
　　ojorakū.

e：jeci ojoro fonde, emu niyalma hono solirakū bihe, te jeci
　　ojorakū bime, emu booi onggolo, geli emu boo solimbi.

i：udu guwejihe yadalinggū ocibe, orin gūsin mentu be nonggiha.

―――――――

a：三藏自吃了佛祖餚品，又脱了凡胎成佛，全不思凡間之食物。

e：孫大聖自來不食煙火。

o：沙僧也不吃。

e：獃子你怎麼不吃了？

i：不知怎麼，脾胃一時弱了，吃不得了。

e：吃得時節，卻沒一人來請，今日吃不得，卻是一家未了，又
　　是一家請。

i：縱然胃弱，又添加了二、三十個饅頭。

―――――――

a：三藏自吃了佛祖肴品，又脱了凡胎成佛，全不思凡间之食物。

e：孙大圣自来不食烟火。

o：沙僧也不吃。

e：呆子你怎么不吃了？

i：不知怎么，脾胃一时弱了，吃不得了。

e：吃得时节，却没一人来请，今日吃不得，却是一家未了，又
　　是一家请。

i：纵然胃弱，又添加了二、三十个馒头。

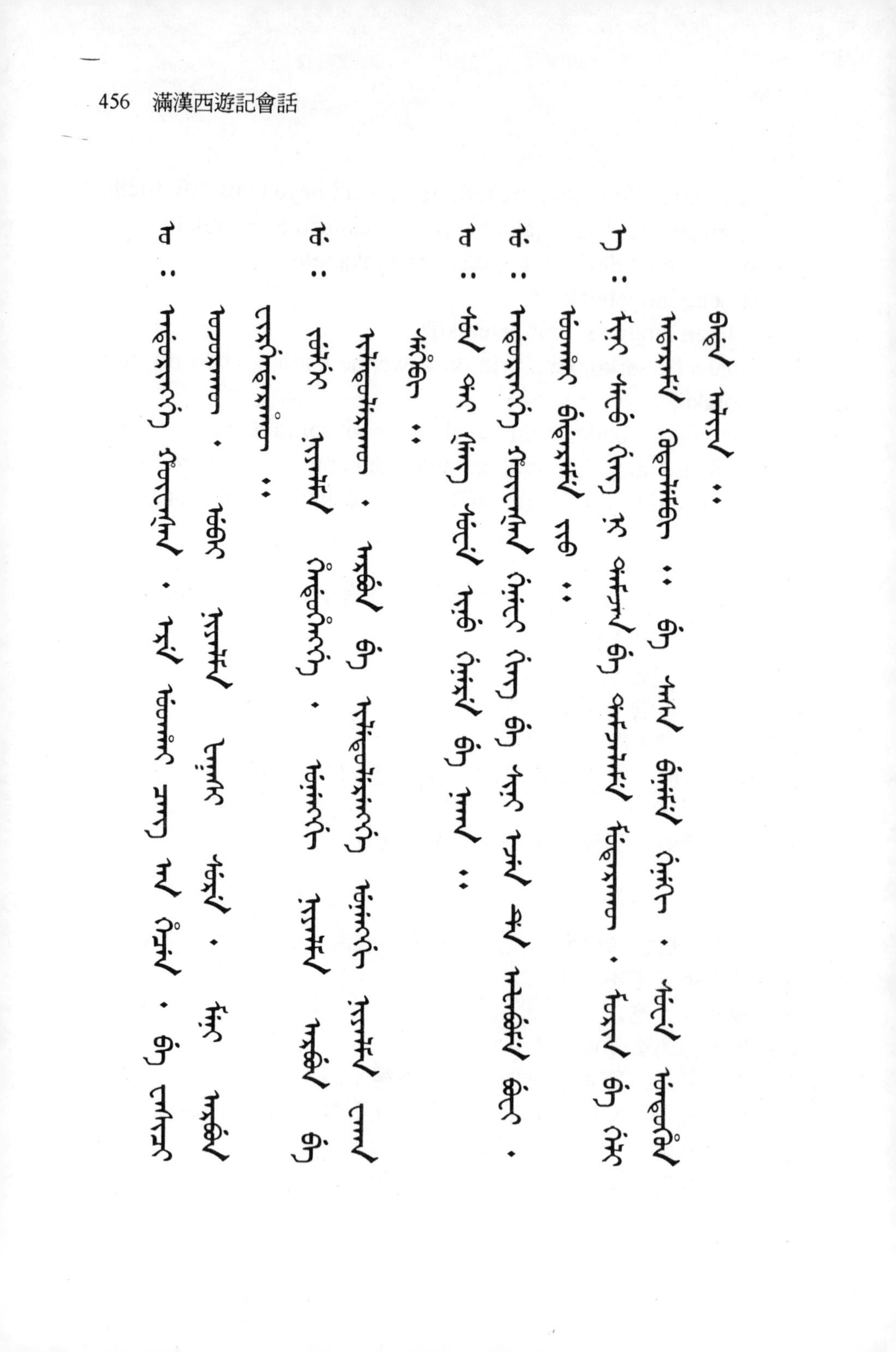

四十、演講真經

o：enduringge hūwašan, ere uthai cang an hecen, be wasici ojorakū, ubai niyalma faksi sure, meni arbun firgenderahū.

u：julgei niyalma henduhengge, unenggi niyalma arbun be iletulerakū, arbun be iletulerengge unenggi niyalma waka sehebi.

o：sun dai šeng suwe inu genere be naka.

u：enduringge hūwašan genefi ging be sini ejen de afabume bufi, uthai bedereme jio.

e：mini sefu ging ni damjan be damjalame muterakū, morin be geli adarame kutulembi, be sasa beneme geneki, suwe untuhun bade aliya.

---

o：聖僧，此間乃長安城了，我們不好下去，這裡人伶俐，恐洩漏了我們的形象。

u：自古道：真人不露相，露相非真人。

o：孫大聖你們也不消去。

u：聖僧去把經典交給汝主，就回來吧！

e：我師父如何挑得經擔，又如何牽得這馬？須得我等同去一送，你們在空中等候。

---

o：圣僧，此间乃长安城了，我们不好下去，这里人伶俐，恐泄漏了我们的形象。

u：自古道：真人不露相，露相非真人。

o：孙大圣你们也不消去。

u：圣僧去把经典交给汝主，就回来吧！

e：我师父如何挑得经担，又如何牵得这马？须得我等同去一送，你们在空中等候。

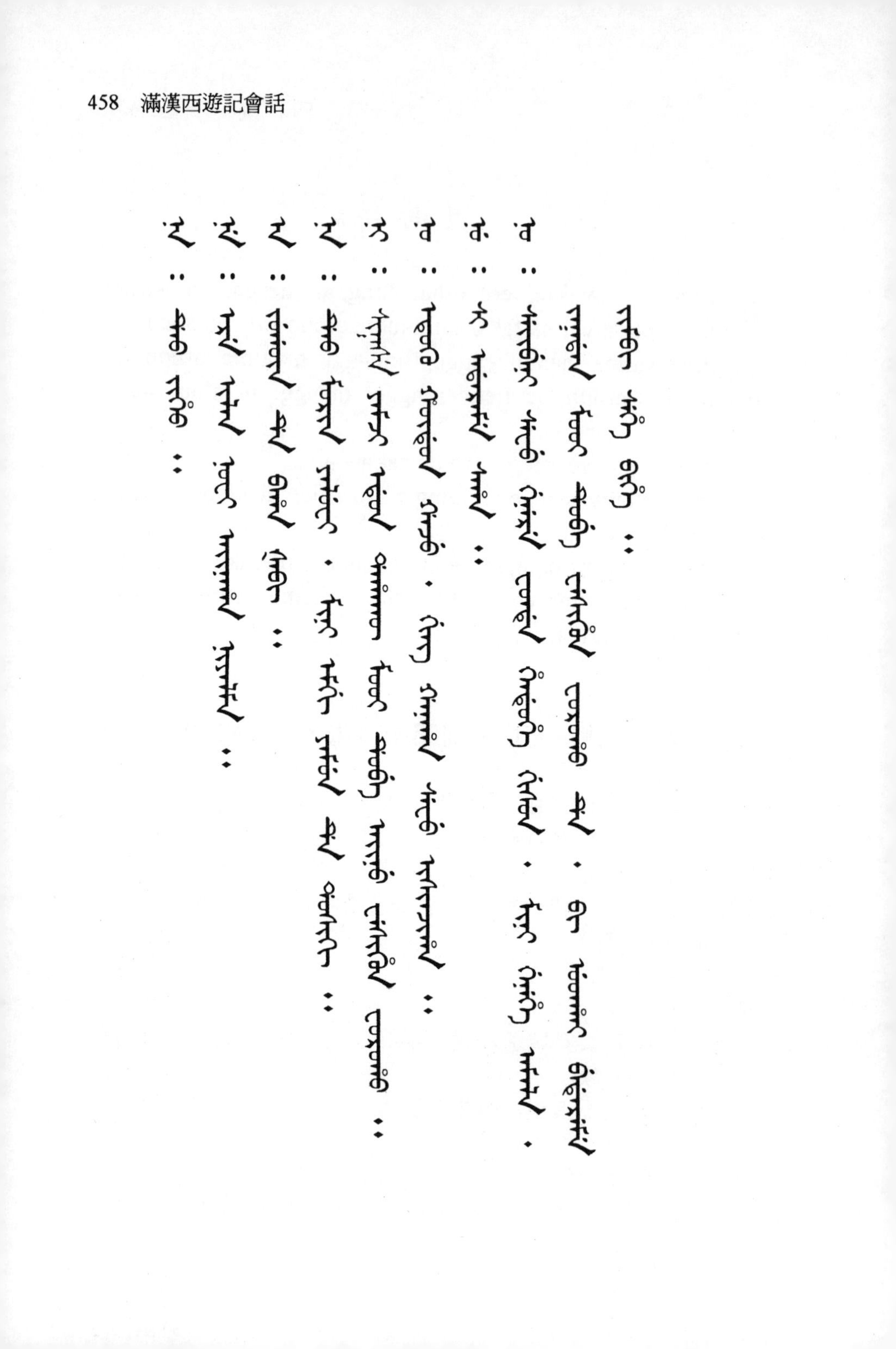

四十、演講真經　459

na：deo jiheo?
ne：ere ilan nofi ainaha niyalma?
 a ：jugūn de baha šabi.
na：deo morin yalufi, mini emgi yamun de dosiki.
ni：sikse yamji edun dahakū mooi dube ainu wesihun foroho.
no：etuku hūdun gaju, ging ganaha sefu isinjiha.
nu：si adarame saha?
no：seibeni sefu genere fonde henduhe gisun, mini genehe amala,
jakdan mooi dube wesihun foroho de, bi uthai bedereme
jimbi sehe bihe.

———————

na：弟弟來了嗎？
ne：這三個是何人？
 a ：是途中收的徒弟。
na：弟弟上馬，同我回朝。
ni：昨夜未曾刮風，怎麼樹梢轉向東邊了。
no：快拿衣服來，取經的師父來了。
nu：你何以知之？
no：當年師父去時，曾有言道：我去之後，松樹枝梢東向時，我
就回來。

———————

na：弟弟来了吗？
ne：这三个是何人？
 a ：是途中收的徒弟。
na：弟弟上马，同我回朝。
ni：昨夜未曾刮风，怎么树梢转向东边了。
no：快拿衣服来，取经的师父来了。
nu：你何以知之？
no：当年师父去时，曾有言道：我去之后，松树枝梢东向时，我
就回来。

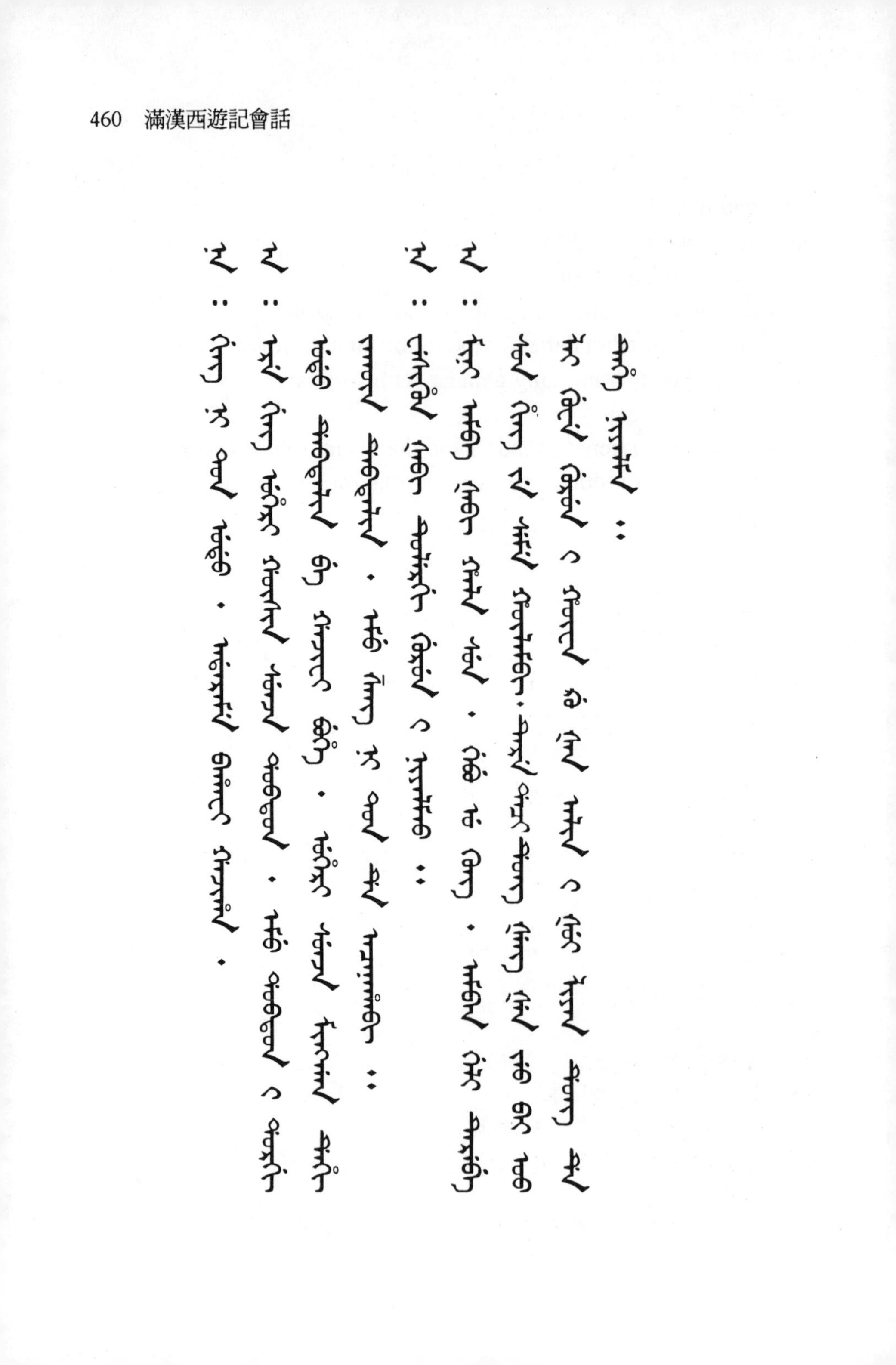

�Aᠶᠠᠨ ᡥᠠᠴᠠᡥᠠ ᠨ ᠰᠠᠪᡳᠮᠪᡳ ᠠ᠄

na：ging ni ton udu? adarame bahafi gajiha?

a：ere ging uheri gūsin sunja dobton, emu dobton i dorgi udu debtelin be gajifi buhe, uheri sunja minggan dehi jakūn debtelin, emu dzang ni ton de acanahabi.

na：wesihun šabi tulergi gurun i niyalmao?

a：mini amba šabi hala sun, gebu u kung, amban geli terebe sun hing je seme hūlambi, tere daci dung šeng šen jeo bai oo lai guwe gurun i hūwa g'o šan alin i šui liyan dung de tehe niyalma.

---

na：有多少經？怎生取來？

a：此經有三十五部，各部中給了幾卷帶來，共計五千零四十八卷，合一藏之數。

na：高徒是外國人嗎？

a：我的大徒弟姓孫，名悟空，臣又呼他爲孫行者，他原是東勝神洲傲來國花果山水簾洞人氏。

---

na：有多少经？怎生取来？

a：此经有三十五部，各部中给了几卷带来，共计五千零四十八卷，合一藏之数。

na：高徒是外国人吗？

a：我的大徒弟姓孙，名悟空，臣又呼他为孙行者，他原是东胜神洲傲来国花果山水帘洞人氏。

ᠲᠠᡴᠠᡥᠠᠨ
ᠪᠠᡥᠠᠨᠠᡴᠠ
ᡥᠠᠮᡳ᠌ᠶᠠᠨ
ᠮᠠᠨᠠᠴᠢ
ᠨᠠᠨᠠᡳ

a：jacin šabi hala ju gebu u neng, amban terebe ju ba giyei seme hūlambi, tere daci fu ling šan alin i yūn jiyan dung de tehe niyalma.

a：ilaci šabi hala ša, gebu u jing, amban terebe ša hūwašan seme hūlambi.

na：wargi bai jugūn i ton adarame?

a：pusa i gisun be donjici uheri juwan tumen jakūn minggan ba sehe, jugūn de ton be ejehekū, damu juwan duin jergi halhūn šahūrun be dulembuhe.

---

a：二徒弟姓豬，名悟能，臣又呼他為豬八戒。他原是福陵山雲棧洞人氏。

a：三徒弟姓沙，名悟淨，臣又呼他為沙和尚。

na：西方路程多少？

a：聽菩薩說共計十萬八千里，途中未曾記數，只知經過了一十四個寒暑。

---

a：二徒弟姓猪，名悟能，臣又呼他为猪八戒。他原是福陵山云栈洞人氏。

a：三徒弟姓沙，名悟净，臣又呼他为沙和尚。

na：西方路程多少？

a：听菩萨说共计十万八千里，途中未曾记数，只知经过了一十四个寒暑。

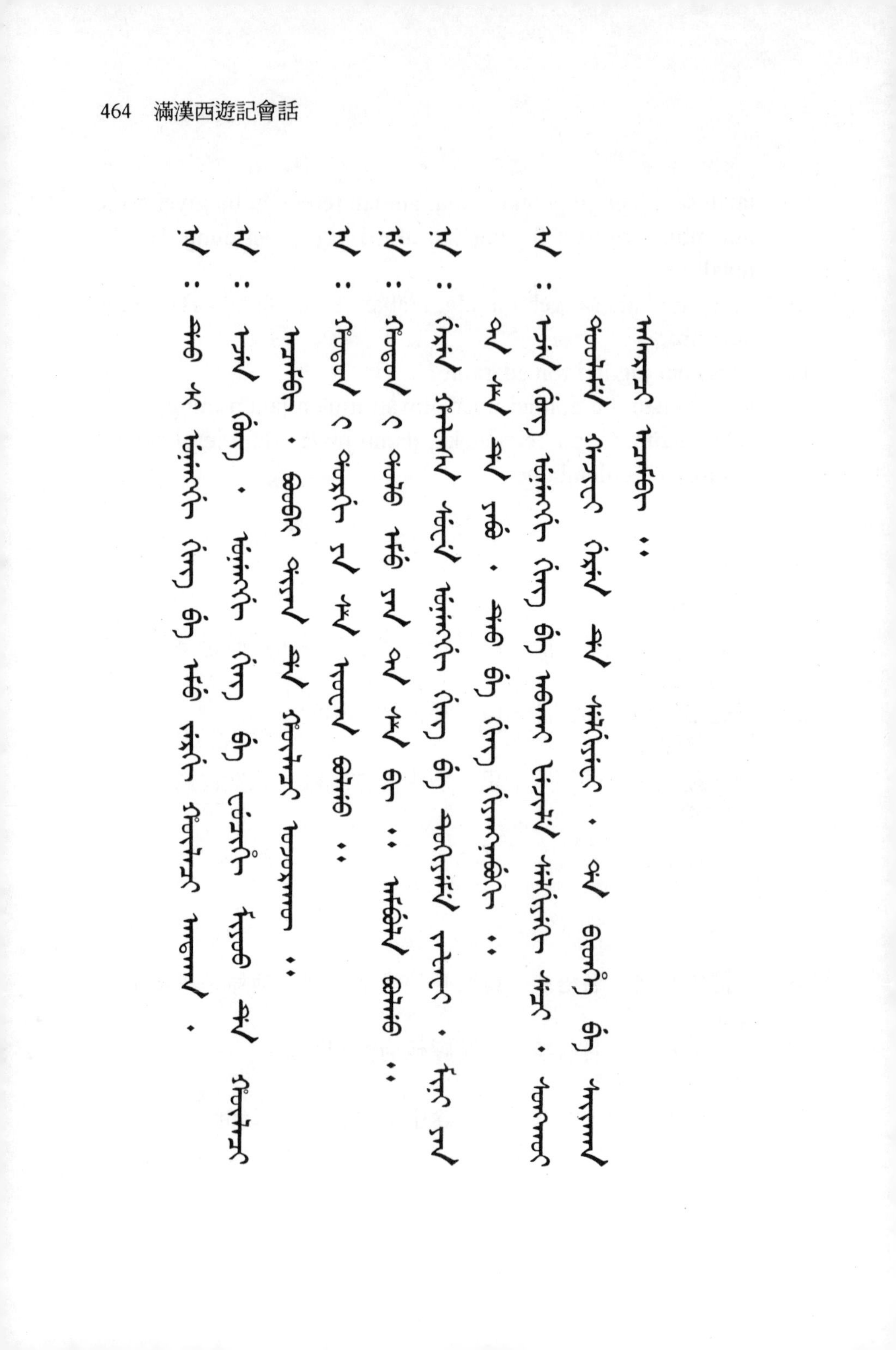

na：deo si unenggi ging be emu jergi hūlaci antaka?

a：ejen gung unenggi ging be fucihi miyoo de hūlaci acambi, boobai diyan de hūlaci ojorakū.

na：hoton i dorgi ya sy iowan bolgo?

ne：hoton i dolo emu yan ta sy bi, ambula bolgo.

na：geren hafasa suwe unenggi ging be tukiyeme jafafi, mini yan ta sy de yabu, deo be ging giyangnabuki.

a：ejen gung unenggi ging be abkai fejile selgiyeki seci, songkoi doolame gajifi geren de selgiyefi, da bithe be saikan asaraci acambi.

---

na：弟弟你將真經演講一番何如？

a：主公，若演真經，應在佛寺念誦，不可在寶殿念誦。

na：城內有哪座寺院潔淨？

ne：城中有一雁塔寺，很潔淨。

na：各位官員你們各虔捧真經，到我的雁塔寺，請弟弟講經。

a：主公要將真經傳流天下，須謄錄副本佈散，原書還當好好地珍藏。

---

na：弟弟你将真经演讲一番何如？

a：主公，若演真经，应在佛寺念诵，不可在宝殿念诵。

na：城内有哪座寺院洁净？

ne：城中有一雁塔寺，很洁净。

na：各位官员你们各虔捧真经，到我的雁塔寺，请弟弟讲经。

a：主公要将真经传流天下，须誉录副本布散，原书还当好好地珍藏。

附錄一：滿文字母表

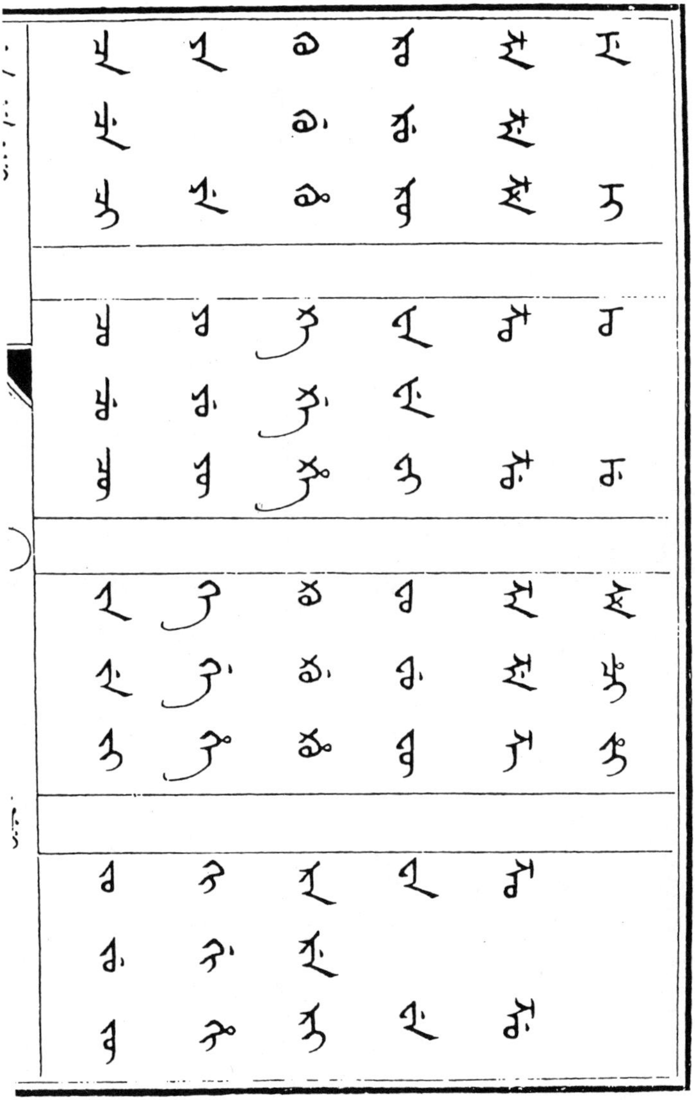

附錄二：滿文運筆順序（清文啟蒙）

○如書ꡩ字先寫ꡩ次寫ꡩ次寫ꡩ次寫ꡩ。○如書

ꡩ字先寫ꡩ次寫ꡩ次寫ꡩ次寫ꡩ。○如書ꡩ字先

寫ꡩ次寫ꡩ次寫ꡩ次寫ꡩ。○如書ꡩ字先寫ꡩ次寫ꡩ

次寫ꡩ次寫ꡩ。○如書ꡩ字先寫ꡩ次寫ꡩ次寫ꡩ。○如書

ꡩ字先寫ꡩ次寫ꡩ次寫ꡩ次寫ꡩ。○如書ꡩ字先寫ꡩ

次寫ꡩ次寫ꡩ。○如書ꡩ字先寫ꡩ次寫ꡩ。○如

書ꡩ字先寫ꡩ次寫ꡩ次寫ꡩ。○如書ꡩ字先寫ꡩ次寫ꡩ。○如書ꡩ

次寫ꡩ。○如書ꡩ字先寫ꡩ次寫ꡩ次寫ꡩ字先寫

○如書ꡩ字先寫ꡩ次寫ꡩ次寫ꡩ次寫ꡩ。○如

先寫ꡩ次寫ꡩ。○如書ꡩ字先寫ꡩ次寫ꡩ次寫ꡩ。

○凡書ꡩ字先寫ꡩ次寫ꡩ次寫ꡩ次寫ꡩ。○如書ꡩ字

○ꡩ

○如書 ㄨㄋ 字先寫 ㇀、次寫 ㄋ、次寫 ㄨㄋ、○如書

次寫 ㄋ、次寫 ㄗ、○如書 ㄖ 字先寫 ㇀、次寫 ㄖ

○如書 ㄋ 字先寫 ㇀、次寫 ㄋ、○如書 ㄗ 字先寫 ㇀、次寫 ㄋ、次寫 ㄋ、

ㄋ 字先寫 ㇐、次寫 ㄣ、○如書 ㄋ 字先寫 ㇀、次寫 ㄣ、次寫 ㄋ、

ㄣ 次寫 ㄣ、○如書 ㄣ 字先寫 ㇐、次寫 ㄣ、次寫 ㄣ、○如

次寫 ㄣ、○如書 ㄣ 字先寫 ㄣ、次寫 ㄣ、○如書 ㄣ 字先寫

㇀、次寫 ㄖ、次寫 ㄣ、○如書 ㄥ 字先寫 ㇐、次寫 ㄣ

次寫 ㄣ、○如書 ㄥ 字先寫 ㄣ、次寫 ㄥ、○如書 ㄥ 字先寫

ㄅ 字先寫 ㄖ 次寫 ㄅ、○如書 ㄥ 字先寫 ㇀、次寫 ㄥ、次寫 ㄥ

○如書 ᠊ 字先寫 一 次寫 ᠊ 、○如書 ᠊ 字

一 次寫 ᠊ 、○如書 ᠊ 字先寫 ᠊ 次寫 ᠊ 、

○如書 ᠊ 字先寫 ᠊ 次寫 十 、如書 ᠊ 字先寫

次寫 ᠊ 、○如書 ᠊ 字先寫 十 次寫 ᠊ 、

○如書 ᠊ 字先寫 ᠊ 次寫 ᠊ 、

字先寫 ᠊ 次寫 ᠊ 、○如書 工 字先寫 一 寫 工、

○如書 ᠊ 字先寫 ᠊ 次寫 ᠊ 、○如書 ᠊ 字先寫

書 ᠊ 字先寫 ᠊ 次寫 ᠊ 、○如書 ᠊ 字先寫 ᠊ 次寫 ᠊ 、○如書 ᠊ 字先寫 ᠊ 、○如

一 次寫 ᠊ 、○如書 ᠊ 字先寫 一 次寫 十 寫 ᠊ 、○如書

次寫　〇如書　字先寫　次寫

次寫　〇如書　字先寫　次寫

次寫　〇如書　字先寫　次寫

次寫　〇如書　字先寫　次寫

字先寫　次寫　〇如書　字

先寫　次寫　〇如書　字先寫　次寫

次寫　〇如書　字先寫　次寫

五　〇如書　字先寫　次寫

次寫　〇如書　字先寫　次寫

次寫　〇如書　字先寫　次寫

〇如書　字先寫　次寫　〇如書　字先寫　次寫

先寫　次寫　〇如書　字先寫　次寫

類推舉一可貫百矣。

兩個阿兒之下圈點方是以上運筆字雖無幾法可

作丨式樣乃是兩個阿兒今如下筆必除去丨字的

共二十字俱係丨字首此丨字聯寫必

凡書圈點如

如書　字先寫　次寫

次寫　如書　字先寫　次寫

次寫　如書　字先寫　次寫

次寫　字先寫　次寫　如書　字先寫

次寫　如書　字先寫　次寫　如書